高麗後期寺院田硏究

裵 象 鉉

國學資料院

머리말

　필자가 고려후기의 사회경제에 관심을 기울이게 된 것은 학부시절 武臣執權期의 사회상과 12세기를 고비로 변화한 고려의 사회에 대해 배우게 되면서였다. 그러한 관심은 대학원에 진학하여 農莊과 이에 소속한 耕作農民으로 좁혀지게 되었고 이를 논문으로 작성해 본 것이 <高麗 農莊奴婢考>였다. 이후 농장에 관한 본격적인 글을 써 보고자 하였으나 쉽지가 않았다. 하지만 고려후기의 土地支配 자체에는 관심을 놓지않아 寺院의 그것으로 초점이 모아져 어렴풋이나마 밑그림을 그려보게 되었다. 이 책은 그러한 도정에서 발표된 논문들을 수정·보완하고 일부의 논고를 새로 추가하여 한데 묶어 본 것이다.
　고려시대는 護國과 修身의 敎로서 佛敎가 큰 위력을 발휘하던 시기였다. 따라서 불교 信行의 중심적 공간인 寺院은 자연스레 사회·경제·문화적으로도 중요한 기능을 담당하게 되었고, 이를 물적으로 뒷받침한 것은 土地였다. 이 책에서는 이같은 고려시대 사원이 갖는 역사적 위상에 주목하면서 이 시기 사원의 물적 기반이었던 寺院田에 대하여, 그것의 存在樣態와 규모, 耕作民, 村落支配와의 관련성, 고려말에서 조선초기에 이르는 기간의 변화를 주요내용으로 다루어 논지를 구성하여 보았다.

이제 그간에 작성한 글들은 한데 모아보니, 한 주제에 관심이 집중된 만큼 얼마나 성과를 거두었는가에 대해서 아쉬운 점이 너무도 많다. 무엇보다 많은 사례들이 다루어지지 못하였고, 그것도 사원전 자체 보다는 耕作民이나 사원 촌락 등에 주목하면서 그것의 지배형태에 보다많은 관심이 기울어진 것 같다. 그래서 앞으로는 개별사원을 중심으로 새로운 자료를 발굴하면서 보다 폭넓은 연구를 진척시켜야 되리라 본다. 그러나 필자는 부족하나마 그간의 공부내용을 묶어내고, 이를 계기로 보다 나은 연구를 위한 출발점으로 삼고자 하였다. 여러 先學들의 질정과 가르침을 기대한다.

이 책이 나오기까지는 시종 여러 분들의 은혜를 입었다. 우선 이 책은 金潤坤 선생님의 지도로 가능하였다. 선생님은 역사연구에 있어서의 방법론과 논지의 전개방향에 대하여 애정과 인내로 필자를 가르쳐 주셨다. 또 李樹健, 李秉烋, 崔貞煥, 李炯佑 선생님은 필자의 모자란 글에 대해 많은 가르침과 조언으로 격려해 주셔서 좀더 나은 글이 되도록 하셨다. 삼가 머리숙여 감사드린다.

그리고 턱없이 부족한 필자가 학문의 길에 들어설 수 있도록 이끌어 주시고, 격려를 아끼지 않으신 창원대 사학과 朴東百, 河明秀, 李榮奭, 田炯權 선생님과 李棕浩, 朴哲鉉, 趙楨基 선생님께 감사드린다. 학부때부터 오늘에 이르기까지 학문의 길을 열어 주시고 고군분투하는 제자의 편에서서 늘 따뜻한 가르침을 베풀어 주시는 金光哲 선생님의 은혜를 잊을 수 없다. 또 대학원 과정에서 자상하게 지도하시며 글의 중요성을 일깨워주신 朴龍雲 선생님의 배려와, 강의를 통하여 소중한 가르침을 내려주신 고려대 사학과와 영남대 국사학과의 여러 선생님들께 감사드린다. 필자의 연구 도정에서 충고와 조언을 아끼지 않은 韓國中世史學會 회원 여러분들께도 지면을 빌어 인사드린다.

필자는 학문의 도정에서 가족의 중요성을 새삼 확인하게 되었다. 그동안 사랑과 犧牲으로 지켜봐 주신 부모님과, 장인·장모님의 보살핌에 감사드린다. 그리고 어려운 고비를 마다않고 묵묵히 내조해 준 아내와, 어린 두 아들 근용이, 원경이와도 출간의 기쁨을 함께 나누고 싶다. 읽고 유익한 조언을 해준 후배 김규철, 안순형 군에게도 지면을 빌어 고마운 마음을 표하고자 한다

마지막으로 어려운 시기에 경제성이 없는 책을 출간하도록 허락해주신 國學資料院의 鄭贊溶 사장님과 이렇게 잘 꾸며주신 韓鳳淑 실장님을 비롯한 편집진의 노고에 감사드린다.

1998. 4.
裵 象 鉉

차 례

머리말

第1章 序 論 ··· 7

第2章 寺院田의 存在樣態와 그 규모 ····························· 15

  1節 寺院經濟와 寺院田의 확대 ·································· 16
    1. 寺院經濟와 寺院田 ··· 16
    2. 土地兼幷의 추세와 寺院田의 확대 ······················ 23
  2節 寺院田의 存在樣態와 그 규모 ······························ 35
    1. 寺院田의 存在樣態 ··· 35
    2. 土地支配의 圈域과 그 규모 ······························ 57
    3. 寺院田 支配의 性格 ······································· 74

第3章 寺院田의 經營 —雲門寺를 中心으로— ··················· 85

  1節 主要 高僧과 寺勢의 추이 ···································· 87
  2節 寺院田의 형성과정 ··· 103
  3節 雲門寺의 寺院田 經營 ······································· 111

第4章 寺院田의 耕作民 ·· 123

  1節 良人 佃戶 ·· 123
    1. 寺院 佃戶의 形成과 그 類型 ···························· 125

2. 社會經濟的 處地 ……………………………………………… 148
     2節 寺院奴婢 ………………………………………………………… 160
         1. 民의 流亡에 의한 寺院奴婢의 확대와 그 役割 ………… 162
         2. 社會經濟的 處地 ……………………………………………… 189
     3節 僧徒 ……………………………………………………………… 202
         1. 僧徒의 範疇와 類型 ………………………………………… 204
         2. 活動樣相과 寺院田의 經營 ………………………………… 229

第5章 寺院 村落과 寺院田 ……………………………………… 249

   1節 寺院 村落의 淵源 ……………………………………………… 250
   2節 存在樣態와 寺院田 …………………………………………… 257
   3節 寺院 村落의 변화와 그 性格 ………………………………… 280

第6章 麗末鮮初 寺院田의 추이 ………………………………… 299

   1節 麗末의 田制改革과 寺院田 …………………………………… 301
       1. 私田問題와 田制改革 ………………………………………… 301
       2. 寺院田의 추이 ………………………………………………… 314
   2節 鮮初의 田制運營과 寺院田 …………………………………… 323
       1. 田制運營과 對寺院政策 ……………………………………… 323
       2. 寺院의 統廢合과 寺院田의 變化 …………………………… 330

第7章 結 論 ………………………………………………………… 343

□ 參考文獻 ……………………………………………………………… 355
□ 索 引 ………………………………………………………………… 363

第1章 序 論

 고려시대는 護國과 修身의 敎로서 佛敎가 큰 위력을 발휘하던 시기였다. 그것은 이전부터 있어 온 불교의 전통이 왕권의 강화와 사회의 통합에 유리한 기능을 수행하였을 뿐 아니라, 이미 전통의 토착신앙과 융화되어 민족사상으로 뿌리를 내린 까닭이었다.
 그런데 이러한 불교 사상의 信行에 있어 가장 중요한 공간은 寺院이었다. 따라서 불교가 전래된 이래 사원은 문화, 사상, 예술의 결집처로서 뿐 아니라, 정치·경제적인 면에서도 중요한 기능을 담당한 곳이었다. 고려시대 사원이 차지하는 위치는 바로 여기에 있다 하겠다.
 고려시대 사원을 유지시켜 준 경제기반으로 가장 큰 비중을 차지한 것은 土地였다. 국가는 불교가 공헌한 대가로 사원에 대하여 갖가지 혜택을 주었을 뿐 아니라, 사원에 토지를 지급하고 免稅의 특권을 부여하기도 하였던 것이다. 또 信心있는 유력한 檀越들은 그들이 소유한 奴婢와 더불어 많은 토지를 시납함으로써 사원 운영의 기반을 두텁게 한 때문이었다.
 본 연구는 고려시대 사원의 역사적 위상에 주목하면서, 이 시기 사원의 土地支配를 중심으로 논지를 구성해 보고자 한다. 고려시대 사원의 토지지배에 대한 이해는 사원이 경제기반에서 뿐 아니라, 이 시기 사회구조를 종합적으로 조망하는데 있어서도 필수적이기 때문이다. 이제 본 장에서는 기왕의 연구성과를 간략히 살펴보고,[1] 本書에서 전개하고자 하는 논지의 방향에 대하여 언급해 두고자 한다.

그동안 고려시대 사원의 토지지배에 대한 관심은, 주로 寺院의 經濟基盤을 검토하면서 이루어져 왔다. 그 가운데 초기의 연구자는 1930년대 旗田巍, 白南雲이었다.

旗田巍는 고려시대 사원경제가 諸貴族들이 그들의 세력확장을 위한 수단으로 활용한데 기인한 바 크다고 보고, 이는 기본적으로 사원의 토지가 免稅된데 원인이 있는 것으로 파악하였다. 그래서 사원경제의 발달이 고려 公田制의 붕괴를 가져온 중요한 원인으로 지목하였다.[2] 백남운은 이 시기 일부 승려들이 귀족적 반려였음은 물론 대토지를 소유하고 있었으므로 사원을 곧 寺領을 가진 봉건 영주적인 존재로 파악하였다. 그는 또 이들 토지가 사원노비, 농노적 隨院僧徒 및 田民 등에 의해 경작되었으며 그 중 奴婢는 전형적인 農奴群을 형성한 것으로 보았다.[3]

이같이 초기 연구들은 주로 土地國有論의 관점에서 사원전의 형성과 그 경작농민에 대하여 언급하고 있다. 또 사원전을 免租地로, 그 경작자를 농노적인 존재로 규정하고 있다는 점에서 공통점을 가지고

---

1) 기왕에 이루어진 이들 사원경제와 사원전에 대한 연구의 성과는 다음의 논고가 정리하고 있어 참고된다. 李炳熙, <高麗時期 經濟制度硏究의 動向과 「국사」敎科書의 敍述> ≪歷史敎育≫ 44, 1988 ; ≪韓國史論≫ 23, 국사편찬위원회, 1993.
2) 旗田巍, <高麗朝に於ける寺院經濟> ≪史學雜誌≫ 43-5, 1932.
3) 白南雲, ≪朝鮮封建社會經濟史≫ 上, 1937. pp. 809~859.

있었다. 이와 같은 초기의 이해는 해방후 사원경제 연구의 방향에 적지않은 영향을 미쳤다고 보여진다.

이후 사원전에 대한 관심은 크게 다음의 세 방향에서 이루어졌다. 하나는 사원경제를 해명의 과제로 삼으면서 그 중요한 구성요소로서 사원전을 언급한 논고들이고, 둘째는 사원전의 확대와 그 배경, 경영 등을 독립적으로 접근한 것, 또 하나는 몇몇 개별 사례를 통하여 사원전과 그 경영방식을 검토한 논고이다.

이 가운데 첫째 부류에 해당하는 연구는 劉教聖, 閔丙河, 崔森燮, 李相瑄, 韓基汶 등에 의해 이루어졌다.4) 이들의 연구는 사원의 물적 자원으로서 토지가 확대되어가는 과정, 寺院과 國家, 사원과 社會와의 경제적 利害關係, 사원의 재정운영에 활용된 '寶', 그리고 이것의 재원으로서 토지를 언급한 것 등이었다. 대체로 사원경제에서 중요한 비중을 차지하는 사원전의 擴大와 운영을 포괄적으로 언급한 것이었다. 이 가운데는 연구를 한 걸음 진전시켜 사원의 토지에 대하여 종래 비판적 검토없이 사용되고 있던 '寺院領'이라는 용어를 검토하여 그것의 부적절성을 지적하면서, 그 성격을 사유지와 수조지로 나누어 이해한 연구도 있어 주목되었다.5)

두번째 유형은 사원전을 독립적으로 다룬 연구들이다. 이것은 크게 고려시기 사원전 일반에 관한 논고와, 전·후로 시기를 나누어 접근

---

4) 劉教聖, <高麗寺院經濟의 性格> ≪白性郁還曆紀念佛教學論文集≫, 東國文化社, 1959.
    閔丙河, <高麗時代 佛教界의 地位와 그 經濟> ≪成大史林≫ 1집, 1965.
    崔森燮, <高麗時代 寺院財政의 研究> ≪白山學報≫ 23호, 1977.
    李相瑄, <高麗寺院經濟에 대한 考察> ≪崇實史學≫ 1집, 1983.
    韓基汶, <高麗時代 寺院寶의 設置와 運營> ≪歷史教育論集≫ 13·14, 1990.
5) 李相瑄, <寺院의 土地支配> ≪高麗時代 寺院의 社會經濟的 位相에 관한 研究≫ 高麗大學校 박사학위논문, 1992.

한 연구로 나누어 파악할 수 있다.6)

전자는 寺院田의 확대를 이 시기 불교가 지니는 護國的 성격과, 寄進과 兼幷·매입·탈점 등을 상정하여 설명하고, 경작민으로 노비와 승려7)를 비정하기도 하였다. 그러나 이러한 연구들은 여전히 사원경제 전반에 대한 일반적 이해의 수준을 넘어서지는 못하였고, 다분히 중첩적이고, 복합적인 내용으로 적지않은 한계를 지닌 것이기도 하였다.

이러한 가운데 고려시대 土地制度에 대한 일련의 연구가 심도있게 진행되면서 田柴科와 관련하여 사원전을 私田支配의 한 유형으로 파악하는 연구 성과가 제출되어 이 방면 연구에도 많은 시사를 주었다. 姜晉哲의 사원전에 대한 언급이 그것인데, 여기서는 사원전을 ① 국왕의 토지 시납에 의한 것, ② 개간·買入·寄進 등에 의한 私有地, ③ 수조지인 莊·處田으로 나누어 고찰하여 사원전에 대한 이해가 한층 진전되는 계기를 만들었다. 이후 이런 시각의 연장선상에서 주로 收租地를 중심으로 고려 전기의 사원전을 검토한 연구라든가,8)

---

6) 李載昌, <麗代寺院領 擴大의 硏究> 《佛敎學報》 2, 1964.
　朴敬子, <高麗朝의 寺院田 考察 -그 擴大와 經營을 중심으로-> 《淑大史論》 4, 1969.
　姜晉哲, <私田支配의 諸類型 -寺院田-> 《高麗土地制度史硏究》 高麗大學校 出版部, 1980.
　李炳熙, <高麗前期 寺院田의 分給과 經營> 《韓國史論》 18, 1988.
　裵象鉉, <高麗後期 寺院田의 性格과 耕作農民> 《韓國上古史學報》 10, 1992.
　金炯秀, <高麗前期 寺院田 經營과 隨院僧徒> 《한국중세사연구》 2, 1995.
7) 朴敬子는 이들을 隨院僧徒로 이해하고, 사회경제적으로 농노로 비정하였다.
8) 李炳熙의 연구가 대표적이다. 씨는 국가가 사원에 대해 토지를 분급한 것은 裨補寺院이 국가와 雙務的인 關係에 있으면서 중요한 역할을 수행하고 있기 때문이라고 보았다. 이후 씨는 고려후기의 사원경제를 종합하면서 사원전에 대하여도 언급하고 있는데, 이에 의하면 武臣亂 이후 사원은 수조지의 겸병을 통해 전지의 확대에 열중하였으며, 이같은 사원의 田土 확대

경작에 참여한 유력한 노동력으로 隨院僧徒를 지목한 연구도 제출되었다.

한편, 이상의 포괄적인 연구 경향으로부터 벗어나 개별 사원을 중심으로 토지실태와 경영형태를 파악하면서 세부적인 검토를 시도한 논문도 발표되었다. 通度寺가 그 대표적인 경우다.9)

통도사에 대한 관심은 고려시기 높은 寺格과 무엇보다 현전하는 문헌과 유물에 힘입은 바 큰 것이기도 하였다. 이들 연구에서는 주로 관련 기록의 분석을 통하여, 長生標내 토지의 성격과 直干의 성격 등이 주요 논의의 대상이 되었다. 그 외에 개별 사례로 검토된 사원은 雲門寺와 修禪社가 있다.

운문사는 長生標와 함께 柱貼公文에 대한 해석을 통하여 사원전의 소유실태와 所有權 분쟁에 관한 측면이 궁구되었다. 이를 통해 '柱貼公文'은 국왕의 권능으로 운문사 소유를 확정짓는 일종의 勝訴判決文과 같은 의미가 포함된 것으로 이해되고, 고려초부터 대규모의 토지를 지배하고 있었음을 알 수 있게 되었다.10) 修禪社는 무신집권기 知訥의 개창 이래 2世 慧諶代에 이르면 11개의 末寺가 마련될 정도

는 免稅地의 증대문제로 국가와, 이해가 맞물려 갈등을 노정하였다고 파악하였다(《高麗後期 寺院經濟의 硏究》 서울大學校 박사학위논문, 1992).

9) 최길성, <1328년 통도사의 농장경영형태> 《력사과학》1961-4, 1961.
武田幸男, <高麗時代における通度寺の寺領支配> 《東洋史硏究》 25-1, 1966.
安日煥, <高麗時代 通度寺의 寺領支配에 對한 一考 -「事蹟記」中의「寺之四方山川裨補」를 中心으로 -> 《論文集》 4, 釜山大學校敎養課程部, 1974.
金潤坤, <麗代의 寺院田과 그 耕作農民> 《民族文化論叢》 2·3합집, 1982.
이인재, <《통도사지(通度寺誌)》 <사지사방산천비보편(寺之四方山川裨補篇)>의 분석 - 신라 통일기·고려시대 사원경제의 한 사례 -> 《역사와 현실》 8, 1992.

10) 金潤坤, <앞의 논문> 1982.
_____, <麗代의 雲門寺와 密陽 淸道 地方> 《三國遺事硏究》上, 1983.

로 짧은 기간에 급부상한 사원이었는데, 적어도 오늘날 전라남·북도 일원에 분산된 240여 結의 토지를 지배한 것으로 파악되었다.[11]

이상과 같이 고려시대 寺院田에 대한 관심은 꾸준히 있어 왔으며, 그동안 일정한 성과를 거둔 것도 사실이다. 그러나 이러한 성과에도 불구하고 한계도 없지 않으며, 이 시기의 사회성격을 구조적으로 해명하기 위해서는 다음과 같은 부분이 비중있게 고려되어야 할 것으로 본다.

첫째, 그동안 사원전에 대한 관심은 寺院의 경제기반에 초점이 맞추어지다 보니 그것의 다양한 존재양태와 지배방식에 대해서는 상대적으로 관심이 소홀하였다. 그 규모가 막대 하였다고만 하였지 구체적으로 얼마만큼의 크기인지, 또 개별 사원간의 편차가 고려되지 못하였다. 지배방식에 있어서도 다양함을 보이고는 있으나, 그나마 최근 국가와의 관련성을 너무 강조한 나머지 그 지배형태가 收租權을 중심으로 연구경향을 보이는 것은 한계가 아닐 수 없다.

둘째, 사원의 토지지배에 있어서 핵심적인 부분은 역시 그 속에 삶을 묻고 있는 民의 존재라고 할 수 있는데, 그동안 이들에 대한 관심은 단편적인 언급만 있었을 뿐, 어떠한 형태로 寺院田民이 되고, 사원과의 관계는 어떠하며, 사회경제적 처지는 어떠하였는지에 대하여 상대적으로 관심이 기울여지지 못하였다.

셋째, 고려후기의 사회경제를 언급하면서 흔히 조선의 개창과 더불어 그것이 크게 변화하였다고 이해하면서도, 寺院田과 결부하여 어떤 변화를 보였는지 구체적인 해명이 이루어지지 않았다는 점이다. 특히 려말의 私田改革은 신왕조 개창은 물론, 이 시기 사회구조

---

11) 李炳熙, <高麗 武人執權期 修禪社의 農莊經營> ≪典農史論≫1, 1995.

및 사상계 변화와도 밀접한 연관을 지녔던 만큼, 이에 대한 이해가 필요하다고 할 것이다.

　이제 본 연구는 선행된 연구에서의 소중한 성과를 최대한 수용하면서, 이상에서 제기된 문제들에 대하여 論究하여 보고자 한다. 그러나 고려조 전 시기를 다룬다는 것은 무리가 있을 것 같고, 또 그동안의 연구가 시기적으로 주로 전기에 집중되어 왔으므로, 본 연구에서는 12세기를 고비로 한 고려후기의 상황을 중심으로 논지를 전개해 보고자 한다. 이제 다음과 같은 내용으로 연구를 진행하고자 한다.

　먼저 제2장에서는, 고려후기 사원전의 存在樣態와 지배의 성격에 대하여 파악해 보고자 한다. 구체적으로는 고려시대 사원경제의 배경과 사원전의 확대유형, 지배력이 미치는 圈域과 그 規模 등에 관해서 살피고자 한다. 또 사원전의 지배방식과 관련하여 고려후기의 경우는 어떤 것이 지배적이었는지에 대하여 살펴보고자 한다.

　다음, 제3장에서는 구체적 사례로서 雲門寺의 사원전 경영에 관심을 기울여 보고자 한다. 여기서는 먼저 운문사에 주석한 高僧들의 행적을 통하여 寺勢의 추이를 살펴보고, 寺院田의 형성과정과 경영형태를 검토해 보고자 한다.

　제4장에서는 寺院田의 耕作民에 관하여 관심을 기울여보고자 한다. 본 장에서는 기본적으로 사원전의 경영형태를 감안하여, 良人 佃戶, 寺院奴婢, 僧徒로 나누어 살펴본다. 내용적으로는 12세기 이후 농민층의 분화와 더불어 나타난 寺院田民의 유입형태에 주목하면서, 특히 이들의 생활양태, 사회경제적 처지에 관심을 기울여 보고자 한다. 우리 중세사에서 중요한 토지지배 관계로 자리한 地主·佃戶관계를 고려시대에 구체적으로 적용하여 해명을 시도한 예는 별로 찾아지지 않는데, 여기서는 관련 기록의 用例를 통하여 사원전의 경작민으로 良人 佃戶를 한 유형으로 상정하여 다루어 보고자 한다. 사원의 '僧

徒'관련 기사들을 분석하여 類型化하고 이들의 활동양상을 일별해 본뒤, 사원전의 경영에서 차지하는 그들의 역할에 관해서도 접근을 해 보고자 한다.

제5장에서는 이상에서 논급한 사원전의 존재양태와 경영형태가 이 시기의 寺院 村落과 어떠한 상관관계를 갖는지에 대해 살펴 보고자 한다. 고려시대 사원전의 규모와 경영형태를 감안할 때, 사원의 토지지배는 촌락지배와도 무관하지 않을 것이다. 그러나 이러한 개연성에도 불구하고 그동안 이에 대한 관심은 별로 기울여지지 않았던 것 같다. 따라서 여기서는 사원 촌락의 연원과 고려시대에 보여지고 있는 이들의 실제적인 존재 양태를 살펴보고, 이를 사원전의 경영과 결부하여 해석해 보고자 한다.

제6장에서는 고려후기의 사원전이 麗末鮮初에 와서 어떠한 변화를 보이는가에 대한 해명을 시도해 보고자 한다. 고려말은 토지지배를 중심으로 허다한 사회 모순이 노정되는 가운데, 급기야 田制改革으로 귀결되고 있었다. 이와 관련하여 사원전의 변화에 관심을 집중시켜 보고자 한다. 또 이것의 연장선상에서 朝鮮初에 들어와 나타나는 寺院과 사원의 田土에 대한 整理를 검토하여, 麗末鮮初 시기 사원전 변화의 추이를 살피고자 한다.

이와 같은 연구의 목적을 달성하기 위하여 본서에서는 선행의 연구성과를 검토하는 한편, ≪高麗史≫, ≪高麗史節要≫, ≪朝鮮王朝實錄≫ 등의 관찬 史書와 각종 文集, 金石文 등을 활용하고자 한다.

이러한 방향에서 본 연구가 이루어진다면 사원의 토지지배 형태, 경작 농민의 생활상, 사원과 鄕村社會, 그리고 사원의 토지지배와 더불어 麗末鮮初의 사회변화를 이해함에도 일정하게 도움이 되지 않을까 한다. 제현의 질정을 바란다.

第 2 章 寺院田의 存在樣態와 그 규모

寺院田은 사원이 재정적 수요를 충당하거나 경제적 재화를 확대하기 위한 수단으로 소유 관장하고 있는 토지를 말한다. 그러므로 이들 토지는 불교가 전래된 이래로 사원에 필수적으로 부속되어 왔다고 할 수 있을 것이다.

고려시대 사원전의 규모는 전체 경지면적의 1/6로 추산될 만큼[1] 그 정도가 방대하였던 것으로 이해되고 있다. 이것은 朝鮮初의 상황을 근거로 한 것이지만, 이것이 사실이라면, 고려후기의 상황에 보다 근접되는 것이라 하겠다.

고려시대 사원전은 羅代 이래의 사원 田地들이 고려조에 들어와 田柴科가 성립되면서 일정하게 파악 정리되고, 이후 계속된 국가나 왕실의 賜給 및 일반 民들의 시납에 의해 형성되어 있었고, 12세기 이후에는 더욱 다양한 형태로 확대되고 있었을 것으로 짐작된다. 그렇다면 이들이 어떠한 형태로 확대되고 있었고, 또 그 존재양태가 어떠하였는지가 궁금하다. 이 점은 이들 토지의 경작민, 경영형태 등을

---

[1] 姜晉哲, ≪高麗土地制度史硏究≫ 高麗大學校 出版部, 1980, p.142.

파악하는데 있어서도 꼭 필요한 작업이 될 것이다.

고려시대에 토지지배를 통한 사원의 경제활동이 두드러지게 나타나고 있는 것은, 이 시기 佛敎가 차지하는 位相과도 관련이 있을 것이다. 그러므로 여기서는 먼저 고려시기 寺院의 경제력이 유지·확대될 수 있었던 기본 배경과 더불어 寺院經濟에서 차지하는 寺院田의 비중에 대해서 언급하고자 한다. 다음으로 이들의 擴大 유형과 개별 사원을 통한 사례에 대해서도 접근하기로 한다. 개별 사원은 비교적 寺格이 큰 사원을 중심으로 그 규모에 대하여도 주목하고자 한다.

1節 寺院經濟와 寺院田의 확대

1. 寺院經濟와 寺院田

고려시대 寺院은 불교의 번성과 더불어 경제적인 면에서도 큰 비중을 차지하고 있었다. 신앙적으로 佛敎가 융숭한 대접을 받았던 사회였기 때문에 경제적으로 그 역량을 키우기가 용이하였던 것이다. 광대한 田地와 많은 數의 奴婢, 그리고 각종의 '寶'를 통한 殖利事業, 製鹽·製油, 심지어 釀造와 葱·蒜의 판매와 같은 각종의 經濟行爲가 가능하였기 때문이었다.

그러면 어떻게 이러한 사원의 경제활동이 가능하였을까. 여기에는 많은 요소가 작용하였을 것이지만, 역시 중요한 것으로는 이 시기 불교가 지니는 國家 이데올로기로서의 性格을 우선 지목할 수 있을 것이다.

삼국시대 불교가 처음 전파된 이후 우리 불교의 성격은 다분히 護

國的인 측면이 강하였고, 그것이 고려조에 이어져서는 國家安危의 중
요한 이데올로기로 발전해 있었다.2) 그러므로 당시의 지배층은 이를
받아들이고 전파하는데 핵심적인 역할을 하지 않을 수 없었던 것이
다.
 이같은 불교의 성격은 고려 개창후 太祖가 남긴 訓要 10條의 제1
조에도 잘 나타나 있다.

> 우리 나라의 대업은 반드시 諸佛의 가피력(護衛之力)에 힘입어야
> 한다. 그러므로 禪·敎의 사원들을 창건하여 주지를 파견하고 佛道
> 를 닦게 함으로써 각각 그 직책을 다하도록 하였다. 그러나 후세에
> 姦臣들이 권력을 잡으면 승려들이 부추김을 받아 서로 다투게 될 것
> 이니, 이런 일은 엄격히 금해야 하는 것이다.3)

 이에 의하면, 국가대업의 성취는 諸佛의 가피력에 힘입어야 한다고
하고 후세의 放心을 경계하고 있다. 國祖인 太祖 자신의 불교에 대한
인식이 이와 같았고, 또 이를 통하여 정치력의 실현을 도모함으로써
고려시대 불교는 후대의 왕실·지배층과 불가분의 관계가 맺어지도
록 되어 있었던 것이다. 바로 이러한 요인은 佛敎 신앙의 구심점이

---

2) 高麗時代 佛敎의 護國的 性格을 이해하는데는 다음의 論考들이 참고된다.
  金東華, <佛敎의 護國思想> 《李丙燾華甲紀念論叢》, 一潮閣, 1956.
  李箕永, <仁王般若經과 護國佛敎 -그 本質과 歷史的 展開- > 《東洋學》 5, 1975.
  洪潤植, <高麗佛敎의 信仰儀禮> 《韓國佛敎思想史》, 圓光大出版局, 1975.
  洪庭植, <高麗佛敎思想의 護國的 展開 (1)> 《佛敎學報》 14, 1977.
  徐閏吉, <高麗의 護國法會와 道場> 《佛敎學報》 14, 1977.
  李載昌, <高麗時代 僧侶의 護國活動> 《佛敎學報》 14, 1977.
3)「我國家大業 必資諸佛護衛之力 故創禪敎寺院 差遺住持焚修 使各治其業 後世姦臣執政 徇僧請謁 各業寺社 爭相換奪 切宜禁之」《高麗史》卷 2, 世家 太祖 26年 4月.

되는 寺院의 경제력이 크게 손상을 입지 않고 유지될 수 있는 기본 요건으로 작용하였다.

또 이 시기 불교는 수많은 佛事를 통하여 그 영향력이 확대되고, 諸階層의 民들을 포용해 내고 있었다. 그 대표적인 형태가 大藏經의 造成과 같은 것이었다. 대장경을 刻板하면서 君臣이 올리는 祈告文에

> 진실로 至誠으로 하는 바는 前朝에 부끄러워할 것이 없으니, 업드려 원하옵건대, 諸佛聖賢 三十三天은 간곡한 기원을 양찰하셔서 신통한 힘을 빌어 주어 완강하고 추한 오랑캐로 하여금 멀리 도망하여 다시는 우리 疆土를 짓밟지 못하게 하고, 전쟁이 그치고 中外가 편안하게 하소서.[4]

라고 함은 그것을 잘 보여준다. 이러한 佛事는 왕실의 정치행위에 앞서 佛力의 靈驗을 믿는 당시 民衆들의 호응에 기초해야 가능한 것이기도 하였다. 그리하여 위로는 王室, 아래로는 民들이 渾然一體가 된 가운데 국난을 극복해 내려고 하였다. 이러한 사정은 구체적으로 武臣政權期 江華京에서 이루어진 <高麗大藏經>의 造成에서도 확인된 바 있는 것이다. 이는 모두 佛力으로 外敵을 격퇴하자는 명분과 여기에 광범위한 계층의 民이 참여하여 하나로 어우러짐으로서 가능한 것이었다.[5] 고려불교가 갖는 이같은 성격에 기인하여 역대 왕과

---

[4] 「苟至誠所發 無愧前朝 則伏願 諸佛聖賢三十三天 諒懇進之祈 借神通之力 使頑戎醜俗 斂蹤遠遁 無復蹈我封疆 干戈載戢 中外晏如」《東國李相國集》卷 25, <大藏刻板君臣祈告文>.

[5] 蒙古의 침입시에 피난의 수도 江華에서 이루어진 방대한 규모의 再雕大藏經雕成사업 (1236~1251)은 이러한 고려불교의 성격을 단적으로 보여준다. 이것이 당시 民들의 참여에 의해서 이루어지고 있음은 오늘날 刻手者로 보이는 다수 인명들이 경판 구석에서 발견된 것으로도 알 수 있다. 金潤坤, <高麗大藏經의 雕成機構와 刻手의 成分> 《民族史의 展開와 그 文化》上,

지배층은 막대한 양의 田地와 奴婢를 사원에 賜給하고 있었다. 이것은 사원의 경제력이 줄지않고 확대 유지되는 중요한 이유가 되기도 하였다.

한편, 그 정도에 있어 차이는 있겠으나, 이 시기 사원경제의 유지·확대에는 일반 百姓들의 신앙심도 중요한 요건이 되고 있었다. 전술한 바와같이 고려불교가 지니는 국가 이데올로기로서의 성격이 국가적 필요성 내지는 지배층의 요구에서 기인하는 것이라면, 이제 일반 개인의 경우는 선조의 追慕나 冥福의 기원에서부터 다양한 형태로 표출된 信仰行爲가 이에 해당할 것이다. 이러한 예로써 비교적 큰 규모로는 개인의 願堂이나 願刹의 창건으로 나타나고 있었고,[6] 작게는 수많은 종류의 施納이나 布施의 형태로 나타나고 있었다. 이것은 비록 단위 규모로는 작을지 모르지만, 전체적 비중으로는 결코 적지 않은 부분을 차지하였으리라 짐작된다.

그러면 이러한 배경하에서 이루어진 고려시대 사원경제는 12세기 이후 어떠한 모습을 보이고 있었을까. 먼저 이 시기에 두드러지게 나타나고 있는 변화의 특징에 대하여 언급해 둘 필요가 있다. 그것은 이 시기 사원경제와도 결코 무관하지 않을 것이기 때문이다.

첫째는 12세기 이후 나타나고 있는 사회경제적 상황이다. 景宗 元年에 제정하여 文宗 30年에 완성이 된 田柴科는 이 시기 들어 점차 근본적인 모순과[7] '彌州跨郡' '山川爲標'로 지칭될 정도의 兼幷과 奪

1990.

6) 그동안 이에 대해서는 주로 官人을 비롯한 지배층을 중심으로 접근이 이루어 진 것 같다. 그러나 '捨家爲寺' 등을 통한 재력있는 일반 백성들의 원당에 대해서도 접근이 이루어져야 한다고 본다.
  秦星圭, <高麗後期의 願刹에 대하여> ≪歷史敎育≫ 36, 1984, pp.123~128.
  韓基汶, <高麗時代 官人의 願堂> 上·下, ≪大丘史學≫ 39·40, 1990.

7) 예를 들면, 兩班官僚에게 지급할 分給收租地의 항례적 부족, 그리고 실질적

占이 성행하게 되면서 붕괴하고 있었다. 그 결과 자연 국가의 稅入은 감축되었고, 그 여파는 일반 小農들에 대한 苛斂誅求를 수반하고 있었다. 이때 백성들은 신앙심으로, 혹은 役을 피하여 사원에 投托이나 寄進의 형태로 歸屬하게 되는 경우가 많았다는 사실이다.

둘째는 이 시기가 보여주는 政治·社會的 현실상황과의 관련성이다. 비교적 안정을 유지하던 고려전기의 사회는 李資義의 亂 이후 정치적 갈등의 조짐을 보이더니, 묘청의 난을 거치면서 마침내 武臣亂으로 폭발하였고, 이를 계기로 銓注權의 擅斷을 비롯한[8] 여러 정치적 파행이 노정되고 있었다.[9] 이와 더불어 이 시기는 民의 流亡과 저항현상이 두드러지게 나타나는 시기였다. 불교계를 둘러싸고는 특히, 무신정권의 성립과 더불어 일부 寺院勢力이 政權에 도전하는 사례가 여러 차례 나타났다.[10] 이러한 점은 이후 불교계와 정치권과의 관계가 변화될 素地가 되었다. 武臣執政者들은 기존의 門閥 家門과 연결된 佛敎勢力에 대하여 일정하게 응징을 가하면서, 한편에서는 회유와 새로운 사원을 지원하는 등의 정책을 구사하고 있었다. 이같은 추세는 이후 불교계의 人的構成이나 寺院經濟 운영의 변화를 초래하였다.

  으로는 私有地나 다름없는 功蔭田柴나 賜田이 계속해서 支給되는 것과 같은 것은 田柴科가 지니는 제도자체의 모순점으로 지적된다.
8) 邊太燮, <高麗朝의 文班과 武班> ≪高麗政治制度史研究≫, 一潮閣, 1971, pp.320~339.
  張東翼, <高麗後期 銓注權의 行方> ≪大丘史學≫ 15·16합집, 1978.
9) 이 시기의 政治的 變化過程에 대해서는 다음의 논문이 참고된다.
  南仁國, ≪高麗中期 政治勢力 研究≫ 慶北大學校 박사학위논문, 1993.
10) 이 시기 일부 사원의 僧徒와 무신정권간의 對立 상황에 대해서는 다음의 논문이 참고된다.
  金鐘國, <高麗武臣政權と僧徒の對立抗爭に關する一考察> ≪朝鮮學報≫ 21·22合輯, 1961.
  鄭鎭禹, <高麗武臣政權과 僧徒 와의 對立> ≪淸大史林≫ 4·5합집, 1985.

다음은 佛敎界 자체의 움직임을 들 수 있다. 오랜기간 무신집권과 원의 간섭을 경험하면서 佛敎界는 자체적으로도 많은 변화가 있었다. 이 기간에 나타난 현상의 하나로 僧政의 문란을 들 수 있다. 곧 이 시기 불교계는 僧侶의 世俗化, 宗派間의 紛爭 등의 모습을 빈번하게 노정시켰다. 懺悔府・圓融府 같은 官府가 필요에 따라 설치되어 住持 임명 등 중요 안건이 그곳에서 總管되고, 또 그런 중책이 權僧 辛旽과 같은 1인에 의해 좌우되기도 했던 사실들로 이 시기 들어 전통적인 僧團 관리가 붕괴일로에 놓여 있었음을 확인하게 된다. 이에 따라 宗派間의 갈등이 커지고, 또 寺院田의 쟁탈이나 住持權을 얻기위한 相爭의 형태로도 나타나게 되었다. 특히 宗派를 달리하는 寺院間의 對立的 局面은 고려말 僧政이 國師에 의해 전담되면서 더욱 심각한 양태로 나타났다.11) 이러한 형태는 고려후기 寺院經濟의 면모를 일정하게 示唆하는 것이기도 하다.

이러한 배경 속에서 고려후기 사원경제는 다음과 같은 양상을 보이고 있다.

첫째는 토지겸병의 추세와 더불어 나타나고 있는 寺院田의 확대양상이다. 이것은 연구자에 따라서는 '寺院領'으로 지칭될 만큼 큰 규모였는데, 그 지배가 복합적이고도 대규모로 이루어지고 있었기 때문이다.12) 흔히 고려후기 토지지배의 한 특징을 農莊에서 찾고 있거니

---

11) 許興植, <僧政의 紊亂과 宗派間의 葛藤> ≪高麗佛敎史硏究≫ 一潮閣, 1986, pp.516~520.
12) 그동안 고려시대 寺院이 지배하고 있는 토지에 대해서는, 그 규모와 지배형태를 감안하여 일부에서는 '寺領' 혹은 '寺院領'이라는 용어가 사용되기도 하였다. 그런데 이 용어는 우리 중세의 토지지배 방식을 서양의 봉건제도에 유비하여 해명하려는데서 기인한 것이기도 하였다. 최근 李相瑄은 이러한 용어의 부적절성에 대하여 지적한 바 있다(≪高麗時代 寺院의 社會經濟的 位相에 관한 硏究≫ 高麗大學校 박사학위논문, 1992, pp.13~15).

와 이들 사원의 토지지배도 예외가 아니었다.

둘째는, 이 시기 사원들이 영리를 목적으로 하는 각종의 經濟行爲를 두드러지게 보이고 있다는 점이다. 아직 자연경제의 범주를 크게 벗어나지 못하고 상업이 그렇게 발달하지 못했던 상황에서 사원이 마늘·파 등을 생산 판매하고 있으며,13) 부분적으로 釀造業에 참여하고 있었다.14) 그리고 우수한 織物類와15) 기와 등이 생산되어16) 自家需要를 제외하고는 판매의 대상이 되고 있었던 것이다.17)

그러나 이러한 사원경제의 제양상은 전근대사회가 대개 그러하듯이, 토지에 기반을 둔 농업중심의 산업구조였으므로 이러한 경제행위의 원천은 당연히 土地일 수 밖에 없었다. 결국 고려후기 사회에서 사원전의 지배가 어떠한 형태로 이루어지고 있었는가 하는 점은 사원경제 전반은 물론 이 시기의 사회경제를 이해하는데 있어서도 중

---

13) 「陰陽會議所奏 近來僧俗雜類 聚集成群 號萬佛香徒 或念佛讀經 作爲詭誕 或 內外寺社僧徒 賣酒鬻葱 或持兵作惡 踊躍遊戲 可謂亂常敗俗 請令御史臺 金 吾衛巡檢 禁止 從之」(≪高麗史節要≫ 卷 9, 仁宗 9年 6月).

14) 이러한 기사는 ≪高麗史≫ 卷 85, 刑法 2 禁令條에 자주 나타난다. 「又禁僧 尼釀造」, 「復禁寺院釀造」 및 「禁諸寺僧飮酒作樂」등이 그것이다.

15) 다음의 기사에서 고려후기 寺院에서 행한 織造의 수준을 조금이나마 이해할 수 있을 것 같다. 「有一尼 獻白苧布 細如蟬翼 雜以花紋 公主以示市商 皆云前所未覩也 問尼何從得此 對曰 吾有一婢 能織之 公主曰 以婢遺我如何 尼愕然不得已納焉」(≪高麗史≫ 卷 89, 后妃2 忠烈王 齊國大長公主傳).

16) 「遣僧六然于江華 燔琉璃瓦 其法多用黃舟 乃取廣州義安寺 燒作之 品色愈於 南商所賣者」(≪高麗史≫ 卷 28, 忠烈王 世家, 忠烈王 3年 5月 壬辰條). 그리고 1980년 11월 경주사적관리사무소에서 조사된 慶北 月城郡 乃南面 茸長里 天龍寺 부근의 瓦窯地의 발견도 사원에서 직접 기와를 구웠다는 것을 뒷받침한다.

17) 이외에도 사원은 각종의 寶를 통한 금융행위도 하고 있었던 것으로 보이고 있는데, 이 또한 사원경제의 중요한 부분을 차지하고 있었던 것으로 이해된다. 이에 대하여는 다음의 논문이 참고된다. 韓基汶, <高麗時代 寺院寶의 設置와 運營> ≪歷史敎育論集≫ 13·14집, 1990.

요한 의미를 지닌다고 할 것이다.

2. 土地兼幷의 추세와 寺院田의 확대

고려시대 사원전은 羅末麗初의 사회변화 가운데 일정한 변화도 예상되지만, 앞서 太祖 자신이 제시하고 있는 訓要의 條文이 시사해 주는대로[18] 그리 큰 변화로는 나타나지 않는다. 그런 의미에서 고려시대 사원전의 상당부분은 이전 시기와 연장선상에서 파악이 가능할 것이다.[19]

사원이 토지를 소유하게 되는 것은 사원 건립이 활발해지던 시기부터이지만, 이 것이 일정한 규모를 보이는 것은 대략 신라 진흥왕대부터로 짐작된다. 이는 이후 대규모의 토지소유 사례들이 나타나는데서 유추할 수 있다. 즉 孝昭王代에는 栢栗寺에 1만 頃의 토지가 시납되었고,[20] 또 哀莊王은 海印寺에 2천 5백 結의 토지를 기증한 것을 확인할 수 있다.[21] 그런가 하면 헌강왕도 安樂寺에 500 結의 토지를 희사하고 있다.[22] 이와같이 사원 건립의 주체가 王 혹은 국가가 되면서 그것의 維持・運營의 항구적 수단으로써 토지가 지급되고 있었다. 이 점은 설사 건립의 주체가 일반 개인이었다 하더라도 마찬가지였을 것이다. 이와같이 사원은 개창과 더불어 차츰 여

---

18) 앞의 註 3) 참조.
19) 물론 전혀 변화가 없는 것은 아니었다. 고려초 地方勢力을 제압하고 중앙집권화를 꾀하는 과정에서 일부 사원들은 중앙정부의 統制와 再編의 대상이 되었을 것이기 때문이다. 이 점에 대해서는 다음의 논문이 참고된다.
   韓基汶, <高麗時代 寺院의 統制와 編制> ≪韓國佛敎文化思想史≫ 1992.
20) ≪三國遺事≫ 卷 3, 栢栗寺.
21) 李弘稙, ≪韓國古代史의 硏究≫ 新丘文化社, 1973, pp.551~556.
22) <鳳巖寺智證大師寂照塔碑> ≪朝鮮金石總覽≫ 上(亞細亞文化社, 1976, p.93).

기에 더하여 王의 下賜와 신도들의 시납이 계속되면서 당시의 사회
경제에 위협적인 존재로 인식되기도 하였다. 이러한 사실은 다음의
기록을 통해서도 쉽게 짐작된다.

① 나라 사람들이 마음대로 財貨와 田地를 佛寺에 施納함을 금하였
다.23)
② 佛法을 숭상해서 그 폐단를 알지 못하고 심지어 마을마다 塔과
寺院을 즐비하게 세워 백성들은 모두 僧이 되니 군대나 農民이
점점 줄어들었다.24)

물론 내면적으로는 羅代와 다른 바가 있을 것이지만,25) 高麗王朝
도 이러한 新羅 이래의 불교를 계승하여 國敎로 신봉하면서 사원에
대한 지원을 아끼지 않았다. 太祖代 이래로 국가나 왕실이 사원에 토
지를 사급하게 된 것도 이러한 이유에서 였다. 또 이에 덧붙여 民은
민대로 계층의 상하를 막론하고 신앙으로 佛敎를 받아들여 적극적인
지원을 더하게 하였다. 이러한 사정에 기인한 토지 시납의 양상은 다
음의 기록에 압축적으로 표현되어 있다.

前朝의 왕 太祖가 三韓을 통일한 처음에 어떤 사람이 進言하기를,
'산을 등지고 물이 거슬러 흐르는 곳에 절을 짓고 부처를 안치하여
아무 道場을 설치하면 국가를 편안케 하는데 도움이 될 것이다' 하
므로 곧 有司에게 명하여 마땅한 곳에 절을 짓고 田地와 노비를 주

---

23)「禁人擅以財貨田地施佛寺」《三國史記》新羅本紀 第 6, 文武王 4年 8月.
24)「奉浮屠之法 不知其弊 至使閭里 比其塔廟 齊民逃於緇褐 兵農浸小」《三國
遺事》卷 2, 金傅大王.
25) 가령, 新羅下代 禪宗의 성행과 彌勒信仰의 부각 등은 그러한 측면에서 이
해할 수 있을 것이다.

第 2 章 寺院田의 存在樣態와 그 규모 25

었습니다. …… 後世의 군신들은 이를 더욱 믿어 커다란 伽藍을 창
건하여 각각 願堂이라 부르고, 전지와 백성을 시납하게 되니 대대로
증가하였습니다. 이로 말미암아 5백 년 동안에 京外의 寺社가 이루
다 기록할 수 없게 되었습니다.26)

그러면 고려시기 사원전은 어떠한 방식으로 형성되고, 또 그것이
고려후기 사회에서는 어떠한 유형으로 확대되고 있는지 살펴보기로
하자.
먼저 왕실이나 국가에 의해 賜給되는 경우이다. 이 경우는 태조이
래 고려전기에서도 많이 나타나고 있지만,27) 후기도 마찬가지였다. 다
음의 내용이 이에 해당된다.

正陵에 1백 14호를 두어 지키게 하고, 陵 옆 光岩寺에 토지 2천 2
백 4십 結과 노비 46 口, 布 1만 5천 2백 9십 3필을 시납하여 冥福을
빌게 하였다.28)

─────────────

26) 「前朝王太祖 統三之初 或者進言曰 背山逆水之地 置寺安佛 設某道場則安國
  家之一助也 乃命有司 隨地置寺 給田與奴 …(中略)… 後之君臣 益信而創大
  伽藍 各稱願堂 施納田民 代代增加 由是 五百年間 京外寺社 不可勝記」《太
  宗實錄》卷 3, 太宗 2년 4월 甲戌.
27) 다음과 같은 사례는 이러한 사실을 보여준다.
  ㅇ「太祖幸西京 行波率獵徒道謁 請至其家 留信宿 以二女各侍一夜 後不復幸
  二女皆出家爲尼 太祖憐之 召見曰 爾等旣出家 志不可奪也 命於西京城中 作
  大小西院兩寺 置田民令各居之 故稱大小西院夫人」《高麗史》卷 88, 后妃1
  大小西院金氏..
  ㅇ「(顯宗 11年) 八月 以安西道屯田一千二百四十結 施納于玄化寺 兩省再三
  論駁 不納」《高麗史節要》卷 3, 顯宗11年 8月.
  ㅇ「大雲寺先王始創 以福邦家 其所給公田 地瘠稅少 齋供不周 加賜良田一百
  頃」《高麗史》卷 8, 文宗 18年 4月 庚午.
28) 「置守正陵戶百十四 又納田二千二百四十結 奴婢四十六口 布一萬五千二百九
  十三匹 于陵傍光岩寺 以資冥福」《高麗史節要》卷 29, 恭愍王 19年 5月.

이미 이전에도 金剛山 長安寺의 경우에는 이와 같은 방식으로 각 지역에 걸쳐 대규모의 토지가 지급되고 있었지만,29) 위와 같이 후기에 들어서도 奴婢·布 등과 더불어 대규모의 토지가 지급되고 있었던 것이다. 또 冥福을 비는 것과 같은 發願을 담은 信佛행위는 얼마든지 있었을 것이며, 이러한 유형으로 土地가 사원에 시납되는 것은 지극히 일반적인 추세였을 것이다.

한편 일반 民들에 의해서도 광범위하게 토지가 시납되고 있었다. 위의 경우가 國王에 의하여 다분히 국가적인 차원에서 사급된 토지라면, 이런 경우는 개인적인 신앙심의 발로에 연유하는 토지 시납으로 볼 수 있을 것이다. 이는 그 단위 규모에 있어서는 국가나 국왕에 의한 경우보다 상대적으로 작을지 모르지만, 그 사례는 전자보다 훨씬 많았을 것이다. 이러한 점은 ≪高麗史≫에

> 무릇 寺院과 神祠에 田地를 시납할 수 없다. 이를 어기는 자는 罪로 다스린다.30)

라 하여 사원에 대한 전지시납을 슈으로 금지하는 조치를 취하고 있음에서 확인된다. 사원에 田地를 시납하는 것을 엄격히 규제하고 있는 것은 이런 信佛行爲가 국가 재정과도 상관관계를 가지고 있었음을 의미한다. 그런데 이런 경우는 개개의 사례를 파악하기가 어렵지 않을 만큼 만연된 형태였고, 또 대규모로 이루어진 사례도 있다. 다

---

29) 「若舊有之田 依國法 以結計之千有五十 其在咸悅仁義縣者各二百扶寧幸州白州各百五十 平安安山各一百 卽成王所捨也」≪朝鮮金石總覽≫ 上, 附64, 淮陽長安寺重興碑.

30) 「凡人 毋得施納田於寺院·神祠 違者理罪」 ≪高麗史≫ 卷 78, 食貨 1, 田制.

음의 기사가 참고된다.

> 判典客寺事 致仕 金永仁君과 仲氏 重大匡 平陽君 永純이 감격 發願하여 家童 1백 명과 田畓 1백 頃을 사원에 시납하였다.31)

이 사료는 13세기 말~14세기 초의 상황을 반영하는 것이지만, 이때 金永仁의 仲氏 金永純이 家童 100 명과 田 100 頃을 普光寺에 시납한 사실을 알려준다. 이와같은 예는 후기에 와서 權勢之家의 願堂 확대와 더불어 더욱 많이 나타나고 있다.32)

한편, 이러한 시납의 형태가 대체로 그 이면에 精神的 補償이 內包된 신앙심의 발로에 의한 田地의 納寺라면 이와 성격을 달리하는 것이 人身의 投托과 더불어 나타나는 寄進이었다. 이것은 일반인의 자발적인 田地 納寺라는 점에서 앞서 언급된 施納과 비슷하지만, 이것이 신앙심의 개재여부와는 별개로 경제적 혜택이라는 현실적·물질적인 報償이 중요한 매개로 작용하고 있다는 점에서는 그 성격을 달리하였다. 이러한 유형은 고려후기에 와서 두드러지게 나타나고 있다. 이런 경향은 정치·경제적으로 사회가 동요하고, 民에 대한 과도한 收取가 초래되면서 농민들이 이를 피하기 위하여 다수가 避役處로 사원을 택하고 있었기 때문으로 풀이된다. 즉 그들은 자기의 田地를 가지고 수탈자의 손이 뻗치지 않는 사원에 투탁하여 사원의 佃戶가 되거나, 경우에 따라서는 身分的으로 隸屬된 처지가 되더라도 자신들의 경제적 이익을 고려하였던 것이다. 이러한 경우는 고려후기 이른바 權勢家에 대한 기록을 통하여도 짐작되는데,33) 寺院도 예외가

---

31) 「判典客寺事致仕金君永仁 仲氏重大匡平陽君永純 感激發願 家童百口 田百頃 歸于寺」≪新增東國輿地勝覽≫ 卷 17, 林川郡 普光寺.
32) 註 40), 46), 47), 54) 참조.

아니었음을 알 수 있다.

> ① 또 佛氏의 사원은 中外에 두루 가득하여 일반 백성으로 役을 도 피하여 배불리 먹고 安逸하게 사는 자가 몇 천만이 되는지 알지 못한다.[34]
> ② 또한 鄕吏와 公的·私的으로 소속된 이들이 賦役을 회피하고 사 원에 의탁하여 손에는 佛像을 지니고 입으로는 梵唄를 부르며 마 을로 돌아다니고 있다.[35]

곧 이러한 경우는 일반 백성들은 물론 이거니와, ②와 같이 鄕役의 吏屬들과 公私之隷들이 賦役을 避해 佛門에 투탁한 경우로도 나타나 고 있으며, ①의 서술 내용으로 보아 그 數 또한 막대하였음을 알 수 있다.

그러나 이러한 방법은 사원의 처지에서 보면 다소 수동적인 경우 였다. 그러나 이와 달리 사원은 이 시기 土地兼幷의 추세와 더불어 능동적이면서도 적극적으로 토지 확대에 참여하고 있었다.

주지하듯이 12세기 이후 田柴科體制의 붕괴과정에서 두드러지게 나타난 것은 土地兼倂·人口集中 현상이었고, 이를 바탕으로 한 農莊 의 발달은 고려후기 사회가 보여주는 하나의 특징이기도 하였다. 사 원의 農莊지배는 그 기원이 오래되어 이미 新羅 下代에 농장의 관리 소로 짐작되는 莊舍를 설치하고 知莊을 임명한 사례가 보이는데,[36] 고

---

33) 예를 들면 다음의 기사와 같은 것이다. 「忠烈王 十一年 三月下旨 外方人吏 等 以所耕田 賂諸權勢 干請別常 謨避其役者 有之 今後 窮推還定」≪高麗史≫ 卷 85, 刑法 2, 禁令.
34) 「且佛氏寺觀 周遍中外 齊民逃役 飽食逸居者 不知幾千萬焉」≪高麗史≫ 卷 74, 選擧2 學校.
35) 「又鄕役之吏 公私之隷 規避賦役 托迹桑門 手持佛像 口作梵唄 橫行閭里」≪ 高麗史節要≫ 卷 27, 恭愍王 10年 5月.

려시대에 와서도 莊·處나 莊舍(農舍)의 형태로 나타나고 있었다. 12세기 이후 토지의 지배규모가 '彌州跨郡' '山川爲標'로 표현되는 상황에서 사원도 예외가 아니었던 것이다. 이 점에 관해서는 다음 기록이 참고된다.

① 諸王·宰樞·扈從臣僚·宮院·寺社들이 閑田을 많이 차지하기를 바라고, 국가에서도 농사에 힘쓰고 곡식을 중히 여기는 뜻에서 牌를 주었다. 그런데 賜牌를 빙자하여 비록 주인이 있고 田籍에 올라 있는 토지 조차도 모두 빼앗으니 그 폐해가 적지 않다. 사람을 가려 보내어 사실을 철저히 가려내고 무릇 패를 받았다 하더라도 田籍에 올라있는 토지라면 起田과 陳田을 가리지 말고 원래 주인이 있던 것은 모두 돌려 주도록 하라.37)
② 忠宣王이 卽位하여 교서를 내려 이르기를, 寺院과 齋醮의 여러 곳에서 兩班의 田地를 점거하고 賜牌를 함부로 받아 農場으로 삼고 있다. 지금부터 有司들은 자세히 살펴 각기 그 주인에게 되돌려 주도록 하라.38)

이제 위의 ①에서 보이는 바와 같이 寺院은 宰樞·扈從臣僚·宮院 등과 함께 賜牌를 憑藉하여 閑田은 물론 主人이 있는 田地, 심지어 농민들이 開墾한 토지까지 빼앗는다고 지적되고 있고, 아울러 ②에서처럼 양반의 田地까지도 據集하고 있었다.39) 물론 이러한 지적은 寺

---

36) ≪三國遺事≫ 卷 3, 塔像 臺山五萬眞身 및 洛山二大聖觀音正趣調信.
37) 「諸王·宰樞及扈從臣僚·諸宮院·寺社 望占閑田 國家亦以務農重穀之意賜牌 然憑藉賜牌 雖有主付籍之田 並皆奪之 其弊之貨 擇人差遣 窮推辨覈 凡賜牌付田 起陣勿論 苟有本主 皆令還給」, ≪高麗史≫ 卷 78, 食貨1 田制 經理 忠烈王 11年 3月.
38) 「忠宣王卽位下敎曰 寺院及齋醮諸處所 據執兩班田地 冒受賜牌以爲農場 今後有司窮治 各還其主」, ≪高麗史≫ 卷 84, 刑法1 職制 忠烈王 24年 忠宣王 卽位年 正月.

院에만 국한된 것이 아니지만 사원이 이 시기 대규모 농장주체들과 함께 거론되고 있음에서 사원의 농장지배가 매우 활발하였음을 읽을 수 있다.

그런가 하면 寺院田의 확대는 이 시기 유력한 개인에 의해 겸병된 토지가 사원으로 유입되면서도 나타나고 있었다.

> 서울의 남쪽 白馬山 북쪽에 큰 절이 있으니, 이것은 太祖의 妃 柳氏가 집을 희사한 것이다. 시납한 田民이 지금까지도 있다. (그러다가) 중간에 와서 폐하여진지 오래 되었다. 侍中 漆原府院君 尹公이 禪源 法蘊和尙과 같이 맹세하여 重營하였다. …… 또 시주한 전지가 富平府·金浦縣·守安縣·童城縣에 있는데, 이는 공의 조상의 유업 (祖業田)이고, 또 전지가 金浦·童城縣에 있는 것은 夫人 조상의 유업 (祖業田)이다.40)

위의 기사는 尹桓이 富平府 金浦縣·守安縣·童城縣에, 또 그의 부인은 金浦縣 童城縣에 祖業田을 가지고 있다가 報法寺에 시납하는 사례다. 이 토지의 획득 계기는 윤환 가문의 흥기과정을 살펴보면 짐작할 수 있는데, 그의 가문은 조부인 尹秀대에 흥기하기 시작하였던 것으로 보인다. 곧 그의 조부 윤수는 數百 結의 賜田을 받아 齊民을 유인하여 佃戶로 삼아 이를 家産化하였던 인물이었다.41)결국 이러한

---

39) 이들 賜牌田의 성격에 대해서는 註 112)가 참고됨.
40) 「王城之南 白馬山之北 有大伽藍焉 太祖妃柳氏所捨家也 所施田民 至今存焉 中廢者久 侍中黎原府院君尹公與禪源法蘊和尙 同盟重營 …(中略)… 又施田 在富平府金浦縣守安縣童城縣者 公之祖業也 又有田在 金浦童城者 夫人之祖業也」李穡,≪牧隱文藁≫ 卷 6, <報法寺記>.
41) 이러한 사정에 대해서는 다음의 기사들이 참고된다.
≪高麗史≫ 卷 124, 列傳37 尹秀傳.
≪高麗史≫ 卷 123, 列傳37 廉承益傳.

토지들을 그의 손자인 윤환 대에 보법사에 시납하였던 것이다. 실제 이러한 祖業田은 소유지와 마찬가지의 토지였다는 점을 감안하면, 이는 권세가가 賜牌를 이용하여 확대한 토지가 寺院의 소유지로 넘어가고 있음을 짐작케 하는 대목인 것이다. 바로 이러한 점은 이 시기 사원이 광대한 農莊을 소유·지배하는 유력한 배경이기도 하였을 것이다.

한편 이 시기 대토지 소유의 주체였던 사원은 토지겸병의 추세 속에서 奪占된 토지가 유입됨으로써 토지의 보유 규모를 늘려가기도 했지만, 開墾을 통해서도 지속적으로 耕地를 확대하고 있었다. 즉 이 시기 사원은 유력한 토지개간의 주체요, 또 개간된 토지의 소유주였다.42)

고려후기 농업생산력의 발달은 農法의 진전과 農地開墾의 새로운 추세를 통하여 나타나고 있었다.43) 이 가운데 전자는 시비법과 제초법의 개선, 새로운 種子의 도입, 중국 農書의 번역과 재간행, 내륙과 沿海岸 低地開發 등을 통해서였다. 그리고 耕種法의 발전과 常耕化의 추세는 堤堰의 축조와 보수, 河渠의 활용 등 수리시설의 확충이 그 배경

이에 의하면 무신정권이 종식될 무렵 親從將軍이었던 尹秀는 趙璈와 謀議하여 林衍의 제거를 꾀하다 탄로나 元으로 도망간 인물이다. 그런 그는 후일, 禿魯花로 있던 忠烈王과 인연을 맺으면서 귀국하여 충렬왕의 측근으로 鷹房을 관장하며, 廉承益 李貞 등과 함께 數百 結의 賜田을 받고 齊民을 유인, 佃戶로 삼으로써 대표적인 권력형 농장주가 되고 있다.

42) 안병우, <고려후기 농업생산력의 발달과 농장> 《14세기 고려의 정치와 사회》 민음사, 1994, pp.301~321.
43) 고려후기의 농업생산력의 발전에 관해서는 다음의 논고들이 참고된다.
李泰鎭, <畦田考> 《韓國社會史硏究》 知識産業社, 1986.
魏恩淑, <12세기 농업기술의 발전> 《釜大史學》 12, 1988.
이평래, <고려후기 수리시설의 확충과 수전개발> 《역사와 현실》 5, 1992.
李宗峯, <高麗後期 勸農政策과 土地開墾> 《釜大史學》 15·16합집, 1992.
안병우, <앞의 논문> 1994.

이 되었다.

이같은 고려후기 농업생산력의 발전추세를 반영하는 또 하나의 예는 새로운 토지를 개간하여 농지로 이용하는 사례가 나타나고 있다는 점이다. 이는 12세기 이후 13세기에도 계속되었으며, 심지어 몽고와의 전쟁중에도 더욱 촉진되어 나타나고 있다. 그 가운데 사원도 유력한 주체가 되었던 것으로 사료된다.

> (高宗) 43년 12월 制에 이르기를, "지금 여러 道의 민들이 편안히 생활하지 못하고 이리저리 옮겨 다니고 있음을 생각하니 심히 슬프다. 그들이 피난한 곳이 본래 살던 곳과 하루 정도의 거리이면 왕래하면서 경작하도록 하고, 그 나머지 사람들에게는 섬 안의 토전을 헤아려 주되, 부족하면 연해의 閑田과 宮院田·寺院田을 지급하라"고 하였다.44)

위의 기사는 高宗 41年 2월 사신을 각도에 파견하여 土田을 分給하고45) 난 뒤 연이은 조처로 나타난 것이었다. 이는 강화도로 천도한 정부가 民들을 山城과 海島로 入保시킨 가운데 그들의 생계대책을 마련하고 정부의 재정을 확보하는 일환으로 취한 것이었다. 土地分給後 2년에 피난한 곳과 本邑의 거리가 하루 거리를 넘지 않는 자는 농사짓는 것을 허락하고, 그 나머지는 섬 안에서 土田을 헤아려 지급하되 부족한 경우에는 연해의 閑田과 宮院田·寺院田을 지급하고 있다. 이 때 분급의 대상이 된 宮院田과 寺院田은 그들이 연해지에 확보하고 있던 토지일 것이며, 그것은 바로 이들이 연해지 개간에 참여

---

44) 「(高宗) 四十三年 十二月制曰 今想諸道 民不聊生 彼此流移 甚可悼也 其避亂所 與本邑 相距程 不過一日者 許往還耕田 其餘就島內 量給土田 不足則給 沿海閑田及宮院寺院」,《高麗史》卷 78, 食貨1 田制 經理 高宗 43년 12월.

45) 《高麗史》卷 78, 食貨1 田制 經理 高宗 41년 2월.

한 결과로 미루어 짐작되는 것이다. 다음의 水嵒寺나 乾洞禪寺의 경우는 사원 스스로에 의해 개간되고 있음을 보여준다.

① 마침 들으매 樞密 朴公이 일찍이 固城에 원으로 나가 있을때 창건한 水嵒寺가 그 고을의 동북쪽에 있다. 앞으로는 맑은 시내가 흐르고 뒤로는 높은 산을 등져 수림이 우거졌으므로 薪水가 풍족하니, 僧들이 살기에 알맞은 곳이다. 相國이 田地로 삼을 수 있는 넓은 땅을 그 절에 들여놓고, 거기다가 私奴婢 10여 명과 약간의 곡식을 들여놓아 字母의 法을 써서 그 비용이 끊어지지 않기를 기약하였다.46)
② 바윗돌을 뚫어 찬 샘물을 먹으니 물길러 다니는 수고가 없어지고, 묵은 땅을 일구어 좋은 (밭과 같은) 수입을 얻으니 공양하는 물품이 넉넉하게 된 것 같은데, 이 일은 神과 物이 마치 그 성의에 감동하여 가만히 와서 도와 주는 것 같기도 하였다47)

수암사는 대장군, 추밀원 재상을 지낸 朴文備가 固城의 수령이었을 때 창건한 사원이다. 13세기 창건 당시 박문비는 私奴婢 십여 口와 함께 '空曠한 陂澤으로 田으로 만들만 한 것'을 시납함으로써 사원의 운영기반으로 삼았다.48) 물론 기록에는 언급되지 않았으나 이러한 피택지가 시납된 것은 그 자체가 개간을 전제로 한 것임을 알 수 있다.

---

46) 「適聞 樞密朴公文備 甞出守固城時所創水嵒寺者 在州之艮隅 前臨澄溪後負秀嶺 林藪幽邃 薪水瞻足 宜釋子栖眞之地 相國乃以空曠陂澤可以爲田者 納于寺 申納私藏獲十父 納穀若干 期爲子母之法 永永不絶」 《東國李相國後集》 卷 12, <水嵒寺華嚴結社文>.
47) 「至如鏟嚴石 寒泉食 汲引之勞省 墾斥鹵良田收 供養之需給 是則神物若有感其誠而陰來相者」 《東文選》 卷 69, <重修乾洞禪寺記>.
48) 朴文備는 高宗 11년(1224년)에 崔怡 주살의 음모에 연루되어 金仲龜 등과 함께 유배되고 있음으로 보아, 그가 고성 수령으로 나가있던 시기는 그보다 앞선, 즉 13세기 초라 할 것이다. 《高麗史》 卷 129, 崔忠獻傳 附 怡.

이에 비하여 충렬왕 30년에 시작하여 20년 후 완성되는 乾洞禪寺는 14세기 초반에 간석지를 개간한 사례이다. 곧 慶源의 鹽分이 많아 곡식이 안되는 땅을 개간하여 良田으로 만들고 그 수입을 사원의 경비로 사용하고 있는 것이다. 더이상 자세한 기록은 없으나 이전부터 山城과 海島로 入保한 상태에서 농민에게 사원의 토지가 분급되고 있음으로 보아 사원에 노동력이 집중되고 있었음을 쉽게 짐작해 볼 수 있고, 또 이 시기 사원이 작지않은 규모의 鹽盆을 소유하고 있는 사례로 보아[49] 이러한 가능성은 더욱 높다고 하겠다.

이상으로 고려후기 사원전이 토지겸병의 추세속에서 확대되는 과정을 몇 가지 유형으로 언급하여 보았다. 이를 통해 보면 고려후기 사원은 王室과 貴族家門에 의한 시납과 일반 民들의 寄進과 投托 등이 꾸준히 나타나고 있는 가운데 토지를 보유하고 있었으며, 이에 더하여 奪占과 兼幷·開墾과 같은 좀 더 적극적인 방법으로 田地를 확대하여 가고 있었음을 알 수 있다.

그러나 12세기 이후에 와서 사원의 田地는 기본적으로 확대일로에 놓여 있었다고 보여지지만, 그것이 일률적이지는 않았을 것이다. 武臣執權에서 비롯한 정치·사회적 파행, 30여년에 걸친 麗蒙戰爭, 이후 元의 干涉 등을 경험하는 가운데 사원의 경제력도 부침을 거듭하였기 때문이다.

---

49) 사원이 鹽盆을 소유하고 있는 사례는 다음의 기록으로 알 수 있다.
　≪高麗史≫ 卷 79, 食貨2 鹽法 忠宣王 元年 2월.
　≪稼亭集≫ 卷 5, <金剛山長安寺重興碑>.
　≪曹溪山松廣寺史庫≫ <國師當時大衆及維持費>, 亞細亞文化社, 1977.

2節 寺院田의 存在樣態와 그 규모

1. 寺院田의 存在樣態

 고려후기 사원전은 그것이 형성·확대되는 유형만큼이나 다양한 모습을 보이고 있었을 것이다. 본 절에서는 이것을 存在樣態, 토지지배의 圈域과 規模, 지배상의 성격 등으로 나누어 살펴보기로 한다.
 그러나 이런 내용들을 알 수 있는 사원은 그 대상이 매우 제한되어 있는 실정이다. 그러므로 여기서는 通度寺·修禪社·雲門寺·長安寺 등 비교적 사격이 큰 사원을 중심 대상으로 삼아 접근해 보기로 한다.
 현재 고려시대 사원의 수를 정확히 추단해 내기는 대단히 어렵다. 그러나 국가나 왕실의 재정적 지원을 받고 있던 裨補寺院만 하더라도 3천여 곳은 상회하였을 것으로 짐작되며,[50] 또 그렇지 않은 순수 민간의 사원이 많아 그 규모에 있어서 매우 다양한 모습으로 존재하였던 것으로 보인다.
 이 가운데 비교적 소규모 사원의 경우는, 사원의 주변지를 하급 僧徒 혹은 僧이 일구어 경작하는 모습들이 나타나고 있다. 다음의 기사들은 이러한 면을 반영해 준다.

---

50) <陽和寺古蹟 跋文> (≪朝鮮寺刹史料≫下 pp.137~138) 에는 羅代以後 佛法을 더욱 받들어 '三千神補所 七大伽藍 五百禪刹'이라하고 神補三千 가운데 하나가 陽和寺라 하고 있어 이를 통해 보면 고려시대는 일종의 국립사찰격인 비보사찰만도 3천여 곳이 되는 것으로 추산된다. 물론 이 기록을 그대로 받아들이기는 어렵지만, ≪新增東國輿地勝覽≫소재 佛字數(古跡條 포함)에 나타나고 있는 조선초의 사정을 감안하면 전혀 설득력이 없는 것은 아니리라 본다.

① 지금 役을 避한 무리들이 沙門에 의탁하고 재화를 벌어 생활해 가는데, 농사짓고 가축 기르는 것을 業으로 삼고 장사하는 풍습이 있어 나아가서는 戒律을 어기고 안에서는 淸淨 규약을 지키지 않고 있다. …… 梵唄를 부르던 마당은 파, 마늘 밭이 되었다.51)
② 沙村의 생활 고기잡이에 붙이니, 기름진 田土는 갈대밭이 되었네. 토굴의 승려는 빈땅을 아끼어서, 어깨에 쟁기메고 山 땅을 일구네.52)

①의 기사는 승려들이, 그것도 講論의 장소를 農地로 만들어서 그곳에 파와 마늘을 심고있다고 서술되어 있다. 그러나 여기서의 '講唄之場'은 사원 주변의 空閑地였을 것이며, 고려후기에 들어서도 이런 형태의 사원 토지는 매우 보편적인 형태로 존재하였으리라 사료된다. 이 때 땅을 일구는 자들은 避役하여 沙門에 의탁한 무리라고 본 기사는 지목하고 있다.

②의 기사는 僧이 직접 땅을 경작하는 모습이 반영되어 있다. 비록 이들은 토굴 인근에 소규모로 이루어진 개간이지만, 이와같은 토지들은 흔히 사원 주변의 空閑地가 개간되는 사례로 간주해 볼 수 있을 것이다.

그러나 대개 사원의 財政源이 될만한 토지는 일정한 규모를 가지고 있었고, 그것은 사원주변지로만 존재할 수는 없는 것이었다. 이러한 토지는 대개 官人을 비롯한 有力者들에 의해 창건되어 개인 願堂

---

51) 「今有避役之徒 托號沙門 殖貨營生 耕畜爲業 佔販爲風 進違戒律之文 退無淸淨之約 …(中略)… 講唄之場 割爲葱蒜之疇」≪高麗史≫ 卷 7, 世家7 文宗 10년 9월.
52) 「沙村計活付魚灘 任却膏田化葦萑 唯有巖僧嫌地曠 一肩高侭勉耕山」≪東國李相國集≫ 卷 17, 古律詩 江村路中.

으로 역할하는 사원의 경우에서 나타나고 있다.53) 앞서 언급한 普光寺, 報法寺, 水嵓寺, 乾洞禪寺 등과 같은 사원이 이에 해당된다. 이를 이제 元의 간섭기에 들어서 나타난 하나의 사례, 神福禪寺를 통하여 살펴보자.

    절은 廣州에 있는데, 처음으로 창건하기를 고을과 같이 시작하여 興하고 廢하는 것이 무상하였다. …… 至治 말년에 준공하였는데, 山人 永丘가 실제 그 일을 맡아서 주관하였다. 전에는 항상 거주하는 이가 없더니, 朴君이 州의 서쪽 마을 烏山에 있는 좋은 땅 15 結을 시주하고 부인 金氏가 楮幣 5백 貫을 시주하여 공양으로 갖추어 충당하였다.54)

이에 의하면 신복선사는 이미 황폐화 되었던 것인데, 1314년 朴㻋魯兀大와 그의 부인이 재정을 출연하면서 다시 재건되는 모습을 보여주고 있다. 이 때 시납된 福田으로서의 土地는 州의 서쪽 마을 烏山에 있는 것이었다. 곧 이들 토지는 사원과 일정한 거리를 두고 위치하였다는 언급이다. 이와 같이 사원과 일정한 거리를 두고 위치한 사원전의 사례는 다양한 모습으로 존재하였을 것이다.

  이러한 토지들은 소속 僧이 직접 경작에 임하지는 않았을 것이다. 앞서 普光寺의 경우처럼 토지와 노비가 함께 사원에 시납된 경우에는 이들을 통하여 경작되었을 것이나, 그렇지 않을 경우에는 佃戶에

---

53) 이들 官人들의 願堂 혹은 願刹에 대해서는 다음의 논고들이 참고된다.
    秦星圭, <高麗後期 願刹에 對하여> ≪歷史敎育≫ 36, 1984.
    韓基汶, <高麗時代 官人의 願堂> 上·下, ≪大丘史學≫ 39·40, 1990.
54) 「寺在廣州 其刱始盖與州並興 興廢不常 …(中略)… 訖工于至治之末 山人永丘 實戶其事 舊無常住 資朴君施良田 在州西村之烏山者一十五結 其夫人金氏 施寶楮五百貫 以充供具焉」, 李穀, <大元高麗國廣州神福禪寺重興記> ≪稼亭集≫ 卷 3 ≪高麗明賢集≫ 3, pp.27~28.

의한 병작 經營이 더욱 용이하였으리라 본다.55)

이와같이 소속 토지가 本寺와 떨어져 있어 전호를 통하여 경영될 경우, 해당 사원은 가끔씩 직임자를 보내어 경작을 확인하기도 하였을 것이다. 이럴경우 토지는 소유지에 해당하므로 지주로서의 사원은 地代로 수확량의 1/2정도를 수취하였을 것이다. 간혹 생산기반이 취약한 유입 인구라면 때때로 떠나는 예도 나타나고 있었을 것이지만,56) 이럴경우 사원은 이들에게 농사 경비를 차용해 주는 형태로도 경작을 도모하였을 것이다.

그러나 토지의 위치가 사원의 垈地와 잇닿아 있을 경우에는 경작도 하급승려나 노비를 통하여 직접 이루어졌을 것이다.

이상과 같은 소규모 사원 주변지나, 개인에 의해 시납된 비교적 작은 규모의 토지들은 고려후기 사원이 실질적으로 지배하고 있던 전체 토지의 규모에 견주어 보면 상대적으로 그리 큰 비중을 차지하지는 않았다.

이와달리 고려시대 유력한 사원들은 대부분 대규모 토지지배의 모습을 보여주고 있다. 이들이 羅代 이래 보유해 온 토지들은 고려전기 田柴科 안에서 파악되면서, 국가나 왕실에 의해 소유지로 추인되거나,57) 수조지로 분급되는 형태로 존재하였다. 여기에 더하여 고려후기 사원의 적극적인 경제활동을 통해서도 더욱 광대한 토지지배의

---

55) 이러한 토지 경영은 사원의 경우는 아니지만, 다음 李奎報의 詩에 보여지는 根谷村의 토지지배 모습에서도 시사받을 수 있을 것이다. 李奎報, <六月十一日發黃驪將向尙州出宿根谷村(予田所在)> ≪東國李相國集≫ 卷 6.
56) 이러한 면은 定慧寺의 田民이 처한 형편에서 짐작된다.
沖止, <鷄峯苦> ≪圓鑑錄≫ 詩 (≪韓國佛敎全書≫ 6, p.393).
57) 이런 점은 羅代의 田莊이 사원의 私有地로 그대로 承襲되고 있는 점에서 짐작해 볼 수 있다.
姜晉哲, <私田支配의 諸類型 -寺院田-> ≪高麗土地制度史硏究≫ 高麗大學校 出版部, 1980, p.150.

모습을 보여주고 있다.
 이렇게 대규모 토지가 사원에 의해 지배되고 있는 경우, 그 존재형태는 크게 두 가지로 나누어 파악될 수 있을 것이다. 하나는 사원주변으로 집중되어 있으면서 존재하는 경우이고, 다른 하나는 이것이 각 지역으로 분산되어 있는 경우이다. 전자의 경우로 먼저 通度寺를 예로 들어보자.
 통도사는 현재 일부 文件과 史蹟이 전해지고 있어 고려후기 토지지배의 일단을 유추하는데 도움을 준다. 다음은 매우 포괄적이긴 하나, 그 토지의 존재형태를 언급하고 있는 것이다.

> 절의 四方 山川을 神補하였는데, 그 땅의 四方 둘레가 4만 7천 步 정도이며 사방의 각각에 塔長生標가 도합 12개이다. …… 四方 長生標 안에는 直干의 位田畓이 東南洞 내의 北茶村 坪郊에 나뉘어져 있는데, 거기는 居火郡의 경계이다.[58]

 통도사는 고려시대 律業의 중추적인 사원으로 11세기 후반에 접어들면서 왕실과 밀접한 관련을 지니면서 부각된 사원이었다.[59] 앞서 인용한 사원이 전하는 《通度寺事蹟略錄》의 <寺之四方山川神補>文에 의하면,[60] 위와 같이 땅의 사방 둘레가 4만 7천 步 가량이나 되는

---

58) 「又寺之四方山川神補也者 基地 四方周四万七千步許 各塔長生標合十二 … (中略)… 四方長生標 直干之位田畓 分伏於東南洞內 北茶村坪郊 乃居火郡之境也」《通度寺事蹟略錄》<寺之四方山川神補> (《通度寺誌》 亞細亞文化社, 1983, pp.24~27).

59) 蔡尙植 <고려중기 通度寺의 寺格과 역사적 의미> 《韓國文化研究》 3, 1990, pp.61~65.

60) 이 자료에 포함된 사례가 어느 시대의 사실을 설명하고 있는가에 대해서는 약간의 이견이 있다. 이를 언급하면 다음과 같다. ① 1328년의 자료로 한정한 경우(최길성, 앞의 글), ② 장생표를 기준으로 이들의 始·改立의 두 시

광대한 면적의 토지를 지배하고 있었음을 알 수 있다.61) 물론 이 토지들이 모두 耕地를 의미하지는 않을 것이다. 그러나 이들 토지의 일정 부분은 耕地일 것이고, 외에도 생산과 직결되었을 가능성을 보여주고 있다.62)

그런데 위의 기사에서도 나타나 있듯이 통도사의 토지에서 우선 주목되는 것은 長生標의 존재이다.63) 이에 관해서는 그동안 先學들의 논고에서도 언급된 적이 있지만,64) 통도사 사원전의 지배에서 차지하는 본 자료의 위치를 감안할 때 약간의 언급을 하지 않을 수 없다.65)

기의 역사적 사실을 반영하나, 실제 이 자료 속에는 다양한 시기의 역사적 사실이 내포되어 있는 것으로 보는 견해(武田幸男, 앞의 글), ③ 釋瑚에 의해 이 기록이 작성된 충렬왕대까지의 통도사 관련 기록들을 모아 정리한 것(이인재, 앞의 글)으로 보는 등 해당 시기에 대해서 약간의 이견들이 있다.

61) 이에 대한 면적의 추산은 pp.68~76 참조.
62) 가령, ≪新增東國輿地勝覽≫ 卷 22, 梁山郡條에는 그 風俗과 土産이 대나무와 밀접히 관련되어 있음을 보여주고 있는데, 이를 보면 통도사 토지 중에는 다수의 竹田도 포함되어 있지 않았을까 한다.
63) 長生에 대해서는 孫晉泰, <長栍考> (≪孫晉泰先生全集≫2, 太學社, 1981)가 참고된다. 이에 의하면, 長栍은 장승과 같은 의미로 쓰이는 말이며 ① 물질로서 木・石의 장승, ② 性質로서 里程標・守護神 등의 장승, ③ 所在 장소로 보아 寺院・邑村洞口,・境界・路傍의 장승 등이 있다고 하고, 新羅・高麗時代의 長栍은 사원과 村里間의 경계로 보이는 경우가 많으며 대체로 사원과 관계가 깊다고 보았다.
64) 이에 대한 선학들의 언급은 다음의 논문들에서 확인할 수 있다.
최길성, <1328년 통도사의 농장경영형태> ≪력사과학≫ 1961-4, 1961.
武田幸男, <高麗時代通度寺의 寺領支配> ≪東洋史硏究≫ 25-1, 1966.
安日煥, <高麗時代 通度寺의 寺領支配에 對한 一考 -「事蹟記」中의「寺之四方山川神補」를 中心으로> ≪論文集≫ 4, 釜山大學校敎養課程部, 1974.
金潤坤, <麗代의 寺院田과 그 耕作農民 - 雲門寺와 通度寺를 중심으로 -> ≪民族文化論叢≫ 2・3輯, 1982.
65) 羅代에서 고려 중엽에 이르기까지, 長生標의 建置는 몇몇 사례에서 확인되

더구나 현재 실물로서 확인되는 것만도 2 基가 있는 만큼66) 그 사실성과 더불어 자료의 활용도가 높기 때문이다.

현전하는 장생표 2 基 외에 일제식민기 조선총독부에서 조사할 당시만 해도 密陽郡(현재 밀양시) 下西面 武安里에 다음과 같은 銘文이 있는 국장생 석표가 소재했던 것으로 보고되어 있다.67)

□國長生一坐段寺 □乙丑五月日牒前 □是於爲了等以立□乙丑十二月日記

이는 제시된대로 缺字가 많아 분명한 내용을 파악하기는 어려운 점이 많으나, 대략 그 내용이 '□國長生의 一坐는 寺□ 乙丑 五月 日의 通牒대로 이전과 같이 세우도록 말하여 왔으므로 세운다. □乙丑 十二月에 記'라는 내용으로 이해된다.

이 장생과 각자내용이 거의 비슷한 것이 현재 蔚山市 三南面 象川里에 소재하고 있다. 이 석표는 높이 171cm, 너비 80cm의 화강암 재질로, 현재 上端 부분이 부러진 상태이다. 판독 가능한 부분을 보면 다음과 같다.

지만, 그 위치를 분명히 알 수 있는 경우는 그리 많지가 않다. 오늘날 위치가 발견되는 경우는 전북 南原의 實相寺 입구, 경남 昌寧의 觀龍寺 입구 등에서 찾아지며, 全南 長興의 寶林寺(<寶林寺 普照禪師彰聖塔碑> (≪朝鮮金石總覽≫上, p.63)와 같이 金石文을 통하여 확인되는 경우도 있다.

66) 하나는 蔚山市 三南面 象川里에 上段이 부러진 상태로, 또 하나는 비록 풍화로 刻字의 부분적인 마모는 있으나 더욱 완전한 모습으로 현재 梁山市 下北面 白鹿里에 위치하고 있다.

67) 물론 이것은 朝鮮總督府에서 조사하던 당시에는 동일 지역에 所在했던 것으로 보이며, 현재로는 그 위치에서 발견되지 않고 있다. <武安里國長生石標> (≪朝鮮金石總覽≫ 亞細亞文化社, 1976 p.292) 下西面은 二東面과 합쳐져서 현재 武安面이 되었다.

> □乙山國長生一坐段寺
> 戶□乙丑五月日牒前
> 立□是於爲了等以立
> 年乙丑十二月日記

　대체적으로 앞의 武安里 소재로 파악된 장생표와 그 내용은 비슷하다.68) 그런데 이상의 標塔은 모두 결락이 심해 판독의 어려움이 많은 상황에서 현재 梁山市 河北面 白鹿里 소재 이른바 <通度寺國長生石標>를 통해 그 내용을 좀 더 명확히 알 수 있다. 각자된 原文을 ≪朝鮮金石總覽≫과 필자가 답사해 확인한 것을 바탕으로 옮겨보면 다음과 같다.

> 通度寺孫仍川國長生一坐段寺
> 所報尙書戶部乙丑五月日牒前
> 判皃如改立令是於位了等以立
> 大安元年 乙丑十二月 日記69)

　이를 풀이하면 '通度寺 솔래천 國長生 한 자리는 절에서 보고한 바에 따라 尙書 戶部가 乙丑年 5月 日에 통첩하기를 앞에 결정한 바와 같이 다시 세우도록 하는 令이 있었으므로 이에 의해서 세운다. 大安

---

68) 實測과 判讀은 필자가 확인 답사해 본 결과에 바탕한 것이다. 첫줄 '乙'의 다음 글자는 '山'임에 틀림없는 것으로 확인되었다. '乙'은 '冬乙山'의 '乙'로 생각된다고 하고, 현재의 象川 마을 위치와 맞아 떨어진다고 하는 견해가 있는데(蔡尙植, <고려중기 通度寺의 寺格과 역사적 의미> ≪韓國文化硏究≫ 3, 釜山大學校 韓國文化硏究所, 1990, pp. 66~67), 필자가 보기에는 그 다음 字인 '山'字 또한 그 윤곽이 뚜렷하다. 이로보면 상호부합되어 맨 앞의 缺字는 '冬'으로 보아 무방할 것 같다.

69) ≪朝鮮金石總覽≫上, 亞細亞文化社, 1976, p.291.

元年 乙丑 12月에 記한다'는 내용이 된다. 전거한 두 석표에서의 '乙丑'은 大安 乙丑年, 곧 宣宗 2년을 말한다. 따라서 양산시 孫仍川, 밀양시 무안면 武安里, 울산시 삼남면 象川里 등지에 세운 국장생은 宣宗 2년 5월경에 상서 호부의 통첩을 받고 동년 12월경에 세운 것임을 알 수 있다. 이같이 동일한 시기에 國長生이 각 지역에 세워진 것은 결코 우연한 일은 아닐 것이다. 이것은 통도사의 요청에 의해 세워졌음이 분명하며, 그것도 尙書 戶部에 청원하여 이의 재가를 받아 세워졌던 것이다.

戶部는 고려시대 중앙 정치기구 가운데 三司와 더불어 대표적인 財政運營 機構였다. 그 가운데 三司가 주로 州縣의 稅貢을 규정하거나 耗米 징수 등의 錢穀 출납과 회계의 일을 관장하는데 비하여, 호부는 국가의 기본적인 財政源인 土地와 戶口, 田地를 체계적으로 파악 관리하는 기관이었다.[70] 그렇다면 호부가 改立을 허가하여 세운 장생은 단순히 四至의 경계를 標識하는 기능만 지닌 것이 아님이 분명하다. 그러한 점에서 고려초 長遊寺의 다음 사례가 참고된다.

> 이 절이 생긴 지 5백 년 후에 長遊寺를 세웠는데, 이 절에 바친 田柴가 도합 3백 結이나 되었다. 이에 장유사의 三剛은 王后寺가 장유사의 柴地 동남쪽 標 내에 있다고 해서 왕후사를 폐하고 莊舍로 삼았다.[71]

곧 이에 의하면 이러한 장생표의 존재는 인접한 토지 내지는 지역과 관련하여 일정하게는 배타적 징표로 기능하였던 것으로 이해된다.

---

70) 安秉佑, ≪高麗前期 財政構造硏究≫ 서울大學校 박사학위논문, 1994 pp.11~25.

71) 「自有是寺五百後 置長遊寺 所納田柴幷三百結 於是右寺三剛 以王后寺在寺柴地東南標內 罷寺爲莊」≪三國遺事≫ 卷 2, 駕洛國記.

王后寺는 元嘉 29년 首露王과 허왕후가 합혼하던 곳에 세운 사원으로 절 근처 平田 10 結이 시납되어 있는 것이었다.72) 그런데 위의 기록에 의하면 이 근처에 長遊寺가 세워지고, 여기에 田柴 300結이 시납되고 長生標가 세워지면서 왕후사는 파해져 장유사의 莊으로 삼아지고 있는 것이다.

통도사의 장생표 역시 이와 마찬가지의 성격을 지녔을 것이라 생각된다. 곧 이것은 사원의 토지에 대한 지배권의 추인 내지는 無稅地로서 公認의 의미를 지니는 것으로 파악된다. 그런데 앞서도 인용한 바 있는 ≪通度寺誌≫ <寺之四方山川裨補>文에 의하면,73) 이들 장생표내의 토지는 일찍이 公私 他土가 없는 것으로 명기해 두고 있는데,74) 이것은 이 일대의 토지가 통도사의 支配 圈域에 들어 있음을 의미하는 것이라 할 것이다.

또 하나 통도사 토지의 존재형태에서 주목되는 부분은 장생표 내에 존재하고 있는 몇개의 촌락이다.

> 四方 長生의 땅을 나누어 三千의 大德房洞을 두었다. 남쪽에는 布川山洞에 一千大德이 주석할 房이 있다. 북쪽에는 冬乙山 茶村이 있어 茶를 제조하여 절에 바치는 곳이다. 절에 바치는 茶를 끓이는 아궁이와 샘물이 있어 지금도 마르지 않았는데, 後人들이 茶所村이라 하였다.75)

---

72) 위와 같음.
73) ≪通度寺事蹟略錄≫ <寺之四方山川裨補> (≪通度寺誌≫ 亞細亞文化社, 1983).
74) 「右石碑石磧塔排長生標內 曾無公私他土也」≪通度寺事蹟略錄≫ <寺之四方山川裨補> (≪通度寺誌≫ 亞細亞文化社, 1983, pp.29~30).
75) 「四方長生基地 分有三千大德房洞 南有布川山洞 乃一千大德之所住房也 北冬乙山茶村 乃造茶貢寺之所也 貢寺茶口茶泉 至今猶存不泯 後人以爲茶所村也」 ≪通度寺事蹟略錄≫ <寺之四方山川裨補> (≪通度寺誌≫ 亞細亞文化社, 1983, p.26).

이에 의하면 장생표가 세워져 있는 공간 안으로 大德房洞, 布川山洞, 茶村 등의 존재가 나타나고 있는 것이다. 여기서 주목되는 것은 통도사의 토지지배가 촌락을 단위로 하여서도 이루어지고 있었을 것이라는 점이다. 우선 이 가운데 茶村 하나만 예를 들어 살펴보기로 한다.

冬乙山의 茶村은 茶를 제조하여 통도사에 바치는 곳이라 하였다. 그런데 이것이 '茶所村'으로도 불리고 있음에서, 이것이 고려시대 특수 행정구역인 部曲지역 가운데 '所'를 의미하지 않을까 하는 추측도 제시되어 있다.[76] 그러나 통도사의 지배권역에 들어 있는 위의 茶村은 이와 별개의 성격으로도 파악되어져야 할 것이다.

가령 사원전의 경작민이 한 곳에 集居하게 되면서 특정지역을 중심으로 독특한 사원 촌락을 형성하고, 사원의 소요품도 생산 조달하게 되지 않았나 하는 것이다.

물론 이들 民들이 '造茶貢寺'한 것이 그들의 노동지대로서 였는지,[77] 아니면 傭作과 같은 방식으로 이루어졌는지[78] 본 자료로서는 확정하기 어렵다. 그러나 본 기사에 '造茶貢寺'라고 한 점은 이것이 불교 사원 고유의 성격과 결부해서도 상고할 만한 것이라 하겠다.[79]

---

76) 武田幸男은 茶所村을 賤民들이 集團的으로 居住하였던 賤民村落으로서의 '所'라 하였다. <앞의 논문>, pp.83~84.
77) 최길성, <1328년 통도사의 농장경영형태> ≪력사과학≫ 1961 - 4, 1961.
78) 金炯秀, <高麗前期 寺院田 經營과 隨院僧徒> ≪한국중세사연구≫ 2, 1989, p.113.
79) 필자는 이전의 다음의 사례를 통해 다른 가능성을 제시해 보고자 한다. 즉, ≪三國遺事≫ 卷 3, 塔像4, 臺山五萬眞身에「每歲春秋 各給近山州縣倉 租一百石 淨油一石 以爲恒規 自院西行六千步 至牟尼岾 古伊峴外 柴地十五 結 栗枝六結 坐位二結 創置莊舍焉」라고 한 바와같이, 통도사의 茶所村도 통도사에 茶를 바치는 것이 恒規化 되어 있는 - 물론 그런 기록은 없으나

그러나 이들 민 역시 중요한 역할은 寺院田과 관련된 것일 것이다. 이점은 많은 경지가 주변에 분포하고 있었다는 점에서 짐작된다.

> 四方 長生標에는 直干의 位田畓이 東南洞 內의 北茶村 坪郊에 나뉘어져 있는데, 거기는 居火郡의 경계이다.80)

그런데 이와같은 사원전과 촌락과의 관련성은 그 기원이 오래되었을 것으로 보인다. 가령 新羅 下代에 농장의 관리소로 짐작되는 莊舍를 설치하고, 知莊을 임명한 사례라든가,81) 고려시대 莊・處에 대한 사원의 지배도 그런 점에서 이해가 가능할 것으로 보이기 때문이다.82) 결국 통도사 사원전에서 보여주는 촌락도 그러한 형태의 연장선상에서 이해가 가능하다고 본다. 물론 이 기록이 12세기 이후의 사정만을 반영한다고 볼 수는 없다.83) 그러나 이 시기 사원의 토지 지배규모를 감안하면, 이러한 사례가 비단 통도사 하나에만 국한되지는

- 촌락으로, 사원의 전호가 취락을 이루며 살았던 일종의 사원 屬村이 아닌가 한다.
80) 「四方長生標 直干之位田畓 分伏於東南洞內 北茶村坪郊 乃居火郡之境也」≪通度寺事蹟略錄≫ <寺之四方山川裨補> (≪通度寺誌≫ 亞細亞文化社, 1983, pp.26~28).
81) ≪三國遺事≫ 卷3, 塔像4 臺山五萬眞身 및 洛山二大聖觀音正趣調臣.
82) 李相瑄, ≪高麗時代 寺院의 社會經濟的 位相에 관한 硏究≫ 高麗大學校 박사학위논문, pp.45~52.
83) 通度寺의 대토지 지배가 본격화되는 것은 대략 長生標가 설치된 宣宗 2년(1085)이후의 시기로 생각할 수 있다. 그러나 이러한 토지지배가 특정의 시점에 일률적으로 이루어졌다고 보여지지는 않는다. 이 시기 官壇寺院으로서의 통도사의 寺格, 그리고 장생표가 改立되고 있음은 이전부터 그러한 토지지배가 일정하게 이루어져 왔음을 시사한다. 충숙왕대 釋瑚가 文書에 이 기록을 남기고 있는 것은, 원간섭기 들어서 나타나고 있는 일련의 상황과 관련하여 통도사는 이들 토지에 대한 지배권을 확인해 두는 의미가 아닐까 생각된다.

않았을 것이다.
 이상에서는 대규모로 집중된 형태로 존재한 사원전의 사례를 통도사를 통하여 살펴 보았다. 그러나 이와같이 토지내에 촌락까지 이루는 경우는 이 시기 사원전의 보편적인 형태로 보기는 어려울 것이다. 오히려 이와 달리 더욱 많은 토지가 여러 지역으로 분산되어 지배되고 있는 경우가 많았을 것이기 때문이다. 그러한 경우는 修禪寺와 長安寺가 좋은 例가 될 것이다.
 修禪社는 고려후기 불교사에서 수선사 結社가 차지하는 비중에서 알 수 있듯이, 그 사상사적 측면에서 주목되는 사원이다.[84] 알려진대로 수선사는 知訥을 중심으로 한 <定慧結社>를 통하여 역사의 전면에 부각되었다.[85] 이때 결사문의 머리 구절은 새길수록 의미있다.

> 내 들으니 "땅으로 인하여 넘어진 사람은 땅으로 인하여 일어난다" 하였다. 그러므로 땅을 떠나 일어나려는 것은 될 수 없는 일이다. 한 마음이 迷惑되어 가없는 번뇌를 일으키니 이가 衆生이요, 한 마음을 깨달아 가없는 妙한 작용을 일으키니 이가 부처이다. 미혹함과 깨달음은 다르지만 要는 모두 한 마음으로 말미암는 다는 것이니, 마음을 떠나 부처가 되려는 것은 있을 수 없는 일이다.[86]

---

84) 이 점에 대해서는 다음과 같은 연구성과가 제출되어 있다.
　　蔡尙植, <13세기 信仰結社의 성립과 사상적 경향> 《高麗後期佛敎史硏究》 一潮閣, 1991.
　　秦星圭, <高麗後期 佛敎史에 있어서 修禪社의 位置> 《韓國佛敎文化思想史》 上, 1992.
85) 秦星圭, 「高麗後期 修禪社의 結社運動」『韓國學報』 36, 1984.
　　崔柄憲, 「修禪結의 思想史的 意義」『普照思想』 창간호, 1987.
　　蔡尙植, 「고려후기 修禪結社 성립의 사회적 기반」『韓國傳統文化硏究』 6, 1990.
86) 「恭聞 人因地而倒者 因地而起 離地求起 無有是處也 迷一心而起無邊煩惱者 衆生也 悟一心而起無邊妙用者諸佛也 迷悟雖殊 而要由一心 則離心求佛者 亦

이는 고려 불교사가 무신란 이후 새로운 양상을 보이고 있음을 짐작하게 하는 대목이고, 이 시기 信仰結社의 성격 일단도 짐작해 볼 수 있는 대목이다. 또 이것은 기존의 불교에 대한 반성을 의미하며, 13세기 불교 기운의 새로운 시작을 의미하는 것이기도 하다.[87]

그런데 사상적인 측면에서 이같은 위상을 지닌 수선사는 경제적인 측면에서도 주목되는 사원이다. 1196년 최충헌의 등장은 불교계를 경제적으로 급변시켜 갔으며, 이 시기 들어 불교계에서 급부상하고 있던 사원이 수선사였다. 現傳하는 수선사의 자료에서 주목되는 것은 이 시기 정치적 실력자들에 의한 토지 시납이다. 그런 점에서 다음의 <國師當時大衆及維持費>의 내용은 주목해 볼 필요가 있다.[88] 이를 도표로 나타내어 보면 표 1과 같다.

　　無有是處也」 知訥 撰, <勸修定慧結社文> (《韓國佛敎全書》 6, p.698).
87) 蔡尙植, 《앞의 책》 1991, 참조.
88) <國師當時大衆及維持費> 《曹溪山松廣寺史庫》 아세아문화사, 1977.
　　아마 이외에도 이 시기 修禪社 토지는 각지에 산재하였을 것이다. 국가에서 분급하는 형식이 아니라 직접 施納한 토지라는 점에서 이들 토지는 所有權의 이전이라는 형태로 나타나지 않았나 한다. 이 문서에 대해서는 다음의 논고가 참고된다.
　　任昌淳, <松廣寺의 高麗文書> 《白山學報》 11, 1971.
　　許興植, <曹溪山 松廣寺의 寺院文書> 《韓國中世社會史資料集》 亞細亞文化社, 1976.
　　朴宗基, <13세기 초엽의 村落과 部曲> 《韓國史硏究》 33, 1981.

◇ 표 1 修禪社의 地域別 土地 分布

施納者	施納動機	施 納 內 容		所在地域
崔	祝聖 油香寶	韋長伊村 鐵谷村　幷 10結 5卜 新谷村		昇 平 郡
		南陽縣地 鹽田 7庫 　　　　　山田 3庫　幷 3結 70卜		寶城郡 任內
		吐叱村　鹽田 6庫　節席四座		昇平郡地
怡	國大夫人宋氏 忌日寶	加音部曲　　40結　30卜 進禮部曲　　1結 赤良部曲　　2結 富有縣地田畓幷 2結　49卜		昇平郡 任內
	同生妹氏 忌日寶	田畓幷 80結　30卜		昇 平 郡 地
盧仁綏	祝 聖	田畓　　15結		光州
		田畓　　28結 50卜 化順縣 田畓 7結 10卜 鐵治縣 田　　1結 30卜		綾城郡
金仲龜	父母忌日寶	富有縣 田畓　17結		昇平郡 任內
徐敦敬	父母忌晨寶	拂音部曲 田畓 5結 荳原縣　田畓 30結 63卜		長興府 任內

* <國師當時大衆及維持費> ≪曹溪山松廣寺史庫≫ 亞細亞文化社, 1977, pp. 401~404 참조.

　이들 토지에서는 몇 가지 특징이 나타나고 있는데 나누어 살펴보면 다음과 같다.
　먼저 주목되는 것은 이들 토지의 대부분이 寶를 매개로 시납되고 있다는 점이다. 그런 점에서 이들 토지들은 그들의 發願내용에 의거하여 사원에 영구히 시납된 토지라 할 수 있을 것이다. 둘째, 이들 시납된 토지들은 매우 다양한 종류로 구성되어 있으며 鹽田과 部曲의 토지가 포함되고 있는 점이 주목된다.[89] 또 이 가운데는 교환되어 시납된 경우도 있다. 물론 이때의 교환은 기본적으로 시납자의 소유여부와 수선사의 관리상 편의성이 고려된 것이 아닐까 한다. 이러한 토지는 기본적으로 佃戶를 통한 地主的 支配가 이루어졌을 가능성이 있으며, 鹽田의 경우 外居奴婢에 의한 경영이 예상된다.

그런데 이러한 수선사 토지의 또 다른 일면은 元의 干涉期에 5대 社主 冲止가 元 皇帝에게 올리는 표문에서도 나타나고 있다. 다음의 기사가 참고된다.

① 생각하면 이 修禪精舍는 …… 옛날 임금께서 가까운 邑의 田土를 주셔서 영구히 齋費에 충당토록 하셨습니다. 그런데 지금 天使가 別宮의 版籍을 찾아내어 兵粮을 준비하려 합니다. …… 저희 나라 達魯花赤에게 조서를 내려 兵粮使가 勅令을 받드는 것을 관리케 하여 특별히 叢林을 보호하시고 길이 저희에게 田地를 주십시오.[90]

② 본래 土毛가 모자라 항상 음식의 바퀴가 구르지 않는 것을 걱정했습니다. 지난번에 先后께서 이것을 가엾이 여기시어 公田을 베어 주셨습니다. …… 그런데 使臣이 처음으로 와서 軍須를 세밀히 조사할 때 舊傳하는 官籍을 찾아내어 田稅를 규정대로 징수하니, 大衆은 많고 먹을 것은 적어 寺勢가 급박했던 것입니다.[91]

---

89) 특히 이 가운데 鹽은 고려시대 대표적인 專賣品이었다는 점에서 시사하는 바 있다. 이 점에 대해서는 다음의 논고들이 참고된다.
權寧國, <14세기 榷鹽制의 成立과 運用> ≪韓國史論≫ 13, 1985.
姜順吉, <忠宣王代의 鹽法改革과 鹽戶> ≪韓國史研究≫ 48, 1985.
崔然柱, <高麗後期의 榷鹽制를 둘러싼 분쟁과 그 性格> 嶺南大學校 석사학위논문, 1993.

90) 「惟此修禪精舍 …(中略)… 昔邦君錫近邑之土田 永充齋費 今天使尋別宮之版籍 將備兵粮 …(中略)… 詔下我國達魯花赤及管句兵粮使佐勅令 別護我叢林 永錫我田壤」 冲止, ≪圓鑑錄≫ <上大元皇帝表 - 曹溪山修禪社復田表 - > (≪韓國佛教全書≫ 6, p.408).

이에 의하면 修禪社에는 앞의 것과 그 성격을 달리하는 또다른 토지가 소속되어 있음을 알 수 있다.

즉, ①과 같이 수선사에는 先代王이 齋費에 영구히 충당하도록 하사한 近邑의 토지가 있었던 것이다. 그런데 이들 토지가 沖止代에 와서 元의 使者가 別宮의 版籍을 찾아내어 兵粮에 쓰려고 하였고, 이에 충지가 表文을 올려 무마하고 있음을 보여준다.

그런데 위 자료에서 또 하나 주목되는 것은 이들 토지에 대한 수선사의 지배형태이다. 곧 ②에 의하면 使者가 판적을 확인한 후 취한 조치는 田稅를 규정대로 걷는 것이었고, 이로 인하여 수선사는 寺勢가 핍진하게 되었다는 사실이다. 이로써 짐작해 볼 수 있는 것은, 이들 토지가 실질적으로는 수선사에 의해 직접 지배되며 免稅되었던 토지라는 사실이다.

이와같이 수선사의 경우는 개인에 의해 시납된 소유지가 오늘날 昇州·寶城·長興·光州 등지에 널리 분포하고 있으며, 또 국가 분급의 收租地가 지급되어 있다. 이 가운데 후자는 상황에 따라 그 지배상의 변화가 나타나고 있음을 알 수 있다.

長安寺의 토지는 대규모이면서, 또다른 모습을 보여주고 있다.

金剛山 장안사는 이미 成宗代에 각지의 많은 토지가 국가로부터 분급되어 지배되고 있었다. 이후 장안사가 특히 興隆을 이루게 된 시기는 忠肅王代, 元 順帝의 황후 奇氏가 여러 해를 두고 많은 工匠을 보내어 퇴락한 堂宇를 중건하면서 였다고 한다.[92] 다음은 이 당시 長安寺의 寺勢를 확인시켜 주는 기사이다.

---

91) 「素乏土毛 常患食輪之不轉 頃蒙先后之憫此 載割公田而錫焉 …(中略)… 及值使華之初屆 點出軍須 迺尋官籍之舊傳 例收田稅 衆多食寡 事迫勢窮」 沖止, ≪圓鑑錄≫ <上大元皇帝謝賜復土田表> (≪韓國佛教全書≫ 6, p. 409).

92) 李穀, <金剛山長安寺重興碑> ≪稼亭集≫ 卷 6, 碑.

① 예전부터 있던 田地에 이르러서는 國法에 의하여 結의 數로써 계산한다면 1천 5백 結이 된다. 전지로서 咸悅·仁義縣에 있는 것이 각각 2백 結, 扶寧·幸州·白州에 있는 것이 각각 1백 5십 結, 平州·安山에 각각 1백 結이니 바로 成王이 희사한 것이다. 鹽盆은 通州의 林道縣에 있는 것이 하나, 京邸로 開城府에 있는 것이 1區 시장의 점포에 있어서 남에게 세 준것이 30間 이다.[93]

② 山中의 암자는 해마다 또 백개씩 불어나고 있다. 그 중의 큰 절로는 報德·表訓·長安寺 등이 있는데, 이 절들은 모두 官에서 지었다. …… 常住하는 경비 같은 것에 이르러서는 재물을 맡은 庫가 있고, 寶를 맡은 관원이 있다. 城郭을 등진 밭은 州郡에 가득하고, 또 江陵·淮陽 두 道는 매년의 租穀을 바로 官에 들어다가 다 엄중히 산으로 수송한다.[94]

①의 기사에 의하면 장안사의 토지는 咸悅·仁義縣과 扶寧·幸州·白州·平州·安山 등지로 분산되어 있으면서 그 규모도 1,000 結을 넘어서고 있었다. 이들은 국왕에 의해 喜捨된 것이었을 뿐 아니라 鹽盆과 점포를 소유하고도 있다. 開城府에 세를 준 점포가 30 間 이었다고 하였으니, 마치 생산·유통·소비가 통일적으로 연계되어 있는 듯 하다.[95] 그런데 장안사의 토지들은 ②의 기사에서 보듯 성곽을 등

---

93) 「至若舊有之田 依國法以結計之千有五十 其在咸悅仁義縣者 各二百 扶寧幸州 白州 各百五十 平州安山 各一百 卽成王所捨也 鹽盆在通州林道縣者一所 京邸在開城府者一區 其在市廛肆儗人者三十間」 李穀, <金剛山長安寺重興碑> ≪稼亭集≫ 卷 6, 碑.

94) 「山中菴居 歲增且百 其大寺則有報德·表訓·長安等寺 皆得官爲 營葺殿閣 …(中略)… 至如常住經費 與財有庫 典寶有官 負廓良田 遍于州郡 又以江陵 淮陽二道年租 入直于官 盡勒輸山」 崔瀣, <送僧禪智遊金剛山序> ≪拙藁千百≫ 卷 1, 序.

95) 이 점에 대해서는 pp.184~186 참조.

진 좋은 밭이 州郡에 가득하다는 것으로 보아 일부 소유지적 지배, 혹은 직접 지배의 가능성도 보여주고 있다. 그러나 역시 대부분이 官에서 거두어 수송해 주는 收租地로 이루어져 있었다. 이것은 대규모 사원전의 구조를 반영하는 또 하나의 예가 될 것이다. 또 이런 사정은 ②의 서술대로 長安寺 뿐 아니라 報德寺・表訓寺 등도 마찬가지였던 것이다.

한편, 다음 迷元莊의 사례는 고려후기 사원전의 또 다른 한 면을 시사하여 준다.

> (僧 普虛는) 廣州 迷元莊에 친척을 불러모아 마침내 집안을 이루었다. 虛가 왕에게 아뢰어 迷元莊을 승격하여 縣으로 하고 監務를 두었는데, 虛가 주로 號令하면 監務는 다만 進退만 할 따름이었다. 널리 田園을 점하였는데, 기르는 말(馬)들이 들에 가득하였다.96)

위의 기사는 고려후기 사원전 가운데 그 단위가 하나의 行政區域을 이룰 수 있다는 가능성을 시사해 주는 내용을 담고 있다. 이에 의하면 僧 普虛는97) 廣州牧 迷元莊에 우거하면서 田園을 넓게 점유하고 있었고, 왕에게 청하여 미원을 縣으로 승격시키고 있다. 그가 縣으로 승격시키고 있는 원래의 莊은 경내의 농민, 즉 莊戶들이 토지를 경작하며 가축과 유실수를 기르는 등 당시 보우가 주관한 寺院의 토

---

96) 「(僧 普虛)寓廣州迷元莊 聚親戚 遂家焉 虛 白王 陞迷元爲縣 置監務 虛主號令監務但進退而已 廣占田園 牧馬滿野」《高麗史》 卷 38, 世家 恭愍王1 元年 5월 己丑.
97) 太古 普愚(普虛)의 行蹟과 活動에 관해서는 다음의 논고가 참고된다.
  李英茂,〈太古普愚國師의 人物과 思想〉《建大史學》 5, 1976.
  兪瑩淑,〈圓證國師 普愚와 恭愍王의 改革政治〉《韓國史論》 20, 1990.
  李相瑄,〈恭愍王과 普愚 -恭愍王初 王權安定의 一助를 中心으로-〉《李載龒博士還曆紀念韓國史學論叢》 한울, 1990.

지지배와 밀접히 관련되어 있을 것이다.98) 그러나 이렇게 하나의 행정구역으로 설정되고 있는 사원의 토지들은,99) 그 지배상 문제도 없지 않았을 것이다. 그것은 14세기에 접어들면 '民少官多'로 표현될 만큼100) 지나칠 정도로 관청과 관원이 많아지고 있었고, 그 지배를 둘러싸고 監務와 충돌의 소지가 높았을 것이기 때문이다. 그런 점에서 이 예는 보우의 정치적 위상 때문에 비교적 안정적으로 유지되고는 있으나, 상대적으로 그렇지 못할 경우에는 그 지배가 점차 어려워지고 있었다 할 것이다.

미원장의 예와 더불어 파악해 볼 수 있는 것은 사원 소속의 莊·處田이 있다. 다음은 사원이 莊·處를 통한 토지지배를 어떻게 하고 있는가 하는 것을 엿볼 수 있는 대목이라 할 것이다.

① 또 莊으로 칭하는 것도 있어, 각 궁전·사원 및 내장택에 분속되어 그 稅를 바쳤다. 위 여러 所에는 다 土姓의 아전과 백성이 있었다.101)

② 料物庫에 속한 3백 6십 莊·處의 田地로 先代에 寺院에 시납된 것은 모두 그 庫에 되돌리도록 하라.102)

---

98) 金潤坤, <羅代의 寺院莊舍> ≪考古歷史學志≫ 7, 1991, p.278.
99) 迷元莊의 縣 승격은 行政的 必要性에 의해서라기보다는, 普虛의 친족 거주지로서 이들의 地位를 높이기 위해서 단행되었던 조치였을 것이라고 보는 견해도 있다. 旗田巍, <高麗時代의 王室의 莊園 - 莊·處> ≪朝鮮中世社會史의 研究≫ 法政大學 出版局, 1972, p.82.
100) 다음 기사는 이러한 사정을 보여주고 있다. 「又本國王京裏外 諸司衙門 州縣 摠三百五十八處 設官大小四千三百五十五員 刻削銷於民 甚爲冗濫 加之賦役頻倂 少有不前 那縛凌虐 忍痛銜冤 無可伸理 城郭州縣 虛有其名 民少官多 管民官按廉官 半年一次交代 令本處百姓 自備牛馬路費等物 迎送新舊官員 道路如織」 ≪高麗史≫ 卷 32, 충렬왕 27년 4월.
101) 「又有稱處者 又有稱莊者 分隸於各宮院寺院及內莊宅 以輸其稅 右諸所皆有土姓吏民焉」 ≪新增東國輿地勝覽≫ 卷 7, 驪州牧 古跡 登神莊.

종래 이에 대해서는 사원이 본래부터 소유한 私有地와 民田위에 설정된 收租地로 吏를 통한 간접 지배가 이루어진 곳으로 이해되어 왔다.103) 그러나 앞에서 普愚의 迷元莊의 경우가 보여준대로 실질적으로는 사원에 의해 직접 경영되었을 가능성도 배제할 수 없는 것이라 할 것이다.104)

비록 시기가 앞선 것이긴 하나, 다음의 廣照寺의 경우는 그러한 이해를 더욱 높여주는 사례이다.

> 門下의 대중은 삼밭 같고, 그의 뜰은 저자거리와 같았다. 그런 까닭에 分衛인 걸식은 하지 않아도 양식이 떨어지는 것은 면하였다. 이에 官莊은 三莊으로 나뉘었고, 供養은 四事로 구분하였으며, 더 나아가서는 주변의 當郡과 隣州가 모두 깊은 信心을 내었다.105)

太祖 7년 개경 서북의 광조사는 官莊이 지급되면서 寺勢를 더하고 있었다. 이 때 지급된 관장을 통하여 광조사는 인접해 있는 郡縣에

---

102) 「其料物庫屬 三百六十莊處之田 先代施納寺院者 悉還其庫」《高麗史》卷 78, 食貨1 田制 祿科田 辛禑 14년 6월 敎.

103) 姜晉哲, <公田支配의 諸類型>《高麗土地制度史硏究》高麗大學校 出版部, 1980, pp.189~191.

104) 田柴科와 관련하여 公田으로서의 莊·處田에 대해서는 이것을 1 科에 속하는 王室御料地의 하나로 볼 것인가(旗田巍, <高麗의 公田>《史學雜誌》77-4, 1968 ; 《朝鮮中世社會史의 硏究》法政大學 出版局, 1972, p.219, p.248), 아니면 民田과 같은 3 科 公田으로 볼 것인가 (姜晉哲, 앞의 글) 하는 견해의 차이가 있기도 하다. 그러나 위의 普虛의 迷元莊의 예를 통하여 알 수 있듯이 사원의 莊·處 가운데는 吏를 통하지 않고 직접 지배되는 경우도 있음을 알 수 있다.

105) 「其衆如麻 其門如市 然則不資分衛 唯免在陳 此乃官莊 則分錫三莊 供事則具頒四事 況復近從當郡 傍及鄰州 咸發深心」<廣照寺眞澈大師寶月乘空塔碑>《朝鮮金石總覽》上, p,128.

폭넓은 영향력을 행사하고 있다. 또 관장은 三莊으로 나누어 지급되고 있었는데, 이는 糧·鹽·棉花莊을 의미하는 것으로 해석된다.106) 이로써 四事를 두루 갖추게 되었다고 하는 점은 사원의 소요품이 이로부터 충당됨을 의미하는 것이다. 따라서 이들 莊에 대해서는 사원이 사실상의 지배력을 행사하고 있음을 알 수 있다.

한편, 고려후기 사원전 가운데 일부는 收租地의 성격을 띠는 경우도 있었다. 전술한 바의 수선사나 장안사와 같이 국가나 왕실의 土地分給에 의하여 이루어진 것이 그러한 경우이다. 그러나 이 외에도 田柴科의 규정에는 僧人에게 田 17 結을, 大德에게는 別賜田 40 結을 지급한다는 규정이 보이고 있는데,107) 이도 결국에는 해당 僧이 소속한 사원의 수조지로 기능하였을 것이다.

그러나 주지하는 바와같이 12세기 이후 사실상 전시과는 붕괴의 길을 걸었고, 더이상 祿科田이나 科田法에서는 이러한 조치가 취해지지 않는 점으로 미루어보아, 고려후기에 들어서 이러한 토지들은 그 본래의 성격에 의한 지배가 점차 어려워질 수 밖에 없었을 것으로 이해된다.

그러므로 고려후기 국가 분급지에 대한 사원의 토지지배는 그 비중이 약화될 수 밖에 없었고, 土地兼幷의 추세가 만연하는 가운데 사원전의 존재형태도 점차 소유지적인 형태를 이루어갔다고 할 것이다. 이러한 가운데 사원전의 지배 구조는 사원간에 토지를 둘러싸고 갈등이 심화되거나,108) 所有權의 爭奪과 收租權의 중첩현상으로 적지않

---

106) 李智冠, <廣照寺眞澈大師寶月乘空塔碑文> ≪校勘譯註 歷代高僧碑文≫ 高麗篇 1, 伽山文庫, p.41.

107) ≪高麗史≫ 卷 78, 食貨1 田制 田柴科 文宗 30년 武散階.

108) 이러한 사실의 구체적인 예는 '淸州牧官의 吏讀文書' (許興植, <1349년 淸州牧官의 이두문서> ≪한국의 古文書≫민음사, 1988, pp.145~154)에서 찾아 볼 수 있고, 「禪敎宗門 爭執有土民之寺 請載神補之籍 僧人之徒 收其田

은 문제의 소지를 안고 있었다. 이미 그러한 사정은 태조대 雲門寺의 柱帖公文을 통해서도 확인되지만,109) 앞서 通度寺의 경우에서 보았듯이 長生標가 설치되고 또 그것이 호부의 재가를 받아 改立될 필요가 있었던 것도 이를 반영하는 것이라 할 것이다.

2. 土地支配의 圈域과 그 규모

경우에 따라 다소 다르겠지만, 고려후기에 들어 寺院의 土地는 대체로 收租地의 경우 集積과 所有化를 통하여, 또 所有地의 경우 施納과 開墾·買入과 같은 형태로 더욱 방대해진 모습을 보여주고 있었다.

사원이 수조지를 지배하고 있는 경우는 주로 '神補寺刹'에서 확인된다. 이러한 수조지의 보유는 국가와 긴밀한 관련을 맺고 있는 사원일수록 당연한 것이었다. 가령 국왕의 진영을 모셔두는 眞殿寺院이거나,110) 또 국가에 의해서 賜額된 사원의 경우도 그 성격상 수조지 지급이 불가피하였을 것이다.111) 이러한 사원은 주지를 국가에서 파견

  租 斂其奴貢」라고 한 ≪太宗實錄≫ 卷 3, 太宗 2年 4月 甲戌의 기사로서도 짐작되는 바다.
109) 金潤坤, <麗代의 寺院田과 그 耕作農民 - 雲門寺와 通度寺를 중심으로 -> ≪民族文化論叢≫2·3집, 1982. pp.149~157.
110) 이러한 眞殿寺院의 현황과 存在樣相에 대해서는 다음의 글이 참고된다.
  許興植, <佛敎와 融合된 高麗王室의 祖上崇拜> ≪東方學志≫45, 1983.
  韓基汶, ≪高麗時代 寺院의 運營基盤과 願堂의 存在樣相≫ 慶北大學校 박사학위논문, 1994, pp.108~124.
111) 이들 사액사원은 고려왕조의 성격상 광범위하게 지정되어 있었을 것이다. 다음의 경우를 예할 수 있을 것이다.
  ㅇ「賜臨津課橋院號曰 慈濟寺 先是 津無船橋 行人爭渡 多致陷溺 命有司 作浮梁自此人馬 如履平地」≪高麗史≫ 卷 6, 世家 靖宗 11년 2월 戊子.
  ㅇ「重修安化寺成 王親設齋五日 以落之 …命蔡京書門額曰 靖國安化之寺

하기도 하였으며, 국가가 분급한 토지가 누대로 世傳되어 집적의 형태를 이루었을 것이다.

전절에서 이미 언급하였듯이, 고려후기에 들어 사원의 田地가 증가 일로에 있었을 가능성은 국가의 土地 分給이나 개인의 시납과 같은 수동적인 면만으로 짐작되는 것은 아니었다. 허다한 權門과 마찬가지로 이 시기 사원은 토지 奪占과 兼幷의 유력한 주체로 부각되고 있었기 때문이다. 곧 이 시기 사원은 賜牌를 빙자하여 주인이 있고 文籍에 올라있는 토지를 탈취하고 있는가 하면, 심지어 兩班田地의 據執에까지 손을대고 있었던 것이다. 이럴 경우 사원의 토지는 단순히 수조지 확대의 차원을 넘어서서 실질적인 소유권을 행사하는 등 그 지배력을 확대해 가고 있었음을 알 수 있다.112)

以賜之」≪高麗史節要≫ 卷 8, 睿宗 13년 4월.
ㅇ「謁陽陵 重營陵傍彰信寺 改額曰 孝信 以資冥福」≪高麗史≫ 卷 21, 世家 熙宗 2년 9월 甲午.
ㅇ「王命飯僧一萬於壽寧宮 遂舍其宮爲寺 追福母后 賜額曰 旻天」≪高麗史≫ 卷 33, 世家 忠宣王 元年 9월 甲辰.

112) 이들 賜牌地의 性格에 관해서는 그동안 다음과 같이 견해가 나누어져 이해되고 있다. 이는 즉, ① 합법적인 功臣賜牌田에는 收租權이 開墾賜牌田에는 所有權과 免租權이 주어졌다고 보는 견해(姜晉哲, <高麗의 農莊에 대한 一研究 - 民田의 奪占에 의해 형성된 權力型 農莊의 實體追求 - > ≪史叢≫24, 1980 ; <高麗의 權力型 農莊에 대하여> ≪韓國中世土地所有研究≫一潮閣, 1989), ② 사패전의 성격은 모두 같은 것으로 보고, 여기에는 收租權이 인정된다고 보는 견해(浜中昇, <高麗後期の賜給田について - 農莊研究の一前提- > ≪朝鮮史研究會論文集≫ 19, 1982 ; ≪朝鮮古代の經濟と社會≫法政大學 出版局, 1986), ③ 처음에는 閑田으로 지급되어 所有權과 免租權이 함께 지급되었다가 점차로 收租權만 인정되었다고 하는 주장(李景植, <高麗末期의 私田問題> ≪東方學志≫ 40, 1983 ; ≪朝鮮前期土地制度研究≫, 一潮閣, 1986), ④ 본래는 수조권이 인정된 田地였으나 所有權의인 지배를 하였다는 지적 (朴京安, <高麗後期 陳田開墾과 賜田> ≪學林≫7, 1985) 등이 있다. 그런데 필자는 이들 賜牌地가 기본적으로 閑田의 지급을 통해 開墾을 유도하는 토지이고, 또 국가도 이러한 경우 이에 대한 권리를 일정하게 인정해주고

이같이 사원의 소유지가 확대되는 양상은 이 시기에 두드러지게 나타나고 있는 寺院의 토지개간 사례를 통하여 더욱 적극적으로 추구되었음은 이미 앞에서 살펴 본 바와 같다. 또 이 시기 土地 集積의 주체가 되는 權門들의 토지가 그들의 願堂으로 유입되면서도 나타나고 있었다. 여기서는 후자에 대한 사례를 하나 추가해 언급해 보기로 한다. 다음의 艶陽禪寺의 경우가 그것이다.

> 至元 庚辰年 가을에 전 成均司藝 朴君이 寧海의 군수로 나왔는데, 나에게 와서 인사하여 말하기를 "지난 날 泰定 갑자년에 내가 우리 어머님을 강릉성 북쪽에 장사지냈는데, 장례를 끝낸뒤에 佛寺를 창건하여 명복을 빌고자 하였더니 바로 묘지 가까운데에서 전에 없어진 절자리를 얻었으니, 그 이름이 艶陽이라고 한다. 바로 경영하여 마침내 성취시켰는데, 부처님을 모시는 殿이 있고 스님을 모시는 堂이 있어 그 옆에 집을 짓고 聖僧이 거처하게 하였다. 위에는 마루대와 아래에는 방이 있어 사치스럽지도 않지만 누추하지도 않았다. 나는 자식이 없고 나이도 쇠하여 늙었으니 마땅히 소유하고 있는 奴婢와 田土를 희사하여 常住하는 비용에 충당하여 길이 마음을 닦고 福을 축원하는 처소로 삼았다.113)

위의 기사는 李穀이 쓴 <艶陽禪寺重興記>이다. 朴澄은 모친을 안장한 묘지 근처의 寺址를 발견하고 이를 일으켜 경영하였다고 한다. 이 때 그가 출연한 재화는 奴婢와 土地였고, 이는 願刹로 염양선사를

  있다는 점에서 실질적으로 사원이 所有地를 확대하는 한 방편이 되었던 것으로 이해하고자 한다.
113) 「至元庚辰秋 前成均司藝朴君 出守寧海 過余辭 且曰昔吾泰定甲子 葬先母 江陵城北 旣葬 欲營佛寺 以追冥福 近墓得廢寺 曰艶陽 經營迄今 迺克有成 奉佛有殿 居僧有堂 又屋其傍 以處僧聖 上棟下宇 不侈不陋 吾又無子 齒將衰暮 且當盡捨所有奴婢田土 充其常住 永爲修心祝釐之所」李穀, <高麗國江陵府艶陽禪寺中興記> 《稼亭集》 卷 2.

경영하기 위함이었다.

　이러한 토지들은 尹秀의 손자인 尹桓 代에 보법사에 시납되고 있는 토지114)와 마찬가지로 실제 소유지인 祖業田이었을 것이라는 점을 감안하면, 이는 권세가 賜牌를 이용하여 확대한 토지가 寺院의 소유지로 넘어가고 있음과 같은 의미로 보아 무방할 것이다. 바로 이러한 측면은 이 시기 사원이 광대한 農莊을 소유 지배하는 유력한 배경이 되었던 것이다.115)

　그러면 이러한 사원전의 규모는 어느 정도 였을까. 아래에서는 이들의 규모를 몇 사원을 예하여 살펴보도록 한다.

　먼저 운문사를 살펴보자. 雲門寺는 ≪三國遺事≫ 卷4, 義解 圓光西學條와 寶讓梨木條에 그 내력을 자세히 전하고 있으며, 비록 시기적으로 차이가 있으나 <雲門寺事蹟記>가 전해지고 있어116) 고려시대 寺勢의 정도를 짐작하는데 도움을 준다. 이에 의하면 운문사에는 이미 태조의 후삼국 통일과 더불어 500 結의 토지가 시납되고 있었다.

　　　그리하여 이름을 鵲岬寺라 하였는데, 얼마되지 않아 태조가 삼국을 통일하고 법사가 이곳에 절을 짓고 산다는 말을 듣고 다섯 岬의 田地 500 結을 합하여 이 절에 바쳤다. 그리고 淸泰 4年 丁酉에 賜額

---

114) 앞의 註 40) 참조.
115) 고려후기 토지소유관계는 흔히 '農莊'이라는 용어로 대표되어 왔고, 그러한 이유로 농장에 관해서는 적지않은 연구가 축적되었다. 이에 의하면, 농장은 주로 12세기 이후 두드러지게 나타났으며, 그 형성과정은 권력형 奪占, 兼倂, 賜給田의 존재, 고려후기 농업 生産力의 발달 등에 기인한 것으로 보았다. 그리고 이로 인해 고려후기는 '貧益貧 富益富'의 현상, 계급관계의 변동이 두드러지며, 田柴科의 붕괴와 私田問題로 귀결되어 궁극적으로 國家 經理를 어렵게 해 고려사회 붕괴의 한 요인이 되는 것으로 보았다. 이에 대한 연구의 동향에 대해서는 다음의 논고가 참고된다. 朴京安, <高麗後期 農莊硏究의 動向> ≪典農史論≫ 1, 1995.
116) ≪雲門寺志≫ 亞細亞文化社, 1977.

하여 이르기를 雲門禪寺라 하였다.117)

 이것은 처음 法師가 推火郡 奉聖寺에 머물 때 마침 태조가 山賊 때문에 고심하고 있는 것을 妙案으로 물리치게 해준 계책을 제시한 데 기인한 것이었다. 太祖가 이를 가상히 여겨 매년 가까운 고을의 租 50 石으로 香火를 받들게 하였던 것118)을 後三國이 통합되면서 寶壤이 중창한 鵲岬寺를 '雲門禪寺'로 賜額하면서 하사한 토지였다. 이러한 양의 토지는 고려시대 운문사를 운영하게 하는 기본 재정이 되었을 것이다.
 그러나 고려초의 이러한 寺勢는 시기를 더해가면서 禪門의 교세 위축과 더불어 그대로 유지되기가 어려웠을 것이다. 각 시기마다의 量田과 景宗代 이후 田柴科를 통한 국가의 田制가 확립되어 가면서 이러한 토지들이 다시 재편되었을 가능성을 부정하기 어렵기 때문이다.
 이러한 운문사의 사세가 다시 확장되고 있는 모습은 仁宗 7年 學一이 주지로 자리하게 되는 12세기 초엽부터였다. 學一은 睿宗 3년에 禪師, 同王 9년에 大禪師 등의 승계를 밟아 인종 즉위년에 王師로 책봉된 인물이었다.119) 당시 교종계열이 일색이던 상황에서 禪門 迦智山派인 그의 왕사책봉은 정치적으로도 큰 의미가 있었던 것이었다. 그런 그가 同王 7년에 운문사로 돌아오면서 이곳은 또 한번의 중흥을 꾀하게 되었던 것이다.

---

117) 「因名鵲岬寺 未幾 太祖統一三國 聞師至此倉院而居 乃合五岬田束五百結 納寺 以淸泰四年丁酉 賜額曰 雲門禪寺」≪三國遺事≫ 卷 4, 義解 寶壤梨木.
118) 위와 같음.
119) <雲門寺圓應國師碑> ≪朝鮮金石總覽≫ 上, 亞細亞文化社, 1976, pp.348~353.

이후 學一의 下山所가 된 운문사는 여러 변화를 보이게 되는데, 운문사의 경제력이 더욱 보강되었다는 점은 특히 주목되는 부분이다. 곧 그가 王師로 책봉된 후 그에게 지급된 所供畓의 結數는 작지않은 규모였다. 이에 대해서 <雲門寺事蹟>120)에는 다음과 같이 적고 있다.

　　師가 王師가 되었을 때 받든 바의 畓은 新藪·新院 두 곳의 200 結이며, 國奴婢 500 人이 (같이) 획급되어 雲門寺에서 永久히 香火로 삼게 하였다. 길이 5 尺, 폭 3 尺의 石碑를 절의 동쪽에 세웠다. 三寶院이 35間이었는데, 절의 북쪽 3 里 가량에 있었고, 鹽城庫가 13 間이었는 데 절의 동쪽 2 里 가량에 있었다. 大川의 200 結을 三寶院과 鹽城 양 곳에 두어 香火時의 기타 경비(雜物)에 대비하게 하였다. 新藪·新院의 300 結은 香火時의 淨齋米로 대비케 하였다. 奴婢 500 人의 貢布를 거두어 國師가 安居하는데 함께하는 徒衆들의 衣財로 쓰도록 하였다.

즉, 이에 의하면 學一이 王師로 책봉되었을 때 所供畓으로 新員·新藪 등 두 곳의 200結과 國奴婢 500명 등을 雲門寺에 획급하여 香火를 萬世토록 받들게 하였을 뿐만 아니라, 大川의 토지 200結은 기타 비용의 명목으로, 그리고 新藪·新院의 토지 300 結을 추가로 지급하여 淨齋米로 사용하도록 했던 것이다. 여기서, 신수·신원 두 곳의 토지가 500 結이나 지급되고 있어 주목되고 있는데, 이들은 앞서 태조가 지급한 500 結과 연관되어서 추인의 의미로도 해석된다.121) 또

---

120)「師爲王師時 所供畓 新藪新院二員等 二百結 國奴婢五百人劃給 雲門寺以爲萬世香火之擧 長五尺 廣三尺 石碑樹於寺之乾方 三寶院三十五間 在於寺之北三里許 鹽城庫十三間 在於寺之乾方二里許也 大川員二百結 給屬三寶院 鹽城兩所 以備香火時雜物 新藪新院三百結 以備香火時 淨齋米也 奴婢五百人 收貢布 以資國師安居徒衆之衣財也」≪雲門寺志≫ 아세아문화사, 1977, p.17.

이들 토지들은 본 사원에 인접해 위치한[122] 대규모의 토지라는 점에서 비중있는 토지였다.

이러한 토지들에는 13세기 一然이 古籍이 남아 있다고 한 東平郡 소재의 소유 토지도[123] 포함될 것이다. 그러한 점을 감안하면 운문사는 12세기 이후에도 최소 500 結이상의 대토지를 보유하였던 셈이다.

◇ 표 2 高麗後期 雲門寺의 土地支配 規模

명 목	규모(結數)	위치	비고
王師 所供畓	200結	新藪・新院 등	國奴婢 500人
香火物	200結	大川	三寶院과 鹽城
香火時淨齋米	300結	新藪・新院	徒衆之衣財
占察寶	100結	東平郡	檀越尼의 納田

한편 崔氏武臣執權期에 寺勢가 두드러지게 나타나는 사원으로는 修禪社를 들 수 있다. 그런 점에서 수선사의 보유 토지는 이 시기 사원의 토지규모를 파악하는데 도움이 될 수 있을 것이다.[124]

---

121) 그런데 雲門寺에는 이미 태조대에 500결의 토지가 시납되어 있었다. 「未幾太祖統一三國 聞師至此創院而居 乃合 五岬田束 五百結 納寺」≪三國遺事≫ 卷 4, 義解. 그런 면에서, 이들 500결의 토지는 운문사가 麗初부터 실질적으로 소유해 오던 토지에 대해서 또다시 국가가 추인하는 형식을 취하는 토지로도 해석될 수 있을 것이다.

122) 金潤坤, ≪高麗郡縣制度의 硏究≫ 慶北大學校 박사학위논문, 1983, pp. 170~171.

123) 「(圓)光於所住嘉栖岬 置占察寶 以爲恒規 時有檀越尼 納田於 占察寶 今東平郡之田 一百結是也 古籍猶存」≪三國遺事≫ 卷 4, 圓光西學. 이에 의하면 실제로 운문사는 시납받은 토지 100 結에 대한 文籍이 남아있어 所有權이 행사되고 있는 상태임을 짐작할 수 있다.

修禪社는 고려후기, 특히 崔氏 武人執權期에 寺勢의 확대가 두드러지는 사원이었다. 원래는 吉祥寺이던 것이 중창된 것이었고, 수선사라는 이름은 知訥이 개창한 定慧結社를 가리키는 또다른 이름이다. 주지하듯이 이 시기 불교계 운용에 적극 개입한 무신집권자들은 禪宗계열과 밀착되는 경향을 보였고 그 대표적인 사원으로 수선사가 지목되는 것은 당연한 것으로 보인다.

<修禪社重創記>에 의하면 熙宗 원년 중창이 완료되기까지 9년여의 공사기간이 소요되었고, 그 규모는 80여 칸에 이르렀다.125) 물론 이런 규모는 당시 개경의 사원에 비하면 상대적으로 작아보이지만 나름대로 佛宇와 僧寮·齋堂·廚庫가 고루 갖추어진 것이었다. 짧은 시간에 이렇게 寺勢의 확장을 도모할 수 있었던 것은 13세기 불교계에 새 기운을 불어 넣어준 신앙결사의 본거지라는 점에서도 평가되지만, 경제적으로는 당시 정치적 실권자였던 崔氏家의 物的 지원에 힘입은 바도 컸다고 보인다. 이를 오늘날 전하고 있는 <寺院現況記>를 기준으로 보면, 앞의 表 1이 보여준대로 최소 241結이 넘는 토지를 보유하고 있었던 셈이다.

그런데 이러한 토지의 시납자 崔怡, 盧仁綏, 金仲龜, 徐敦敬은 모두 동일시대에 활동한 인물로 알려져 있다.126) 그렇게 보면 修禪寺에 土地를 施納한 시기도 거의 비슷한 시기에 이루어졌다고 보아 좋을 것이다. 이로써 보면, 이것이 당시 수선사가 보유하고 있던 토지의 전체가 아니라는 추측은 그리 어렵지 않다. 이 문서가 작성된 시점이

---

124) 이에 대해서는 최근에 다음과 같은 글이 발표되어 참고 된다
 李炳熙, <高麗 武人執權期 修禪社의 農莊經營> ≪典農史論≫ 창간호, 1995.

125) <修禪社重創記> ≪曹溪山松廣寺史庫≫ (亞細亞文化社, 1977, pp.183~188).

126) 任昌淳, <松廣寺의 高麗文書> ≪白山學報≫ 11, 1971.

특정한 기간이었다는 점과 그들이 시납한 토지의 명목이 주로 忌日을 추념하는 寶로 시납되고 있는 점에서도 이러한 가능성이 짐작된다. 그렇다면 이러한 토지 이외에 수선사가 보유한 토지는 얼마든지 더 있을 수 있다.

예컨대 앞서 언급한대로, 후에 修禪社 5代 社主인 冲止代에 나타나고 있는 田土는 이들 토지와 별개의 것으로 파악된다. 그러므로 이 시기 수선사는 최소 소유지만 241結을 상회하는 규모를 보유하고 있었다고 하겠다.127)

수선사와 마찬가지로 개인 시납을 통한 사원전은 다양한 형태로 조성되고 있었다. 다음 普光寺의 경우도 그 한 예이다.

> 楊廣道 按廉使 崔玄佑 군이 그 관속을 거느리고 증축을 도모하니, 원근에서 이 소문을 듣고 施主가 구름같이 모여들어 僧寮·賓館·倉庫·庖廚 등 갖추지 않은 것이 없으매 그 집이 무릇 1백 여 칸에 달하였고, 또 국사의 백씨 判典客寺事 致仕 金永仁君과 仲氏 重大匡 平陽君 永純이 감격 發願하여 家童 1백 명과 田畓 1백 頃을 사원에 시납하니, 성대한 한 道場을 이루었다.128)

127) 李炳熙는 최근 수선사의 토지 규모를 산정하였다. 앞서 언급한 <寺院現況記>에 근거하여 이를 지역별로 도표화 하고, 이를《世宗實錄地理志》에 나타나는 지역별 墾田에 대비하였다. 이를 통해 씨는 그 규모가 승평군의 경우 2%, 그 나머지 군현의 경우 1%에도 달하지 못하는 것이라 하고, 당시 정권의 지원을 받던 수선사가 이 정도라면 다른 사원의 경우는 말할 것도 없다고 하였다. <高麗武人執權期 修禪社의 農莊經營>《典農史論》1, 1995, p.65. 그러나 비록 무인집권기에 국한한 것이라 하더라도 하나의 자료로 전체를 속단하는 것은 무리가 아닌가 하며, 施納者들의 性格과 시납의 名目에 유의하면서 전체 규모에 대해서는 여지를 남겨둘 필요가 있다고 생각된다.

128) 「楊廣道按廉 崔君玄佑 率其官屬 謀爲增葺 遠近聞風 而至施者□ 委僧寮 賓館倉庫庖廚無不畢 備爲屋凡五百間 師之白氏 判典客寺事 致仕金君永仁 仲氏重大匡平陽君永純 感激發願 家童百人 口田百頃 歸于寺 久之蔚然 爲大道場矣」 <普光寺重刱碑> (《朝鮮金石總覽》上, 亞細亞文化社, 1976 p.496).

忠淸道 林川郡에 소재하였던 普光寺는 양광도 안렴사 崔玄佑가 관속을 이끌고 와서 중창한 것이었다. 뒤에 圓明國師 冲鑑의 白氏와 仲氏의 발원으로 家童 100 명에 口田 100 頃이 동시에 시납되어 울연한 도량이 되었다고 한다. 이를 통하여 토지의 성격은 알 수 없으나 그 규모에 있어서는 결코 작지않았음을 알 수 있다.[129] 고려후기에 들어 이러한 토지는 다양한 모습을 보이고 있었던 것이다. 이러한 보광사의 예는 무신집권기 수선사 토지 시납의 경우와 같은 忌日寶나 祝聖寶의 성격은 아닌 것 같다.[130]

다음으로 고려후기 대규모 토지를 보유한 개별 사원으로는 通度寺를 예할 수 있을 것이다. 통도사는 신라 선덕왕 15년 慈藏律師가 창

---

[129] 1 頃의 토지 면적에 대해서는 그동안 상이한 견해가 제시되어 있다.
첫째로 頃 = 結의 說로 경과 결이 혼용해서 사용되기도 한다는데 기인한다. 이는 ≪三國遺事≫ 駕洛國記條에 보이는 王廟田의 기사 내용에서 도출된 것으로, 신라 文武王이 즉위한 다음 그의 어머니 文明皇后의 시조인 首露王을 위하여 陵廟에 바친 王位田 30 頃을 이후 고려조에 들어와 成宗 10년에 반(15 頃)으로 줄였는데, 成宗 ~ 文宗 사이에 행해진 量田에서 실제면적은 11 結 12 負 9 束으로 이는 15 結에서 3 結 87 負 1 束이 부족한 것이라고 하는 확인의 내용과, ≪高麗史≫ 卷 78, 食貨1 田制 祿科田條의 趙浚 上書 가운데 「一頃之租 收至六石 民不聊生 自今宜用十一 以田一負 出租三升」에 근거한다(이에 대한 이해는 李宇泰 <新羅時代의 結負制> ≪泰東古典硏究≫ 5, 1989. pp.49~59 가 참고된다).
둘째는 結 ≠ 頃의 說로 唐田 1 畝를 鄕田 22 負에 준한다는 근거에 기준하여 結은 新頃 1/22로 보는 견해 (呂恩暎, <高麗時代의 量田制> ≪嶠南史學≫ 2, 1986)가 그것이다.
[130] 이러한 추측은 이들의 토지와 노비 시납이 세상의 영화를 버리고 돌아가 그 뜻을 추구한 圓明國師의 뜻과, 그 뜻을 좇는 門人이 3,000인이나 되어 그 집으로는 수용할 수 없게 되어 重刱하게 되었다는 碑文의 序文을 통해 짐작해 볼 수 있다. 따라서 이들의 토지 시납의 일차적인 이유는 단순히 자신들의 祈福을 위한 寶와 일정한 거리가 있다고 보여진다. <普光寺重刱碑> (≪朝鮮金石總覽≫ 上, 亞細亞文化社, 1976 p.496).

건한 이래 고려시대에도 명실공히 國刹과 佛寶宗刹로서 왕실과도 밀접한 연관을 지니며 높은 寺格을 유지한 사원이었다.131) 때문에 고려시대 사원전의 규모를 파악하는데 있어서도 결코 간과할 수 없는 사원이다.

이에 관하여 ≪通度寺事蹟略錄≫의 <寺之四方山川裨補>文을 활용해 보기로 한다. 이 자료는 通度寺 寺院田의 構造 뿐 아니라 규모를 파악하는데 있어서도 도움이 된다. 주요 내용을 부분적으로 가려 인용해 보기로 한다.

① 절의 四方 山川을 裨補하였는데, 그 땅의 四方 둘레가 4만 7천 步 정도이며 사방의 각각에 塔長生標가 도합 12개이다.132)
② 四方 長生의 땅을 나누어 三千의 大德房洞을 두었다. 남쪽에는 布川山洞에 一千大德이 주석할 房이 있다. 북쪽에는 冬乙山 茶村이 있어 茶를 제조하여 절에 바치는 곳이다. 절에 바치는 茶를 끓이는 아궁이와 샘물이 있어 지금도 마르지 않았는데, 後人들이 茶所村이라 하였다.133)
③ 四方 長生標 안에는 直干의 位田畓이 東南洞 내의 北茶村 坪郊에 나뉘어져 있는데, 바로 거기는 居火郡의 경계이다.134)

---

131) 蔡尙植, <고려중기 通度寺의 寺格과 역사적 의미> ≪韓國文化硏究≫ 3, 1990.
132) 「又寺之四方山川裨補也者 基地四方周四万七千步許 各塔長生標 合十二」 ≪通度寺事蹟略錄≫ <寺之四方山川裨補> (≪通度寺誌≫ 亞細亞文化社, 1983, p. 24).
133) 「四方長生基地 分有三千大德房洞 南有布川山洞 乃一千大德之所住 房也 北冬乙山茶村乃造茶貢寺之所也 貢寺茶囚茶泉 至今猶存不泯 後人以爲茶所村也」 ≪通度寺事蹟略錄≫ <寺之四方山川裨補> (≪通度寺誌≫ 亞細亞文化社, 1983, p.26).
134) 「四方長生標 直干之位田畓 分伏於東南洞內 北茶村坪郊 乃居火郡之境也」 ≪通度寺事蹟略錄≫ <寺之四方山川裨補> (≪通度寺誌≫ 亞細亞文化社, 1983, p.27).

④ 塔을 사방에 나누어 배열하였으며, 각각에 直干 10 人을 두었다. 그들 각자에게 位田畓 및 家代田을 지급했는데, 그것은 모두 장생표 내의 田畓土地이다. 위의 石碑 石磉塔은 장생표 내에 배열되었다. 일찍이 그 토지에는 公私의 다른 토지는 없고 宜春郡界에까지 이른다.[135]

이에 의하면 통도사의 사원전은 예하의 屬院, 村落 등과 더불어 몇 개의 농장으로 나누어져 지배되고 있음을 알 수 있다. 그런데 여기서 주목되는 것은 토지의 경계로 쓰이고 있는 장생표와 더불어 존재한 둘레 4만 7천 步의 토지이다. 장생표에 대해서는 앞에서도 언급한 바 있지만, 특히 長遊寺의 경우를 통해 볼 때 통도사가 관장하고 있던 이들 토지에 대한 지배를 더욱 분명히 하기 위하여 설치한 것으로 이해할 수 있을 것이다.

이제 이러한 통도사 장생표내 토지의 규모를 유추해 보기로 한다. 그런데 둘레 47,000 步의 토지를 文宗代 步尺[136]을 기준으로 환산하면 이 시기 사원전 전체의 규모와[137] 맞먹는 방대한 규모이다.[138] 그

---

135) 「分塔排於四境 各置干十 每給位田畓及家代田 并四方長生標內 田畓土地也 右石碑石磉塔排 長生標內 曾無公私他土也 乃宜春郡之境也」《通度寺事蹟略錄》 <寺之四方山川裨補> (《通度寺誌》 亞細亞文化社, 1983, pp.29~30).

136) 「(文宗)二十三年 定量田步數 田一結 方三十三步(六寸爲一分 十分爲一尺 六尺爲一步 …)」《高麗史》 卷 78, 食貨1 田制 經理.

137) 조선초 단행된 革去寺社 조치의 참고기사(《世宗實錄》 卷 6, 元年 12月 庚辰條 ; 卷 23, 6년 2月 癸丑條)를 통하여, 고려말까지 寺院田의 전체 규모는 대략 10萬 結 정도를 상회하는 것으로 추정된다. 그리고 이는 恭讓王 3년 都評議使司 上書文에 나오는 전국의 實田 약 62萬 3,097 結(《高麗史》 卷 78, 食貨1 田制 恭讓王 3년 5월조)의 약 1/6에 근접하는 면적으로 추산된 바 있다(姜晉哲, <寺院田> 《高麗土地制度史研究》 高麗大學校出版部, 1980, p.142).

138) 이를 文宗朝의 「方 33 步 = 1 結」을 기준으로 면적을 산출해보면, 대략 120,000 結이 넘는다. 즉 1 結 = (33 步)^2 의 문종대 量田式을 기준으로

러므로 여기서 사용된 步尺은 ≪高麗史≫ 文宗代의 기록에 보이는 보척과는 그 단위가 다른 것임을 알 수 있다.139) 그래서 여기서의 步는 다음과 같은 城의 周步와 같은 의미로 파악해 보는 것이 어떨까 한다. 곧 顯宗代 축조된 羅城과 관련된 기록에 다음과 같은 내용이 있는데, 이를 토대로 면적을 산출해 보기로 한다.

① (顯宗) 二十年 京都羅城成(王初卽位 徵丁夫三十萬四千四百人 築之 至是功畢 城周二萬九千七百步 羅閣 一萬三千間…(중략)…一云 丁夫二十三萬八千九百三十八人 工匠八千五十人 城周 一萬六百六十步 高 二十七尺 厚 十二尺 廊屋 四千九百一十間)140)
② a. 其城 周爲六十里 山形繚繞 雜以沙礫 隨其地山形而 築之141)

환산하면 다음과 같다. 둘레가 47,000 步인 넓이의 모양이 正方型 이라고 가정해 보면, 한변의 길이는 (47000÷4)로 11,750 步이다. 그러므로 면적은 11,750×11,750 = 138,062,500 步² 이다. 그런데 1 結은 33×33 = 1,089 步² 이므로 이를 통도사의 步로 나누면 138,062,500 ÷ 1,089 ≒126,779 結이 되는 것이다.

그러나 이것이 方形이 아니고 圓形에 가까울수록 최대면적은 더욱 늘어난다. 즉 $2\pi\gamma$ = 47,000 步라고 할 때, 반지름(γ)은 47,000÷(2×3.14)≒7,484이고, 이로써 면적은 7,484×7,484×3.14≒175,872,204 步² 이고, 이를 結로서 나타내면 175,872,204÷1,089 ≒161,499 結이 되어 면적은 더욱 늘어나게 되는 것이다. 그런데 이는 麗末 사원전 전체 면적과 맞먹는 규모이다. 그러므로 이때 사용된 步의 단위는 이 시기 일반적 步尺과는 다른 기준이 반영된 것이라 하겠다. 그런 점에서 이는 달리 해석되어야 할 것이다.

139) 예를들어 사원과 高僧의 陰宅과의 거리를 나타내는 단위로서 步가 나타나고 있는데, 이것은 면적의 方 (33步)² = 1 結이라는 步尺과는 일정한 차이가 있는 거리 산정방식으로 사료된다. 다음과 같은 사례가 있다.
•「以其月二十日 奉遷神座於本山 窆于寺之西嶺 去寺三百步」<廣照寺眞澈大 師寶月乘空塔碑> ≪朝鮮金石總覽≫ 上, 亞細亞文化社, 1976, p.129.
•「至明年 正月十九日 遷神座於踊嚴山之東峯 去寺三百來步」<五龍寺法鏡大師普照慧光塔碑> 위와 같음, p.166.
140) ≪高麗史≫ 卷 56, 地理1 王京開城府.
141) ≪高麗圖經≫ 卷 3, 城邑 國城.

b. 每一百五十步爲一結[142]

 ①은 顯宗代 축조된 羅城의 둘레를 표시하는 사례로 이때 城周를 나타낸 步는 통도사의 周 47,000 步의 실면적을 추산하는데 활용할 수 있을 것 같다. 그것은 여기서의 29,700 步의 대략적인 거리가 다른 기록에서도 발견된다는 점에서 그 가능성을 더욱 높게 한다. 즉 12세기 고려를 다녀간 宋使 徐兢이 기록한 ≪高麗圖經≫의 성읍 國城條에도 이에 관한 언급을 하고 있기 때문이다. ②의 내용이 그것이다. 이에 의하면 서긍은 그가 본 개경의 城에 대해 둘레가 60 里 가량인 것을 기록해 두고 있는 것이다.

 이러한 步尺의 기준을 통도사에 적용할 수 있게 하는 또 하나의 배경은 개성 성곽에 관한 최근의 실측 보고와도 관련되어 있다.[143] 곧 이를 통하여 보면 고려시기 통용된 도량척을 오늘날의 도량척으로 환산하기 어려운 현실에서 이에 대한 해결도 일정하게 가능하겠기 때문이다. 이에 의하면 이 성의 外城壁 總延長이 23km로 되어 있다.[144] 그런데 인용 자료 ①에는 이에 대하여 두 가지 길이를 제시하고 있어 어느 것을 가리키는지 取擇에 어려움이 있기는 하다. 그러나 기본적으로 都城이나 邑城은 內·外城으로 이루어지는 것이 일반적이므로, 개경의 나성도 예외가 아닐 것으로 보이며, 따라서 상대적으로 큰 것이 外城이라고 보면 큰 착오는 없으리라 본다.[145] 이를 참작

---

142) ≪高麗圖經≫ 卷 23, 雜俗 種藝.
143) 水谷昌義 譯, <高麗の首都開城城についての硏究> ≪朝鮮學報≫ 117輯, 1985.
144) 水谷昌義 譯, <앞의 글> 1985, p.9.
145) 공교롭게도 보고된 실측 자료도 외성과 내성을 구분하여 표시해 두고 있어 도움된다. 보고된 외성과 내성의 길이를 인용해 보면 다음과 같다.

城 名	周 圍 (m)	東西長 (m)	南北長(m)	面積 (m^2)
外 城	23,000	5,200	6,000	24,700
內 城	11,200	1,300	3,700	468

하여 1 步의 길이를 산정해 보면 다음과 같다.

즉 현재 실측된 길이 23,000m ÷ 29,700 步 (≪高麗史≫에 나타난 기록) = 1 步의 길이는 77.441cm 임을 알 수 있고, 이를 통도사의 田地 47,000 步에 적용시켜 보면 77.441 × 47,000 ≒ 3,639,727cm의 둘레가 된다. 이러한 도식이 가능하다면, 통도사 周 47,000 步는 오늘날 단위로 대략 36.4 Km되는 길이 임을 알 수 있다.

그런데 공교롭게도 ② a의 ≪高麗圖經≫에 나타난 길이 60 里는 앞서 산출된 36.4 km와는 일정한 차이가 있음을 인정하지 않을 수 없다. 이것은 아마 당시 損潰되지 않은 外城의 일부 길이를 摘記한 것으로도 추정해 볼 수 있을 것이다.

다음으로는 여기서 한걸음 나아가 당시의 기준으로 면적을 산출해 보기로 한다. ②의 b기사 역시 結의 산출방식이 ≪高麗史≫ 文宗條의 그것과 다르게 나타나고 있다. 이런 점에서 이에 의거하여 통도사 토지의 면적을 산출해 봄직하다. 즉 同書에는 「每一百五十步爲一結이라 하고 있는데, 이제 이를 통도사의 周步를 대입하여 전지 면적을 산출해 보기로 한다. 여기서 結이 고려시대 일반적으로 통용되던 것과 같은 단위라고 한다면, 통도사의 전지면적은 (47,000 ÷ 4) × (47,000 ÷ 4) = 138,062,500 步^2 이며, 이것을 ≪高麗圖經≫의 기준인 150步 × 150步 = 22,500步^2 을 1結로 환산하여 계산하면 138,062,500 ÷ 22,500 = 6,136結이라는 광대한 면적이 된다. 결국 이러한 산출방식에 의하면 통도사의 토지는 6,136 結 가량의 면적이 오늘날의 기준으로 약 36.4 km 둘레를 가지는 모습으로 존재하고 있었다고 볼 수 있는 것이다. 물론 이것은 적용된 산출근거의 적확성이 전제되어야 할 것이지만, 이러한 토지가 장생표를 중심으로 하여 하나의 圈域을 이루었던 것

水谷昌義譯, <앞의 글> 1985, p.6

으로 상정해 보아 큰 무리는 없을 것이다. 그러면 현전하는 장생표와 관련 기록을 통하여 그 위치와 권역을 비정해 보기로 하자.

현재 전하고 있는 장생표의 刻字 내용과 <寺之四方山川裨補>文에 의하면, 장생표가 두 번에 걸쳐서 세워졌음을 알 수 있는데, 이와 같이 장생표를 고쳐 다시 세우게 된 것은 통도사의 토지소유 규모의 변화를 반영하는 것이라 할 것이다. 이들 장생표의 위치를 비정해 보면 표 3과 같다. 또 이를 감안하여 통도사의 토지지배 권역을 표시해 보면 <圖 1>과 같다. 그렇다면 이는 圖面에 나타난 바와 같이 울산 삼남면의 상천 다소 촌과 양산 하북면 백록리, 상북면의 석계리, 그리고 현재의 통도사 입구에 걸친 지역이 이에 해당되지 않을까 한다.146)

◇ 표 3 通度寺 長生標와 그 位置

長生標 數	地 名	屬 院 名	位 置(方位)
2	門前洞口		本寺 (입구)
2(2)	省仍川		양산시 하북면 백록리(中)
2(2)	机 川		하북면 답곡리
2(1)	黑石峯	祖日房	울산시 삼남면(東)
2(1)	沙川布川峯	赤雲房	천성산(南)
1	大 川	呼應房	석계리 위천, 혹은 대천
0(1)	冬乙山	白雲房, 穀成房	울산시 삼남면 상천리(北)
1	大嶺峴	慈藏房, 月明房	밀양시 무안면 무안리(西)
計 12(7)		7곳	

* 長生標 數에서 ( )안의 숫자는 처음 세운 것을 말함.
*《通度寺事蹟略錄》<寺之四方山川裨補> (《通度寺誌》 亞細亞文化社, 1983) 및 현존하는 長生標塔의 위치 참조.

---

146) 그렇다면 일제시기 조사된 밀양군 武安里의 장생표는 어떤 의미를 지닐까. 密陽 武安지역은 迦智山 줄기를 넘어야 하는 원거리임을 감안해 볼 때 本寺(통도사)와 분리해서 현지에 존재했던 屬院과 관련되는 별도의 토지로 살피는 것이 옳을 듯하다. 그러므로 이는 四方周 47,000步와는 별개의 토지로 존재하지 않았을까 한다. 그런 의미에서 이에 대해서는 향후의 관심이 요구된다고 하겠다.

第2章 寺院田의 存在樣態와 그 규모 73

* 圖 1. 通度寺의 土地支配 圈域

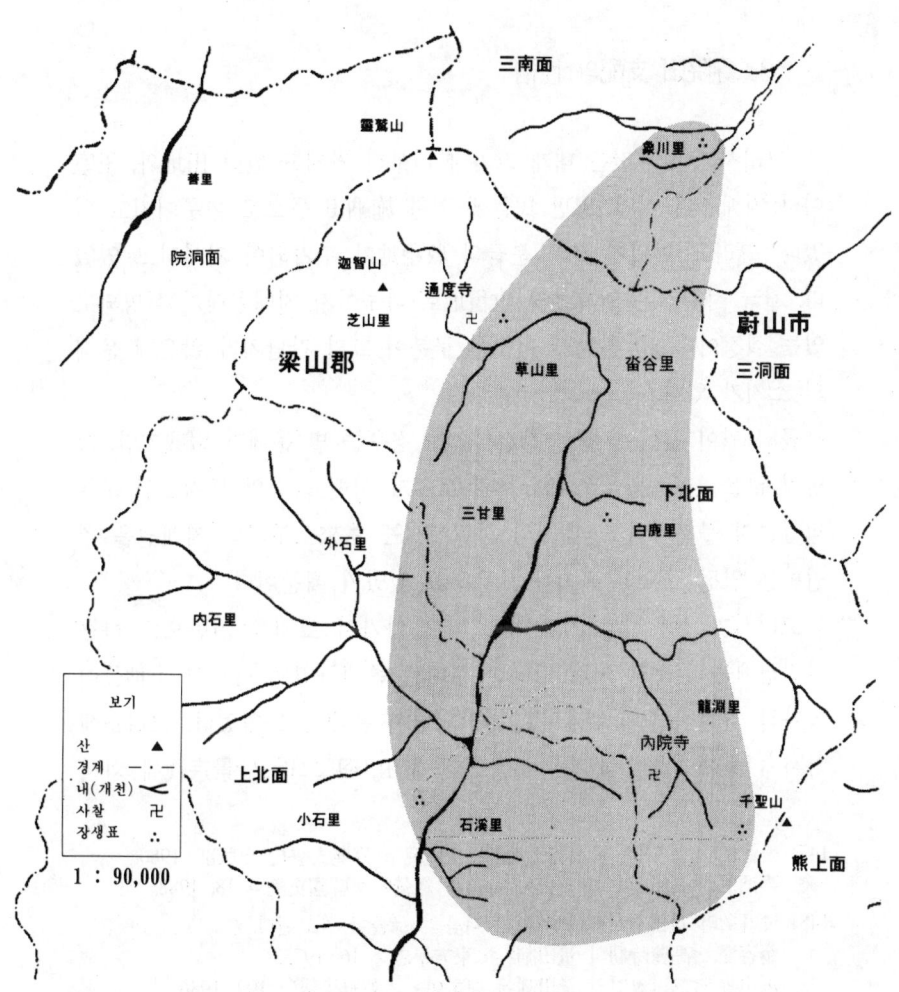

이상과 같이 통도사의 토지는 本寺를 중심으로 집중되게 분포하였으며, 거기에는 門前洞, 布川洞, 茶所村 등으로 불리는 村落도 존재하고 있었다. 이러한 지배권역은 이 시기 통도사의 寺格과도 밀접한 관련을 지니는 것이라 할 것이다.

3. 寺院田 支配의 性格

고려시대 사원전은 대개 그가 본래부터 가지고 있던 田地와, 王室이나 지배층의 개인, 일반 民들에 의한 施納田 등으로 이루어지고 있었다. 그리고 여기에 국가 분급의 收租地가 추가되어 지배되고 있었다. 결국 사원전은 所有地와 收租地로 나누어져 지배형태가 설명되고 있는 실정이다.[147] 하지만 이것은 구분이 그리 간단치가 않은데 문제의 소지가 있다.

곧 사원이 當代에 와서 창건되었을 경우는 별 문제가 없겠지만, 그렇지 않을 경우 분급된 대규모의 토지가 어떤 성격의 토지로서 분급되었는지 불분명하고, 대개의 사원에서는 古來로부터의 지배권을 추인받은 일정 규모의 전지를 보유하고 있었기 때문이다.

고려시기 사원전의 지배구조, 더 나아가서 토지를 기반으로 하는 사원경제는 신라말 이래 다양한 형태로 존재하였던 사원의 土地들이 국가적 차원에서 체계적으로 파악되면서 존재하고 있었다. 고려조에 와서 이들에 대한 파악은 전국적인 量田,[148] 그리고 景宗代에 와서

---

147) 姜晋哲, <寺院田> 《高麗土地制度史研究》 高麗大學校 出版部, 1980.
　　李炳熙, <高麗前期 寺院田의 分給과 經營> 《韓國史論》 18, 1988.
148) 고려초의 量田실시에 관해서는 다음의 글들이 참고된다.
　　金容燮, <高麗時期의 量田制> 《東方學志》 16, 1975.
　　浜中昇, <고려전기의 量田制에 대하여> 《朝鮮學報》 109, 1986.

田柴科制度가 제정됨으로써 어느 정도의 틀을 갖추게 되었다.

그렇다면 이 과정에서 寺院田은 어떠한 형태로 파악되고 있었을까. 이 점에 대해서는 다음의 常平義倉條의 기사를 음미해 볼 필요가 있다고 본다.

> 顯宗十四年 閏九月判 凡諸州縣義倉之法 用都田丁數收斂 一科公田一結 租三斗二科及宮·寺院·兩班田 租二斗 三科及軍·其人戶丁 租一斗 已有成規[149]

이 기사는 국가에서 義倉租를 걷기 위해 작성한 기록이다. 이 기록에는 義倉租 수취와 관련되어 여러 종류의 토지가 분류되어 있다.[150] 즉 이 判文에 의하면, 公田은 1科·2科·3科의 세 종류로 구분되고 있으며, 여기에 대칭된 宮院田·寺院田·兩班田·軍人戶丁·其人戶丁 등이 존재함을 알 수 있다. 지금까지의 연구에 의하면 이들 가운데 각종 公田과 대칭하여 나열된 궁원전 이하의 지목들은 私田으로 파악된다.[151] 이럴 경우 그 분류의 기준은 국가 나름의 통일적인 기준이 적용되었음은 물론이다. 그렇다면 이 기록이 보여주는 宮院田·寺院田·兩班田은 어떤 성격의 私田이었을까.

그동안의 연구에서는 이들 토지 중 兩班田은 分給收租地로, 그리고

安秉佑, <高麗初期 財政運營體系의 成立> 《高麗史의 諸問題》, 三英社, 1983.

149) 《高麗史》 卷 80, 食貨3 常平義倉.
150) 본 기사에 대한 諸說의 정리와 구체적인 분석은 다음의 글이 참고된다.
    朴鐘進, <高麗初 公田 私田에 대한 再檢討 -顯宗代 義倉條收取規定을 중심으로-> 《韓國學報》 37, 1984.
151) 姜晉哲, <田柴科體制에 관련된 諸問題> 《高麗土地制度史研究》 高麗大學校 出版部, 1980, p.401.

宮・寺院田은 이와 다른, 宮・寺院의 所有地로 파악되었다.152) 또 이들 토지는 公的 收租地로서 궁원・사원에 分給된 경우도 있을 것이지만, 국가에 부담할 租가 면제된 궁원・사원의 원래 사유지일 가능성이 높다는 주장도 제시되어 주목이 된다. 결국 위 義倉租 收取規定에 나타나는 公田과 그에 대비되는 私田은 기본적으로 收租權 귀속의 여하에 따라 분류된 것이지만, 사원의 경우 收租權 자체가 자기 소유지를 기반으로 免租받는 형식을 취하였으므로 실제로는 자기의 私的 所有地인 경우가 많았다고 보는 것이다.153)

결국 이러한 논리에 입각해 보면, 고려전기 田制안에 파악된 사원전의 운영원리는 기본적으로 所有權的으로 지배되는 것이 주종을 이루었다고 추론해 볼 수 있는 것이다. 그리고 이러한 논리의 연장선상에서 사원전의 지배형태를 규정해 볼 필요가 있을 것이다. 일찍이 海印寺는 莊 12 區의 田 500 結 뿐 아니라 田莊買入의 文件을 소지하고 있었고,154) 고려 태조는 田 500 結을 여기에 더하여 주었다고 하였다.155) 또 桐裏山門의 大安寺는 慧徹代에 이미 500 結에 가까운 전답을 소유 지배하고 있었는데156) 太祖代에는 本道守相에 명하여 田結과 奴婢를 획급하여 外護之風을 잊지 않도록 하였다 하니157) 이들 토지들이 소유지로 지배되어 왔음을 짐작하기는 그리 어려운 일이 아닌 것이다. 현종 22년에 작성된 것으로 보이는 <若木郡淨兜寺五層石

---

152) 위와 같음.
153) 朴鐘進, <앞의 논문> 1984, p.78.
154) ≪梅溪集≫ 卷 4 <書海印寺田權後> (≪韓國文集叢刊≫ 16, p.343).
155) <伽倻山海印寺古籍> ≪朝鮮寺刹史料≫ 上, p.495.
156) <大安寺寂忍國師照輪淸淨塔碑> ≪韓國金石全文≫ 古代 (亞細亞文化社, 1984, p.191).
157) <谷城大安寺廣慈大師碑> ≪韓國金石全文≫ 中世上(亞細亞文化社, 1984, p.355).

塔造成形止記>에 보이는 두필지의 사유지도 이러한 소유지의 구체적인 예이다.158) 이러한 예들은 모두 사원의 토지가 소유지로서 지배되고 있음을 보여주는 것이다.

한편, 고려시대 사원전은 收租地로서도 존재하였다. 기본적으로 大德・僧人에 지급한 別賜田과,159) 麗末에 料物庫에 還收되고 있는 莊・處田 같은 것은 그러한 성격의 토지로 이해되는 것이다.160) 특히 일부 국가로부터 지급된 토지의 경우, 그러한 의미로 해석되고 있다. 예컨대 다음과 같은 것이 그러한 경우에 해당한다.

① (현종 11년) 8월 安西道의 屯田 1천 2백 4십 結을 玄化寺에 시납하였는데, 兩省에서 두번 세 번 論駁이 있자 되돌리지 아니하였다.161)
② 大雲寺는 先王이 창건하여 국가의 번영을 기원하였던 곳이다. 그런데 여기에 주었던 公田은 地質이 척박하고 稅收가 적어 供養의

---

158) 이에 관해서는 武田幸男, <淨兜寺五層石塔形止記硏究>(《朝鮮學報》 25, 1962) 및 金容燮, <高麗時期의 量田制>(《東方學志》 16집, 1975), 그리고 姜晉哲, <앞의 논문> (1980)이 참고된다.
159) 《高麗史》 卷 78, 食貨1 田制 田柴科 文宗 30년 武散階條에는 僧人에게 田 17結을, 大德에게는 別賜田 40結 柴地 10結이 지급된다는 규정이 보이고 있다. 그러나 실제지급의 사례가 나타나고 있지 않아 그 실행 여부는 의문이 있다.
160) 다음의 내용으로서 사원에 수조지로서의 莊・處田이 지급되었음을 알 수 있다.
ㅇ「又有稱處者 又有稱莊者 分隷於各宮院寺院及內莊宅 以輸其稅 右諸所 皆有土姓吏民焉」《新增東國輿地勝覽》 卷 7, 驪州牧 古跡 登神莊.
ㅇ「其料物庫屬 三百六十莊處之田 先代施納寺院者 悉還其庫」《高麗史》 卷 78, 食貨1 田制 祿科田 辛禑14年 6월.
161) 「(顯宗 11年) 八月 以安西道屯田一千二百四十結 施納于玄化寺 兩省再三論駁 不納」《高麗史節要》 卷 3, 顯宗 11年 8月.

경비로 부족하므로 良田 1백 結을 더하여 주도록 하라.162)

위의 기사가 보여주는대로 玄化寺와 大雲寺에 각각 지급된 屯田이나 公田은 수조지의 성격을 가지는 것이다.

그렇다면 이러한 국가 분급의 토지는 전적으로 收租權의 분급만을 의미하는 것일까. 여기에 대해서는 검토의 여지가 있다고 본다. 즉 이렇게 국가나 왕실에 의하여 下賜된 토지라 하더라도 모두 일률적으로 수조지의 성격만으로 이루어지지는 않았던 것 같다. 언뜻 보기에는 수조지로 지급된 것 같으나 앞서 언급한대로 소유지적 지배가 이루어지는 토지들도 포함되어 있다고 보여지는 것이다. 그런 의미에서 다음의 기사는 검토해 볼 필요가 있다.

① 中書門下省에서 아뢰기를, 삼가 내리신 令에는 景昌院에 소속해 있는 田柴를 興王寺에 이속 시키고 경창원에서 관리하던 魚梁・선박・奴婢는 전부 국가로 되돌리라 하였사온데…163)

② 刑部에서 아뢰기를, "戶部에서 興王寺의 토지를 함부로 떼어서 萬齡殿에 주었사오니 그에 대하여 죄를 주시기 바랍니다" 하였다.164)

기본적으로 위 기사는 收租地의 지급을 둘러싼 논의로 이해되고 있는 사료이다. 그러나 이러한 토지들은 公田으로 파악되긴 하지만 단순히 수조권의 형태만으로 왕실이나 관청에 귀속된 것이 아닌 것

---

162) 「大雲寺先王始創 以福邦家 其所給公田 地瘠稅少 齋供不周 加賜良田一百頃」《高麗史》 卷 8, 文宗 18年 4月 庚午.
163) 「中書門下省奏 伏准制旨 以景昌院所屬田柴 移屬興王寺 其魚梁・舟楫・奴婢悉令還官」《高麗史》 卷 8, 文宗 12年 7月 己卯.
164) 「刑部奏 戶部擅以興王寺田 給萬齡殿 請罪之 制戶部官吏職 放還田里」《高麗史》 卷 9, 文宗 34年 3月 壬申.

같다. 애초부터 신라의 祿邑이나 田莊 등과 연결되는 王室 直屬領의 성격으로 국가가 직접 장악 지배하고 있던 토지에서 비롯했을 가능성이 높은 것이다. 이런 점은 위에서 인용된 ①의 사료에 이어서 나오는 다음의 기사를 참고할 필요가 있다.

"무릇 宮院에 대하여 선대 임금들이 田民을 후하게 준 것은 이를 자손 만대에 전함으로써 궁색함이 없도록 하자는 것입니다. 지금 宗室과 枝孫이 번창하여 그 궁원들에 일일이 田柴를 주기에도 오히려 부족할 염려가 있거늘 하물며 한 궁원의 전시를 회수하여 사원에 주어서야 되겠습니까. 三寶를 소중히 여기는 것은 좋은 일이오나 국가의 근본을 잊어서는 아니되오니 토지와 인민, 魚梁·선박들을 종전대로 돌려 주시기 바랍니다." 하였다. 이에 대하여 (왕이) 制하기를, "이미 三寶를 위하여 주어버린 田柴를 되돌리기는 어려우니 마땅히 公田으로써 원래의 수에 맞추어 (景昌院에) 지급하도록 하고, 나머지는 아뢴 바를 따르라" 하였다.165)

곧 이에 의하면 景昌院에 소속된 전시를 홍왕사에 移屬시킨 바 있었던 것에 대하여 中書門下省의 攻駁이 있자, 국왕은 홍왕사에 시납되었던 크기만큼 公田으로써 보상해 주도록 하였다. 다시말해 이 때 공전으로써 보상되는 토지는 홍왕사에 이미 이속된 경창원 소속의 토지였다. 그리고 중서문하성의 論駁 속에는 경창원 소속의 田柴가 홍왕사에 이속되는 것이 부당하다는 지적과 함께 先王이 田·民을 후하게 사여하여 그 자손에 이르게 하고 그리하여 萬世에 전하게 하

---

165) 「夫宮院 先王所以優賜田民 貽厥子孫 傳於萬世 無有匱乏者也 今宗枝彌繁 若欲各賜宮院 猶恐不足 況收一宮田柴 屬于佛寺 歸重三寶 雖云美矣 有國有家之本 不可忘也 請田民·魚梁·舟楫 仍舊還賜 制曰 田柴 已納三寶 難可追還 宜以公田依元數給之 餘從所奏」≪高麗史≫ 卷 8, 文宗 12年 7月 己卯 ; ≪高麗史節要≫ 卷 5, 文宗 12년 7월.

였다는 언급이 있다. 또 국왕이 田柴만을 되돌리기가 어렵다 하고 있
는 점으로 미루어 소속된 田民의 존재도 짐작된다. 단순한 수조지의
지급으로 보기는 어렵지 않은가 하는 것이다. 즉 이러한 형태로 지급
된 토지 가운데는 그 경작민이 함께 지급되었을 가능성도 매우 농후
한 것이라 하겠다.166) 결국 이것은 국가에서 지급한 토지 가운데도
일부의 소유권적 지배가 이루어질 수 있음을 시사하는 것이다.

그러면 이러한 소유권적 지배는 개별사원에서 어떤 모습으로 나타
나고 있었을까. 雲門寺의 경우를 통해 살펴보자. 고려시기 운문사의
사원전 지배는 新羅中期까지 거슬러 올라간다. 다음의 기록이 참고될
것이다.167)

> 圓光은 자신이 머물던 嘉栖岬에 占察寶를 두고 이것으로서 恒規로
> 삼았다. 이 때 檀越尼가 占察寶에 밭을 바쳤는데, 지금의 東平郡에
> 있는 밭 100 結이 이것이다. 臺帳이 아직도 있다.168)

상기기사에서 圓光이 머문 嘉栖岬은 뒤에 雲門寺가 되는 五岬 중

---

166) 이러한 점은 다음의 글이 참고된다.
  洪承基, <高麗前期 家田과 朝家田의 稅額·租額과 그 佃戶의 經濟的 地
    位> ≪歷史學報≫ 106, 1985, pp.101~105.
  여기서 公田關係 史料의 검토를 통하여 所有權的인 性格의 토지인 家田
  과 朝家田을 분석해 놓았는데, 이에 의하면, 국가의 朝家田이 사원에 지급
  될 경우 사원의 소유지로 전화할 가능성이 높다고 보여진다.
167) 寺院田의 私有地的 性格에 대한 규명은 新羅下代의「田莊」으로부터 시작
  되어야 옳을 줄 안다. 이에 관해서는 金潤坤, <羅代의 寺院莊舍 - 浮石寺
  를 중심으로-> (≪考古歷史學志≫ 7, 1991) 과 金昌錫, <統一新羅期 田莊
  에 관한 硏究> (≪韓國史論≫ 25, 1991)이 참고 된다.
168)「(圓)光於所在嘉栖岬 置占察寶 以爲恒規 時有檀越尼 納田於占察寶 今東平
  郡之田一百結是也 古籍猶存」≪三國遺事≫ 卷 4, 義解 圓光西學.

의 하나다. 이에 의하면, 동평군[169]의 田地 100 結이 가서갑에 시납되고 있다. 시납되고 있는 토지는 위치상 사원과 상당한 거리에 떨어져 있었던 것으로 보인다. 이때 토지를 시납하고 있는 檀越이 누구였는지는 알 수 없으나 占察寶에 시납된 것으로 보아 사원에 의해 직접 관장된 토지임에는 틀림없는 것 같다.

또한 고려초 이들 토지의 지배형태에 관해서는 다음과 같은 '公文'이 잘 반영해 주고 있다.

    柱貼公文을 보면, 雲門山禪院의 長生이 남쪽으로는 阿尼岾, 동쪽으로는 嘉西峴 등이라 했다. 절의 三剛典主人은 寶壤和尙이고, 院主는 玄會長老이며, 貞座는 玄兩上座, 直歲는 信元禪師이다. 위의 公文은 淸道郡의 都田帳에 의한 것이다. 또 開運 3年 丙辰의 雲門山禪院의 長生標塔 公文 1통을 보면 "長生이 11이니 阿尼帖・嘉西峴・畝峴・西北買峴(혹은 面知村이라 함)・北猪足門 등이다"라 하였다.[170]

곧 이에 의하면, 고려초에 와서 雲門寺에는 長生標가 설치되고 이에 대한 일종의 관리인격인 三綱典主人과 直歲가 나타나고 있다. 이는 일종의 僧官組織인 三綱體制를 이루는 職制의 禪門에서 경제적 기반인 土地와 人民에 대한 수취의 역할을 담당하고 있었던 것으로 이해된다.[171] 결국 가서갑의 토지는 사원에서 직접 관리 수취하고 있었으며, 이것이 국가로부터 공인되고 있었다는 이야기다. 이는 곧 그

---

169) 이곳은 오늘날의 釜山에 해당한다. ≪新增東國輿地勝覽≫ 卷 23, 慶尙道 東萊縣 屬縣.

170) 「柱貼公文 雲門山禪院長生 南阿尼岾 東嘉西峴云云 同藪三剛典主人寶壤和尙 院主玄會長老 貞座玄兩上座 直歲信元禪師 右公文 淸道郡都田帳傳准 又開運三年丙辰 雲門山禪院 長生標塔公文一道 長生十一 阿尼帖 嘉西峴 畝峴 西北買峴一作面知村 北猪足門等」≪三國遺事≫ 卷 4, 義解 寶壤梨木.

171) 蔡尙植, <앞의 논문>, pp.63~65.

토지에 대한 실질적 소유권을 사원이 행사하고 있음을 입증하는 例가 된다.172) 이것은 비슷한 사례인 아래 眞如院과 長遊寺의 경우로도 방증될 수 있을 것이다.

① 乙巳 삼월 초 나흘에 비로소 眞如院을 고쳐 세웠다. …… 인하여 華嚴社를 조직해 오랫동안의 供費로, 해마다 봄과 가을이면 이 산에서 가까운 州縣으로부터 倉租 1백 석과 淨油 한 섬을 바치는 것을 정해놓은 규칙으로 삼았으며, 진여원에서 서쪽으로 6천 보 쯤 되는 牟尼岾, 古伊峴 밖에 이르기까지의 柴地 15 結과 밤나무 밭 6결, 坐位 2 結을 내어서 莊舍를 세웠다.173)

② 元嘉 29년 임진에 首露王과 許王后가 혼인한 곳에 사원을 세워 그 이름을 王后寺라 하고, 사자를 보내어 절 근처에 있는 平田 10 結을 측량하여 三寶를 봉양하는 비용으로 쓰게 하였다. 이 절이 생긴 지 5백년 후에 長遊寺를 세웠는데, 이 절에 바친 田柴가 도합 300 結이나 되었다. 이에 장유사의 三剛은 왕후사가 장유사의 柴地 東南標內에 있다고 해서 폐하고 莊舍를 만들어 가을에 곡식을 거두어 저장하는 장소와 말을 기르고 소를 치는 마굿간으로 만들었으니 슬픈 일이다.174)

---

172) 이외에 구체적인 예를 大崇福寺碑(≪朝鮮金石總覽≫ 上 崇福寺碑)를 통해서도 알 수 있다. 곧 金元良이 자신의 별장을 희사하여 지은 鵠寺가 元聖王의 陵域이 됨으로써 移轉하여 崇福寺로 改築되었는데, 이때 부족한 능역 부분을 보충하면서 주변의 토지를 매입하고 있는 것이다. 이에 관한 상세한 내용은 李佑成, <新羅時代의 王土思想과 公田 - 大崇福寺碑 및 智證碑의 一考 -> (≪趙明基華甲紀念 佛敎史學論叢≫ 中央圖書出版社, 1965)이 참고된다.

173) 「乙巳三月初四日 始開創眞如院 …仍結爲華嚴社 長年供費 每歲春秋 各給近山州縣倉租一百石 淨油一石 以爲恒規自院西行六千步 至牟尼岾 古伊峴外 柴地十五結 栗枝六結 坐位二結 創置莊舍焉」≪三國遺事≫ 卷 3, 塔像 臺山五萬眞身.

174) 「以元嘉二十九年壬辰 於元君與皇后合婚之地創寺 額曰王后寺 遣使審量近側平田十結 以爲供億三寶之費 自有是寺五百後 置長遊寺 所納田柴并三百結

①의 眞如院은 앞의 예와 매우 유사한 구조를 지니고 있음이 곧 확인 된다. 다만 이의 경우에는 이들 寺院田을 관리하기 위해 '莊舍'가 설치되고 있으며, 이를 통하여 租와 淨油를 걷고 있고, 또 柴地와 밤나무밭이 조성되고 있었다. 그리고 ②의 장유사의 田柴 支配에서는 장생표내에 있던 王后寺가 폐해지고, 이것이 莊舍가 되고 있는데서 지배력의 정도가 보다 확연하다.

이러한 점은 모두 운문사의 토지지배 형태에도 적용될 수 있는 것이다. 太祖가 雲門禪寺에 賜額과 함께, 후삼국의 혼란기에 亡壞하였던 五岬의 토지 500 結을 시납하였고, 후에 淸道郡界里審使 順英·大乃末 水文 등이 柱貼公文을 작성하고, 국가가 이를 公認한 조치는 寺院田의 소유권적 지배의 단면을 반영하는 것이다. 곧 국가의 이러한 조치는 곧 운문사 지배의 토지에 대한 소유권의 확인 행위이며, 免租의 특권을 부여한 것으로 해석 되기 때문이다.

於是右寺三剛 以王后寺在寺柴地東南標內 罷寺爲莊 作秋收冬藏之場 秣馬養牛之廐 悲夫」≪三國遺事≫ 卷 2, 紀異 駕洛國記.

第3章 寺院田의 經營
―雲門寺를 中心으로―

　고려시대 사회를 조망함에 있어 佛敎 寺院은 반드시 짚고 넘어가야 할 연구의 대상이다. 그것은 이 시기 佛敎가 國敎로서 차지하는 종교・사상사적 위상 때문만이 아니라, 이 시기 民들의 실생활과 직접 연관되는 여러 사회경제적 면모를 반영하고 있기 때문이기도 하다.
　사원을 매개로 고려시기의 사회경제를 조망하려고 할 때, 가장 큰 비중으로 와 닿는 것은 역시 土地支配에 대한 이해라 할 수 있다. 그동안 사원의 경제기반에 관한 연구가 이를 중심으로 전개되어 온 것도 이상과 같은 연유에서 비롯한 것이었다.[1]
　그런데 고려시대 사원의 토지지배에 대한 이해는, 그동안의 적지않은 연구성과에도 불구하고 아직도 많은 부분이 해명되고 보완되어야 할 과제로 남아 있다. 이는 기본적으로 관련 자료의 제한성에 기인하는 것이기도 하지만, 개별 사례를 중심으로 한 접근이 부족한데도 원인이 있다고 보여진다. 따라서 향후의 연구방향은 새로운 자료를 발

---

1) 高麗時代 寺院田 연구의 成果와 動向에 대해서는 本書 제 1장 참조.

굴해 내려는 노력과 더불어 개별 사례를 통한 실증적 접근이 더욱 요구된다고 본다.

雲門寺라는 寺名이 역사의 전면에 드러나는 시기는 대략 羅末麗初, 그것도 後三國 統一 직후의 일이었다. 고려 태조가 아직 신라의 정치력이 남아있는 圈域으로 본격 진입하는 시점에서, 그 관문이 되는 청도지역에 웅거한 반발세력들을 무마하는 데 기여한 보답으로 '雲門禪寺'로 賜額한데서 비롯한다. 이후 운문사는 국가로부터 前代의 토지지배를 추인받는 한편, 주요 高僧들이 주석하고 지역민과의 유대를 보다 공고히 하면서 일정한 寺格을 유지한 사원으로 자리하였다.

그동안 운문사는 선학들에 의해 주로『三國遺事』寶攘梨木條와 고려중기 金沙彌 세력과의 연계성이 착목되어 부분적으로 관심의 대상이 되어왔다.2) 그런데 거기서는 고려 불교계에서 차지하는 운문사의 위상이나 寺格이 주목되지 못하였고, 또한 이를 가능케 한 물적 기반으로서의 토지지배에 대하여도 집중적인 관심이 기울어지지 못하였

---

2) 雲門寺에 대한 선행의 연구로 본고의 작성과 관련하여 示唆를 준 것은 다음과 같다.
　① a. 金潤坤, <麗代의 寺院田과 그 耕作農民 - 雲門寺와 通度寺를 중심으로 - >《民族文化論叢》2·3집, 1982.
　　 b. ____, <麗代의 雲門寺와 密陽 淸道 地方>《三國遺事硏究》上, 嶺南大學校 出版部, 1983.
　② 金光植, <雲門寺와 金沙彌亂 -高麗中期 寺院勢力의 一例->《韓國學報》54, 1989(《高麗武人政權과 佛敎界》民族社, 1995).
　　 이 가운데 ①a는 사원전의 지배와 관련하여 운문사는 일찍부터 所有權의 차원에서 토지를 지배하고 있었고, 이를 둘러싼 분쟁에 대해서 국왕이 개입해 柱貼公文과 長生標塔을 통하여 이를 종식하는 사례를 보여 준 것이었고, ①b는『三國遺事』寶攘梨木條를 중심으로 雲門寺를 이해하고, 이에 연하여 밀양·청도지역을 중심으로 郡縣制의 운영실태에 대해 접근한 논고였다. 한편, ②는 明宗代의 金沙彌 亂을 운문사와 연관시켜 해석한 것으로, 武臣執權期 중앙과 地方의 勢力이 대립하고 있는 가운데, 운문사가 지방세력에 가세함으로써 亂으로 촉발된 것으로 이해한 논고였다.

다. 따라서 본장에서는 이점에 유의하여 논지를 전개해 보고자 한다.

1節 主要 高僧과 寺勢의 推移

寺院은 불교신앙을 매개로 儀式을 치루는 信行의 공간이자 聖所이기도 하다. 그리고 일정한 경제기반을 바탕으로 종교적 행위가 조직적이고 체계적으로 행해지는 장소의 의미를 지니기도 한다. 그런데 초기의 사원은 승려의 거처로서의 의미가 강하였고, 이에 따라 대개 주석한 高僧의 행적을 중심으로 기록이 남게된다. 운문사의 경우도 예외가 아니다.

초기의 雲門寺에 관한 기록은 7세기초에 활동이 두드러진 승려 圓光과의 관련으로까지 소급된다.3) 그런데 이 시기 원광과 관련된 기록들은 다소 엇갈린 내용이 없지않아 확실히 말하기 어려운 부분도 있다. 예컨대, 그의 입적과 관련하여 古本 ≪殊異傳≫에서는 眞平王 52년 84세로,4) 또 ≪海東高僧傳≫에는 善德王 10년에 99세로5) 서술해 놓고 있다거나, 그에 관한 일부 기록은 후대의 것과 뒤섞여 있다는 지적도 보이고 있기 때문이다.6) 그러나 이러한 초기 기록의 한계에도 불구하고 여러 정황을 종합해 볼 때, 운문사의 연원이 원광과

---

3) 이에 대해서는 古本 ≪殊異傳≫, ≪三國史記≫ 貴山傳, ≪海東高僧傳≫ 圓光條, ≪三國遺事≫ 圓光西學條와 寶壤梨木條, 그리고 『雲門寺事蹟』 등이 참고된다.
4) ≪三國遺事≫ 卷 4, 義解 圓光西學.
5) ≪海東高僧傳≫ 卷 2, 圓光 (≪韓國佛敎全書≫ 6, 1994, p.99).
6) 一然은 ≪三國遺事≫ 卷 4, 義解 圓光西學條 末尾에서, 이러한 혼란이 雲門寺의 開祖 寶壤의 史蹟과 뒤섞여 서술된 때문이라고 지적하였다.

연결되고 있음은 사실로 보인다. 그러면 원광에 관한 몇 가지 사실을 확인해 보기로 한다.

원광은 신라 불교계에 매우 큰 영향을 끼쳤던 인물이었다. 무엇보다 그는 중국에 11년 간을 머물면서 三藏에 통달하고 儒敎의 학술까지도 겸하여 익힌 다음, 진평왕 11년에 귀국함으로써 신라불교가 국제적 교류를 활발하게 하는데 중요한 계기를 만든 인물이었다.

> 陳·隋의 시대에 海東 사람으로 바다를 건너가서 道를 배운 이는 적었으며, 설혹 있다해도 그 이름을 크게 떨치지는 못했다. 圓光의 뒤를 이어 중국으로 배우러 간 사람이 계속하여 끊이지 않았으니 원광이 바로 그 길을 연 셈이 된다.[7]

그의 思想世界에 대해서는 알려진 것이 별로 없지만, 陳에 들어가 講肆를 두루 찾아 다니면서 하찮은 말까지도 받아 적으며, 成實·涅槃 및 三藏 가운데 여러 가지 論을 전해 받고 또 강의하여 큰 호응을 받았음으로 보아 學人으로서의 면모를 갖춘 인물로 보여진다.[8]

귀국 후 그는 진평왕 35년 황룡사에서 高僧들을 청하여 百座道場을 베풀때에 가장 윗자리에 있었다. 그리고 이즈음 그는 뒤에 운문사로 흡수되는 五鵲岬 가운데 하나인 嘉瑟岬(혹은 嘉栖岬)에 머물고 있었다. 《三國遺事》에 의하면, 이곳은 雲門寺의 동쪽 9천 步쯤 되는 곳에 위치해 있었다.[9] 그런데 이 시기 그의 행적에는 다음의 두 가지 사실이 주목된다.

---

7) 「陳隋之世 海東人鮮有航海問道者 設有 猶未大振 及光之後 繼踵西學者憧憧焉 光乃啓道矣」《三國遺事》卷 4, 義解 圓光西學.
8) 「遂入陳遊歷講肆 領牒微言 傳槖成實涅槃 三藏數論 …(中略)…因信士請 遂講成實」《海東高僧傳》卷 2, 圓光 (《韓國佛敎全書》6, 1994, p.98).
9) 《三國遺事》卷 4, 義解 圓光西學.

하나는 그가 이곳에 있을 때 이른바 '俗士'들을 대상으로 世俗五戒를 敎說하고 있다는 점이고, 다른 하나는 占察寶를 설치하고 恒規로 삼았다는 것이다. 이러한 사실들은 당시 사원의 출입계층과 운영방식을 이해하는 데 중요한 시사를 주는 대목이다.

① 이 때에 圓光法師가 隋나라에서 돌아와 嘉瑟岬에 머물고 있음이 알려지니 -혹은 加西 또는 嘉栖라고 하는데 모두 方言이다. 岬은 속언에 古尸라 하고, 혹 古尸寺라고도 하니 마치 岬寺라 하는 말과 같다. 지금 雲門寺 동쪽 9천 步쯤 되는 곳에 加西岾이 있는데, 혹은 嘉瑟岾이라고 한다. 岾의 北쪽 洞에 절터가 있는데 바로 이곳이다 - 두 사람(貴山과 箒項-필자 註)이 찾아가 여쭈었다. "저희들 俗士는 우매하여 아는 바가 없습니다. 부디 한 말씀 주시어 평생토록 誡로 삼도록 하여 주십시오"하였다. 원광이 이르기를 "불교에는 菩薩戒가 있는데 그 조항이 열 가지로 구별되어 있으나, 그대들은 남의 신하로서 능히 감내하지 못할 것이다. 지금 세속에 다섯 가지의 계율이 있으니, 하나는 충성으로 임금을 섬기는 것이요, 둘은 부모를 효도로 섬기는 일이요, 셋은 벗을 信義로 사귀는 일이요, 넷은 싸움에 임해서는 물러서지 않는 일이요, 다섯은 산 것을 죽이는 데 가려서 하라는 것이다.[10]
② "原宗이 불법을 일으킨 후 비로소 그것을 일으킬 토대가 이루어졌지만 아직 깊은 경지에는 이르지를 못하였다. 그러니 마땅히 歸戒滅懺의 법으로 우매한 중생을 깨우쳐 주어야 할 것이다" 하고, 이

---

10) 「時聞圓光法師入隋回 寓止嘉瑟岬 (或作加西 又嘉栖 皆方言也 岬俗云古尸 故或云古尸寺 猶言岬寺也 今雲門寺東九千步許 有加西岾 或云嘉瑟岾 岾之北洞 有寺基是也) 二人詣問進告曰 俗士顚蒙 無所知識 願賜一言 以爲終身之誡 光曰 佛敎有菩薩戒 其別有十 若等爲人臣者 恐不能堪 今有世俗五戒 一曰事君以忠 二曰事親以孝 三曰交友以信 四曰臨戰無退 五曰殺生有擇」위와 같음. 비슷한 내용이 《三國史記》 卷 45, 열전 貴山傳에 입전되어 있다. 다만 여기에는 嘉瑟岬을 加悉寺로 기술해 놓고 있는데, 이것은 같은 寺名에 대한 다른 이두식 표기법에 기인한 것으로 생각된다.

까닭에 자신이 머물던 嘉栖岬에 占察寶를 두어 이것을 恒規로 삼았다.11)

 이 시기 사원에 '俗士'들이 출입하고 있음은 지식인층에 의해 불교가 수용되고 있으며, 儒學과 더불어 불교가 하나의 생활윤리로 자리해 가고 있음을 반영한다. 한편, 그 무대는 王京을 벗어나 지방으로까지 확산되고 있으며, 忠·孝·信·勇 등이 강조되고 있음으로 보아 護國的·社會倫理的 성격이 강하다는 것을 알 수 있다. 그런데 바로 이것이 후에 운문사와 연결되는 가슬갑의 모습을 시사해 준다.
 또 후자는 그런 嘉栖岬의 운영방식을 보여주고 있다. 점찰보와 항규의 존재가 그것을 반영한다. 점찰보는 『占察善惡業報經』에 의해 정기적으로 법회를 열고 그 계행을 보살펴 잘못을 뉘우치고 고치도록 하는 대중교화의 조직으로 이해된다. 이는 윷 조각처럼 깎아 만든 나무조각에 갖가지 윤리적 반성의 자료가 될만한 죄목을 적어두고, 그것을 던져서 나온 죄목을 보고 자신의 戒行을 반성하고 진심으로 懺悔하여 고쳐가게 하는 것을 내용으로 삼는다.12) 그래서 이것을 일컬어 '歸戒滅懺의 法'이라고도 하였던 것이다. 이는 당시 가슬갑의 信行方式을 의미하는 대목이기도 하였을 것이다. 이것이 원광대의 상황이었다.
 그런데 운문사의 前身이기도 한 이 곳은 후삼국의 난리에 大鵲岬·小鵲岬·小寶岬·天門岬과 더불어 무너져 파괴되었다고 한다. 이후 다섯 岬寺의 기둥은 大鵲岬寺에 함께 보관되어 있었는데,13) 이것

---

11) 「原宗興法已來 津梁始置 而未遑堂奧 故宜以歸戒滅懺之法 開曉愚迷 故光於所住嘉栖岬 置占察寶 以爲恒規」≪三國遺事≫ 卷 4, 義解 圓光西學.

12) 『占察善惡業報經』

13) 「三韓亂亡間 大鵲岬·小鵲岬·小寶岬·天門岬·嘉西岬等 五岬皆亡壞 五岬柱 合在大鵲岬」≪三國遺事≫ 卷 4, 義解 寶攘梨木.

이 唐에 유학하고 돌아온 寶壤에 의하여 다시 중창되었던 것이다. 물론 퇴락의 정도가 짐작되긴 하지만, 대작갑에 五岬의 기둥들이 함께 보관되어 왔다는 점을 감안하면 명맥이 단절된 것은 아니었다. 따라서 점찰보를 통한 항규의 전통도 이곳 대작갑사를 중심으로 계승되고 있었을 것이다.

이후 대작갑사는 고려 태조와 遭遇한 바 있는 寶壤이 주석하게 되면서, 寺勢가 괄목할만큼 커지고 있었다. 보양은 일찍이 唐에서 유학한 승려로, 귀국하여 推火郡 奉聖寺에 머물때 태조로 하여금 犬城의 山賊을 물리치는데 협력하여 두터운 인연을 맺은 인물이었다. 보양과 太祖가 두터운 우의를 가지게 된 사정에 대해서는 다음과 같이 전해진다.

> 처음 법사가 唐나라에 갔다가 돌아와서 먼저 추화군 奉聖寺에 머물렀다. 이 때 마침 고려 태조가 동쪽을 쳐서 청도의 경계에까지 이르렀는데, 山賊들이 犬城에 모여 교만을 부리고 항복하지 않았다. 태조가 산밑에 이르러 法師에게 賊들을 쉽게 물리칠 계책을 물으니 법사는 대답했다. "대체 개란 짐승은 밤에만 지키고 낮에는 지키지 않으며, 앞만 지키고 그 뒤는 잊고 있습니다. 그러니 마땅히 대낮에 그 북쪽을 쳐들어 가야 할 것입니다" 태조가 그 말을 좇았더니 賊은 과연 패하여 항복하였다.14)

여기서는 단순히 간단한 계책으로 태조를 도왔다고 하였으나, 이것은 後三國期 지방 사원의 지역에서의 영향력을 반영해 주는 내용으로 이해된다. 실제 이 시기 사원은 自衛力을 보유하고 있었을 뿐 아

---

14) 「初師入唐廻 先止于推化郡奉聖寺 適太祖東征至淸道境 山賊嘯聚于犬城 驕傲不格 太祖至于山下 問師以易制之術 師答曰 夫犬之爲物 司夜而不司晝 守前而忘其後 宜以晝擊其北 太祖從之 果敗降」《三國遺事》卷 4, 義解 寶壤梨木.

니라,15) 인근 지역에 대하여 정치적 영향력을 행사하고 있었기 때문이다. 따라서 본 기사의 賊들은 이미 禪門의 감화, 혹은 緇軍의 助力을 받은 태조의 군사에 의해 소탕된 또다른 정치세력의 무리로 이해함이 보다 합리적일 것이다. 또 그만큼 보양은 지역에서 차지하는 신앙적・정치적・군사적 기반이 확고하였다는 사실의 반영이기도 한 것이다.

보양과 태조의 이같은 관계는 후삼국의 통합이 이루어지는 이듬해인 태조 20년에 賜額으로 이어졌다. 옛 五岬의 田地 500 結을 합하여 이들의 기둥을 모아둔 大鵲岬寺에 소속시키고, '雲門禪寺'라는 賜額이 내려졌던 것이다.16) 이는 후삼국 통합에 대한 論功行賞의 성격이 짙은 役分田의 分給보다 3년이 앞서는 것이다.17) 이것을 오늘날 행정구역을 기준으로 이야기 한다면, 당시 태조는 청도・밀양・언양 지역의 고려 병합에 대한 공로를 운문사에 돌리고 있다는 뜻이 될 것이다. 그리고 이것은 당시 이 지역에서의 운문사의 영향력을 짐작하게 하는 대목이다.

그러나 이러한 영향력이 지속적으로 유지되는 데는 여러 한계 요인이 있었을 것이다. 중앙정부의 지방세력을 귀속시키기 위한 노력과 더불어, 지방 사원세력에 대한 점진적인 統制와 再編이 수반되면서18) 운문사도 그 파장에서 예외일 수 없을 것이기 때문이다. 광범위한 五岬지역에 대한 지배도 이해를 달리하는 주체들과 충돌하지 않을 수

---

15) 이 시기의 사원 自衛力으로서의 緇軍 혹은 僧軍에 대해서는 다음의 논고가 참고된다.
李弘稙, <羅末의 戰亂과 緇軍> ≪史叢≫, 12·13합집, 1968.
秋萬鎬, <高麗 僧軍考> 高麗大學校 석사학위논문, 1983.
16) ≪三國遺事≫ 卷 4, 義解 寶攘梨木.
17) ≪高麗史≫ 卷 78, 食貨1 田制 田柴科 ; ≪高麗史節要≫ 卷 1, 太祖 23년.
18) 韓基汶, <高麗時代 寺院의 統制와 編制> ≪韓國佛敎文化思想史≫, 1992.

없게 되었을 것이다. 이러한 가운데 운문사와 이해 당사자 간의 충돌이 柱貼公文과 長生標塔으로 귀결되었다는 사실은 매우 시사적이다.[19] 그리고 여기에는 國王의 外護가 일정하게 작용하고 있음을 알 수 있다.

고려 태조의 賜額으로 두드러진 운문사의 寺勢는 그러나 이후 전개된 일련의 정치·경제·사회적 상황으로 인하여 변화를 수반하였을 가능성이 있다. 국초 지방에 할거한 세력들을 포섭 회유하는 과정에서는 이들 禪敎寺院과 적극 밀착될 필요가 있었지만, 이제 왕권을 안정·강화시켜야 할 시점에서는 일정하게 재편성을 도모하였을 가능성이 높기 때문이다. 그 일례로 光宗은 왕권을 강화하는 과정에서 불교계의 지원을 받았지만, 당대의 고승 均如를 통하여 '性相融會'의 사상을 전제정치의 방편으로 삼고자 하였다.[20] 그런가하면, 歸法寺를 창건하여 균여를 주지로 삼아 개혁정치에 활용하는 등 불교사상을 왕권강화의 수단으로 이용하기도 하였던 것이다.[21]

또 量田사업의 진전과 더불어 田柴科를 통한 국가적 田制가 수립되는 景宗代를 거치면서는 점차 개경사원들이 부상하고도 있었다. 이에 대하여 귀족가문 자제들의 출가와 이들에 대한 경제적 지원이 잇따르게 되면서 운문사와 같은 京外의 사원은 일정하게 그 영향력이 줄어들었을 가능성이 있다. 이러한 일련의 과정을 거쳐 운문사가 다시 역사적으로 부각되는 시기는 學一의 활동이 나타나는 12세기 초반 즈음이었다.

學一은 南原 保安縣人으로 麗初이래 敎宗勢에 밀려 종세가 약화되어 있던 禪門의 맥을 잇는 주요 인물이었다. 그는 11세에 출가하여

---

19) 金潤坤, <앞의 논문> 1982, pp.149~152.
20) 金杜珍, <均如의 '性相融會' 사상> 《歷史學報》 90, 1981, pp.34~41.
21) 金龍善, <光宗의 改革과 歸法寺> (《高麗光宗硏究》 一潮閣, 1981).

13세에 具足戒를 받고, 禪師, 大禪師 등의 승계를 밟아 인종 즉위년에 王師로 책봉된 인물이었다.22) 그는 仁宗 7年 운문사의 주지로 자리하게 되는데, 이 시기 그의 위치가 운문사와 더불어 주목되는 데는 다음의 몇 가지 이유가 있다.

하나는 고려 중기에 華嚴宗과 瑜伽宗이 두 기둥을 이루면서 國師・王師를 거의 독점하다시피 하는 가운데, 이러한 전통을 깨뜨리고 禪門人으로서 王師에 책봉되고 있는 인물이라는 점이다. 그것도 당시 大覺國師 義天이 禪僧의 6・7할을 흡수하여 天台宗을 성립시키는 상황에서, 의천의 요청을 단호히 거절하면서도 자신의 종파를 고수하고 있다는 점이다.

> 國師(義天)가 宋에 유학하여 華嚴을 전하고 아울러 天台教觀을 배우고 丙寅(宣宗 3)年에 돌아왔다. 그는 天台智顗를 높이 받들고 새로이 천태종을 세우니 禪宗에 속한 僧으로서 天台宗으로 전향하는 자가 10人 가운데 6, 7人 꼴이었다. 대사(學一)는 祖師의 道가 약하여짐을 서글프게 생각하고 홀로 버티기를 자신의 임무로 여겼다. 大覺國師가 사람을 여러 차례 보내어 협력하여 주기를 요청하였으나 끝까지 그 명을 받지 않았다.23)

이런 학일의 일련의 태도는 武臣執權 이후 다시 禪宗勢가 확고히 부활될 수 있는 밑거름을 조성하였다는 점에서,24) 같은 시기 그가 왕

---

22) 그는 遷化한 이듬해인 인종 23년 國師로 追贈되었다. <雲門寺圓應國師碑> ≪韓國金石全文≫ 中世上(亞細亞文化社, 1984, pp.659~668).

23) 「國師西遊學於宋 傳華嚴義兼學天台教觀 以哲宗元祐元年丙寅回 尊崇智者 別立宗家 于時叢林衲子 傾屬台宗者十六七 師哀祖道凋落 介然孤立以身任之 大覺使人頻諭 而卒不受命」<雲門寺圓應國師碑> ≪韓國金石全文≫ 中世上(亞細亞文化社, 1984, p.661).

24) 許興植, <天台宗의 形成過程과 所屬寺院> ≪高麗佛教史研究≫ 一潮閣,

사로 책봉되어 주석하게 된 운문사의 寺格과도 결코 무관하지는 않으리라는 추론도 가능하다.

다른 하나는 현재 雲門寺의 境內에 위치한 <雲門寺圓應國師碑>의 내용을 통한 이해이다. 우선 이 碑의 陰記에 나타나는 門徒들을 살펴보면 아래의 표와 같이 大禪師, 三重大師, 重大師 81명을 비롯하여 모두 232명의 門下僧들이 刻字되어 있다.25)

◇ 표 4 圓應國師 學一의 門徒僧

區分	大禪師(2)	禪師(13)	三重大師(9)	重大師(57)				其他(151)
僧 名	翼賢 中立	正鄰 景雄 景玉 覺先 思純 淵微 懷默 得崇 妙慧 可觀 戒韶 覺猶 淵懿	德先 良定 戒澄 覺周 景妙 仁兼 眞海 碩瑩 懷遠	禪朗 遺照 宗悟 道林 慧蘭 戒遷 了本 子超 理能 幸照 冠周 正本 曇彦 仁智 爵連 仁應 寄南 至誠 處和 資順 迪純 道安 之아 至禪 南秀 宗印 文遠 仲仁 希遠 祖煇 知夢 九齡 挺南 可元 靈淵 覺之 曇裕 戒住 禪懷 澄靖 天素 道精 品圓 宗襲 中淳 惟格 道暉 道彦 祖允 師誠 玄素 慧南 理曇 禪密 宗彛 信初 子儒				名公 29명 加階 29명 加階石工 50명 參學 40명 左街都僧錄 等 僧錄司 官僚

* 『雲門寺圓應國師碑』≪韓國金石全文≫ 中世上(亞細亞文化社, 1984, p.659~668) 참조.

     1986, p.271.
  _____, <禪宗의 復興과 看話禪의 展開> 위와 같은책, pp.466~469.
25) <雲門寺圓應國師碑> ≪韓國金石全文≫ 中世上(亞細亞文化社, 1984, p.659~668).

禪門의 僧階는 大德 → 大師 → 重大師 → 三重大師 → 禪師 → 大禪師의 순서로, 대선사가 최상위에 있었고 대개 大師 이하는 금석문에서 승계를 생략하고 있었다.26) 그런 점에서 陰記에 刻字된 인명들이 설사 모두 당시 운문사에 籍을 두지는 않았다 가정하더라도, 그 규모는 운문사의 寺勢를 일정하게는 반영하고 있다고 볼 수 있을 것이다. 또 이 가운데 左街都僧錄 大師 慧豊·英信·素連, 右街都僧錄 大師 德林·雄闡, 妙覺寺 都監 右街僧錄同正 惠覺, 僧錄僧史 眞卿 등 僧錄司 官僚로의 진출도 보여준다.

한편, 그의 碑文은 당대의 명필이면서 禪門에도 조예가 깊었던 尹彦頤가 찬한 것이라는 점에서도 음미해 볼 필요가 있다. 주지하듯이 윤언이는 당대의 金富軾과 같은 重臣이면서도 서로 대외정책이나 일련의 정변에 대한 태도가 족히 대비되었던 尹瓘의 四子로, 禪門에도 깊은 조예가 있었던 인물이었다.27) 그런 그가 義天과 대립되었던 學一의 비문을 찬한 것은, 禪脈의 계승이라는 그의 관심과 무관하지 않을 것이기 때문이다. 곧 이러한 배경과 당시 운문사는 결코 무관하지 않을 것이다.

그러면 학일은 어떤 인물이었을까. 그의 비문에 보이는 다음 句節들은 학일의 사상경향과 行蹟을 짐작하게 하는 대목이다.

　① 經·律·論 三藏을 깊이 연구하여 정통하지 못한 것이 없으며, 더

---

26) 許興植, <佛敎界의 組織과 行政制度> ≪高麗佛敎史硏究≫ 一潮閣, 1986, pp.325~327.
27) 撰者 尹彦頤에 대해서는 다음의 기사가 참고된다. 「尹政堂彦頤 有禪學 其作雲門圓應國師碑 深造理窟」 <櫟翁稗說> 後集 ≪高麗名賢集≫ 2, p.371. 이에 의하면 그는 당시 禪門과 깊은 인연을 지닌 인물임을 짐작해 볼 수 있다. 그런 의미에서 그가 本 碑文을 撰한 것은 學一과의 일정한 人脈關係에서 비롯하지 않았을까 하는 추측도 불러 일으킨다.

욱 大般若經에 博通하여 般若三昧를 얻었다. 그로부터는 인간의 질병에 대하여 貴賤을 불문하고 一切를 구제하되, 진찰만하면 문득 효험이 있었다. 宗徒들이 추앙하기를, 마치 泰山을 대하거나 北斗七星을 향하는 것과 같이하였다.[28]

② 이 달에 僧科(禪試)를 주관하였는데, 그 때 學人들은 自己佛性은 한 가지가 아니라는 論議가 무성했다. 이때 스님은 말하기를 "인간의 佛性이란 하나일 따름이지 어찌 둘이겠는가 이제부터 지난 날의 것을 마땅히 금해야 되겠다" 하였다. …(결락)…이 사이로 의심을 품은 자가 적지 않았는데, 惠洪의 僧寶傳이 도착되니 古師들의 세가지 잘못이 판명되었는데, 自己 佛性을 나눈 것도 거기에 들어 있었다. 學人들이 이를 본 후에 마침내 의심을 버렸다.[29]

③ 肅宗 4년 …… 왕자가 나이가 9세였으니, 이른바 지금의 圓明國師인데, 하루는 갑자기 暴死하여 몸에 체온이 모두 끊어져 싸늘한 시체처럼 되었다. 圓覺會에 모였던 모든 대중이 놀라 어찌할 줄을 모르고 救命할 방법을 찾았는데, 마침내 대각국사가 스님에게 구제를 요청했다. 그리하여 스님이 비밀리에 大般若經을 염송하였더니, 조금 후에 王子가 소생하였다. 이로 말미암아 대각국사가 특히 敬重하는 마음이 더해졌다.[30]

이에 의하면, 學一은 대승경전의 으뜸인 大般若經에 널리 통하여

---

28) 「經律論 無所不究 于長於大般若 得三昧力 凡人間疾病 無問貴賤 一切救之 動輒有驗 宗徒推仰如泰山北斗」 <雲門寺圓應國師碑> 《韓國金石全文》 中世上 (亞細亞文化社, 1984, pp.659~668).

29) 「是月主盟選席 時學者盛談二種自己 師曰自己一而已 安有二哉 從今已往 宜禁止之 …(缺落)… 久致疑於其間者衆 及惠洪僧寶傳至 判古師三失 以分自己爲一失 學者見此 然後斷惑」 <雲門寺圓應國師碑> 《韓國金石全文》 中世上 (亞細亞文化社, 1984, pp.659~668).

30) 「我肅王四年 …(中略)… 有王子 年九勢 卽今所謂圓明國師也 忽一日暴死 暖氣都絶 會人愴惶 顚倒 不知所以救之之方 大覺請師 救之 師密念大般若 良久 王子乃甦 於是 大覺特加敬重」 <雲門寺圓應國師碑> 《韓國金石全文》 中世上 (亞細亞文化社, 1984, pp.659~668).

般若三昧를 얻었다고 하고 있다. 나아가 그의 禪思想은 자기를 參求하되, 남과 차등이 없게 하라는 태도를 보이고 있었다. 또 사람의 질병에 대하여 貴賤을 불문하고 일체를 구제하되, 진찰만 하면 효험이 있는 등 醫僧으로서도 이름이 높은 고승이었음을 알 수 있다. 그가 입적함에 이르러서는 그의 高名함을 듣고 친견하려고 찾아온 대중이 마치 담장과 같이 둘러싸고 있었다고 한다.31) 이런 점에서 당시 사원 주변 지역민에 대한 영향력도 짐작해 볼 수 있다. 뿐만 아니라 학일은 "水災나 旱災가 있을 때는 기도하면 효응이 없었던 때가 없었다"고 할 만큼32) 이 방면에 신통력을 보인 인물이기도 하였다. 한편, 이 시기 운문사의 寺勢가 어떠하였는지에 대해서는 다음의 사적기에도 반영되고 있다.

> 왕은 供畓인 新藪・新院의 두 곳 田地 2백 結과 國奴婢 5백 人을 운문사에 내리어 萬歲香火를 받들도록 하고, 길이 5 尺 넓이 3 尺의 石碑를 절의 서북방에 세우고, 三寶院 35 間을 절의 북쪽 3 里 즈음에 두었다. 鹽城庫가 13 間이었는데, 절의 동쪽 2 里 즈음에 있었다.33)

이것을 통하면 당시 운문사는 田地와 國奴婢를 통한 경제 행위에 대한 또 한번의 圈域의 구획이 있었던 것으로 짐작되는데, 그 증표인

---

31) 「○○○郡 觀者如堵牆」 <雲門寺圓應國師碑> ≪韓國金石全文≫ 中世上 (亞細亞文化社, 1984, pp.659~668).

32) 「有水旱災異 祈禳無不效應」 <雲門寺圓應國師碑> ≪韓國金石全文≫ 中世上 (亞細亞文化社, 1984, pp.659~668).

33) 「師爲王師時 所供畓 新藪新院二員等二百結 國奴婢五百人割給 雲門寺以爲萬世香火之擧 長五尺 廣三尺石碑樹於寺之乾方 三寶院三十五間 在於寺之北三里許 鹽城庫十三間 在於寺之乾方二里許也」 <慶尙道淸道郡東虎踞山雲門寺事蹟> ≪雲門寺志≫ (亞細亞文化社, 1977, p.17).

石碑와 이를 둘러싼 갈등이 이것을 반영한다.34) 또 그러한 권역안에는 三寶院과 같은 35間 규모의 본사에 부속한 屬院이 있었다. 鹽城庫가 13間이나 되었다는 사실은 당시 운문사의 경제력을 반영하는 대목이 될 것이다.

武臣執權期에 접어들면 운문사는 또 한번의 변화를 보여준다. 무신난 이후 崔忠獻 집권초까지 여러 차례 개경 僧徒의 亂이 있었다.35) 그런데 이들은 초기에는 주로 敎宗系列이었으나 점차 禪宗系列에서도 가담하는 양상을 보이고 있었고, 운문사도 일정한 변화가 나타나고 있었던 것으로 보여진다. 學一의 계승자로 淵甚이 있었고, 그는 최충헌 집권초에 10여 명의 다른 禪僧들과 유배되었다.36) 그리고 이 무렵 雲門賊으로 불리는 民의 저항에 운문사의 僧徒가 가담하고, 이들은 중앙에 있는 연심 등 학일의 문도와 내통하고 있었을 것이라는 추론도 나오고 있다.37) 이후 학일의 계승자가 곧 바로 연결되지 못하는 것도 그러한 이유로 짐작된다. 결국 무신집권기 운문사는 집권 무인세력과는 일정한 거리에 있을 수 밖에 없는 상황이었음을 알 수 있다. 이와 같이 무신집권기 운문사는 寺勢가 위축될 수 있는 여러 환경들이 조성되고 있었다. 그런 의미에서 崔瑀 執權期의 사실을 반영하는 다음의 기록은 음미해 볼 만하다.

---

34) <慶尙道淸道郡東虎踞山雲門寺事蹟> 《雲門寺志》 (亞細亞文化社, 1977, pp. 18~19).

35) 武臣執權期의 佛敎界와 僧徒의 亂에 대해서는 다음의 논문이 참고된다.
   金鍾國, <高麗武臣政權과 僧徒의 對立抗爭에 關한 一考察> 《朝鮮學報》 21·22, 1961.
   閔賢九, <月南寺址 眞覺國師 陰記에 대한 一考察> 《震檀學報》 35, 1973.
   Edward J. Shultz, <高麗武人執權期의 佛敎> 《韓國史學論叢》 上, 一潮閣, 1994.

36) 「又流大禪師淵甚等 十餘僧 于嶺南」 《高麗史》 卷 129, 列傳 崔忠獻傳.

37) 許興植, <禪宗의 繼承과 所屬寺院> 《高麗佛敎史硏究》 一潮閣, 1986, p.243.

　　　　庚寅年에 晉陽府의 貼에 의거하여 五道 按察使가 各道의 禪敎寺院
　　　의 始創年月과 形止를 파악하였는데, 자세히 조사하여 토지대장을
　　　만들었는데, (운문사의 것은) 파견된 관리 東京掌書記 李儁이 자세하
　　　게 실었다.38)

　운문사의 寺歷을 중점적으로 다루고 있는 ≪三國遺事≫의 寶壤梨
木條에 崔瑀의 집권기에 晉陽府의 貼에 의하여 禪敎寺院에 대한 形
止가 파악되었음을 一然이 명기해 놓은 것은 운문사와의 직접적인
관련성을 우회적으로 표현한 것으로 보인다. 따라서 이것은 최우기에
도 운문사의 사세가 위축될 수 있는 구체적 배경이 될 수 있을 것이
다.
　그러나 이것으로 인하여 이후의 운문사가 존립을 위협받을 정도로
寺勢가 위축되었다고 단정해서 말하기는 어려울 것 같다. 이 점은 같
은 시기 山門의 圈域이 농민항쟁의 주요 거점이 되고 있는 상황에서
도 이 곳에 거처하고 있던 僧의 朝夕 봉양이 어렵지 않을 것이라는
李奎報의 인식에서 짐작해 볼 수 있다.39)
　무신집권이 종식되고 난 뒤, 운문사에 주석한 고승으로는 一然이
있다. 충렬왕은 一然을 운문사의 주지로 추대하여 玄風을 闡揚하게
하였다. 그런데 이 시기 일연의 행적도 운문사의 사세와 무관하지는
않을 것이다.

---

38)「庚寅年 晉陽府貼 五道按察使 各道禪敎寺院 始創年月形止 審檢成籍時 差使
　員東京掌書記李儁審檢記載」≪三國遺事≫ 卷 4, 義解 寶壤梨木.
39) 이것은 당시 이 지역 사정에 밝았던 李奎報가 文大禪師와 나눈 筆談에서
　짐작된다. ≪東國李相國後集≫ 卷 12, <寄文大禪師手簡> 및 <答文大禪師小
　簡>.

第3章 寺院田의 經營 101

(忠烈王이) 즉위한 지 4년 丁丑에 임금이 雲門寺 住持로 추대하여 玄風을 크게 闡揚하였다. 이로 말미암아 임금께서 공경하는 마음이 날로 깊어져 讚詩를 지어 보내기도 하였다. …… (충렬왕 8년) 겨울 12월에 왕이 수레를 타고 친히 스님을 방문하여 법문을 들었다. 이듬해 봄 임금은 群臣들에게 이르기를 "나의 先王들은 모두 釋門 中에 덕이 높은 분은 王師로 모시고, 더 큰 분은 國師로 추대하거늘, 寡人만이 홀로 그렇게 하지 않는다면, 어찌 可하다 하겠는가. 지금 雲門 和尙은 道가 높고 德이 커서 모든 국민이 함께 숭앙하거늘, 하물며 과인이 홀로 은혜를 크게 입었음에랴! 마땅히 한 나라와 더불어 함께 존숭하리라" 하였다.40)

일연은 이전 무신집권기만 하더라도 玄風의 琵瑟山에서 약 22년을 보내는 등 당시 정세나 불교계의 동향과 관련하여 볼 때 다소 소극적 면모로 비춰지는 것이 사실이다.41) 그런데 이후에는 이와 달리, 仁弘社를 重修하여 왕으로 부터 仁興寺로 題額을 하사받는가 하면, 包山 기슭의 涌泉寺를 중수하여 佛日社로 개칭하는 등 활동이 두드러지고 있었다.42) 그런 맥락에서 보면 그가 주석하였던 기간은 비록 짧았으나,43) 이 시기 운문사에서의 그의 활동은 ≪三國遺事≫의 집필

---

40) 「上卽位四年丁丑 詔住雲門寺 大闡玄風 上日深傾注 以詩寄云 …(中略)… 冬十二月 乘輿親訪 咨問法要 明年春 上謂群臣曰 我先王 皆得釋門德大者 爲王師 德又大者 爲國師 在否德 獨無可乎 今雲門和尙 道尊德盛 人所共仰 豈宜寡人 獨蒙慈澤 當與一國共之」 <麟角寺普覺國尊靜照塔碑> ≪韓國金石全文≫ 中世下(亞細亞文化社, 1984, pp.1069~1070).

41) 蔡尙植, <一然의 생애와 檀越의 성격> ≪高麗後期佛敎史硏究≫ 一潮閣, 1991.

42) <麟角寺普覺國尊靜照塔碑> ≪韓國金石全文≫ 中世下(亞細亞文化社, 1984, pp.1069).

43) 一然이 雲門寺에 주석하는 기간은 대략, 충렬왕 3년부터 이후 개경의 廣明

착수 이외에도, 이후 迦智山門이 불교계의 중심세력으로 부각되어 교권을 장악하게 되는 것과[44] 무관하지 않은 것으로 보인다.

물론 이 시기 이후 禪宗내에는 분파의 구분없이 주지를 역임하는 등 -운문사도 岬山門의 慧勤이 一然이 주석한 이후 운문사에 주석하는 -의 현상이 없지는 않았지만,[45] 일정한 인맥은 이어지고 있었던 것으로 보인다. 그런 의미에서 일연의 門徒로 國師로 추봉된 바 있는 混丘의 碑銘에 "바른 것을 지키고 그릇된 것을 고치는 것이 雲門의 첫째였고, 널리 배우고 독실하게 실천함은 麟角처럼 드물게 보이는 밝음이라"[46]하였음은 시사하는 바 있다. 또 一然 이후 운문사의 주지를 맡으면서, 일연의 行狀을 짓고 또 碑를 세우고 있는 淸玢과도 각별한 관계로 연결되고 있다.[47] 이는 學一 이후 무신집권기를 거쳐, 이후에도 운문사가 一然·混丘·淸玢에 이르는 일정한 인맥을 이루면서 사상사적 맥락에서도 중요한 위치를 점하고 있었음을 의미하는 것이다.

寺에 주석하게 되는 시기까지 약 5년 정도이다.
44) 蔡尙植, <앞의 논문> 1991, pp.123~125.
45) 許興植, 《앞의 책》 pp.254~255.
46) 「守正矯失 雲門之一 博學篤行 麟角之明」《益齋亂藁》 권 7, 碑銘 <高麗國曹溪宗慈氏山瑩源寺寶鑑國師碑銘> 《高麗明賢集》 2, p.294.
47) 「門人 雲門寺住持 大禪師淸玢 狀師之行 聞于上」<麟角寺普覺國尊靜照塔碑> 《韓國金石全文》 中世下 (亞細亞文化社, 1984, pp.1073).

2節 寺院田의 형성과정

운문사 田地 形成의 초기 모습은 7세기 전반까지 거슬러 올라간다. 다음의 두 기사가 참고된다.

> ① 圓光은 자신이 머물던 嘉栖岬에 占察寶를 두고 이것으로서 恒規로 삼았다. 이 때 檀越尼가 占察寶에 밭을 바쳤는데, 지금의 東平郡에 있는 밭 100結이 이것이다. 臺帳이 아직도 있다.[48]
> ② 운문사에 예로부터 전해오는『諸寺納田記』를 보면, 貞觀 6年 壬辰에 伊西郡의 今邶村 零味寺가 밭을 바쳤다고 하였는데, 今邶村은 지금의 淸道땅이니 곧 옛날 伊西郡이다.[49]

이에 의하면 운문사의 田地는 이미 圓光 在世時에까지 거슬러 올라감을 알 수 있다. ①에 의하면 東平郡의 田 1백 結이 가장 초기의 것에 해당한다. 이 땅은 현재 釜山市의 일부지역으로 추정해 볼 수 있는데, 女施主에 의해 시납된 것으로 一然 당시인 13세기 후반까지 古籍이 猶存하다고 하였다. 그러니 雲門寺로 賜額되고 난 뒤 重刱을 거듭한 이후에도 계속적으로 그 지배가 이루어졌던 것으로 짐작해 볼 수 있다. 이렇게 개인의 시납에 의한 田地의 형성은 다른 사원이 흔히 그렇듯이 운문사의 경우에 있어서도 적지않은 비중을 차지하였을 것이다. ②는 善德王 1년 零味寺 토지의 納田에 관한 기사이다.

---

[48]「故光於所住嘉栖岬 置占察寶 以爲恒規 時有檀越尼 納田於占察寶 今東平郡之田一百結是也 古籍猶存」≪三國遺事≫ 卷 4, 義解 圓光西學.

[49]「按雲門寺古傳 諸寺納田記云 貞觀六年壬辰 伊西郡今邶村零味寺納田 則今邶村今淸道地 則淸道郡 古伊西郡」≪三國遺事≫ 卷 1, 紀異 伊西國.

이들을 통하여 우선 알 수 있는 것은 인근 지역 亡寺田의 상당량이 운문사에 귀속되어져 지배되고 있다는 점이다. 다음의 田地 500 結에도 이전의 토지가 포함된 것으로 보아 무방하며, 그것이 국가에 의해 다시 공인된다는 의미로 파악된다.

   얼마되지 않아 태조가 삼국을 통일하고 법사가 이곳에 절을 짓고 산다는 말을 듣고 다섯 岬의 田地 500結을 합하여 이 절에 바쳤다. 그리고 淸泰 4年 丁酉에 賜額하여 이르기를 雲門禪寺라 하였다.50)

앞서 본대로 이것은 처음 法師가 推火郡 奉聖寺에 머물 때 마침 태조가 山賊 때문에 고심하고 있는 것을 妙案으로 물리치게 해준 데 기인한 것이었다. 이전에도 太祖는 그 공로를 인정하고 매년 가까운 고을의 租 50 石으로 香火를 받들게 한 바 있었다.51) 그리고 이제 後三國이 통일되는 시점에 寶攘이 중창한 鵲岬寺를 '雲門禪寺'로 賜額하면서 500 結의 토지를 하사하였던 것이다. 이러한 토지들은 고려시대 운문사를 운영하는 기본 財源이 되었을 것이다. 태조대에 추인된 이들 전지에 대해서는, 이후 좀더 보완적인 조치가 내려지고 있었다. 다음의 柱貼公文과 長生標塔이 그것을 보여주고 있다.

 ① 天福 8年 癸酉(太祖 즉위 26년이다) 正月 日 淸道郡界의 里審使 順英, 大乃末 水門 등의 柱貼公文을 보면, 雲門山禪院의 長生이 남쪽으로는 阿尼岾, 동쪽으로는 嘉西峴 등이라 했다. 절의 三剛典主人은 寶壤和尙이고, 院主는 玄會長老이며, 貞座는 玄兩上座, 直歲

---

50) 「未幾太祖統一三國 開師至此創院而居 乃合五岬田束五百結納寺 以淸泰四年 丁酉 賜額曰 雲門禪寺」《三國遺事》卷 4, 義解 寶攘梨木.
51) 「太祖嘉乃神謀 歲給近縣租 五十碩 以供香火」《三國遺事》卷 4, 義解 寶攘梨木.

는 信元禪師이다. 위의 公文은 淸道郡의 都田帳에 의한 것이다.52)
② 　開運 3年 丙辰의 雲門山禪院의 長生標塔 公文 1통을 보면 "長生이 11이니 阿尼帖·嘉西峴·畝峴·西北買峴(혹은 面知村이라 함)·北猪足門 등이다"라 하였다.53)

곧 이에 의하면, 고려초에 와서 雲門寺에는 長生標가 설치되고 이에 대한 일종의 관리인격인 三綱典主人과 直歲가 나타나고 있다. 결국 이러한 職任을 통해, 이들 토지들은 사원에서 직접 관리 수취되고 있었으며, 이것이 국가로부터 공인되고 있었다는 사실을 알 수 있다. 이상은 고려초 운문사의 위상과 경제규모를 알 수 있게 한다.

이와같은 운문사의 전지가 다시 확장되고 있는 모습은 仁宗 7年 學一이 주지로 자리하게 되는 12세기 전반 무렵이었다. 인종 즉위년에 王師로 책봉된 그가 同王 7年에 운문사로 돌아오면서 이곳은 또 한번의 중흥을 꾀하게 되었던 것이다. 이후 운문사는 여러 변화를 보이게 되지만, 그 가운데 경제력이 더욱 보강되었다는 점이 특히 주목된다. 그가 王師로 책봉된 후 운문사에 지급된 畓과 노비의 數는 적지않은 양이었다. 이에 대해서 다음의 기록이 참고된다. 편의상 세 부분으로 나누어 살펴 보기로 한다.

① 　師가 王師가 되었을 때 받든 바의 畓은 新藪·新院 두 곳의 200結이며, 國奴婢 500 人이 (같이) 획급되어 雲門寺에서 永久히 香火로 삼게 하였다. 길이 5 尺, 높이 3 尺의 石碑를 절의 동쪽에 세웠

---

52) 「載天福八年 癸卯(太祖卽位第二十六年也) 正月日 淸道郡界里審使順英 大乃末水門等 柱貼公文, 雲門山禪院長生 南阿尼帖 東嘉西峴(云云) 同藪三剛典主人 寶壤和尙 院主玄會長老 貞座玄兩上座 直歲信元禪師(右公文 淸道郡都田帳傳准)」≪三國遺事≫ 卷 4, 義解 寶壤梨木.

53) 「開運三年丙辰 雲門山禪院長生標塔公文一道 長生十一 阿尼帖嘉西峴畝峴西北買峴(一作面知村)北猪足門等」≪三國遺事≫ 卷 4, 義解 寶壤梨木.

② 三寶院이 35間이었는데, 절의 북쪽 3 里 가량에 있었고, 鹽城庫가 13 間이었는데 절의 동쪽 2 里 가량에 있었다. 大川의 200 結을 三寶院과 鹽城 양 곳에 두어 香火時의 기타 경비(雜物)에 대비하게 하였다.
③ 新藪·新院의 300 結은 香火時의 淨齋米로 대비케 하였다. 奴婢 500 人의 貢布를 거두어 國師가 安居하는데 함께하는 徒衆들의 衣財로 쓰도록 하였다.54)

위의 내용에 가운데, ①은 學一이 왕사로 책봉되었을 때 지급된 토지와 노비의 양을 규정한 것이다. 이에 의하면 제공된 畓은 新藪·新院 두 곳에 있는 200 結이었으며, 國奴婢 500명이 동시에 雲門寺에 구획 지급되어 영구토록 香火를 받들도록 한 것이었다. 그리고 그 내용의 증표로 石碑를 세웠다고 한다. 앞서 살펴본 바 있듯이 이미 同寺에는 定宗 1년 11 基의 長生標塔이 세워진 적이 있는데, 그렇다면 이것은 銘文化한 장생표로도 해석된다. 형식은 이전의 것을 改立하는 것이었거나, 혹은 새로 분급된 내용을 상세히 銘文化한 표석이었을 것이다. 높이 5 尺, 너비 3 尺은 작은 규모는 아니다. 그렇다면 이것은 오늘날 양산시 하북면 백록리에 소재한 通度寺의 國長生 石標를 상기하게 한다. 주지하듯이 통도사 국장생은 宣宗 2년 戶部의 재가를 받아 해당 토지에 대한 寺側의 지배를 보호 공인하는 의미로 세웠던 것이었다.55)

---

54) 「師爲王師時 所供畓 新藪新院二員等 二百結 國奴婢五百人劃給 雲門寺以爲 萬世香火之擧 長五尺廣三尺 石碑樹於寺之乾方 三寶院三十五間 在於寺之北三里許 鹽城庫十三間 在於寺之乾方二里許也 大川員二百結 給屬三寶院·鹽城兩所 以備香火時雜物 新藪新院三百結 以備香火時 淨齋米也 奴婢五百人 收貢布以資國師安居徒衆之衣財也」 <慶尙道淸道郡東虎踞山雲門寺事蹟> ≪雲門寺志≫ (亞世亞文化社, 1977, p.17).

第 3 章 寺院田의 經營 107

　②의 부분은 앞서 언급한 바와같이 이 시기 운문사의 寺格과 재정 규모를 반영하는 것이다. 大川의 토지 200 結이 三寶院과 鹽城庫에 따로 구획되어 있는 것으로 보아 이들은 재정적으로 본사인 운문사와 별개로 독립되어 있었을 가능성이 크다. 그러면서도 유사시에는 당겨 쓸 수 있도록 예비한 것이었을 것이다.

　본 기사에서 ③의 부분은 해석에 어려움이 따르는 부분이다. 新藪·新院의 토지와 노비 500 人에 대하여 언급하고 있다는 점에서 ①의 내용과 유사한 부분이 많으면서도 토지의 용도에 대해서는 약간의 차이를 두고 있기 때문이다.[56] 이에 대해서 필자는 다음의 두 가지 가능성을 동시에 제시해 보고자 한다.

　하나는 ③이 ①의 내용을 중복하여 서술한 것이라는 가정이다. 이것은 우선, 신수·신원 두 곳의 전지만으로 500 結이나 되는 양을 한꺼번에 사급하는 것이 과연 가능하였을까 하는 점에서이다. 그런 의미에서 이들 토지 200 結과 300 結은 동일한 토지를 말하는 것이며,[57] ①은 王師時의 지급양을 명시한 것으로, 그리고 ③은 이에 대한 용도를 보다 구체적으로 제시한 것이라 할 것이다.

　또 하나는 토지 지배의 성격상 차이에 기인한 서술일 가능성이다. 즉 ①은 운문사가 그동안 지배해 오던 所有地에 대하여 다시 한번 이를 추인하고 免租한다는 의미이며, ③은 이를 포함하여 100 結의 수조지를 더 추가하여 사급하였다는 의미라는 것이다. 그렇다면 ①의

---

55) 裵象鉉, 《앞의 논문》 1995, pp.31~34 참조.
56) 金潤坤 敎授는 ①, ③의 토지가 상호 관련을 가지는 것으로 보고, ③의 300 結 중에는 ①의 200 結이 포함된 것으로 파악한 바 있다. 이는 운문사의 소유 전지가 신라시대부터 조선 肅宗에 이르기까지 500 結 이상을 소유한 때가 없었다는 사실에 근거한 것이기도 하였다(金潤坤, <앞의 논문> 1982, pp.166~167).
57) 이럴 경우, ③의 300 結은 ①의 200 結의 誤記로 보여진다.

기록에서 200 結의 토지에 대하여 '萬世 香火之擧'에 충당한다거나 '長五尺廣三尺 石碑'의 수립이라는 부분도 이들 토지의 지배형태와 무관하지 않다고 본다. 그리고 ③의 기록이 그 용도에 있어, 실제 왕사의 활동비용에 가깝도록 구체성을 띠는 것도 이와 무관하지 않다고 본다. 향화시의 淨齋米, 그리고 노비의 身貢을 통해 국사 安居時 수행하는 승려들의 衣財경비에 충당하도록 그 용도가 구체적으로 명시되어 있는 것이다. 결국 所供畓으로 명시한 ①, ③의 토지의 면적이 같은 것이라면, ③은 용도를 구체적으로 명시한 부연 설명의 내용이며, ③의 300 結이 착오가 아니라면, 이는 국가에서 추가로 賜給한 收租地 100 結을 포함한 것으로 지배의 성격이 다른 토지를 합하였다는 의미일 것이다.

한편, 학일이 王師로 있을 때 운문사가 소유 혹은 조를 거두어 들이는 토지에서 주목되는 것은 이들이 운문사에 인접해 위치한[58] 대규모의 토지라는 점이다. 이 점은 운문사 田地經營의 일단을 짐작해 볼 수 있는 부분이기도 하다. 또 이런 점을 감안하면 전체 전지의 규모도 추론이 가능할 것이다. 즉 13세기 一然이 生時에 古籍이 남아있다고 한 東平郡 소재의 소유 토지[59]를 포함하면, 운문사는 12세기 이후에도 최소 500 結 이상의 토지를 직접 지배하고 있었고, 한시적으로는 여기에 더하여 100 結이라는 토지에서 租를 거두어 쓸 수 있었던 것이다.

그런데 이같은 면적은, 조선초에 산정된 淸道郡의 墾田 3,932 結[60]

---

58) 金潤坤, ≪高麗郡縣制度의 硏究≫ 慶北大學校 박사학위논문, 1983, pp.170~171.

59) 「(圓)光於所住嘉栖岬 置占察寶 以爲恒規 時有檀越尼 納田於占察寶 今東平郡之田 一百結是也 古籍猶存」(≪三國遺事≫ 卷 4, 圓光西學). 이에 의하면 실제로 운문사는 시납받은 토지 100 結에 대한 文籍이 남아 있어 所有權이 행사될 수 있는 상태임을 짐작할 수 있다.

의 약 1/8에 상당하는 양이다. 물론 고려시대 간전의 면적은 이보다 훨씬 적었을 것이며, 이렇게 되면 상대적으로 전체 간전에서의 비중은 더욱 높아진다 하겠다.61)

비록 시기적으로는 후대에 해당하지만, 운문사의 소유지는 거꾸로 조선시대의 상황을 통해서도 유추가 가능할 것이다. <雲門寺事蹟>과 함께 운문사의 경제 기반을 반영하고 있는 <雲門寺佛粮位畓秩>記에는 총 74斗落의 田地가 시납자와 함께 기재되어 있다. 이를 도표로 나타내면 표 5와 같다.

◇ 표 5 雲門寺의 所有地 分布

지역\구분	시 납 자	면 적(卜束))	현 소재지(추정)
加禮	山人 釋嚞	2斗落(4卜5束)	매전면 예천동 가례
上加禮	山人 性融 山人 熙玉 金弘立	1斗落(3卜9束) 2斗落 1斗落(3卜9束)	매전면 예천동
鳥栖	山人 性覺 金苏叱龍	2斗落(4卜) 2斗落(6卜8束)	
末音	山人 宗坦 山人 懷卞 鄭日立	1斗落 3斗落 2斗落(8卜4束)	운문면 방음동 말음
蓴池	山人 尙軒 山人 克閑 山人 克贊	2斗落(6卜6束) 3斗落 2斗落(5卜7束)	운문면 서지동
明介	山人 學澄 山人 唯白 山人 啓贊	2斗落(3卜6束) 2斗落(3卜4束) 3斗落(8卜)	

---

60) ≪世宗實錄≫ 卷 150, 地理志 慶尙道 淸道.

61) 이것은 무신집권기 修禪社의 토지가 각 지역으로 분산되어 있으면서, 그 가운데 가장 큰 비중을 차지하는 昇平郡에서도 전체 토지규모의 2%에 정도밖에 미치지 못하다는 사실과 족히 대조된다. 李炳熙, <高麗 武臣執權期 修禪社의 農莊經營> ≪典農史論≫ 창간호, 1995, pp.62~64.

周雲	山人 廣扴	2斗落(12卜6束)	
仇日	山人 伕丁	5斗落(18卜2束)	
下東谷	山人 敬品 陳多勿	1斗落(3卜) 2斗落(6卜8束)	금천면 동곡 아랫마을
梨木谷	金進洪	2斗落(4卜4束)	
高樹	黃永龍	2斗落	청도읍 고수동
所羅	居士 大堅	3斗落	하양읍 소라리
露峙	山人 玉心	9斗落	
仇旀	彩玄伏爲師翁師父母	3斗落(18卜)	청도읍 구미동 매전면 관하동 구미
撫節	宋日立兩主	3斗落(6卜1束)	
기타 (地域未詳)	居士 信弘	2斗落	
	居士 善聰	2斗落	
	黃丞萬	1斗落	
	尹召吏	2斗落	
	居士 會信兩主	1斗落	
	山人通政大夫文洽	1斗落	
	山人信性	1斗落	
	金信義兩主	1斗落	
	朴莫男兩主	2斗落	

　* <雲門寺佛粮位畓秩>記를 참고하여 작성 함.
　* 현 소재지는 金潤坤, ≪앞의 논문≫ 1983, p.177 참조.

　물론 이들 토지가 그대로 고려시대 운문사의 상황을 반영하는 것은 아닐 것이다. 그런데 이들 토지의 대다수가 오늘날 청도지역에 집중되어 분포하고 있음을 감안하면, 고려시기의 운문사 소유지와 전혀 무관하지는 않을 것이다. 또 이는 조선시기에도 운문사가 일정하게 寺勢를 유지하고 있었을 뿐 아니라, 비록 고려시기에 비교될 정도는 아니지만 여전히 이 지역에서의 경제적 영향력을 잃지 않고 있었음을 반영하는 것이라 할 것이다.

3節 雲門寺의 寺院田 經營

　운문사는 신라시대의 嘉西岬·大鵲岬·小鵲岬·所寶岬·天門岬 등 청도군 일대에 위치하면서 후삼국의 동란중에 무너져 파괴된 五鵲岬과 그에 소속된 토지들을 흡수 소유하고 있었다. 이는 운문사에도 前代의 亡寺田이 흡수되고 이들에 대한 지배가 추인되고 있음을 의미하는 것이다. 따라서 이들 토지는 대부분 소유지와 마찬가지로 지배되고 있었음을 알 수 있다. 圓光時 占察寶에 시납된 전지 100 結도 마찬가지이다. 이들 토지들은 태조대에 雲門禪寺로 사액됨과 동시에 지급된 500 結 안에 포함되어 추인되었다고 보인다. 또 이들 田地가 고려초에 柱貼公文에 의해 지배의 권리가 銘文化되거나, 長生標塔에 의해 일정한 圈域을 형성하여 農莊으로 보호되고 있었음은 이러한 지배의 성격을 더욱 구체적으로 방증해 준다.[62]

　이렇게 소유권적 지배가 주종을 이루는 운문사 소속 전지의 경영에는 크게 두 가지의 경영방식이 상정된다. 하나는 운문사 자체의 노동력에 의한 直營이고, 다른 하나는 佃戶를 통한 地主制경영이다.

　직영에 의한 전지의 경영에는 운문사의 관리직 승려들이 직접 관여하고 있었다. 長生標의 설치와, 三綱典主人과 直歲의 존재가 이를 의미하고 있다. 直歲는 三綱體制를 이루는 職制의 禪門에서 경제적 기반인 土地와 民에 대한 수취의 역할을 담당하였던 것으로 이해된다.[63] 또 비교적 원거리인 東平郡에 위치한 토지의 경우에는 知莊과

---

62) 이것은 『若木郡淨兜寺五層石塔造成形止記』를 통해서도 짐작해 볼 수 있다. 이에 의하면, 淨兜寺의 사유지는 49負 4束으로 비록 그 규모는 작으나 토지형태, 四至 면적 등이 명시되어 있어 소유지로서의 그 성격이 분명하였다. 金容燮, <高麗時期의 量田制> 《東方學志》 16, 1975, pp.69~70.

같은 僧을 직접 파견하여 관리하였을 가능성이 높다.64) 다만, 이럴 경우 경작민은 佃戶와 같은 성격이었을 것이다. 그리고 古來 五岬의 토지나 學一이 王師로 있을 때 국가로부터 받은 田畓에 대해서는 본사 直歲僧이 직접 관리 수취하는 형태로 운영되었을 것이다.

한편, 사원에서 직영하는 사원 인근에 위치한 토지의 지배에서는 촌락을 통한 農莊支配의 형태도 고려해 봄직하다. 앞서의 嘉栖岬의 占察寶와 恒規의 전통이 조금이라도 잔존하였다면, 이러한 방식에 의한 경영의 가능성은 더욱 높아질 것이다.

農莊의 형태로 사원 인근의 대규모 토지가 사원에 의해 직접 경영되고 있음을 보이는 예로는 通度寺가 있다. 통도사는 둘레가 4만 7천 步 되는 광대한 토지에 12개의 장생표가 설치되고 屬院과 아울러 여러 개의 소속 村落이 확인되고 있다.65) 이들 촌락이 위치한 圈域안으로는 寺側의 표현이지만, 公·私의 남의 土地는 없는 것으로 파악되고 있었다. 물론 운문사는 관련 遺蹟의 부족으로 확정하기는 어려우나 阿尼岾, 嘉西峴, 畝峴, 西·北買峴, 北猪足門 등에 위치한 11개의 長生標塔이 존재하였던 만큼, 일정하게는 이와 유사한 조건들을 갖추고 있었다고 보인다. 더구나 이러한 구조가 12세기 왕사 學一 時의 석비가 이것의 改立이라고 보면 이러한 촌락의 존재는 고려후기에도 계속되었음을 짐작해 볼 수 있을 것이다. 그렇다고 한다면 운문사도 이들 촌락을 통해 寺院田民을 지배하였을 개연성이 높다. 가령 통도사의 경우이지만, 다음의 것은 운문사의 경우도 시사해주고 있다.

---

63) 蔡尙植, <淨土寺址 法鏡大師碑 陰記의 分析> ≪韓國史硏究≫ 36, 1982, pp.63~65.
64) 「昔新羅爲京師時 有世達寺(今興敎寺也)之莊舍 在溟州捺李郡 …(中略)… 本寺 遣僧調信爲知莊」≪三國遺事≫ 卷 3, 洛山二大聖 觀音 正趣 調信.
65) 裵象鉉, <高麗時代의 寺院 屬村> ≪한국중세사연구≫ 3, 1996, pp.173~181.

사방 장생표의 基地 안에는 삼천 大德이 나뉘어 살고 있는 房과 洞이 있다. 남쪽에는 布川山洞이 있는데 곧 일천 대덕이 거주하는 곳이다. 북쪽은 冬乙山 茶村이 있는데 곧 茶를 만들어 절에 올리는 곳이다. 절에 茶를 만들어 올릴 때 필요한 도구인 茶囚과 茶泉은 지금에 이르도록 없어지지 않고 있다. …… 사방 장생표의 直干들의 位田畓은 동남쪽과 북쪽 茶村 들판에 있다.66)

위의 통도사 권역내 冬乙山 茶村은, 운문사 장생표 안의 촌락과 유비할 만한 것이다. 이들 촌민들은 기본적으로 사원전의 경작민으로서 기능하지만, 恒規에 따라 사원에서 필요로 하는 일정의 需要品을 제공하기도 하였다. 운문사에 획급된 國奴婢 가운데 사원에 貢布를 바치기도 하였다는 事蹟記의 내용67)은 그런 의미에서 음미할 만 하다 하겠다.

이와 다른 성격의 운문사 소속 촌락으로 상정해 볼 수 있는 것은 僧徒들이 集居해 있는 곳으로서의 촌락이다. 물론 여기서 말하는 승도들은 하급승으로서 參學이나 庸僧과 隨院僧徒의 부류를 지목할 수 있는데,68) 이럴 경우는 신원·신수·대천 등 운문사에 근접해 있는 직영지들이 이들에 의해 경작되어졌을 가능성이 높다. 이들 가운데 隨院僧徒의 경우는 사원 소속 인원이기는 하나 독립된 經理를 가진 부류였으므로 그들의 역할이나 처지가 일률적이지는 않았다고 본

---

66) 「四方長生基地 分有三千大德房洞 南有布川山洞 乃一千大德之所住房也 北冬乙山茶村 乃造茶貢寺之所也 貢寺茶囚茶泉 至今猶存不泯 …(中略)… 四方長生標 直干之位田畓 分伏於東南洞內 北茶村坪郊》《通度寺事蹟略錄》<寺之四方山川裨補> (《通度寺誌》 亞細亞文化社, 1983, pp.26~28).

67) <慶尙道淸道郡東虎踞山雲門寺事蹟》《雲門寺志》 亞世亞文化社, 1977, p.17.

68) 裵象鉉, <高麗時代 '僧徒'와 그 類型 -《高麗史》 所載 관련기사를 중심으로-> 《昌原史學》 2, 1995.

다.69) 운문사에는 일부 石工과 같은 기능을 가진 庸僧들의 존재도 상정해 볼 수 있는데, 그런 점에서 이들도 僧徒村의 한 성원이 되었을 것이다.70)

한편, 하급승도들 이외에 본사에 소속된 奴婢들도 이들 토지의 경작에 참여하고 있었을 것이다. 고려시대 사원에는 많은 수의 노비들이 소속되어 있어 중요한 노동력으로 기능하고 있었다. 그 가운데 토지와 더불어 일정 비율로 지급되는 노비들은 대개 토지 경작 노동력으로서의 역할이 컸던 것으로 보인다.71) 그런데 운문사의 경우는 앞서 제시한 내용대로 그 규모가 적지않았다. 물론 이들 노비들의 역할은 단순히 토지경작민에 머물지 않았음을 알 수 있다. 곧 이들 중 일부는 身貢을 바치고 있는 처지에 있었기 때문이다. 이런 노비들이 어떻게 한꺼번에 운문사에 획급될 수 있었으며, 이들이 어떤 성격의 노비일까 하는 것이 궁금하다. 이에 대해서는 여러 가지 추론이 가능하지만, 우선 상정해 볼 수 있는 것은 桐華寺의 경우가 보여주는 '良人爲隷'의 조처와 같은 것이다.72) 비록 국가 차원에서 일반 良人을 奴婢化 하였다고 하기는 어려운 부분이 있으나, 그동안의 지배를 인정

---

69) 《高麗史》 卷 81, 兵志1 병제 肅宗 9년 12월.
70) 圓應國師碑의 陰記에는 50여 명의 石工名이 인각되어 있다. 〈雲門寺圓應國師碑〉 《韓國金石全文》 中世上 亞細亞文化社, 1984, pp.665~667.
71) 다음의 기사들이 그런 예다.
 ◦「雲岩寺納田 二千二百四十結 奴婢四六口 以資冥福」《高麗史》 卷 89, 后妃2 魯國大長公主傳.
 ◦「平陽君永純 感激發願 家僮百口 田百頃 歸于寺」《新增東國輿地勝覽》 卷 17, 林川郡 普光寺.
 ◦「大師門下僧 有名行者可大師大德二十人 納南畝一千頃 佛奴五十人」<普願寺法印國師寶乘塔碑> 《朝鮮金石總覽》 上 (亞細亞文化社, 1976, p.229).
72) 「初貞和宮主兄僧主桐華寺 冒良人爲隷 蕃至千數百戶 珛等世役之」《高麗史》 卷 91, 열전4 宗室2 丹陽府院君珛.

한다는 의미로 받아들일 수 있을 것이다.

다음으로는 공노비들에게 身貢만을 운문사에 납부하도록 하였을 가능성이다. 그러나 이만한 규모를 일시에 出捐시키는 것도 사실상은 쉽지가 않았으리라 본다. 그렇다면, 역시 이들 가운데 상당한 인원은 이전부터 사원에 소속되어 온 노비, 혹은 경제적으로 이미 佃戶의 범위를 벗어난 노동력이 이에 해당하지 않을까 한다.[73] 곧 이들 가운데는 三稅를 내지않고 운문사에 예속되어 있는 處干과 비슷한 성격의 농민들도 포함되어 있었을 것이라 보아진다.

한편 운문사의 토지 가운데 古來의 전지를 포함하여 소유지로 지배되고 있는 토지들은 전호를 통하여도 지배가 이루어지고 있었다. 운문사 소유지로써 그 연원이 깊은 동평군의 田地 100 結이나, 운문사 고전인 <諸寺納田記>에 나타나는 今部村 零味寺의 田地, 그리고 이외의 다수 施納田들은 본사와 상당한 거리에 위치해 있으면서 전호들에 의하여 경작되었을 가능성이 높다. 직접 운문사와 관련된 사례는 아니나, 다음의 경우는 그러한 가능성을 시사해 주고 있다.

① 佛氏의 사원이 中外에 두루 가득하여 일반 백성으로 하여금 役을 도피하여 배불리 먹고 安逸하게 사는 자가 몇 천만이 되는지 알지 못한다.[74]

② 道門의 僧人이 여러 곳의 農舍에서 함부로 貢戶인 良人들을 인증

---

73) 이러한 농민들은 통도사에 예속된 농민으로 보이는 直干의 존재(註 71) 참고)와, 고려후기 三稅를 포탈당하고 있던 處干의 존재에서 시사 받을 수 있다. 「王在元 哈伯平章 謂康守衡·趙仁規曰 昨有勅 其議可以安集百姓者來奏 …(中略)… 議之 皆曰 上下皆撤處干 委以賦役可也(處干 耕人之田 歸租其主 庸調於官 卽佃戶也) 時權貴 多聚民 謂之處干 以逋三稅 其弊尤重 守衡曰 必以點戶奏」≪高麗史≫ 卷 28, 忠烈王 4년 7월 乙酉.

74) 「且佛氏寺觀 周遍中外 齊民逃役 飽食逸居者 不知幾千萬焉」≪高麗史≫ 卷 74, 選擧2 學校 仁宗 8년 7월.

하여 부리고 있다.75)

③ (崔瀣)가 晩年에 獅子岬寺의 僧을 따라 토지를 빌어 경작하였는데, 農園을 열어 말하기를 '取足'이라 하고는 스스로 號하여 이르기를 猊山農隱이라 하였다. 그리고 좌우명을 쓰기를 "너의 밭과 너의 농원은 부처(삼보)의 은혜에서 비롯한 取足이 아닌가. 잠시도 그것을 잊지말라" 하였다. 隱者가 본래는 불교를 좋아하지 않았으나 마침내 그것의 佃戶가 되었으니, 대개 현실이 뜻과 맞지 않음을 스스로 희롱한 것이다.76)

이와 같이 운문사의 전호층들 가운데에는 자발적으로 운문사에 들어온 피역의 무리는 물론이고, 招集에 의한 경우도 적지 않았을 것으로 보인다. 崔瀣와 같은 儒者가 사원의 전호가 되었다는 기록에서는 자못 의아스러운 바가 있으나, 오히려 그와 같은 경우에서 사원전호층의 다양성을 엿볼 수 있는 것이라 하겠다. 麗末의 상황을 반영한 정도전의 다음 표현은 이러한 가운데 노정되는 여러 문제점들을 드러내어주는 것이라 할 것이다.

前朝에 …… 가난한 사람은 송곳 세울 땅도 없어 부자의 토지를 빌어서 경작하니 1년내내 부지런히 일하고 고생해도 오히려 식량은 부족했고, 부자는 편안히 앉아서 손수 토지를 경작하지 않고도 소작인을 부려서 그 소출의 태반을 먹는다.77)

---

75) 「道門僧人 諸處農舍 冒認貢戶良人以使之」《高麗史》卷 85, 刑法2 禁令 明宗 18年 3月.

76) 「(崔瀣)晩從獅子岬寺僧 借田而耕 開園曰取足 自號猊山農隱 其銘座右曰 爾田爾園 三寶重恩取足奚 自愼勿可諼隱者 素不樂浮屠而卒爲其佃戶 盖訟 夙志之爽以自戲耳」《高麗史》卷 109, 列傳 22 崔瀣傳.

77) 「前朝 …(中略)… 貧者無立錐之地 借耕富人之田 終歲勤苦而植反不足 富者安坐不耕 役使傭佃之人 而食其太牛之入」《三峯集》卷 7, <朝鮮經國典> 賦典 經理.

또 앞서 본 바 있듯이 조선시대에 청도의 각 지역으로 나누어 분포하고 있는 운문사 소유지의 분포도 이들 토지의 경영이 佃戶를 통한 경영이 이루어지고 있었음을 반영하는 것이라 하겠다. 그러나 운문사의 토지경영은 적어도 고려시대까지는 소속 田地의 분포나 지리적 특성, 주요 노동력 등으로 미루어 보아 전호들에 의한 경우 보다는 직영의 형태가 더 지배적이지 않았나 한다.

한편 12세기 말 雲門에 웅거하여 활약한 金沙彌의 세력도 운문사의 사원전 경영과 관련하여 검토될 수 있는 부분이다. 다음의 기록이 그 내용의 일단을 반영해 준다.

① 南賊이 蜂起하였는데, 그 심한 자로서 金沙彌는 雲門에 웅거하였고 孝心은 草田에 居하였는데, 망명자를 불러 모아 州縣을 습격 약탈하였다. 王이 듣고 근심하여 대장군 全存傑이 장군 李至純을 거느리고 가게 하였다.[78]

② 이 달에 密城의 官奴 50여 명이 官家의 銀器를 훔쳐서 雲門의 賊들과 합류하였다.[79]

이에 대하여 선학들은, 이 때 김사미와 효심이 이끈 무리들은 망명세력으로 流亡 農民層을 지칭하며, 이 때 거점이 된 雲門은 그것이 '寺'이건 '山'이건 운문사 소유지의 경작농민이었을 가능성이 높다고 보기도 하였다.[80] 또다른 논자는 金沙彌는 운문사의 '妻僧'이

---

78) 「南賊蜂起 其劇者 金沙彌據雲門 孝心據草田 嘯聚亡命 剽掠州縣 王聞而患之 遣大將軍全存傑將軍李至純」, 《高麗史》 卷 128, 열전41 李義旼傳.
79) 「是月 密城官奴 五十餘人 盜官銀器 投雲門賊」, 《高麗史》 卷 20, 세가 神宗 3년 5월 己巳.
80) 金潤坤, <앞의 논문> 1982, pp.170~171.

나 '居家庸僧' '在家和尙'과 같은 부류로 파악하고, 이들이 '多財物'하다는 점에 주목하여, 그 배후가 막대한 경제력을 가진 운문사로 볼 수 있다고 하면서, 그러나 官軍의 지속적인 토벌로 인하여 마침내 사원의 존립에 위협을 느낀 운문사 측에서 이들과 결별을 한 것으로 이해하였다.[81]

 그러나 필자는 운문사와의 직접적인 관계보다는 그들이 웅거했던 '운문'이라는 지역에 주목해 볼 필요가 있다고 본다. 迦智山 자락의 虎踞山에 연하여 있는 운문지역은 오늘날도 청도·밀양·언양의 경계가 되고 있는 요충지이다. 이 지역이 당시 운문사의 지배권역에 포함되고 있었던 점을 상기할 때, 金沙彌 등의 세력이 이 지역에 오랫동안 은거할 수 있었던 것은 운문사의 일정한 지원, 혹은 방조없이는 불가능하였을 것으로 판단되기 때문이다. 또 金沙彌가 처형된 지 5년후 密城官奴 50여명이 官의 銀器를 훔쳐 '雲門賊'에 투항하고 있는 ②의 기록에서는, 이들의 저항이 단지 金沙彌라는 인물의 존재 때문이 아니라, 이 보다도 그들 집단이 이렇게 오랫동안 雲門에 웅거할 수 있었던 물적·지역적 배경에 유의해 볼 필요가 있다고 본다.

---

81) 金光植, ≪앞의 책≫ pp.73~75.

第3章 寺院田의 經營 119

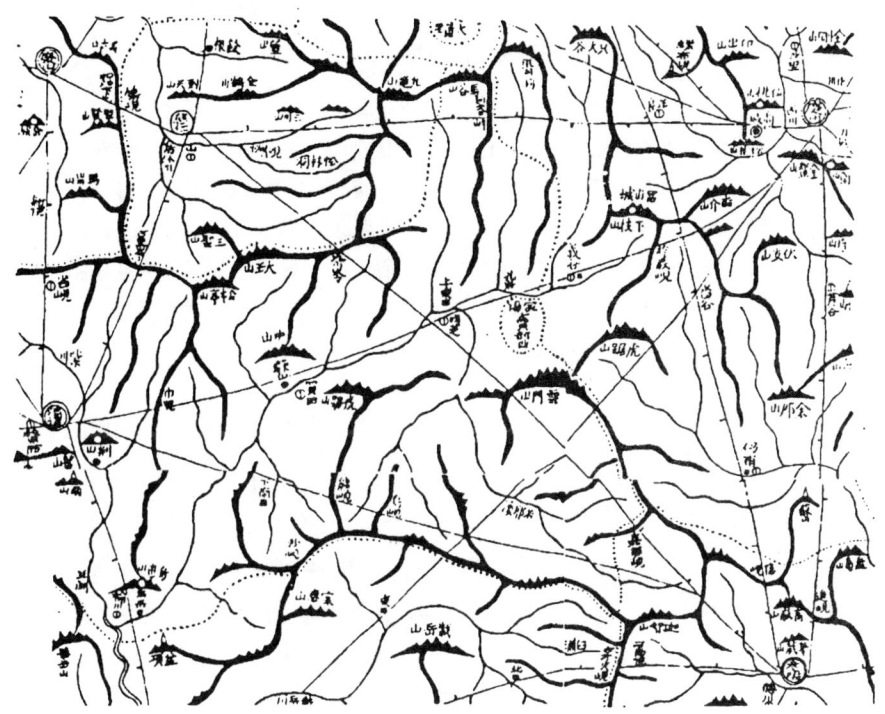

≪大東輿地圖≫ 雲門寺 부근

 그러면 운문사가 당시 이 '賊'들에 동조하면서 武人政權에 대하여 일정하게 대립적인 입장을 취할 수 밖에 없었던 배경은 무엇이었을까. 그것은 무엇보다 운문사의 寺勢를 뒷받침해주는 경제적 기반에 대한 위협 때문이 아니었나 한다. 이 시기 武臣執政者들은 독자적 재정의 수요가 커지고 있었고, 이것을 해결할 수 있는 비교적 용이한 방법이 寺院의 田民에 대한 직접적 수취였을 것이기 때문이다. 이 점은 비슷한 시기 다른 사원 승도들의 저항에서도 짐작된다. 이러한 점은 李義旼을 제거하고 새로 집정자가 된 崔忠獻이 그의 封事에서 다음의 사항을 제시하고 있음과도 무관하지 않을 것이다.

> 태조의 시대에는 반드시 山川의 順逆을 보아 사원을 세워 地理에 따라 편안하게 하였는데, 後代에 將相·群臣과 無賴한 僧尼들이 산천의 吉凶을 묻지 않고 寺院을 세워, 이름하여 願堂이라 하니 地脉을 손상시켜 재변이 자주 일어 납니다. 삼가 陛下께서는 陰陽官으로 하여금 檢討케 하여 神補寺刹 외에는 곧 革去하여 남기지 못하게 하여 後人의 觀望함이 되게 하소서.82)

물론 이러한 건의안은 언뜻 보기에는 일부 불교 사원에 대한 정리를 시사할 뿐 생산자 농민들과 직접적인 이해가 닿지 않는 것으로도 볼 수 있다. 그러나 이에 앞선 條文에서는 公·私田의 문제를 중점적으로 지목하고, 직접적 조사활동을 통하여 원 주인에게 돌리자는 등 경제적 측면이 매우 부각되고 있었다는 점에서83) 그 파장은 결코 적지 않았음이 짐작된다. 그러므로 당시 사원들은 물론, 사원의 토지를 경작하고 있던 民들에게도 위기의식이 팽배하여, 그들 나름의 적극적 대응책을 모색한다는 것은 당연한 귀결이었을 것이다.

결국 사원에 대한 무신집정자들의 정책은 최씨집권기에 이르러 경제적 요구로 바뀌어 나타나게 되고, 이것이 하나의 사회적 모순을 해결하기 위한 시책으로 표방되고 있었음을 알 수 있다. 그러면 당시

---

82) 「在祖聖代 必以山川順逆 創浮屠祠 隨地以安 後代 將相群臣 無賴僧尼等 無問山川吉凶 營立佛宇 名爲願堂 損傷地脉 灾變屢作 惟陛下 使陰陽官檢討 凡裨補外 輒削去勿留 無爲後人觀望」≪高麗史≫ 卷 129, 列傳42 崔忠獻傳.

83) 「在位者貪鄙 奪公私田 兼有之 一家膏沃 彌州跨郡 使邦賦削 而軍士缺 惟陛下 勅有司 會驗公文 凡所見奪 悉以還本」≪高麗史≫ 卷 129, 列傳42 崔忠獻傳.

운문사에 요구된 경제적 압박의 실상은 무엇이었을까. 그것은 누대로 추인되어 온 운문사 전지의 경작민에 대한 직접수취의 조치, 또 획급된 國奴婢들의 회수 등이 그 매개였을 것이다.84) 이것이 사실이었다고 하면, 운문사의 무신정권에 대한 입장은 경작민의 부담이나 처지와도 직결되지 않을 수 없었을 것이다.

한편, 구체적인 사실을 확인하기는 어려우나 운문사가 지배하고 있는 토지에는 국가의 收租權을 위임받아 지배하고 있는 경우도 나타나고 있었을 것이다. 예컨대 국초 寶攘의 계책에 힘입어 태조가 賊을 소탕한 이후, 그에 대한 보답으로 지급해 준 가까운 고을의 租 50 石은 그러한 성격이 짙다고 보여진다.85) 그리고 仁宗代에 香火時의 淨齋米로 쓰이게 한 신수·신원의 토지 300 結 가운데 일부도 이와 유사한 성격으로 이해해 볼 소지가 있는 것이다.

그런데 이같이 수조권을 통한 운문사의 토지지배는 限時的이며 耕作民에 대한 지배의 정도가 소유지에 비하여 매우 낮다는 점에서, 앞의 토지지배와는 그 경영방식에서 현저한 차이를 보이고 있었을 것임은 분명하다. 그러나 운문사의 토지지배에서 이와같이 수조권에 입각한 전지의 지배형태는 극히 일부분에 지나지 않았을 것으로 본다.

---

84) <慶尙道淸道郡東虎踞山雲門寺事蹟> 《雲門寺志》 (亞細亞文化社, 1977, p.17).
85) 《三國遺事》 卷 4, 義解 寶攘梨木.

第4章 寺院田의 耕作民

1節 良人 佃戶

 고려시대 佃戶는 陳田을 개간하여 갈아먹는 사람이 주인과 수익을 반분하는 존재로 비교적 일찍부터 기록에 나타나고 있다.1) 그렇지만 구체적인 용례로서 이들 '佃戶'가 나타나는 시기는 12세기 초에 이르러서 였다.2) 주지하듯이 12세기 이후 고려사회는 田柴科의 붕괴와 더불어 私田의 확대현상이 두드러지고 있었다. 그같은 양상은 개간이나 매입 등을 통한 경우도 있었지만, 대체로 收租地를 祖業田化하거나, 所有權을 침탈하는 예로도 나타나고 있었으며,3) 이것은 寺院에서도 마찬가지의 양상을 보여주고 있었다.

---

1) 「光宗二十四年十二月判 陳田墾耕人 私田則初年所收全給 二年始與田主半分」 ≪高麗史≫ 卷 78, 食貨1 租稅.
2) 「睿宗三年二月制 近來州縣官 祗以宮院・朝家田 令人耕種 其軍人田 雖舊順之壤 不用心勸稼 亦不令養戶輸粮事…各定佃戶 勸稼輸粮事」 ≪高麗史≫ 卷 79, 食貨2 農桑.
3) ≪高麗史≫ 卷 78, 食貨1 趙浚上書.

고려시대 사원은 대규모의 토지를 소유 지배하고 있었고,[4] 여기에는 적지않은 民들이 耕作者로 참여하고 있었다. 그들 경작자들은 사원 인근에 거주하며 사원과 경제외적으로도 밀접한 관계를 유지할 수도 있었으며, 경우에 따라서는 경제적인 관계에만 머물기도 하였다. 고려후기에는 사원의 토지가 확대되어 가는 가운데 경작민들의 증가가 매우 자연스런 현상으로 수반되고 있었다. 그 가운데에는 地代를 물고 사원의 토지를 경작하는 佃戶들이 다수 포함되어 있었다.

그동안 사원의 전호에 대해서는 寺院田民의 한 유형으로 지목되어 부분적인 언급이 이루어져 왔다.[5] 그러나 이러한 관심들은 고려후기의 사회변화와 더불어 이들의 확대나 유형에 대하여 검토하거나, 사회경제적 位相에 대하여 주목한 논고는 아직 보여지지 않는다. 본절에서는 바로 이 점에 유의하여 논지를 전개하여 보고자 한다. 이러한 방향에서의 접근은 고려후기의 民과 토지지배의 형태를 이해하는 데 일정하게 보탬이 되리라 생각된다.

---

[4] 고려시대 寺院의 토지보유 규모는 전체 耕地의 1/6로 추산될 만큼 그 정도가 방대한 것으로 이해되고 있다.
姜晉哲, 《高麗土地制度史研究》 高麗大學校 出版部, 1980, p.142.

[5] 이러한 논고로는 다음과 같은 것들이 있다.
姜晉哲, <私田支配의 諸類型 -寺院田- > 《高麗土地制度史研究》 高麗大學校 出版部, 1980.
金潤坤, <麗代의 寺院田과 그 耕作農民 -雲門寺와 通度寺를 중심으로- > 《民族文化論叢》 2·3輯, 1982.
李炳熙, <高麗前期 寺院田의 分給과 經營> 《韓國史論》 18, 1988.
_____, 《高麗後期 寺院經濟의 研究》 서울大學校 博士學位論文, 1992.
裵象鉉, <高麗後期 寺院田의 性格과 耕作農民> 《韓國上古史學報》 10, 1992.

1) 寺院 佃戶의 形成과 그 類型

고려시대 농민은 일찍부터 다양한 형태로 분화된 모습을 보이고 있었다. 국초 王建이 후삼국을 통일할 수 있었던 것은 토지를 매개로 생산에 임하고 있던 농민들의 여망에 일정하게 부응함으로써 가능하였던 것으로 이해된다. 그가 즉위초 '田制를 바르게 하고, 수취함에 있어 정도가 있게 한다'[6]고 한 원칙을 천명한 것도 결국 이러한 정책의 일환이었으며, 이는 모두 自營 小農을 보호·육성하려는 對民施策과 깊은 관련을 지니는 것이라 할 것이다. 그러나 이같은 시기에도 농민들의 지위나 역할상의 변화는 꾸준하게 나타나고 있었다. 이러한 점은 태조 17년에 내려진 아래의 조서 내용에서도 부분적으로 드러나고 있다.

> 禮山鎭에 행차하여 조서하여 이르기를 "…… 王親이나 권세가들이 어찌 방자하고 횡포하여 약한 자를 억눌러서 나의 編氓을 괴롭게 함이 없다 할 수 있겠는가. 내 한몸으로 어찌 능히 집집마다 가서 눈으로 볼 수 있겠는가. 小民들은 이러므로 호소할 방도가 없으니 저 푸른 하늘에 울부짖는 것이다. 마땅히 너희들 公卿將相으로 祿을 먹는 사람들은 내가 백성을 사랑하기를 자식같이 여기고 있는 것을 헤아려 너희 녹읍 편호의 백성(編戶之氓)들을 긍휼히 여겨야 할 것이다. 만약 家臣으로 이를 알지 못하는 무리들이 오직 거두는 것에만 힘써 함부로 살을 벗기면 너희 역시 어찌 그것을 알고있다 하겠는가.[7]

---

6) 《高麗史》 卷 78, 食貨1 序文.
7) 「幸禮山鎭 詔曰 …(中略)… 王親權勢之家 安知無肆暴陵弱 困我編氓者乎 予以一身 豈能家至而目睹 小民所以未由控告 呼籲彼蒼者也 宜爾公卿將相食祿之人 諒予愛民如子之意 矜爾祿邑編戶之氓 若以家臣無知之輩 使于祿邑 惟務聚斂 恣爲割剝 爾亦豈能知之」《高麗史》 卷 2, 世家 太祖 17년 5월.

물론 이 조서는 태조가 당시 王親·權勢家들의 祿邑지배로 인한 폐단을 인식하고, 기본적으로는 녹읍주에게 주의를 환기시키면서 民을 설득하는 내용을 담고 있다. 愛民을 내세우면서 과도한 수취로 인한 백성들의 원망을 강조하고 있음은 이와 무관하지 않기 때문이다. 그런데 여기에 나타나는 '編氓' 혹은 '編戶之氓'의 존재는 분명 국가에 의해 파악된 良人戶일 가능성이 크다. 그러므로 이들은 독자적 經理를 가진 농민이었음은 자명한 것이다. 그런데 이들이 왕친·권세가나 家臣의 暴陵아래서 聚斂 혹은 割剝을 당하여 몰락할 수 있다는 사실을 시사해 주고 있다.

羅末 이래 고려초의 지방세력가들 가운데는 지방에 남아 鄕役을 지는 경우도 있었지만, 더욱 유력했던 이들은 上京從仕함으로써 힘있는 家門을 이루기도 하였다. 그리고 이들은 지방의 농경지를 경영함에 있어 不在地主가 되어가는 경향을 보이고 있었다. 중앙의 顯官으로 성장하는 이들이 지배해 온 토지의 상당부분은 자신들이 일찍부터 소유 경작해 온 토지(民田)였기 때문이다. 또 이들 농민 가운데는 점차 경작지를 잃고 佃戶農民으로 전락해 가는 부류도 있었다. 이것은 궁극적으로는 自營農의 分化를 의미하는 것이기도 하였다.

이러한 사정은 12세기를 고비로 고려후기에 접어들면서 더욱 두드러지게 나타나고 있다. 睿宗代의 流民현상은 그 원인이 2중 3중의 수취가 주요 원인으로 지목되고 있지만,[8] 결국 그들 민의 재생산 기반이 약화되고 있었던 것이다. 이러한 가운데 전호는 다음과 같은 모습으로 비춰지고 있었다.

① 睿宗 3年 2月 制하여 여러 州縣의 公·私田이 河川에 漂損되거나

---

[8] 「今諸道州郡司牧 淸廉憂恤者 十無一二 慕利鈞名 有傷大體 好賂營私 殘害生民 流亡相繼 十室九空 朕甚痛焉」≪高麗史≫ 卷 12, 世家 睿宗 즉위년.

第 4 章 寺院田의 耕作民 127

　　樹木이 울창하게 자라 농사를 지을 수 없는데 만약 관리가 그 佃
　　戶 및 諸族類와 이웃 사람에게 稅粮을 거두어 들여 침해하고 피해
　　를 짓는 자가 있으면 內外의 담당부서가 직접 살펴서 금지하도
　　록 하였다.9)
② (예종) 6년 8월에 判하여 3년 이상의 陳田을 개간하여 수확한 바
　　는 2년동안 佃戶에게 모두 주고, 3년째 부터는 田主와 반씩 나누
　　며, 2년의 陳田은 4등분하여 1은 전주에게 주고, 3은 佃戶에게 주
　　며 1년의 陳田은 3등분하여 1은 田主에게 주고 2는 佃戶에게 주
　　도록 하였다.10)

　위의 기사 가운데 ①의 내용은 河川의 유실이나 陳田化된 전지의 경작과 관련하여 전호인 그들의 처지가 어려운데에도 조세를 추궁하여 문제가 되고 있음을 암시해 주고 있다. ②의 내용은 民을 安集시키고 생산력을 提高시키기 위한 방편으로 정부가 적극적인 개간정책을 취하면서 전호의 수익을 일정하게 보장하는 내용이다. 그러나 이러한 개간정책은 사실상 영세 小農과는 거리가 있었을 것이고, 그 결과 중앙의 不在地主들은 경작토지를 더욱 넓혀 광대한 농장으로까지 확대해 가는 양상을 보이고 있었다. 이 가운데 자립적 경리를 갖지 못한 일반 소농들의 民田은 계속 진전으로 남거나, 아니면 헐값으로 구매의 대상이 되어 대지주의 토지로 흡수되어 갔을 것이다. 자립성이 취약한 소농들이 자신의 토지를 팔거나 침탈당하여 대지주에게 몸을 의탁해 버리면 더이상 자영농의 지위에 있지 못하였다. 그들이

---

9)「睿宗三年二月制 諸州縣公私田 川河漂損 樹木叢生 不得耕種 如有官吏 當其佃戶及諸族類隣保人 徵斂稅粮 侵害作弊者 內外所司 察訪禁除」≪高麗史≫ 卷 78, 食貨1 田制 租稅.

10)「(睿宗) 六年八月判 三年以上陳田 墾耕所收 兩年全給佃戶 第三年則與田主半分 二年陳田 四分爲率 一分田主 三分佃戶 一年陳田 三分爲率 一分田主二分佃戶」위와 같음.

생계를 유지하기 위해서는 남의 토지를 차경할 수 밖에 없었으며, 그들도 결국 佃戶와 같은 처지로 전락할 수 밖에 없었다.

이와 같이 自營農에서 佃作農으로 지위가 바뀌는 농민들은 고려후기에 들어서 두드러지게 나타나고 있지만, 이런 조치들이 이전에도 없었던 것은 아니었다. 光宗代만 하더라도 이미 佃作農을 보호하기 위한 조치가 취해지고 있었다. 同王 24년 佃戶가 陳田을 개간할 때 취할 수 있는 권리에 대한 규정이 제시되고 있는 것은 그러한 면을 반영하는 것으로 이해된다.11) 바로 이러한 정책의 연장선상에서 睿宗代의 위와 같은 조치가 나타나고 있었던 것이다. 이들 전호에 대한 보호조치가 되풀이 되어 나오고 있다고 하는 것은, 국가가 公民인 이들의 존재를 중시하고 있음을 반영한다. 전호가 이같은 비중이었다면, 이에 짝하여 地主-佃戶制에 입각한 토지 지배방식의 전개도 그만큼 두드러짐을 의미한다. 寺院田을 운영함에 있어서도 이러한 현상은 예외일 수 없을 것이다.

12세기 초부터 고려사회는 변화의 소지가 여러 방면에서 두드러지고 있었다. 밑으로는 민의 流亡, 위로는 지방 통치구조에서 변화가 나타나고 있었다.12) 그리고 급기야는 대규모 農民抗爭이 촉발되고 있

---

11) ≪高麗史≫ 卷 78, 食貨1 田制 租稅.
12) 12세기를 고비로 나타난 지방 통치구조의 개편에 관해서는 다음의 논문들이 참고된다.
 金潤坤, ≪高麗郡縣制度의 硏究≫ 慶北大學校 박사학위논문, 1983.
 元昌愛, <高麗 中·後期 監務增置와 地方制度의 變遷> ≪淸溪史學≫ 1, 1984.
 李勛相, <高麗中期 鄕吏制度의 變化에 대한 ― 考察> ≪東亞硏究≫ 6, 1985.
 邊太燮, <高麗時代 地方制度의 構造> ≪國史館論叢≫ 1, 1989.
 金東洙, <高麗 中·後期 監務의 파견> ≪全南史學≫ 3, 1989.
 이인재, <고려 중·후기 지방제 개혁과 감무> ≪外大史學≫ 3, 1990..

었다.

그런데 사실 12세기는 그렇게 부정적인 측면만을 보이는 시기는 아니었다. 그동안의 연구성과가 시사해 주듯이 이 시기 농업은 常耕化의 추세에 있었고, 수리사업과 종자개량, 시비술의 발전, 수전개발 등을 보여주고 있었다.13) 그렇다면 이 시기에 나타나고 있는 民의 유망은 어디에서 기인한 것일까. 이 점은 다음의 기사들이 참고가 될 것이다.

① 지금 諸道 州郡의 司牧(수령) 가운데에 청렴 憂恤하는 자는 열에 한 두 명도 없어, 이익을 좇고 명성을 얻고자만 해 大體를 상하고 있으며, 뇌물을 좋아하고 私利를 도모하여 생민을 殘害하므로 流亡이 연이어 열 집 중에 아홉 집이니 짐은 심히 가슴 아프다.14)
② 睿宗 3年 2月에 判 하기를 "京畿의 州縣들에서는 常貢 이외의 徭役이 번잡하고 무거워서 百姓들이 이를 고통스러워하여 날로 도망하여 흩어지니, 주관하는 관청에서는 그 貢物 賦役의 多少에 대하여 해당 界首官들에 묻고 그 貢役의 많고 적음을 적정히 정하여 시행하도록 할 것이며, 銅鐵·瓦器·紙墨·雜所의 별공으로 받는 물품을 거두어 들임이 극도로 과중하니 匠人들이 고통을 견디지 못하여 도피한다.15)
③ 仁宗 5年 3月 왕이 詔書를 내려 이르기를 "官庫의 묵은 곡식을 빈민에게 억지로 분배하여 그 利息을 강제로 징수하지 말 것이며, 또 오래 묵어 썩은 곡식을 강제로 백성에게 찧어서 내도록 하지말

---

13) 이에 대해서는 다음의 논고가 참고된다.
 魏恩淑, <12세기 농업기술의 발전> ≪釜大史學≫ 12, 1988.
 이평래, <고려후기 수리시설의 확충과 수전개발> ≪역사와 현실≫ 5, 1991.
14) ≪高麗史≫ 卷 12, 世家 睿宗 즉위년.
15) 「睿宗二年 二月判 京畿州縣 常貢外 徭役煩重 百姓苦之 日漸逃流 主管所司 下問界首官 其貢役多少 酌定施行 銅鐵·瓦器·紙墨雜所 別貢物色 徵求過極 匠人艱苦而逃避」≪高麗史≫ 卷 78, 食貨1 貢賦 睿宗 3년 2월.

④   明宗 18年 3月에 왕이 制하여 이르기를, 各處의 부강한 兩班들이 빈약한 백성이 빌린 것을 갚지 못하자 예부터 전해오던 丁田을 강제로 빼앗으니, 이로 인하여 生業을 잃고 더욱 빈약하여 짐으로 富戶로 하여금 兼幷과 侵割을 말게 하고 그 정전을 각각 본래의 주인에게 돌려주도록 하였다.17)

결국 이러한 상황은 고려전기 사회에서 아주 완만한 것이긴 하지마는 꾸준하게 성장하고 있던 小農들의 사회경제적 지위에 적지않은 변수로 작용하였던 것으로 보인다. 그래서 12세기 무렵에는 농업발전을 통한 생산력의 향상이 두드러지고 있었지만 발전의 수익을 둘러싸고 豪富層과 民, 국가와 民 사이의 갈등이 첨예화 되어 결국에는 農民의 抗爭이 빈발하고 있었던 것이다. 물론 이러한 가운데 한편에서는 생산의 기저인 農民層의 分化를 더욱 촉진하고 있었다.

고려시대 사원이 관장하는 토지는 모두 그 성격이 같은 것은 아니었다. 그것은 크게 보아 본래부터 가지고 있던 私有地와 국가에서 賜給해 준 收租地로 나눌 수 있다.18) 물론 여기서 말하는 사유지는 古來의 전지들이 소유 지배되어 오던 것과 信者 개개인이 기진·시납한 토지가 포함되며, 이러한 토지의 상당 부분은 所有地의 성격으로 지배되고 있었다.

그런데 통상 사원전이라고 부르는 토지의 대다수는 사원의 私有地

---

16) 「仁宗五年三月 詔曰 無以官庫陳穀 抑配貧民 强取其息 又無以陳朽之穀 强民春米」≪高麗史≫ 卷 78, 食貨2 借貸 仁宗 5년 3월.

17) 「明宗十八年三月 下制 各處富强兩班 以貧弱百姓 賖貸未還 劫奪古來丁田 因此 失業益貧 勿使富戶 兼倂侵割 其丁田 各還本主」≪高麗史≫ 卷 78, 食貨2 借貸 明宗 18년 3월.

18) 收租地의 分給과 經營에 관해서는 다음의 논문이 참고된다.
   李炳熙, 〈高麗前期 寺院田의 分給과 經營〉≪韓國史論≫ 18, 1988.

였다. 그것은 사원의 創·重建 자체가 재정적으로 시납된 토지에 기초해 있었고, 이것이 지배권력의 보호와 더불어 큰 변화없이 이어져 오고 있었다.

그러면 이와같은 사원의 사유지는 어떠한 형태로 경영되고 있었을까. 이것은 크게 두 가지로 나누어 볼 수 있을 것이다. 直營된 경우와 佃戶를 통한 小作制 경영이 그것이다. 前者인 경우는 사원에 소속된 민들에 의해 경작되었다고 보여진다. 물론 이럴 경우 경작민은 寺院奴婢와 하급 僧徒가 유력하였다. 후자인 경우는 佃戶를 통한 경작이었다. 그러면 이들 佃戶들은 어떠한 과정으로 사원의 전호가 되고 있는지를 살펴보기로 하자.

첫째, 국가의 役을 피해 자진하여 사원에 의탁하면서 유입된 인원에 의한 경우이다. 주지하는 바와같이 당시의 사원은 정치·경제적 측면에서 특권적인 위치에 있었으며, 이에 기인하여 유망민들의 좋은 歸依處가 되기도 하였다.19) 役을 逃避하여 사원에서 安逸하게 지내는 자가 몇 천이나 되는지 잘 알지 못한다고 하는20) 지적은 이를 반영해 준다. 이들은 공민으로서 국가에 부담해야 할 부역이나 공납의 의무를 지지않기 위하여 사원에 의탁한 것으로 보인다. 물론 이들 가운데는 신분이 전락되어 '認民爲隷'나 '壓良爲賤'의 경우가 될 소지도 있으나,21) 역시 이들의 바람은 그것보다는 나은 佃作農의 위치에 머무는 것이므로, 자신의 생산수단을 사원에 기진하고 몸을 의탁하여 토지를 借耕하는 형태로 전호가 되었을 것이다.

---

19) 이런 사례는 이미 고려 전기에도 나타나고 있다. 다음 기사가 참고된다.
「制曰 ...(中略)... 今有避役之徒 托號沙門 殖貨營生 耕畜爲業 估販爲風」≪高麗史≫ 卷 7, 文宗 10년 9월 丙申.
20) ≪高麗史≫ 卷 74, 選擧2, 學校 仁宗 8년 7월.
21) 裵象鉉, <高麗後期 寺院奴婢와 그 社會經濟的 地位> ≪昌原史學≫ 1, 1993, pp.14~19.

둘째, 사원의 토지 확대와 더불어 더욱 필요해진 경작민을 사원이 적극적으로 초집하는 데서 기인한 경우이다. 곧 이들의 유입은 당시 자신들이 처한 사회경제적 배경과 사원이 지니는 특권적 경제 환경에서 기인한 것이었다. 고려후기 사원에서는 늘어난 토지에 대한 효과적 경영을 위해 사원이 직접 나서 경작민을 적극적으로 초집하고 있었다. 이러한 점은 다음의 기사가 뒷받침해 준다.

① 道門의 僧人이 여러 곳의 農舍에서 함부로 貢戶인 良人들을 인증하여 부리고 있다.22)
② 지금 여러 院과 寺社가 忽只・鷹坊・巡馬 및 兩班 등과 함께 有職人員과 殿前上守를 田庄(莊)에 나누어 보내어 齊民을 초집하고 교활한 향리를 꾀어서 守令에 항거하여 毆打하기에 이르고, 사람을 뽑아 여러 악폐를 저지르나 下界의 別銜이 능히 징벌하여 금하지 못한다.23)

즉 ①의 明宗 18년의 禁令에 의하면, 이 때 사원에서는 함부로 貢戶인 양인을 부리고 있었다고 전하고 있다. 여기서의 農舍는 대규모 사원전이 분산되어 존재할 경우 농장의 중심지에 설치되어 있었던 일종의 관리소로 보이는데, 이것을 매개로 승려들이 부근의 공호인 양인을 함부로 끌어들여 부리고 있다는 얘기다. 그런데 이들을 국가가 법으로 금하고 있음은 그에 따른 인원이 적지 않았다는 사실을 반영하는 것이다.

이러한 추세는 13세기에도 계속적으로 만연되고 있었다. ②의 기사

---

22) 《高麗史》卷 85, 刑法 2 禁令 明宗 18年 3月.
23) 「今諸院・寺社・忽只・鷹坊・巡馬及兩班等 以有職人員 殿前上守 分遣田庄(莊) 招集齊民引誘 猾吏抗拒守令 以至毆攝 差人作惡萬端 下界別銜 不能懲禁」《高麗史》卷 85, 刑法 2 禁令 忠烈王 12年 3月.

가 이를 뒷받침하여 준다. 이에 의하면 사원들은 宮院·忽只·鷹坊·巡馬·兩班 등과 함께 그 관리인을 分遣하여 齊民을 招集하고, 향리를 꾀어 수령에 항거하고 있다고 하였다. 이는 곧 사원의 경작농민 확보 노력이 지방관의 조세수취와 충돌을 일으킬 정도로 적극적이었다는 사실을 반영한다. 여기서 守令에 抗拒한다는 내용은 이들 公民이 사원의 전호가 되면 그들에 대한 지방관의 정상적인 收取를 사원이 가로막고 있음을 의미할 것이다. 이러한 사실과 연관시켜 보면 사원에서는 이들을 私民化하여 租·庸·調 등의 賦稅를 사실상 遺脫하고 있었던 것으로 이해된다. 좀더 이후의 기록이지만 조선초에도 이러한 사례로 인하여 국가 재정이 심히 어려운 지경에까지 이르렀다고 지적되고 있음을 보면24) 이런 현상이 얼마나 근절되기 어려웠나 하는 것을 짐작할 수 있다. 이것은 곧 그들 경작민이 사원의 위세를 등에 업고 도피함으로써 국가에 대해 공납이나 부역의 의무를 기피하고 있었음을 의미한다.

한편 이와 달리 政權의 對蒙抗戰 姿勢와 관련하여 다수의 公民을 사실상 寺院의 佃戶가 되게 하는 경우도 나타나고 있었다. 이것은 전쟁기간이라는 특수한 상황에서 비롯하는 경우이기는 하지만, 그 숫자는 적지않았을 것으로 짐작된다. 즉 고종 43년 12월에 내린 制에서

지금 諸道의 백성들이 마음놓고 살 수 없어 여기저기 떠돌아 다니는 것을 생각하니 심히 마음 아프다. 백성들이 피란한 곳이 본래 있던 고을에서 하루에 다닐 수 있는 거리이면 來往하면서 耕田하는 것을 허락할 것이며, 그렇지 못한 곳에서는 섬 안에 있는 토지를 헤아려 주되, 부족하면 바닷가의 閑田과 宮院·寺院의 토지를 지급하라.25)

---

24)「田民盡歸於寺社 軍國難支於經費」《世宗實錄》卷 55, 世宗 14年 3月 甲子.
25)「(高宗) 四十三年 十二月制曰 今想諸道 民不聊生 彼此流移 甚可悼也 其避

라 하고 있음은 이를 잘 반영한다. 그런데 당시 정부는 이미 高宗 41년 2월에 忠淸·慶尙·全羅 등 3道 및 東州 西海道에 사신을 파견하여 山城이나 섬에 백성들이 피란하고 있는 곳들을 돌아보게 한 뒤 토지를 나누어 주었다고 한 점에서,26) 또 충렬왕 11년에는 국가가 의도한 賜牌의 취지와 달리 諸王·宰樞·扈從臣僚·諸宮院과 마찬가지로 寺院도 주인이 있고 田籍에 올라있는 땅마저도 빼앗아 가졌다27)는 데서 시사받을 수 있는 바와 같이 이런 현상이 만연했음을 보여준다. 위의 기록대로 이들 토지는 사원 소유의 陳田이었을 것이며, 이들 토지의 개간자로 참여하는 민들이 대체로 수확의 1/2을 지대로 부담하는 사원의 전호가 되는 것은 자연스런 현상이었다.28) 결국 이러한 조치들은 국가의 役을 지는 상당히 많은 良人農民들이 실질적으로는 사원의 전호가 되는 계기가 되었을 것이다.

그런데 굳이 이와같은 특별한 경우가 아니더라도 일반 양인농민이 사원의 전호가 될 가능성은 상존해 있었다. 이는 비보사찰과 같은 국

亂所與本邑 相距程 不過一日者 許往還耕田 其餘就島內 量給土田 不足則給沿海閑田及宮院寺院田」,《高麗史》卷 78, 食貨1 田制 經理 高宗 43년 12월.

26) 《高麗史》卷 78, 食貨1 田制 經理 高宗 41년 2월.
27) 《高麗史》卷 78, 食貨1 田制 經理 忠烈王 11년 3월.
28) 사원의 주변, 혹은 인접지역에는 陳田이 많았다고 짐작된다. 다음의 高城 三日浦의 埋香碑文은 이러한 사정을 짐작하게 해준다.
「彌勒 □□□ 寶 □ 州副使金用卿施納
襄州 副□□ 琠施納 壤原代下坪員畓二結陳 東北陳畓大冬音南道 西旱牛達起畓 北 使伊員畓 二結 陳 東北州軍陳畓 南軍 西彌勒寺畓 同員田二結陳 東南吐 西陳地 北鐘伊川」 <高城三日浦埋香碑>《海東金石苑》上 (亞細亞文化社, 1976, pp. 529~531).
이들 陳田은 인근의 村民들에 의해 起田化되었을 것이며, 이 때의 起田者들은 대개 사원의 전호였을 것이다.

립사찰의 경우,29) 국가가 사급한 토지에 대한 지배와의 관련성에서 짐작되는 사실이다. 이들 토지의 원래 경작민은 田柴科上의 公田을 제외하고는 거의 自家 民田을 경작하고 租는 해당 수조권자에게 내고 나머지 庸·調는 국가에 부담하는 양인농민이었다. 하지만 사원에 분급된 토지인 경우, 특히 그것이 국가의 공전이 아닌 自家 民田에 기초해 있었을 경우 그들의 경영규모나 사원의 경제력에 의존한 정도에 따라 사원의 전호가 되기는 그리 어렵지 않았을 것이기 때문이다.

국가에 의해 사원에 지급된 토지도 그것이 累代로 世傳이 허용되면서 실질적으로는 소유지와 다름없는 형태로 경영이 이루어진 경우도 적지 않았다. 이러한 토지가 分給 이전의 상태로 환급될 때 門下省과 刑部 사이에 적지않은 문제가 발생했는데 이것은30) 이들 토지의 지배형태가 다른 分給 收租地와 구분되는 점과도 무관하지 않다.

이와같이 분급된 토지가 世傳에 의해 지배되는 경우, 경작민은 실질적으로는 사원의 지배를 받는 私民으로 佃戶와 마찬가지의 위치에 있었을 것이며, 이러한 관행에 따른 지배가 중앙 정부의 정책과 충돌될 때 耕作民은 2중적인 수취를 당하게 됨으로써 저항하는 경우도

---

29) 이러한 토지를 받은 사원은 裨補寺刹을 대표로 예할 수 있고, 이러한 성격에 착목하여 일찍이 白南雲은 '國立寺刹'이라 이름한 바 있다. 白南雲, 《朝鮮封建社會經濟史(上)》 改造社, 1937, pp. 809~813.

30) 이러한 점에 대해서는 다음의 기사가 참고된다.
  ○「中書門下省奏 伏准制旨 以景昌院所屬田柴 移屬興王寺 其魚梁 舟楫 奴婢 悉令還官 夫宮院 先王所以優賜田民 貽厥子孫 傳於萬世 無有匱乏者也 今宗枝彌繁 若欲各賜宮院 猶恐不足 況收一宮田柴 屬于佛寺 歸重三寶 雖云美矣 有國有家之本 不可忘也 請田民 魚梁 舟楫仍舊還賜 制曰 田柴已納三寶 難可追還宜以公田 依元數給之 餘從所奏」《高麗史》卷 8, 文宗 12年 7月 己卯.
  ○「刑部奏 戶部 擅以興王寺田給萬齡殿 請罪之 制削戶部官吏職 放還田里」《高麗史》卷 9, 文宗 34年 3月 壬申.

있었다. 따라서 사원에 지급되어 累代로 그 권리가 계승되고 있는 상당양의 사원 收租地는 경우에 따라서는 사실상 국가에 의해 그 지배권이 "양해"되어 있어 그 경작민이 전호와 다름없는 경우도 적지 않았으리라 보인다. 실제 13세기 농민항쟁 가운데 사원을 둘러싸고 나타나는 民의 동요도 이와 무관하지 않으리라 본다.31)

한편, 고려후기 寺院 佃戶의 존재는 이 시기 사원 田地의 分布와도 밀접히 관련되어 있었다. 알려진대로 이 시기 불교는 왕실로부터 일반 농민에 이르기까지 광범위한 신앙의 대상이 되고 있었다. 따라서 이들에 의해 田地가 사원에 施納되는 예는 흔한 일이었다. 또 사원은 스스로 開墾이나 買入에 의해 토지를 확대해 가고 있었다. 그래서 이와 관련하여 안정적으로 경작민을 확보하려는 노력은 불가피한 일이었다. 물론 사원노비와 같이 사원에 예속된 노동력도 적지는 않았지만 이들은 이들대로 이전부터 소유해 오던 토지들을 경작 관리하고 있었으므로32) 토지가 확대 혹은 추가될 때마다 새로운 노동력이 필

---

31) 明宗 23年 雲門의 金沙彌의 亂은 그러한 예가 될 수 있을 것이다. 곧, 이것은 사원의 수조지 경작민에 대한 관행적 지배와, 당시 武人政權이 취하고 있던 사원에 대한 경제적 統制策이 충돌되는 가운데 民이 그들의 이중적 부담 때문에 봉기한 것으로 파악되는 것이다. 金潤坤, <麗代의 寺院田과 그 耕作農民> ≪民族文化論叢≫ 2·3합집, 1982.pp.170~171.

32) 주지하듯이 사원은 불교를 수용한 삼국시기 이후로 많은 토지를 소유 지배해 왔다. 이러한 토지들은 고려시기에 들어서도 별다른 큰 변화없이 존속되어 오고 있는 경우가 많았으며, 이런 토지의 중요한 노동력은 전지에 긴박되어있는 民이었을 것이다. 다음의 논문이 참고된다.
安啓賢, <韓國佛敎史> 上 ≪韓國文化史大系≫ 6, 高麗大 民族文化硏究所, 1970.
金潤坤, <羅代의 寺院莊舍> ≪考古歷史學志≫ 7, 1991.
李炳熙, <三國및 統一新羅期 寺院의 田土와 그 經營> ≪國史館論叢≫ 35, 1992.

요하였다.
 이들 토지들은 대개 사원과 원거리에 위치한 경우가 많았다. 대표적인 예로 高宗代에 각종 寶의 형태로 시납되고 있는 修禪社의 토지만 하더라도 240여 결에 달하는 토지가 오늘날 昇州·寶城·光州·長興 등 여러 지역에 분산되어 있었다.33)
 이러한 토지는 수선사가 지배하는 소유토지의 일부분에 해당하는 것이겠으나, 이들 토지들을 수선사가 直營하기는 대단히 어려웠을 것으로 보인다. 곧 이러한 토지들은 인근 지역의 民을 佃戶로 초집하여 경작이 이루어지고 있었던 것이다.
 그런데 수선사와 같은 사원전의 분포는 예외적인 경우가 아니었다. 이미 이전부터 사원의 토지들은 이런 존재양상을 보이고 있었기 때문이다. 시기를 거슬러 살펴보면 적지않은 사례들이 발견된다.
 羅末의 泰安寺는 경상·전라지역에 걸쳐 晉州·靈光·羅州·寶城·昇州·陝川 등지에 495 結에 가까운 토지가 분포하고 있음이 확인된다.34) 또 長安寺는 전라·양광·서해도에 걸쳐 咸悅·仁義·扶寧·幸州·白州 등지에 1,050 結의 토지를 관장하고 있었는데,35) 이 가운데는 일부 수조지로서 지급된 토지도 있었을 것이지만 所有地로서

---

33) <國師當時大衆及維持費> ≪曹溪山松廣寺史庫≫ (亞細亞文化社, 1977, pp. 401~404).
 위의 文書와 여기에 나타나는 施納者들의 성분을 이해하는 데는 다음의 논문이 참고된다.
 任昌淳, <松廣寺의 高麗文書> ≪白山學報≫ 11, 1971.
 許興植, <曹溪山 松廣寺의 寺院文書> ≪韓國中世社會史資料集≫ 亞細亞文化社, 1976.
 朴宗基, <13세기 초엽의 村落과 部曲> ≪韓國史研究≫ 33, 1981.
34) ≪泰安寺誌≫ 제 3편 雜部, <同時田畓柴> 亞細亞文化社, pp.143~144.
35) 「若舊有之田 依國法 以結計之 千有五十 其在咸悅仁義縣者 各二百 扶寧幸州 白州各 百五十 平安安山 各一百 卽成王所捨也」≪朝鮮金石總覽≫ 上, 附 64, 淮陽長安寺中興碑.

전호들을 통해 직접 경영되었을 '城郭을 등지고 있는 州郡의 좋은 밭'도 있었다.36)

고려후기에는 개인의 소유지가 사원에 시납되거나, 개간에 의해 사원의 토지가 확대되는 모습이 상당수 발견된다. 이러한 토지의 상당양은 전호에 의해 경작이 이루어졌을 것으로 보인다. 고려조에 개인시납에 의해 토지가 얼마나 사원에 유입되고 있었나 하는 점은 麗末에는 국가가 일반 民들로 하여금 사원에 토지를 시납하는 것을 법으로 금하고 있는데서도 알 수 있다.37) 곧 이같이 사원에 대하여 전지를 시납하는 것을 엄격히 규제하고 있다는 것은 그 이전부터 일반양인에 의한 전지시납이 만연되어 있었음을 의미한다.38) 그런데 이러한 토지들은 시납과 동시에 耕地로 활용되거나 개간이 수반되고 있었으며, 성격적으로는 祖業田과 같은 소유지가 많았다.

① 서울의 남쪽 白馬山 북쪽에 큰 절이 있으니, 이것은 太祖의 妃 柳氏가 집을 희사한 것이다. 시납한 田民이 지금까지도 있다. (그러다가) 중간에 와서 폐하여진지 오래 되었다. 侍中 漆原府院君 尹公이 禪源 法蘊和尙과 같이 맹세하여 重營하였다. …… 또 시주한 전지가 富平府·金浦縣·守安縣·童城縣에 있는데, 이는 공의 조상의 유업(祖業田)이고, 또 전지가 金浦·童城縣에 있는 것은 夫人 조상의 유업(祖業田)이다.39)

---

36) 「其大寺則有報德表訓長安等寺 …(中略)… 至如常住經費 與財有庫 典寶有官 負廊良田 遍于州郡」 崔瀣, <送僧禪智遊金剛山序> ≪拙藁千百≫ 卷 1, 序.

37) ≪高麗史≫ 卷 78, 食貨 1, 田制 祿科田.

38) 이들의 사례에 대해서는 본서의 제2장 2절 寺院田의 存在樣態와 그 規模가 이 참고된다.

39) 「王城之南 白馬山之北 有大伽藍焉 太祖妃柳氏所捨家也 所施田民 至今存焉 中廢者久 侍中漆 原府院君 尹公與禪源法蘊和尙 同盟重營 …(中略)… 又施田在富平金浦縣守安縣童城縣者 公之祖業也 又有田在金浦童城者 夫人之祖

② 시위호군 河氏의 이름은 元瑞인데, 이 고을의 士族으로 젊은 나이
에 궁중에 들어가 일을 보았는데 조심스럽고 정성스러운 사람으로
알려져 있다. 일찍이 사냥나와 이곳에 왔는데, 무너진 담장과 깨어
진 주춧돌이 풀포기 속에 묻힌 것을 보고 慨然히 폐진 된 (이 절
을) 다시 일으킬 것을 마음속으로 맹세하니 大德 연간 甲辰(충렬
왕 30년)이었다. …… 바윗돌을 뚫어 찬물을 먹으니 물길러 다니는
수고가 없어지고, 묵은 땅을 좋은 밭으로 일구어 수입을 얻으니
공양하는 물품이 넉넉하게 되었는데, 이 일은 神과 物이 그 성의
에 감동하여 가만히 와서 도우는 것 같았다.40)

報法寺의 사례는 이러한 토지의 성격을 잘 반영하고 있다. 각지에 분포한 이들 토지는 祖業田이라고 하였다. 그렇다면 이들 토지들은 사원자체의 노동력을 통해서는 경작이 어려웠다. 田民이라는 표현은 이를 경작하는 전호를 지칭한 것일 것이다. 원래 이들 토지를 경작하던 민이 시납과 더불어 사원의 전호가 되었음을 의미한다. 한편 시납지가 陳田이거나 경작이 어려운 斥奧한 토지의 경우, 시납과 더불어 개간이 이루어지고 있었다. 이를 통해 개간자에게 경작권이 불하되었던 것으로 이해된다. 乾洞禪寺의 경우가 그러한 사례를 보여주고 있다. 이들 개간인 가운데는 사원의 적극적 招集에 의해 유입된 民들도 있을 것이지만, 일부 사원과 신앙적으로 관련을 맺으면서 토지를 경작해, 지주 寺院의 佛事活動에 적극 조력하는 경우도 나타나고 있었을 것이다.

그러면 이렇게 분산된 토지에 대하여 사원은 경작민을 어떻게 관

業也」《牧隱文藁》 卷 6, <報法寺記>.
40) 「侍衛護軍河氏名元瑞 本邑之士族 早年給事宮掖 見稱勤愿 嘗遊獵抵此 頹垣破礎 蕪沒灌莽見之慨然 以起廢自矢 時大德甲辰歲也 …(中略)… 至如鏟巖石 寒泉食 汲引之勞省 墾斥鹵良田收 供養之需給 是則神物若有感其誠 而陰來相者」《東文選》 卷 69, <重修乾洞禪寺記>.

장하고 있었을까. 우선 소재지역에 末寺나 屬院이 위치한 경우에는 그곳에서 관장하였을 것이다. 또 고려이전 世達寺의 경우처럼 莊舍를 설치해 知莊을 따로 파견하여 관리하는 경우도 있었을 것이다.41) 이럴 경우 지장은 收取는 물론 인근 지역민에 대한 敎化의 역할을 수행하지도 않았을까 한다. 또 이들은 農舍를 중심으로 農牛나 種子를 대여하기도 하면서 營農過程 이외에도 영향력을 행사했을 가능성이 있다.42) 이럴 경우 寺院이나 이를 관장하는 直歲僧, 知莊 등의 실무승들은 독립적 지주경제의 운용자로서 역할 하였던 것으로 보인다.

한편 사원전의 분포형태는 위와 같이 원거리에 분산되어 있는 경우도 있었지만, 대규모의 전지가 한 곳에 집중되어 있는 경우도 나타나고 있다. 通度寺와 雲門寺는 그 좋은 例이다.

당시 통도사의 토지지배에 관해서는 ≪通度寺誌≫ <寺之四方山川裨補>文과 현전하고 있는 長生石標를 통해 어느 정도 접근이 가능하다. 이에 의하면 통도사는 戶部의 재가를 받아 경계표시로 四方에 長生標를 설치하여 두고, 그 둘레가 4만 7천 步나 되는 토지를 사유지로 지배하고 있었다.43) 그런데 이 토지의 경작민으로서 干의 존재가 주목된다.

> 四方 長生標의 直干들의 位田畓은 동남쪽과 북쪽 茶村 들판에 있다. 이 북쪽 다촌 들판은 곧 居化郡의 경계이다. …… 장생표를 사방에 설치하고 그곳에 각각 干을 10명씩 두었다. 干들에게 각각 位田·

---

41) ≪三國遺事≫ 卷 3, 塔像 洛山二大聖 觀音 正趣 調信.
42) 寺院의 農牛 保有는 다음의 기사들로 미루어 짐작할 수 있다.
「高宗十八年十一月己丑 王輪寺 牛生犢 一身兩頭 兩頭兩耳」, ≪高麗史≫ 卷 55, 五行3.
「辛禑十年四月辛卯 松山石方寺 牸牛産牝牡兩犢」, 위와 같음.
43) 裵象鉉, <앞의 논문> 1996, pp.51~57 참조.

位畓·家代田 등을 지급하였다. 이 給與地는 모두 사방 장생표내에 포함된 田·畓·土地들이다. 위에서 말한 石碑·石蹟의 장생표내에는 종래부터 현재까지 국가의 소유지 또는 제 삼자의 私的 所有地는 전혀 포함되어 있지 않다.44)

여기서의 直干 혹은 干에 대해서는 관리자, 장생표를 보수 관리하는 자, 지대 수납 등의 역할을 맡은 자 등으로 선학들의 견해가 제시되어 있다.45) 그러나 계표내 12곳 장생표 주위에 각각 10호로 구성된 이들 가운데는 일부 중간관리자의 직임을 맡은 이도 포함될 수 있겠으나, 이들 대다수는 位田 혹은 位畓의 경작자임은 틀림없는 사실일 것이다.46) 곧 통도사는 이 같은 장생표내의 사유지를 직할하면서 장생표 내의 민을 경작민으로 지배하고 있었던 것이다.47) 대표적으로

---

44) 「四方長生標 直干之位田畓 分伏於東南洞內 北茶村坪郊 乃居化郡之境也 … (中略)… 分塔排於四境 各置干十 每給位田畓及家代田 並四方長生標內田畓土地也 右石碑石蹟塔排長生標內 曾無公私他土也」 <寺之四方山川裨補> ≪通度寺事蹟略錄≫ (≪通度寺誌≫ 亞細亞文化社, 1983. pp.27~29).

45) 이들의 존재에 대해서는 그동안 연구자에 따라 다소 상이한 견해를 제출해 놓은 바 있다.
이러한 견해는 대략 다음과 같은 세 갈래로 나뉘어져 있다. 즉, 12개 장생표내의 토지는 直營地이며, 直干은 이 직영지를 경작하고 茶의 경작·가공·운반에도 동원되며 노동지대를 수취당하는 존재 였다는 견해(최길성, <1328년 통도사의 농장경영형태> ≪력사과학≫1961- 4, 1961), 또 이 때의 直干은 寺領 四境에 설치된 장생표를 管理·保護·修理하기 위해 설치한 者라는 견해(武田幸男, <高麗時代における通度寺の寺領支配> ≪東洋史研究≫ 25-1, 1966), 한편, 이들은 田畓과 그 경작민으로 부터 地代의 수납과 감독 등을 담당하였던 中間管理人이었다는 주장(金潤坤, <麗代의 寺院田과 그 耕作農民> ≪民族文化論叢≫ 2·3輯, 1982) 등이 그것이다.

46) 12개 長生標에 각 10명씩을 배치하였다고 한다면 전체 인원만 추산하더라도 120여 명에 이른다. 그러므로 이들이 모두 관리자 역할을 하였다고 보기는 어려운 점이 있다. 결국 이들 가운데 상당수는 耕作者인 佃戶層으로 이해되는 것이다.

47) 그런데 통도사의 사령내에는 이들 직간만이 아니라 다수의 승려와 노비도

冬乙山 茶村의 민들은 대부분 동일 지역에 분포한 위전답의 경작자이면서 '造茶貢寺'에도 참여하는 전호였을 것으로 짐작된다.[48] 이를 감안하면 통도사의 경우에서는 분산된 사원 토지의 전호보다 한층 철저한 지배가 이루어지고 있었음을 확인하게 된다.

이와 같이 대규모로 집중된 양상을 보이는 사원 전지의 형태는 운문사에서도 확인된다. 雲門寺는 이미 신라시대부터 사유해 오던 시납전을 상당양 가지고 있었다.[49] 그리고 고려초에는 다음과 같이 일정한 圈域을 이루고 소유지와 다름없는 대규모의 토지지배를 이루고 있었다.

> 삼가 淸道郡의 文籍을 상고해 보면, 天福 8년 癸酉 正月 日의 淸道郡 界里審使 順英 大乃末 水文 등의 柱貼公文에는 다음과 같이 적혀있다. 雲門山 禪院의 長生은 남쪽은 阿尼岾, 동쪽은 嘉西峴이라고 했다. 절의 三剛典主人은 寶壤和尙이요, 院主는 玄會長老, 貞座는 玄兩上座, 直歲는 信元禪師다(위의 공문은 청도군의 都田帳傳에 의한 것이다). 또 開運 3年 丙辰의 운문산 선원 長生標塔에 관계되는 公文 한 통을 보면, 長生이 11개이니 阿尼岾·嘉西峴·畝峴·西北買峴 (혹은 面知村)·北猪足門 등이다. …… 고려 태조가 삼국을 통일하고 寶壤法師가 이곳에 절을 짓고 산다는 말을 듣고 다섯 岬의 밭 500

존재하였음을 기록을 통해 확인할 수 있다. 그러므로 이들 직간을 이들과 같은 부류로 보는 것은 무리가 아닌가 한다. 곧 이들은 통도사의 직영지를 경작하는 전호로 보는 것이 타당할 것이다. 물론 이들이 田主인 通度寺에 대하여 어떠한 부담을 지고 있었는가 하는 성격규정에 대해서는 그들의 사회경제적 위상과 관련하여 언급해 볼 일이다.

48) 裵象鉉, <高麗時代의 寺院 屬村> ≪한국중세사연구≫ 3, 1996, pp. 179~180.

49) 다음 기사가 보여주는 今郙村의 토지는 그러한 사례의 하나이다.
「按雲門寺古傳 諸寺納田記云 貞觀六年壬辰 伊西郡今郙村 零味納田 則今郙村 今淸道地 卽淸道郡 古伊西郡」 ≪三國遺事≫ 卷 1, 紀異 伊西國.

結을 합해서 이 절에 바쳤다.50)

이에 의하면, 운문사는 淸道郡 內의 광대한 토지를 지배하고 있었던 사실이 확인된다. 여기에는 柱貼公文이 보이는데, 이는 태조대 운문사가 소유한 토지에 대한 所有權의 확정을 의미하는 것으로 이해된다.51) 그리고 13세기 一然 당시에도 이 土地臺帳은 淸道郡司에 보관되어 있었다. 고려중기 운문사에는 적지않은 수의 奴婢가 지급되고 있었지만,52) 이들은 12세기 王師 學一의 所供畓으로 지급된 토지의 경작자였다. 이들 토지 500 結 가운데 일부는 이전부터 운문사가 지배해 온 토지의 추인으로도 이해되고 있는데,53) 그렇다면 이들 토지를 경작하는 민들은 이전부터 이들 토지를 경작해 온 전호들이었을 것이다.

한편 고려후기 사원 전호의 유형으로 주목되는 또하나의 부류로 隨院僧徒를 들 수 있다.54) 이들은 외국인의 눈에 在家和尙으로 비춰

---

50) 「謹按 淸道郡司籍載 天福八年癸酉 正月日 淸道郡界里審使順英 大乃末水文等 柱貼公文 雲門山禪院長生 南阿尼岾 東嘉西峴云云 同藪三剛典主人寶壤和尙 院主玄會長老 貞座玄兩上座直歲信元禪師(右公文 淸道郡都田帳傳准) 又開運三年丙辰 雲門山禪院 長生標塔公文一道 長生十一 阿尼岾 嘉西峴 畝峴 西北買峴 (一作面知村) 北猪足門等 …(中略)…太祖 統一三國 聞師至此創院而居 乃合五岬 田束五百結 納寺」《三國遺事》卷 4, 義解 寶壤梨木.

51) 金潤坤, <麗代의 寺院田과 그 耕作農民 - 雲門寺와 通度寺를 중심으로-> 《民族文化論叢》 2・3輯, 1982, pp.149~152.

52) 「師爲王師時 所供畓 新藪新院二員等 二百結 國奴婢五百人割給 雲門寺以爲萬世香火之擧 長五尺 廣三尺石碑樹於寺之乾方 …(中略)… 奴婢五百人收貢布 以資國師安居徒衆之衣財也」<慶尙道淸道郡東虎踞山雲門寺事蹟> 《雲門寺志》亞細亞文化社, 1977, p.17.

53) 金潤坤, <앞의 논문>, 1982, pp.166~173.

54) 이들 隨院僧徒의 성격에 대해서는 다음의 논문이 참고된다.
李相瑄, <高麗時代 隨院僧徒에 대한 考察> 《崇實史學》 2, 1984.
金炯秀, <高麗前期 寺院田의 經營과 隨院僧徒> 《한국중세사연구》 2, 1995.

지기도 하였으며, 鄕村社會에서 信者집단을 이루고 있던 香徒들의 존재와도 무관하지 않았다. 이들의 존재양태에 대해서는 아래의 기사들이 참고된다.

① 國初에 중앙과 지방의 사원에는 모두 隨院僧徒가 있어 항상 勞役을 담당하였는데 마치 郡縣의 居民과 같았고, 恒産을 가진자가 많아서 千百에 이르렀다. 매번 국가에서 군사를 일으킬 때면 또한 중앙과 지방에 있는 여러 사원의 수원승도를 징발하여 각 군에 나누어 소속시켰다.55)

② 在家和尙은 袈裟를 입지 않고 戒律을 지키지 않으며, 흰 모시의 좁은 옷에 검정색 깁으로 허리를 묶고 맨발로 다니는데, 간혹 신발을 신은 자도 있다. 거처할 집을 자신이 만들며 아내를 얻고 자식을 기른다. 그들은 관청에서 기물을 져 나르고 도로를 쓸고 도랑을 내고 성과 집을 수축하는 일들에 다 종사한다. 邊境에 경보가 있으면 단결해서 나가는데 비록 달리는데 익숙하지 않으나 자못 씩씩하고 용감하다. 군대에 가게 되면 각자가 양식을 마련해 가기 때문에 나라에서는 경비를 소모하지 않고서 전쟁을 할 수 있게 되었다. 듣기로는 중간에 契丹이 고려인에게 패전한 것도 바로 이 무리들의 힘이었다고 한다. 그들은 사실 형벌을 받은 복역자들인데 이족의 사람들은 그들이 수염과 머리를 깎았기 때문에 和尙이라고 이름한 것이다.56)

③ 陰陽會議所에서 아뢴 바, "근래에 僧俗 雜類들이 떼를 지어 萬佛香徒라 불리며 염불도 하고 불경도 읽어 궤탄한 짓을 하며, 혹은 서울과 지방의 사원들에서 僧徒들이 술과 파를 팔며, 혹은 무기를 가지고 악

---

55) 「國初內外寺院 皆有隨院僧徒 常執勞役 如郡縣之居民 有恒産者多至千百 每國家興師 亦發內外諸寺隨院僧徒 分屬諸軍」≪高麗史≫ 卷 81, 兵志1 兵制 肅宗 9년 12월.

56) 「在家和尙 不服袈裟 不持戒律 白紵窄衣 束腰卓帛 徒跣以行 間有窄履者 自爲居室 娶婦鞠子 其於公上 負載器用 掃除道路 開治溝洫 修築城室 悉以從事 邊郵有警 則團結而出 雖不閑於馳逐 然頗壯勇 其趣軍旅之事 則人自裹糧 故國用不費而能戰也 聞中間 契丹爲麗人所敗 正賴此輩 其實刑餘之役人 夷人以其髡削鬚髮 而名和尙耳」 徐 兢, ≪高麗圖經≫ 在家和尙.

을 짓고 날뛰면서 유희를 하는 등으로 倫常과 풍속을 문란케 하고 있다…."57)

 이들은 모두 사원의 경제 활동과 밀접한 관련을 지니는 부류라는 점에서 寺院田의 경영과도 무관할 수 없는 존재였다. 이들은 고려후기 사원이 행하고 있는 각종의 취식행위에 관여하면서 반대급부로 그들의 경제적 형편을 提高시킬 수도 있었을 것이다. 또 사원에 인접하여 토지가 집중된 경우에 이들은 사원 인근에서 취락을 이루고 기거하면서 각종의 잡역에도 종사했을 것이다. 이런 촌락은 羅代에까지 연원이 거슬러 올라가는 만큼 다양한 형태로 존재하였던 것으로 보인다.58) 아래의 기사가 반영하는 통도사 布川山洞은 그러한 예 가운데 하나이다. 다음의 기사를 참고해 보기로 한다.

① 사방 長生標의 基地內에는 삼천대덕이 나뉘어 살고 있는 房과 洞이 있는데, 이 가운데 布川山洞은 남쪽에 있다. 곧 일천대덕이 거주하는 곳이다.59)
② 또 東西院에 있는 삼천대덕은 항상 東西로 나뉘어 있으면서 大川에서 돌을 쌓았다. 벌을 지면 동내에서 쫓아내어 모두 흩어졌다. 일천 승의 무리들이 남쪽의 포천동에 찾아가 암자를 짓고 머물러 있었다. 아침 저녁으로 절에 왕래하면서 舍利袈裟에 첨례하였다.60)

---

57)「陰陽會議所奏 近來 僧俗雜類 聚集成群 號萬佛香徒 或念佛讀經 作爲詭誕 或內外寺社僧徒 賣酒鬻蔥 或持兵作惡 跳躍遊戲 亂常敗俗」《高麗史》卷 85, 刑法2 禁令 仁宗 9년 5월.
58) 裵象鉉, <앞의 논문> 1996, pp.161~165.
59)「四方長生基地 分有三千大德房洞 南有布川山洞 乃一千大德之所住房也」<寺之四方山川裨補> 《通度寺事蹟略錄》(《通度寺誌》 亞細亞文化社, 1983, pp.27~29).
60)「又東西院 三千大德 常分部於東西 築石大川 犯罰 見黜於洞內 竝皆離散 一千僧衆詣境 南布川洞 架庵居止 晨夕往來於寺 瞻禮舍利袈裟」〈위와 같음〉

여기서 洞은 村의 다른 표현이다. ①의 내용이 보여주듯 포천산동은 일천 大德이 거처하는 房들이 모여 있는 곳이었다. 여기서 일천대덕이라 한 것은 僧徒들의 집단이라는 의미로 받아들여진다. 물론 이들은 大德이라고 하였지만, 수행에 임하는 參學僧 내지는 하급승도들로 보인다. 이들이 東西로 나뉘어 大川에서 築石하는 모습도 그러하려니와, 이들이 죄를 범하면 동내에서 쫓겨나 흩어져 이곳에 암자를 짓고 머물렀다는 것이 이를 반영해주고 있다. 이 시기 통도사는 대표적인 官壇寺院이었고, 이를 통해 짐작되는 것은 官壇受戒를 위하여 많은 修學僧들이 운집한 사원이었을 것이라는 짐작이다. 또한 律業의 대표 사원이기도 하였던 이곳에서는 계율을 어긴 승도들을 洞內에서 내쫓음으로써 그들 스스로 舍利袈裟를 첨례하며 精勤修道할 수 밖에 없는 상황이었다. 이로보면 이곳은 이들의 거처가 모여 하나의 村을 이루었던 곳이었음을 알 수 있다.

그러면 이러한 부류들은 어떠한 성격의 승도들이었을까. 이들은 비록 소속 사원으로부터는 貶黜되었지만 舍利 袈裟를 첨례할 수 있는 것으로 보아 일정하게 통도사에 소속되어 있는 人的成員이었으며, 기본적으로는 在家 혹은 암자를 이루며 자립적인 생활을 영위하는 村民으로서 존재하였던 것 같다. 따라서 포천산동과 같은 촌락은 寺院田地의 경작을 통한 恒産을 가지는 하급승려나 在家僧과 같은 부류들이 모여 이룬 일종의 僧徒村이었던 것이다. 그리고 이들 승도 가운데는 隨院僧徒와 같은 類들이 다수 포함되어 있었을 것이다.

한편, 이상과 같은 하급 僧徒들과 또다른 유형을 보여주고 있는 사원의 전호들도 있었다. 고려후기 사원의 전호는 여러 신분층으로 구성되고 있었지만, 여말 성리학자로서 이름이 있으며, 한 때 불교배척의 태도를 견지했던 이로 사원의 전호가 된 예가 있다. 아래 崔瀣의 경우가 그것이다.

> (崔瀣)가 晚年에 獅子岬寺의 僧을 따라 토지를 빌어 경작하였는데, 農園을 열어 말하기를 '取足'이라 하고는 스스로 불러 이르기를 猊山農隱이라 하였다. 그리고 좌우명을 쓰기를 "너의 밭과 너의 농원은 부처(삼보)의 은혜에서 비롯한 取足이 아닌가. 잠시도 그것을 잊지말라" 하였다. 隱者는 본래 불교를 좋아하지 않았으나 마침내 佃戶가 되었으니, 대개 현실이 뜻과 맞지 않음을 스스로 희롱한 것이다.61)

崔瀣가 이 시기 사원전호가 된 사실은 사원전호 유형의 또다른 일면을 시사해 주고 있다. 물론 그의 이러한 변신은 선뜻 수긍되지 않는 면도 있다.62) 征東行省에서 실시하는 鄕試를 거쳐 元의 會試에도 급제한 바 있는, 게다가 安珦·李齊賢 등과 불교배척 운동의 선두에 섰던 그가 어떠한 연유로 獅子岬寺의 僧을 좇아 晚年에 사원의 佃戶가 되었는지 그 배경에 대해서는 자세한 내용을 알 수가 없기 때문이다. 다만 현재로 추측해 볼 수 있는 것은 이와 같은 몰락 文人들도 만년에 들어서는 사원의 토지를 借耕하는 경우가 나타나고 있다는 사실이다. 또 그것은 이 시기 사원전호 구성의 다양함이 어느 정도였는지를 시사해 주는 좋은 사례의 하나로 보아도 좋을 것이다.

---

61) 「(崔瀣)晩從獅子岬寺僧 借田而耕 開園曰取足 自號猊山農隱 其銘座右曰 爾田爾園 三寶重恩取足 奚自愼勿可諼隱者 素不樂浮屠而卒爲其佃戶 盖訟夙志之爽以自戱耳」《高麗史》 卷 109, 列傳 22 崔瀣傳.

62) 洪承基는 崔瀣의 이러한 변신에 대하여, 특히 麗末에 가까워 올수록 개경에 거주하던 양반 귀족층이 벼슬자리에서 물러나 시골에 가서 농사짓는 경향이 두드러진 것과 연관시켜 이해하였다. 즉 최해는 이때 솔거노비를 거느리고 와서 농원에 머물렀을 것이며, 이때 농사를 도맡아 처리한 이는 그의 솔거노비일 것이라는 것이다. 洪承基, <奴婢의 社會經濟的 役割과 地位의 變化> 《高麗貴族社會와 奴婢》 一潮閣, 1985, pp.187~188.

2. 社會經濟的 處地

고려후기의 사원에는 이 시기가 보여주는 사회변화와 생산력의 발달 등에 기인한 계급관계의 변동에 기초하여 다수의 양인인구가 유입되는 양상을 보여주고 있었다. 이것은 이 시기 민의 처지와 사원의 적극적 초집책이 일정하게 상호 부합한 데서 기인한 현상이기도 하였다. 그런데 이들 초집의 대상이 되고 있는 인원 가운데는 '貢戶'가 포함되고 있어 주목된다. 곧, 道門의 僧人들이 여러 곳의 農舍에서 함부로 貢戶良人을 부리고 있다63)고 하고 이를 금하고 있는 것이다.

앞서도 언급한 바 있지만, 사원의 僧侶들은 여러 곳에 農舍를 설치해 두고 이들을 사원의 노동력으로 끌어들이고 있었다. 그러면 대체 이들 貢戶는 어떠한 부류를 지칭하는 것일까. 기본적으로 이들은 국가에 대하여 租·布·役의 三稅를 부담하는 일반농민을 지칭하는 것으로 이해된다.64) 그런데 ≪高麗史≫에 보이는 이들의 用例를 자세히 살펴보면 그리 단순하지는 않은 듯 하다. 몇 예를 통하여 살펴 보기로 한다.

> ① 上王이 자신의 德 10여 條를 스스로 기록하여 式目(都監)에 은밀히 보내어 箋文을 올려 陳賀하게 하였다. 그 전에 말하기를, "…요역과 부세를 경감하여 差科를 헤아려 정하고, 勢田을 몰수하여 公田을 만들었으며, 逃戶를 (찾아)되돌려 貢戶에 충당하였습니다. …(中略)…"라고 하였다.65)

---

63) 「道門僧人 諸處農舍 冒認貢戶良人以使之」, ≪高麗史≫ 卷 85, 刑法2 禁令 明宗 18년 3월.
64) 이들 貢戶에 대해서는 다음과 같은 독립 논문이 있어 참고된다.
    北村秀人, <高麗時代の貢戶について> ≪大阪市立大學 人文研究≫ 32-95, 1981.

② 敎를 내리기를 …… "권세가에서 田庄을 널리 설치해 두고 백성을 불러 숨겨서 賦役에 이바지하지 않는 자가 있는데 所在官司에서 그 民戶를 추쇄하여 貢戶에 충당하라"고 하였다.[66]
③ 敎를 내리기를, "각처의 鹽戶人은 數가 정해졌으며, 貢에 정액이 있다. 근년이래 鹽戶가 날로 줄지만 貢數는 그대로인데도 내외의 管鹽官이 察體하지 않고 逋戶의 貢鹽을 貢戶에게 加徵하여 本來의 數를 채우기 때문에 民이 몹시 고통스러워 한다. 만약 逋逃者가 있으면 所在官司에서 本役에 추쇄하도록 하고, 찾아내지 못한 자와 죽고 후손이 없는 자는 모두 貢數를 면제하며, 諸倉의 貢民도 역시 이 예에 의거하라"고 하였다.[67]
④ 整理都監이 올린 狀에, "…… 國制에 내승과 응방에 투속한 사람들을 모두 혁파하여 각 縣의 別抄와 貢戶로 삼아 역을 정하였다"한다.[68]

위의 자료 ①에서는 '逃戶' 즉 流亡 등으로 국가의 賦稅부담에서 이탈한 戶를 추쇄하여 貢戶에 충당한다고 하였다. 그런데 숨겨진 民戶에서 추쇄된 이들의 부담은 단순한 부역의 부담을 넘어서는 것으로 이해된다. ②에 의하면, 이들의 부담은 족히 民戶와 대비되고 있다. 그런데 ③에서의 鹽戶는 공호의 한 유형으로 상정된다. 다른 기록을 보면 鹽戶의 貢鹽부담을 鹽戶貢役이라 하였는데,[69] 이를 통해

---

65) 「上王 自記其德十餘條 密下式目 令上箋陳賀 箋曰 "…(中略)… 輕徭薄賦 而酌定差科 出勢田而爲公田 還逃戶以充貢戶」《高麗史》卷 34, 忠肅王 元年 正月 甲辰.
66) 「下敎 …(中略)…權勢之家 廣置田庄 招匿人民 不供賦役者 所在官司 推刷其民以充貢戶」《高麗史》卷 79, 食貨2 戶口 忠肅王 12년 10월.
67) 「下敎 各處鹽戶 人有定數 貢有定額 近年以來 鹽戶日損 貢數仍存 內外管鹽官 不行察體 以逋戶貢鹽加徵貢戶 以充本數 民甚苦之 如有逋逃者 所在官司 推還本役 其有未得根尋 與夫故沒無後者 並除貢數 諸倉貢民 亦依此例」《高麗史》卷 79, 食貨2 鹽法 忠肅王 12년 10월.
68) 「整理都監狀 …(中略)… 國制內乘・鷹坊投屬人 並皆革罷 令各縣別抄及貢戶定役」《高麗史》卷 85, 刑法2 禁令 忠穆王 元年 5월.

보면 여기서의 鹽戶는 곧 貢戶 가운데서도 공염의 부담을 진 戶라고 할 수 있을 것이기 때문이다. 이들은 또 역을 피하여 도망함으로써 逋戶하는 사례가 빈번하였다고 한다. 같은 기록에 나오는 貢民은 貢戶之民과 같은 뜻일 것이다. 그런데 ④에 의하면 이들 공호는 內乘과 鷹坊에 투속한 사람들로서 이들이 혁파되면서 편입되는 경우를 보여 주기도 하였다. 또 이들은 別抄軍과 처지가 비슷한 부류로도 볼 수 있으나 그들과는 분명히 구분되는 존재였다.

곧 이들 내용에 의하면 貢戶는 逃戶나 逋戶에 대비되는 용어로서 공역을 담당하는 戶라는 것이다. 그런데 이들의 부담, 즉 貢役은 단순히 부세의 차원을 넘어선 貢鹽을 담당하는 염호와 같이 특정 지역을 벗어나기 어려운, 한정의 공물을 바치는 계층으로 보인다. 그리고 이들은 반대급부로 田丁이 지급되는 일종의 직업 군인인 別抄와도 구분되는 國役 담당층이라는 사실을 알 수 있다.

바로 이러한 역을 지는 중요한 국역 담당층을 사원은 僧人을 통하여 招集하고 각지에 설치해 둔 農舍에 투속시키고 있었다. 그런데 앞서 언급한 명종 18년의 기사 내용은 이들을 사원에서 '冒認役使'시켰다고 한다. 이는 사원이 국가에 부세부담을 지고 있는 人戶를 농장에 모아서 사취한다는 표현과 같다. 그러나 실제 이들은 사원에 유입됨으로써 국가의 공역부담에서 벗어날 수 있었으므로 스스로 바라는 것이기도 하였을 것이다. 그러면 이러한 형태를 통하여 사원에 유입된 전호[70]는 어떠한 사회경제적 지위에 해당하였을까 궁금하다. 이

---

69) 「洪武二十二年之己巳 冬十有一月 府使京畿左右道水軍都節制寺 知招討營田事 朴公子安上任之後 視人物之彫殘 官舍之頹土已 慨然三歎 誓欲興復 遂白于朝 蠲免鹽戶貢役 民以安業」≪復齋集≫ 卷下, 江華立寶記 (≪韓國文集叢刊≫ 7, p.485).

70) 물론 이와같이 역을 피해 사원에 유입됨으로써 형성된 전호는 일반적인 사원전호와의 차별성을 상정해 볼 수 있다. 그러나 기본적으로 이들의 사원

점에 대해서는 다음과 같은 處干의 존재를 주목해 볼 필요가 있을 것이다.71)

　　王이 元에 있었다. 哈伯平章이 康守衡과 趙仁規에게 '어제 칙명이 있었으니, 백성을 安集할 방법을 의논하여 아뢰라'고 하였다. 모두 말하기를 '上下가 모두 處干을 철폐하고, 賦役을 부과해야 한다'고 하였다. (處干이란 남의 토지를 경작하고 租는 그 주인에게 돌리고, 庸과 調는 官에 납부하는 자로, 즉 佃戶이다) 그 때 權貴들이 백성을 많이 모아 處干이라고 하면서 三稅를 포탈하니, 그 폐단이 더욱 컸다. 수형이 말하기를 '반드시 點戶하여 아뢰자'고 하였다.72)

이들 처간은 본래 전호였지만, 충렬왕 당시에는 불법적으로 庸·調 마저도 땅의 주인에게 포탈당하는 존재였다. 그러므로 이들은 이미 국역과는 거리가 있는 다분히 私民化된 전호였던 것이다. 그런데 사원의 전호는 어떠한 성격이었을까.

실제 통도사 茶所村의 전호는 '造茶貢寺'의 역을 부담하고 있었다. 또 운문사의 國奴婢가 身貢을 바치고 있었다고 한 사실은 이들의 처지가 貢役외에 다른 부담도 떠맡고 있다는 인상이 짙다. 이런 점은 사원전호가 위와 같은 처간의 처지와 비교될 수 있음을 의미한다. 그

　　전호는 이들의 사회경제 지위와 밀접한 관련을 지니는 것으로 사료된다.
71) 사원전호를 處干과 유비해 볼 수 있는 근거는 通度寺 田地의 경작민으로 상정되는 '直干'의 존재를 주목해 볼 수 있을 것이다. 이들은 '곳간'의 이두식 표기로도 풀이된다(김윤곤, <앞의 논문>, 1982, 180~181참조). 그렇다면 이는 '處干'과 같은 용어임을 짐작해 볼 수 있다.
72)「王在元 哈伯平章 謂康守衡·趙仁規曰 昨有勅 其議可以安集百姓者來奏 …(中略)… 議之 皆曰 上下皆撤處干 委以賦役可也(處干 耕人之田 歸租其主 庸調於官 卽佃戶也) 時權貴 多聚民 謂之處干 以逋三稅 其弊尤重 守衡曰 必以點戶奏」≪高麗史≫ 卷 28, 충렬왕 4년 7월 乙酉.

러나 이들은 '冒認役使'되었다고 하지만 차라리 '공호'의 처지보다는 낫다는 생각으로 유입된 인원일 것이다. 그러므로 이들 전호의 실질적 처지는 그들보다는 나았다고 상정해 볼 수 있을 것이다.

한편 이 시기 사원전호의 처지는 모두가 저들 處干이나 국노비에 유비될 수준은 아니었을 것이다.

그것은 많은 수의 인구가 자신의 安逸을 찾아 '沙門에 依託하고 耕作하는 것을 業으로 삼는다'고 하는 사실에서 알 수 있다. 곧 '공호'들의 경우 자신들의 무거운 부담으로부터의 일탈을 의미하는 것이지만, 동시에 일반양인이 사원전호가 되는 것은 그들의 희망이 될 수도 있었을 것이기 때문이다.

또 이 시기 사원전호의 처지를 알기 위해서는 일반 농민의 처지가 고려되어야 할 것이다. 주지하는 바와 같이 明宗代는 농민 천민의 항쟁이 두드러진 시기였다.[73] 李奎報는 다음과 같은 詩를 통하여 당시 농민의 처지와 실상을 드러내 주고 있다.

① 햇곡식은 푸릇 푸릇 논밭에서 자라는데 / 아전들 벌써부터 조세 거둔다고 성화네 / 힘써 농사지어 나라를 부유케 함은 우리들 농부거늘 / 어째서 이리도 극성스레 침탈하는가.[74]
② 한평생 일해서 군자를 봉양하니 / 이들을 일컬어 농부라 한다 / 알

---

73) 이 시기의 民의 抗爭에 대해서는 다음의 글이 참고된다.
洪承基, <武臣執權時代의 奴婢叛亂> ≪高麗貴族社會와 奴婢≫ 일조각, 1983.
朴宗基, <武人執權期農民抗爭研究論> ≪韓國學論叢≫ 12, 1989.
채웅석, <12·13세기 향촌사회의 변동과 '민'의 대응> ≪역사와 현실≫ 3, 1990.
李貞信, ≪武臣執權期 農民 賤民抗爭研究≫ 高麗大 民族文化研究所 1991.
金皓東, <12·13세기 農民抗爭의 展開와 性格> ≪한국사≫ 6, 한길사, 1994.
74) 「新穀青青猶在畝 縣胥官吏已徵租 力耕富國關吾輩 何苦相侵剝及膚」≪東國李相國集後集≫ 卷 1, 古律詩 <代農夫吟二首>.

몸을 단갈로 겨우 가리고는 / 매일같이 얼만큼의 땅을 갈았던가 / 벼 이싹이 겨우 파릇하게 돋아나면 / 고생스럽게 호미로 김을 매지 / 풍년들어 千鍾의 곡식 거두어도 / 한갓 관청 것 밖에 되지 않는다오 / 어쩌지 못하고 모조리 빼앗겨 / 하나도 소유하지 못하고 / 도리어 땅을 파 부자를 캐다가 / 굶주려 엎어져서는 자신을 구하지 못하네.75)

농부의 처지를 대신해서 읊었다는 ①과, 마침 나라에서 농민들이 맑은 술과 쌀밥 먹는 것을 금지하는 영을 내렸다는 말을 듣고 지었다는 ②의 詩는 이 시기 열악한 농민의 처지를 짐작하게 해주고 있다. 물론 이들 詩에 나타난 농부들이 구체적으로 어떤 부류인지에 대해서는 언급이 되고 있지 않다. 그러나 아전들에게 침탈당하고, 매일같이 열심히 땅을 개간하여 경작한 대가로 곡식을 거두나 관청의 것 밖에 되지 않는다고 하는 표현에서 이들 농부들은 자영 소농일 가능성이 크다고 보여진다. 그런데 이들의 처지가 부자와 같은 풀뿌리를 캐어 목숨을 연명한다고 하는 것은, 이들의 생활이 얼마나 힘에 겨웠는가 하는 것을 짐작하고도 남게 한다. 이러한 상황에서 그들은 벗어나고 싶었던 것이다. 앞서의 逃戶는 바로 이러한 국역의 부담을 지는 처지에서 이탈한 농민들을 지칭하였던 것이다.

그러면 이 시기 寺院의 사정은 어떠했을까. 비슷한 시기 柳升旦의 詩는 당시 사원의 사정을 다음과 같이 묘사하고 있어 참고된다.

가는 말을 잠시도 멈추지 못하노니 / 王命을 받아 行程이 엄한 때문이네 / 한밤중 등잔밑에 머리붙들고 일어나고 / 온종일 먼지가 눈

---

75) 「力穡奉君子 是之謂田父 赤身掩短褐 一日耕幾畝 才及稻芽靑 辛苦鋤砠茶 假饒得千鍾 徒爲官家守 無何遭奪歸 一介非所有 乃反掘鳧茈 飢仆不自救」《東國李相國集》後集 卷 1, 古律詩 <聞國令禁農餉淸酒白飯>.

에 티를 들였네 / 가는 곳마다 民家는 모두 퇴락했는데 / 이따금 寺院만은 지나치게 풍성하군 / 요즘 쌓인 폐단을 다 없앴다지만 / 아직도 남은 건 塔廟를 자꾸 조성하는 것이라네.76)

유승단은 당시 李奎報와 같은 문인들이 최씨집권자들의 강화천도를 긍정적으로 평가하고 있음과 달리, 그것은 지방민을 적의 예봉에 쓸어 넣고 老弱者를 적의 포로가 되게하는 것이라는 등 당시의 현실을 예리하게 직시하는 지식인의 면모를 보여준 인물이었다.77) 그의 표현에 의하면 가는 곳마다 民家는 퇴락하였는데, 이와 대조적으로 사원은 날로 더욱 塔廟를 조성하고 있음에서 당시 불교계의 풍요를 반영하고 있다. 위의 기사가 보여주는 사원의 모습을 보면 이 당시 농민들은 구태여 사원이 나서서 초집하지 않아도 자진하여 투속한 경우도 적지 않았을 법하다. 다음의 기사들은 그러한 처지의 民들이 실제로 사원에 얼마나 투속하고 있었는가 하는 사정을 반영해 주는 것이리라 본다.

① 또 佛氏의 사원은 中外에 두루 가득하여 일반 백성으로 役을 도피하여 배불리 먹고 안일하게 사는 자가 몇 천만이 되는지 알지 못

---

76) 「頃刻征鞍不蹔停 自緣王命有嚴程 侵宵燈火扶頭起 盡日風塵眯眠行 到處民廬皆剝落 有時僧院過豐盈 邇來積弊俱爬去 一段唯餘塔廟營」 柳升旦, <書德豊縣公館> ≪東文選≫ 卷 13, 七言律詩.

77) 兪升旦은 仁同縣人으로 博識하고 古記에도 능한 지식인이었다. 그는 康宗과 太子때부터 가까웠으나 그가 강화로 追放되자 한때 官路에서 밀려나기도 하였다. 熙宗朝에는 深岳監務를 제수 받고 나가지 않은 강단을 보였다. 한때 尙書 朴仁碩의 집앞을 지나니 인석이 禮를 다해 대우하였는데, 사람들이 그 연고를 물으니 답하여 이르기를 "이 사람은 밤에 비치는 신기로운 구슬과 같다. 이런 이는 구해도 얻지 못할 인물인데 하물며 스스로 온 바에랴" 하였다고 한다. 이는 모두 지식인으로서의 그의 면모를 짐작케 하는 일면이다. ≪高麗史≫ 卷 102, 列傳15, 兪升旦傳 참조.

한다.78)
② (금강산)산중의 암자가 해마다 또 백 개씩 불어나고 있다. 그 가운데 큰 절로는 報德寺·表訓寺·長安寺와 같은 것이다 …(중략)… 백성이 도피하여 부역을 면하고자 하는 자 항상 수천 수만 명이 있어 편안히 앉아 배부르기를 기다린다.79)

물론 이같은 형태로 유입된 인구들이 모두 사원의 佃戶가 되지는 않았을 것이다. 丁口가 勞役을 회피하여 僧이 되고 있다거나80) 심지어 良民이 모두 머리깎고 僧이 되지 않도록 단속을 건의할 정도였을 뿐 아니라,81) 큰 佛事 때에는 流民들이 구름처럼 모이기도 하는 상황에서82) 이들을 모두 사원의 노동력으로 수용하기는 어려웠을 것이기 때문이다. 다만 제반의 생산수단을 구비하고 있는 사원으로서는 이런 기회에 최소한의 필요 인력을 확보하기도 하였을 것이며, 그럴 경우 사원토지의 경작민으로 활용되기도 하였을 가능성은 상정된다.

그러면 이러한 여건 속에서 투속된 사원의 전호들은 사원에 대하여 어떠한 부담을 지고 있었을까. 기본적으로 경작과 관련해서는 竝作半收의 형식을 취하지 않았을까 한다. 고려후기에는 竝作半收制가 만연하고 있었다. 이런 점은 이미 고려 초기부터 開墾을 통하여 그러할 가능성이 충분히 짐작되는 바이지만,83) 이 시기 豪强으로 표현되

---

78) 「且佛氏寺觀 周遍中外 齊民逃役 飽食逸居者 不知幾千萬焉」≪高麗史≫ 卷 74, 選擧2 學校 仁宗 8년 7月.
79) 「(金剛山)山中菴居歲增且百 其大寺則有報德·表訓·長安等寺 … (中略) … 逃其民避其徭 常有數千萬人 安坐待哺」≪新增東國輿地勝覽≫ 卷 47, 淮陽 都護府 金剛山.
80) ≪高麗史≫ 卷 84, 恭愍王 20년 12월 敎書.
81) ≪高麗史≫ 卷 115, 列傳28 李穡傳.
82) 「(恭愍王) 十八年 以公主忌晨 設會于演福寺 僧尼數千 施布八白匹 時水原道 饑 流民聞會坌集」≪高麗史≫ 卷 132, 列傳45 辛旽傳.

는 권세가의 부류들은 토지를 겸병하고서 병작반수를 행하고 있었던 것으로 보인다. 鄭道傳은 이 시기 竝作制의 실상을 다음과 같이 묘사하고 있다.

> 田制가 무너지면서부터 豪强한 자들이 토지를 겸병할 수 있게 되어 그들의 田畓은 둑이 이어져 있었으나, 가난한 사람들은 立錐의 땅도 없어 부자들의 토지를 借耕하면서 일년 내내 고생하여도 양식이 오히려 부족한데 부자들은 편안히 앉아서 농사짓지 않고 傭·佃人을 사역하여 수확의 반을 먹었다. 관에서는 팔장을 끼고 보고만 있어 그 利를 얻지 못한 民은 더욱 괴로와 지고 나라는 빈곤해 지니 限田·均田說이 나오게 되었다 …. 前朝의 田制는… 인민이 경작하는 것, 즉 스스로 開墾 소유하는 것을 허용하고, 관에서 간섭하지 않아서 노동력이 많은 자는 넓게 개간하였고, 세력이 강한자는 많이 소유하였으나 힘없고 약한 자들은 또 유력자를 좇아 토지를 빌려 경작하고서 그 소출을 반분하지 않으면 안되었다.[84]

이러한 사정은 寺院의 경우에서도 예외는 아니었을 것이다. 그러므로 이들 佃戶들은 수확량의 반을 地代로 사원에 납부하였을 것으로 본다. 이러한 지대는 당시에 널리 통용되어 그들이 사원의 전호로서 기본적으로 부담하는 것으로 받아들여졌을 것이다. 그러나 이들의 부담은 단순히 지대에만 그치지는 않았다. 경우에 따라서는 사원의 잡역에도 일정하게 참여해야 하였기 때문이다.

---

83) ≪高麗史≫ 卷 78, 食貨1 田制 租稅 光宗 24년.
84) 「自田制之壞 豪强得以兼幷 而富者田連阡陌 貧者無立錐之地 借耕富人之田 終歲勤苦而食反不足 富者 安坐不耕 役使傭佃之人 而食其太牛之入 公家拱手環視 而莫得其利 民益苦 而國益貧 於是限田均田之說興焉 … 前朝之制 … 而民之所耕 則廳其自墾自占 而官不之治 力多者墾之廣 勢强者占之多 而弱者 又從强有力者借之耕 分其所出之牛」≪三峯集≫ 卷 7, <朝鮮經國典> 賦典 經理.

당시의 농업생산력을 감안할 때 독립된 전호가 자력으로 자립적 영농을 기대하기 어려운 실정이었다. 그러다보니 자연 사원의 재화를 차용하고, 이에 따라 경제외적으로도 사원에 대하여 일정한 부담을 지는 경우도 허다하였을 것으로 보인다. 사원은 農牛와 農器具, 긴급할 때는 재정적 지원을 하는 등 여러가지 보조적 지원을 하였을 것으로 보인다. 그러나 그러한 지원이 경작민의 실질적인 재생산 기반으로 연결되지 못하는 한 사원에 예속된 처지에서 벗어나기는 어려웠을 것이다.

사원 전호들의 처지를 열악하게 하는 요소 가운데는 사원의 취식행위와 관련되는 것도 있었다. 寺院 借貸의 일차적 대상은 사원전에 糊口를 잇대고 있는 경작농민이었다. 이런 측면에서 일찍이 최승로가 지적한 바 있듯이[85] '佛寶錢穀'에 의한 殖利가 전호들의 생활을 어렵게 하는 경우도 발생할 수 있었을 것이다. 이와 관련해 고려후기에 僧들이 무뢰배를 거느리고 反同을 행하고 있는 사례들은 시사하는 바가 있는 것이다.[86] 이와같이 사원이 地主的 입장에서 전호들에게 사회경제적 강제를 요구할 경우, 그들의 처지는 더욱 열악하여 졌으리라 본다. 사원에 의한 고리대의 폐해와 같은 경우가 이에 해당할 것이다.[87] 그러므로 경우에 따라서는 채무관계에 의해 사원노비와 같이 신분적으로 하락되는 경우도 없지는 않았을 것으로 본다.

---

85) 「凡佛寶錢穀 諸寺僧人 各於州郡 差人句當 逐年息利 勞擾百姓」 ≪高麗史≫ 卷 93, 列傳6 崔承老傳.

86) 「加以遊手之僧 無賴之人 托爲佛事 冒受權勢書狀 干謁州郡 借民斗米尺布 斂以瓵石尋丈 號曰反同 徵如逋債 民以飢寒」 ≪高麗史節要≫ 卷 32, 辛禑 9년 8월.

87) 사원의 高利貸 活動에 대해서는 다음의 논문이 참고된다.
李相瑄, <高麗 寺院의 商行爲 考> ≪誠信史學≫ 9, 1991.
李炳熙, ≪高麗後期 寺院經濟의 硏究≫ 서울大學校 박사학위논문, 1992, pp.110~119.

한편 사원의 경제적 형편이 대외전쟁과 같은 중요 요인으로 어려운 시기에는 이들 경작민이 토지를 두고 떠나버리는 예도 종종 나타나고 있었다. 이러한 점은 다음의 詩에서 짐작해 볼 수 있다.

① 마을마다 모두 田地가 황폐했네 / 어느 집인들 수색하지 않으며 / 어느 곳인들 시끄럽지 않으랴 / 官의 稅도 면하기 어려운데 / 軍租를 어찌 덜겠는가 / 백성의 질고가 날로 심하니 / 피곤과 병은 언제 회복되랴.[88]

② 園頭로는 老僧 한명 뿐인데 / 풀을 베다 엎어져 한팔이 부러졌고 / 산초와 채소밭은 겨우 손바닥만 한데 / 풀 우거져 무릎까지 빠지지만 매는 사람없네 / 깊은 산골 장정은 4,5호 밖에 없는데 / 집도 제대로 못이고 쑥대는 마당에 가득하네 / 사내는 나가 농사짓고 여자는 방아찧고 / 어른할 일 아이한테도 미치네 / 열흘동안 부림을 당하다 하루 동안 쉬나니 / 어느 여가에 내 이익을 꾀할꼬 / 가을이 와도 쓸쓸히 거두는 것 없나니 / 다만 남의 밭에 나가 이삭 주울 뿐이네 / 매양 말하길 내년에는 더욱 심할 것이니 / 멀거나 가깝거나 이 절을 다시 안보리라 하네.[89]

위의 詩가 쓰여지던 때는 征東을 위한 몽골의 강압이 한층 고조되고, 寺院들이 더없는 고초를 경험하고 있던 시기였다. 각 도에서 僧徒들이 수백 명씩 징발되는가 하면,[90] 戰艦을 만드는데 僧錄이 주도

---

88) 「村村皆廢田 誰家非索爾 何處不騷然 官稅竟難免 軍租安可蠲 瘡痍唯日甚 疲瘵曷由疼」 沖止, ≪圓鑑錄≫ <嶺南艱苦狀二十四韻 －庚辰年造東征戰艦時作－> (≪韓國佛敎全書≫ 6, p.379).

89) 「園頭老僧只一個 薙草倒地折一臂 山椒菜圃小如掌 草深沒膝無人理 深村丁力四五戶 茅茨不完蓬滿地 男出耕耘女踏碓 長年力役到童稚 十日驅使一日休 奚暇仕家營自利 秋至蕭然無所穫 但向人田拾遺穗 每說明年必不堪 遠邇不復見茲寺」 沖止, ≪圓鑑錄≫ <鷄峯苦> (≪韓國佛敎全書≫ 6, p.393).

90) ≪高麗史≫ 卷 81, 兵志1 辛禑 3년 3월.

하는 가운데 많은 인원이 徵執되고 있었다.91) 그런데 이러한 사원의 부담은 이 시기 寺院田民의 처지와도 결코 무관하지는 않았을 것이다. 그러므로 상기의 詩는 이 시기의 노동력 동원과 자립성 저락으로 인해 사원전호가 流離해 가는 양상을 어느 정도는 반영하는 것으로 볼 수 있을 것이다. 사원에 따라 그 사정은 다르겠지만, 이 시기 대다수의 사원 전호들은 이러한 苦役을 경험하는 경우가 적지 않았을 것이다.

사원의 전호들은 고려사회의 불교적 성격과 더불어 그들의 신앙과 관련하여 信行共同體로서의 존재로도 나타날 수 있었을 것이다. 그들은 사원과 경제적 관계 뿐만 아니라, 지주 사원에 소속된 신앙인으로서의 존재이기도 하였을 가능성이 높기 때문이다. 그러므로 하급 僧徒나 향도와의 관련성도 전혀 배제할 수는 없을 것이다. 기왕에 先學들은 非僧非俗의 존재로 비춰지는 隨院僧徒와 같은 부류가 곧 전호의 성격이 짙을 것으로 추단했듯이,92) 이러한 부류의 성원들이 사원의 사역에 적극 동원되고 있었음은 결코 우연이 아닐 것이다.

비록 이들이 기록에는 전호로 명시된 바 없으나, 평시에는 사원의 토지를 차경하는 생산자층이면서도 石碑나 石物의 조성과 사원의 重・開修에 자발 혹은 동원에 의해 적극 참여하고 있음은 오히려 당연한 현상이었을 것으로 이해된다.93) 그러나 이들의 役이 강제적 성격

---

91) 《高麗史》 卷 113, 列傳26 崔瑩傳.
92) 이들을 寺院佃戶의 성격으로 보고있는 논고로는 다음과 같은 것들이 있다.
　　白南雲, 《朝鮮封建社會經濟史 上》, 改造社, 1937, p.838.
　　李基白, <高麗史 兵志譯註> 1969, p 69.
　　姜晉哲, 《高麗土地制度史硏究》 高麗大出版部, 1980, pp.155~156.
　　金潤坤, <麗代의 寺院田과 그 耕作農民> 《民族文化論叢》 2・3 輯, 1982, pp.177~178.
93) 隨院僧徒와 같은 사원의 노역 담당층에도 이같은 佃戶의 부류들이 있었을 것이지만, 《高麗史》 卷 81, 兵志1 兵制 肅宗 9년 12월조 참조. 이러한 石物

의 동원에 의한 것이라 할지라도 貢戶와 같은 처지에 비하면 다소 가벼운 부담이었으리라 본다.

2節 寺院奴婢

高麗時代의 寺院에는 많은 奴婢들이 소속되어 있었다. 이들은 여러 형태로 사원에 소속되어 각종 일을 담당하였으리라 생각된다. 사원 고유의 기능과 맞물린 각종 使令의 役은 물론, 사원이 需要로 하는 物品을 생산하기도 하며, 때로는 사원의 財政을 돕는 사업에도 일정 정도 역할을 수행하였으리라 믿어진다.

그러나 고려시대의 사원노비들은 사원이 소유한 土地와 밀접한 관련을 지니는 勞動力이라는 점이 주목된다. 그리고 이것은 12세기 이후의 시기에 있어서는 그 비중이 한층 높아진다고 생각되는 것이다.

주지하듯이 고려조에서 12세기를 기점으로 이후의 시기는 武臣執權과 元의 干涉이 상징하듯 계속된 정치권의 파행적 변화를 경험하고 있으며, 이와 더불어 農莊의 촉진, 身分秩序의 혼란 등 社會構造面에서 큰 변화가 나타나고 있었다.

지금까지 고려시대 寺院奴婢에 대한 관심은 주로 이 시기의 노비 혹은 寺院經濟의 이해라는 차원에서 부분적으로 언급되어 왔으며, 선

의 조성이나 寺院의 重開修와 같은 토목사업에는 필수적으로 이들 전호들이 참여하지 않을 수 없었을 것이다. 그런 의미에서 다음 자료의 내용 가운데 '隨願僧俗'에는 이들이 포함되어 있는 것으로 해석된다. 「太平七年歲次丁卯十二月 隨願僧俗等一千餘人乙 戶長柳瓊左徒副戶長承律右徒例 以分析爲彌日日以石運已畢爲」 <淨兜寺五層石塔造成形止記> 朝鮮總督府, ≪朝鮮古籍圖譜≫ 卷 6, 1918.

구적인 소수의 독립적 논고에 그치고 있어[94] 많은 부분이 아직 해명되어야 할 과제로 남아 있다고 생각된다.

예컨대 고려시기 사원노비에 대한 언급은 이제 奴婢 자체의 문제를 넘어서서 이 시기가 지니는 사회성격과 관련하여서도 언급되어야 할 것이며, 또한 이들의 構成範疇, 土地支配와 관련하여 갖는 역할, 社會經濟的 地位問題 등은 해결해야 할 중요한 과제가 될 것이다.

이제 본 절에서는 고려후기 사회에서 사원에 소속된 노비들이 土地의 支配와 밀접한 관련을 지니는 부류라는 점에 주목하여, 12세기 이후 두드러지는 民의 流亡과 사원노비와의 관련성을 정리하고, 寺院田의 지배와 관련하여 이들이 담당한 役割과 社會經濟的 處地에 대

---

94) 이에 대한 독립적 논고는 李載昌, 金世潤에 의해 다음과 같이 제출되었다.
　李載昌, <寺院奴婢考> ≪黃義敦先生 古稀紀念 史學論叢≫ 1960.
　金世潤, <高麗 寺院奴婢의 性格> ≪釜山女大史學≫ 창간호, 1983.
　寺院奴婢에 대하여 이들의 構成類型과 身分關係 등을 살피고 있는 李載昌의 논고는 비록 고려시대를 중심으로 살피고 있지는 않으나, 사원노비의 초기형태에 대하여 많은 시사점을 던져 주는 것이었다. 이에 의하면 寺院의 奴婢는 일반노비와 발생시기, 구성유형에서 차이가 있다고 보고있다. 즉 전자로는 주로 사원 창건이 활발하던 신라 法興王代를 기점으로 하고 있다는 것이고, 후자로는 일반 私奴婢의 轉化라는 형태로 이루어지고 있다는 점에서 다른 부류들과는 질적 차이가 있다는 것이다. 그리고 초기에는 그들의 수요가 극히 미소하여 王孫이나 신자들로 충분하였으나, 점차 그 수요가 커지자 公奴婢도 賜給되는 등 형태를 달리 하였다고 한다. 이것은 일반 노비가 罪人에게 科罰한다는 차원에서 그들의 신체적 자유를 박탈하면서 이루어지는 것과는 질적 차이를 보이는 것이라고 이해하였다. 물론 이같은 초기의 형태들이 고려조에 와서 여말까지 계속해서 일관될 수는 없을 것이라 생각되지만, 이상과 같은 氏의 논지는 사원노비가 지니는 초기의 신분적 성격을 이해하는데 있어서 시사하는 바가 크다할 것이다.
　한편 金世潤의 글은 고려시기의 사원노비에 대하여, 이들의 結婚·家庭·財産과 所屬寺院과 國家와의 관계를 중심으로 살피고 있다는 점에서 주목된다. 이에 의하면 사원노비는 결혼이 가능하였으며, 외거노비의 경우 가족의 공동생활이 가능하였다고 보았다. 그리고 그들은 소유재산을 처분할 수도 있었으며, 대개가 사원에 소속된 것이나 그들에게도 국가의 권력이 직접적으로 미쳤던 것으로 파악했다.

하여 살펴 보고자 한다.

1. 民의 流亡에 의한 寺院奴婢의 확대와 그 役割

12세기를 고비로 고려사회는 여러 면에서 변화를 겪게 되었다. 이전의 文班중심의 문벌귀족을 대신하여 다수의 寒微한 출신의 武人集團이 새로 정권을 장악하게 되면서 지방의 郡縣土姓이 전기에 비해 크게 중앙으로 진출하는가 하면,95) 元의 지배하에서는 附元勢力들이 발호하였고, 한편에서는 조선왕조 창건의 主役인 新進士類들이 대거 성장하는 시기였다.96)

또한 이 시기는 정치적으로 집권세력의 교체가 활발하였을 뿐 아니라 사회경제적 측면에서도 크게 변모되는 시기였다. 12세기 초엽 李資謙의 집권과 때를 같이하는 農莊의 形成과 만연은 그 후 무신정권의 수립과 元의 干涉期를 거치는 동안 점차 일반화 되어 마침내 그 규모가 '彌州跨郡'이라고 표현될 정도였다.97) 또 이 가운데서도 생산력의 발전이 꾸준하여 생산관계에서도 적지않은 변화가 나타나고 있었다.98)

---

95) 李樹健, <高麗後期 支配勢力과 土姓> ≪韓國中世社會史研究≫ 일조각, 1984, pp. 336~345.
96) 金潤坤, <新興士大夫의 擡頭> ≪한국사≫ 8, 1973.
97) 이러한 농장관계 연구는 다음의 논고들이 참고된다.
周藤吉之, <麗末鮮初に於ける農莊に就いて> ≪青丘學叢≫ 17, 1934.
宋炳基, <高麗時代의 農莊> ≪韓國史研究≫ 3, 1969.
姜晋哲, <田柴科體制의 崩壞> ≪高麗土地制度史研究≫ 高麗大學校 出版部, 1980.
_____, <高麗의 權力型 農莊에 대하여> ≪韓國中世土地所有研究≫ 一潮閣, 1989.
98) 이것은 田品等制法이 확인된 문종 8년 이후 結負法의 성격이 나타나는 13

이러한 변화의 소용돌이 속에 우리의 관심을 끄는 것은 이 시기 民의 動向이라 하겠다. 이들 중에는 당시의 모순구조에 대항하여 대대적인 저항운동을 벌이기도 하였지만,99) 이러한 가운데 상당수는 당시 경제수단을 독점하다시피 한 權門의 農莊으로 歸屬되었고100) 또 다른 부류는 당시 경제적으로 뿐만 아니라 종교적으로도 歸依處가 되었던 사원으로 투탁하고 있었는데,101) 여기서 주목되는 것은 이들 중 상당수가 신분적으로 저락하면서까지 사원에 소속되고 있었다는 점이다.

세기말엽에 이르는 사이에 休閑農法에서 連作·常耕농법으로의 전환을 겪었다는 점에서 짐작되고 있거니와, 이에 덧붙여 施肥術의 발전과 新種子의 출현, 水理施設의 확충과 연해안 저습지의 개발 등 여러 측면에서 확인되고 있다. 다음의 글들이 참고된다.
李泰鎭, <畦田考> ≪韓國社會史研究≫ 知識産業社, 1986.
金容燮, <高麗時代의 量田制> ≪東方學志≫ 16, 1975.
姜晉哲, <田結制의 問題> ≪高麗土地制度史研究≫ 高麗大學校 出版部, 1980.
魏恩淑, <12세기 農業技術의 발전> ≪釜大史學≫ 12, 1988.

99) 이러한 농민항쟁의 배경에 관해서는 다음의 글이 참고된다.
朴宗基, <12·13세기 農民抗爭의 原因에 대한 考察> ≪東方學志≫ 69, 1990.

100) 林英正, <麗末 農莊人口에 대한 一考察> ≪東國史學≫ 13, 1976.
裵象鉉, <高麗後期 農莊奴婢의 形成과 社會經濟的 地位> ≪慶南史學≫ 5집, 1991.

101) 경제적 측면외에 당시 民들이 신앙적인 차원에서 사원에 投托하는 것이 용이하였을 것이리라는 추측은 다음과 같은 이유에서 가능하지 않을까 한다. 그 하나는 醫療의 기능과 관련되는 것이다. 이는 불교의 수용과정에서, 그리고 醫僧이 널리 존재하는 데서도 알 수 있다. 물론 이들의 醫術에는 다분히 神秘化된 표현으로 나타나는 경우도 많으나 실제로 치료하는 경우도 상당히 많았던 것이다. 孫洪烈, <高麗時代의 醫療制度> ≪韓國中世의 醫療制度研究≫ 수서원, 1988, pp.154~158. 다른 하나는 葬禮와 祭禮에서의 용이성이다. 장례와 제례는 당시 民들의 생애에서 사원이나 승려와 가장 밀접한 관계를 가지게 되는 계기가 되었을 것이기 때문이다. 許興植, <佛教와 融合된 社會構造> ≪高麗佛教史研究≫ 일조각, pp.23~25.

두루 알려져있듯이 고려의 신분제는 良賤制를 원칙으로 한 것이었다. 그것은 崔承老의 上書中에 本朝의 良賤之法이 그 由來가 오래되었다는 얘기가 나옴으로도 알 수 있거니와, 또한 父와 母의 어느 한 쪽이 賤身分이면 자식은 모두 천신분이 된다는 이른바 一賤則賤의 원칙102) 역시 이러한 신분질서를 수립하려는 고려정부의 의지를 반영하는 것이었다.

그런데 이러한 고려의 신분제는 생산수단인 土地의 소유 지배와도 밀접한 관련을 가지는 것이었다. 그러므로 고려후기 신분제 변동의 동인으로 이러한 점이 고려되어야 할 것이다.103)

고려후기 신분제의 변화는 기본적으로 12세기 이후 그동안 지탱하였던 土地分給制가 모순을 드러낸데서 그 원인을 찾을 수 있다. 그것은 우선 이 시기 良人身分層의 기축을 이루고 있는 白丁層의 分化가 급격하게 나타나고 있는 점에 유의해 볼 필요가 있다. 원래 이들은 토지소유에 기초한 국가의 差役 대상이었다. 그러나 이제 이 시기에 이르면 토지분급제 자체가 지니는 근본적 모순 뿐 아니라 생산력의 발달 등 각종의 요인에 의해, 이들에 대한 국가의 役부과가 현실적으로 불가능한 양상으로 치닫고 있었다. 이것은 곧 고려 신분제의 골격이 근본적으로 무너져 내리고 있음을 반영하는 것이라 할 수 있다. 다음의 사료가 참고된다

① (예종) 4年 判하기를, 神步班에 속한 白丁으로서 內外 친족의 田地를 받고자 하는 자는 비록 그 토지가 다른 곳에 있더라도 이름이

---

102) 《高麗史》卷 85, 刑法2 奴婢.
103) 토지소유에 기초한 고려시대 신분제의 운영원리에 대해서는 다음의 글이 구체적으로 언급하고 있어 참고된다.
　　朴宗基, <高麗 部曲人의 身分과 身分制의 運營原理> 《韓國學論叢》 13집, 1990.

本邑에 속하였으면 토지를 주되, 樂工과 절도를 범한 자와 良賤의 분간이 어려운 자에 대해서는 주지 않기로 한다.104)
② 명종 18년 3월에 制를 내리기를, "각 지역의 부강한 양반이 빈약한 백성이 빌린 것을 갚지 않는다고 하여, (백성의) 예로부터 전해 내려오는 정전(古來丁田)을 강제로 빼앗으니, 이로 인하여(백성은) 생업을 잃고 더욱 가난해 진다. 부호로 하여금 겸병이나 침할하지 못하게 하고, 그 정전은 원래의 주인에게 돌려 주도록 하라" 하였다.105)
③ (충렬왕) 9년 3월 重房에서 散職·學生·白丁 등을 조사하여 東征軍에 충당하니, 그들 중에는 이따금 家財를 거두어 가지고 도망하는 자들이 있으므로 重房에서 왕에게 청하여 (그들의) 田丁을 빼앗아서 從軍者에게 주고, 도망치는 것을 고발하지 않은 이웃 사람에게는 白金 한 斤을 받아내고, 자기 집에 숨긴 자는 두 斤을 받아 내었다.106)

①에서는 神步班을 편성하면서 토지가 없는 백정에게 친족의 토지를 대체지급하는 예가 나타나고 있음을 보이고 있고, 이제 ②는 무엇보다도 빈약한 백성들이 債務 때문에 古來의 丁田이 탈점되어 그 業을 잃었다 하고 있는 것이다. 이는 ③의 사료와 더불어 국가의 역제 편성이 불가능하였다는 사실과 함께 그러한 변화의 요인을 짐작케

---

104) 「(睿宗)四年判 神步班屬諸白丁 願受內外族親田地者 田雖在他邑 名隷本邑者 許令充補 樂工及犯奸盜者 良賤未辨者 勿許」≪高麗史≫ 卷 81, 兵1 五軍.
105) 「明宗十八年三月 下制 各處富强兩班 以貧弱百姓 賖貸未還 劫奪古來丁田 因此失業益貧 勿使富戶 兼幷侵割 其丁田 各還本主」≪高麗史≫ 卷 79, 食貨2 借貸.
106) 「(忠烈王)九年三月 重房調散職學生白丁 充東征軍 往往有徹屋而逃重房請奪田丁 以與從軍者 四隣不告 徵白金一斤 舍匿者二斤」≪高麗史≫ 卷 81, 兵1 五軍.

하는 것이다. ③은 忠烈王때 東征軍을 편성하는데 가재를 걷어 도망가는 자가 많았던 모양으로, 이 경우 그들의 田丁을 뺏아 충원된 從軍者 백정에게 대신 지급하도록 한 것을 알 수 있는 것이다.

이러한 사실들은 곧 12세기를 거쳐 13세기에 이르러 다수의 양인들이 과중한 부담으로 인해 役을 이탈함과 동시에 토지소유에 있어서도 중요한 변화를 초래하고 있음을 확인할 수 있게 하는 것이다.107) 그리고 이러한 실정 아래에서 농민이 처한 형편은 다음과 같은 것이었다.

> ① 혹 농부의 火耕으로 생명을 태워 죽여 시절에 순응하여 만물을 기르는 뜻에 어그러짐이 있으니, 천지의 和氣를 상하는 것이다. 일체를 禁斷하고 어기는 자는 治罪하라.108)
> ② (인종 6년 3월에 詔하기를) 지금 수령들이 거두어 들이는 것으로 이익을 삼는자가 많으며 근검하고 民을 보살피는 자가 드물어 창고는 텅 비고 민들은 곤궁하다. 거기에 더하여 민에게 力役을 부과하니 手足을 둘 곳이 없어 일어나 서로 모여 盜賊이 되고 있다.109)

---

107) 특히 12세기 이후 농민항쟁이 격렬하게 전개된 이유도 이러한 가운데 役制의 인위적인 편성과 밀접한 관련을 지니는 것으로 이해된다. 이후에 나타나고 있는 所나 部曲의 해체도 광범위한 정역 부담층의 역제편성의 이탈을 의미하는 것이며, 이것은 곧 役을 매개로 운영되었던 신분제의 종말을 예고하는 것이라고 하겠다. 明宗 6년의 공주 명학소민의 봉기도 이러한 배경하에 이해될 수 있을 것이다. 다음의 논고가 참고된다.
朴宗基, <部曲制의 變質> ≪高麗時代 部曲制硏究≫ 서울大學校 出版部, 1990.
李貞信, <高麗時代 公州鳴鶴所民의 蜂起에 대한 一硏究> ≪韓國史硏究≫ 61·62, 1988.

108) 「或農夫火耕 延燒物命 有乖對時育物之義 足傷天地之和 一切禁斷違者 罪之」 ≪高麗史節要≫ 卷 7, 睿宗 2年 3月.

109) 「今守令多以聚斂爲利 鮮有勤儉撫民 倉庾空虛 黎庶窮饋 加之以力役民 無

③ 公·私의 조세는 모두 백성에게서 나오는데, 백성이 곤궁하게 되면 …… 세력있는 집의 종과 하인 등이 田租를 다투어 징수하니 …… 세력있는 집으로 하여금 백성의 家産을 탕진 시키지 못하게 하소서.110)

糊口之策으로 火田民이 되기도 하고, 심지어 무리를 지어 盜賊으로 변하기도 하였는데, 여기에 반복된 田租의 징수로 인하여 民産을 破하는 경우도 속출하였던 것이다. 곧 이와 같은 상황하에서 대다수 民들의 사정은 流亡의 형태를 취하지 않을 수 없었으며, 실제 그렇게 나타나고 있었다는 사실이다. 물론 거기에는 그대로 더 이상 견딜 수 없었던 민의 처지가 반영된 것이라 하겠다. 다음은 당시의 유망이 얼마나 많았으며, 또 그 원인이 어디에 있는가를 시사해 주는 기사이다.

지금 여러 道·州·郡의 司牧으로 청렴하여 (백성을) 근심하고 구휼하는 자는 열에 하나 둘도 없고, 利를 부러워 하고 명예를 구하여 大體를 손상함이 있다. 뇌물을 좋아하고 자기 이익만을 꾀하여 백성에게 해를 끼쳐, 流離하여 도망하는 백성이 서로 이어 열 집에 아홉은 비었다고 한다. 짐은 심히 마음 아프다. 마땅히 명망있는 신하를 보내어 郡·縣을 순시하고 수령의 성적을 조사하여 아뢰라.111)

물론 다소 과장된 듯한 느낌도 없지 않으나 그 정도가 대단히 심

所借手足 起而相聚爲盜賊」≪高麗史≫ 卷 33, 食貨2 農桑 仁宗 6年.

110)「公私租賦 皆由民出 民苟困竭 …勢家奴㒵等 爭田租 反復徵償 …毋令勢家破民産」≪高麗史節要≫ 卷 13, 明宗 26年 5月 崔忠獻 封事.

111)「(睿宗卽位年)敎曰… 今諸道州郡司牧 淸廉憂恤者十無一二 慕利釣名 有傷大體 好賄營私 殘害生民 流亡相繼 十室九空 朕甚痛焉 宜遣名臣 巡行郡縣 考守令殿最 以聞」≪高麗史節要≫ 卷 7, 睿宗 卽位年 下敎.

했으며, 그 원인이 중앙귀족과 연결된 地方權貴들의 부당한 수취와 무관하지 않았음을 보여준다. 在地鄕吏들의 가렴주구는 이들 농민들의 생활을 직접적으로 궁지에 몰아 넣는 원인이 되었던 것으로 보인다.

이러한 문제는 武臣政權이 수립된 후 정치·경제·사회 전반의 혼란이 가중되고, 30餘年 間의 麗蒙戰爭을 치르고 난 이후 元의 干涉期에 들어서서 더욱 심각하였다.[112] 나라에서는 이러한 문제를 해결하기 위해 監務를 파견하기도 하고,[113] 陳田을 개간하도록 하는 등 安集策을 취하였다.[114] 그러나 이러한 와중에도 일부는 고려의 지배력이 미치지 않는 慈悲嶺 以北과 鐵嶺 以北으로 逃散하거나, 만주의 遼陽과 瀋陽·北京·開原路·東眞 등지의 이국땅으로 흘러 들어가는 예가 속출하였던 것을 보면[115] 이같은 노력은 그 성과를 기대하기가 어려웠던 것이다.

그리고 이들 중의 상당수가 이른바 '壓良爲賤' '認民爲隷'의 형식을 통해 權勢之家 내지는 寺院으로 투탁하고 있었던 것이다. 그러면 여기서 당시 사원과 관련된 이들 人口의 동향을 언급해 보기로 하자. 먼저 고려후기에 와서 이들 사원노비들은 어떠한 부류들로 구성되고 있었을까.

물론 이 시기에 있어서도 이전부터 계속해서 사원의 使令에 종사해 온 부류들, 즉 국가나 왕실로부터 지급받은 부류들과 일반 개인의

---

112) 이 시기 民의 動向에 관해서는 다음의 논문이 참고된다.
  신안식, <대몽항쟁기 민의 동향> ≪역사와 현실≫ 제 7호, 1992.
  김순자, <원간섭기 민의 동향> 위와 같은 책.
113) 元昌愛, <高麗 中·後期 監務增置와 地方制度의 變遷> ≪淸溪史學≫ 1, 1984.
114) 박경안, <高麗後期의 陳田開墾과 賜田> ≪學林≫ 7, 1985.
115) 梁元錫, <麗末의 流民問題> ≪李丙燾博士華甲紀念論叢≫ 1956, p. 293.

信心에 의한 施納의 경우가 상당수를 점하였을 것임에는 틀림이 없을 것이다.116)

그러나 이 시기에 와서 주목되는 것은 이른바 寄進·投托의 형태를 띠었으나 상당수가 당시 사원의 적극적인 招民策에 의해서 이루어지고 있다는 사실이다. 이러한 가운데 '壓良爲賤', '認民爲隷'라는 표현이 나타나고 있는 것이다. 그리고 이들이야말로 고려후기 사원노비의 새로운 부류를 이루지 않았나 생각되는 것이다.117)

주지하듯이 12세기를 전후하여 고려사회가 커다란 변화를 겪고 있는 가운데 사원에서는 확대된 토지와 관련하여 耕作民을 확보하려는 노력을 계속한 것으로 보인다.

이러한 토지의 확대 과정에서는 賜牌를 받는 경우도 있었지만, 이를 빙자하여 주인이 있는 토지는 물론이고 심지어 兩班의 토지까지 奪占하였다고 하니 그 정도를 짐작할 수 있겠다.118) 다음의 내용은 비록 그 주체가 '豪强之家'이기는 하나 토지의 확대와 더불어 다소 무리한 방법까지 동원하여 이를 경작할 인원을 招集하는 양상들을 보여주고 있다.

　　근래 기강이 크게 무너져 탐오가 유행처럼 되어 宗廟·學校·倉庫

---

116) 이와 같은 초기의 사원노비의 類型에 관해서는 註 78)의 李載昌氏의 견해가 참고된다.
117) 役을 피하여 사원에 投托하는 경우는 이전에도 있었다. 이들이 역을 피해 寺院에 투탁하는 예는 진작 11세기 중엽부터 나타나고 있었다. 시기가 흐를수록 더욱 많은 실례를 찾을 수 있겠지만 「今有避役之徒 托號沙門」(《高麗史節要》 卷 4, 文宗 10年 9月)이라 하여 이미 文宗代 부터 役을 피해 사문에 투탁하는 사례가 있음을 보여주고 있다. 이는 결국 사원에투탁하는 것이 보편적으로 행해지고 있음을 반영하는 것이다.
118) 《高麗史》 卷 78, 食貨1 經理 忠烈王 11년 3月 및 《高麗史》 卷 84, 刑法1 職制 忠烈王 24년 忠宣王 卽位年 正月 참조.

·寺社, 그리고 祿田·軍須田 및 나라의 世業田民을 거의 豪强한 집안에서 빼앗아 점유하였다. (그들은) 혹 반환하라는 판결을 받고도 의연히 가지고 있거나, 혹 良人을 예속된 노비로 인정하고 있다(認民爲隷). 그리고 각 州縣의 驛吏, 官奴, 백성으로서 役을 도피한 자들을 온통 은닉시켜 크게 農莊을 차리고 있다.119)

이에 의하면 상당히 많은 인원이 초집되고 있고, 이들 가운데는 신분적 전락을 감수하고 있는 경우도 있음을 알 수 있다. 물론 이들이 '人民爲隷'하였다고 해서 이들이 모두 奴婢로 전락하였다고 보기는 어렵다. 그러나 적어도 경제적으로 압박을 받고 있던 상당수의 인원들이 그들의 실제적 이익을 위하여 사원의 예속민으로 轉化된 것은 사실일 것이다. 그러면 이들이 과연 신분적인 전락까지 감내하면서 어떻게 노비의 신분으로 전화할 수 있었겠느냐에 관심이 집중될 수밖에 없다.

앞에서 언급한대로 고려조의 身分制는 良賤制를 바탕으로 성립된 것이었다. 그런데 人口를 良人과 賤人의 두 범주로 파악하는 방식은 奴婢制의 존재에 의해 가능하였다고 해도 좋을 것이다. 여기서 '賤'이라고 하면 그 수나 인식에 있어서 대부분 奴婢를 의미하였다. 양천제에 있어서 양인은 천인을 제외한 잔여계층의 범주를 의미하는 것도 이같은 까닭이다. 이것의 초점은 양인과 천인을 사회적으로 구별해 둠으로써 천인층을 사회적으로 고립시켜 그 존재를 명확히 부각시키려는 의도가 깔려 있었다. 따라서 이 제도의 유지는 良賤間의 社會移動을 제한함으로써 가능하였다. 노비의 양인화를 규제하고, 양인의 천인화를 부정하는 것은 모두 이러한 신분제를 제도적으로 뒷받

---

119) 「比來紀綱大壞 貪墨成風 宗廟學校倉庫寺社祿田軍須田 及國人世業田民 豪强之家 奪占幾盡 或已決仍執 或認民爲隷 州縣驛吏官奴 百姓之逃役者 悉皆隱漏 大置農莊」≪高麗史≫ 卷 132, 列傳 45 辛旽傳.

침하기 위함이었다.120)

그런데 양인의 奴婢化는 양천제 자체에 대해서는 그다지 위협적인 요소가 아니었다. 다만 國役의 담당층이 私民化 내지는 노비화 된다면, 이것은 國益의 차원에서 바람직스럽지 못하였던 것이다. 그래서 비록 양인이 스스로 노비가 될 의사가 있다고 하더라도 제도적 차원에서는 용납될 수 없는 것이었다.

그러나 현실에 있어서는 壓良爲賤이 적지않게 행해짐으로써 국가적으로도 이를 묵인하지 않을 수 없는 상황에까지 이르는 경우가 종종 있었던 것 같다. 이는 곧 고려후기에 다수의 양인들이 사원의 노비로 化할 수 있었음을 방증하는 것이기도 하다.

   都僉議使司가 왕에게 건의 하기를, "흉년으로 餓莩者가 매우 많으나 이를 구제하여 살릴 방도가 없습니다. 良人으로 스스로 먹고 살지 못하는 자는 부유한 사람으로 하여금 먹이게 하되 그 몸만을 사역케 하고, 노비를 둔 사람이 능히 먹이지 못하는 자가 있으면, 그 노비를 먹이는 자가 영구히 奴婢로 삼게 하소서" 하니, 王은 그것이 백성을 노비로 삼는 것을 인정하는 것이라 싫어하여 그 啓를 불 태웠다.121)

도첨의사사가 흉년으로 餓死者가 심히 많으나 賑恤하여 살릴 방도

---

120) 조선초기의 경우이긴 하나 다음의 글들은 이러한 良賤制 운영의 내면에 대하여 시사하는 바 많다.
 鄭鉉在, <朝鮮初期의 奴婢免賤> ≪慶北史學≫ 5집, 1982.
 池承鐘, <朝鮮前期의 投托과 壓良爲賤> ≪한국사회의 신분계급과 사회변동≫ 문학과지성사, 1987.
121) 「都僉議使司 啓曰 凶年 餓莩甚多 無以賑活 良人不能自食者 令富人食而役止其身 人有奴婢而不能養 令食之者永以爲奴婢 王惡其認民爲隷 焚其書」 ≪高麗史≫ 卷39, 世家 恭愍王 10年 5月 甲戌.

가 없어 궁리하던 중 富人으로 하여금 먹이게 하고 使役은 그 一身에만 그치게 하자고 건의하니, 왕은 이는 사실상 民을 奴婢로 삼음을 認定하는 것이라 싫어하여 그 文書를 불태웠다는 내용이다.

그러나 이것이 비록 왕의 재가를 받지는 못하였지만, 위 기사가 반영하는 내용은 강제가 아닌 자발적인 투탁의 형태로 양인의 노비화가 얼마든지 나타날 수 있음을 반영하고 있다. 이같은 신분적 하강이동이 강제가 아닌 자발적 형태로 이루어지는 것은, 당사자로서는 이를 통한 실질적 이득이 있었기 때문으로 이해된다. 이 때 천신분이 되는 당사자들은 이를 통하여 避役을 도모함으로써 그들의 현실적 이익을 도모하였을 것이다. 그리고 이들의 투탁처가 사원이었을 경우, 그들은 새로이 사원노비로의 길을 걸었을 것으로 보여진다. 이같은 가능성은 국가가 이것을 범죄로 규정하고 무거운 처벌을 가하는 상황속에서도 조선전기까지 계속되는 것으로 보아 단속하는 것이 결코 쉽지 않았음을 짐작케 한다.122)

한편 이와는 다른 형태로, 노비들이 本主를 바꾸는 형태로 사원에 귀속하는 경우도 적지 않았다. 말하자면 이들 노비들은 본주를 바꿈으로써 신분상의 수평이동을 모색하였다고 보여진다. 앞서 언급된 자료대로 이들 중에는 官에 소속된 이들도 있었겠지만123) 일반 私奴婢의 경우는 오히려 더욱 많았을 것이다.

그런데 이러한 신분적 이동의 이면에는 현실적으로 몸을 맡기는 당사자나 이를 받아들이는 자 모두 노비가 되거나 노비를 받아들이려는 인식을 지니고 있어야만 가능한 일이었다. 이런 점에서도 고려후기는 조건을 구비하고 있었다. 鄭道傳의 다음과 같은 언급은 이와

---

122) 池承鐘, <朝鮮前期의 投托과 壓良爲賤> ≪한국사회의 신분계급과 사회변동≫ 문학과지성사, 1987.
123) ≪高麗史≫ 卷 132, 列傳 45 辛旽傳.

第 4 章 寺院田의 耕作民   173

관련하여 주목되는 내용이라 하겠다.

  前朝 말기에는 백성들의 재산을 다스릴 줄 몰랐다. 조세를 경감하면서 백성을 기르는 방도를 잃자 인구가 늘어나지 못하였고, 백성을 편안하게 하는 방도를 갖지 못하자 더러는 굶주림과 추위에 죽기도 하였다. 戶口는 나날이 줄어들고 남은 사람들은 賦役의 번거로움을 견디지 못하여 豪富의 집에 꺾이어 들어 가기도 하고 權勢家에 의탁하기도 하였다. 그 밖에 혹 工業이나 商業에 종사하기도 하고 혹은 도망하여 僧이 되기도 하여서 전 인구의 5, 6할이 호적에서 이미 빠져 나갔으며, 公·私奴婢나 寺院의 奴婢가 된 사람은 또한 그 수효에 포함되지도 않았었다.124)

 이미 고려후기에 戶口의 감축과 '貧益貧 富益富'의 양상이 극심하였음은 주지의 사실이지만,125) 이제 앞의 내용은 양인 농민이 신분적으로 하강하여 사원의 노비로 轉化하고 있음을 나타내고 있는 것이다. 곧 豪富家 및 사원에 投托하거나 工商으로 轉業하여 籍을 잃은 농민이 5~60%에 이르고 있는데, 사원의 노비가 된 자는 이에 포함되어 있지도 않음을 강조하고 있는 것이다. 이를 보면 상당수의 일반 양인들이 사원소속의 노비신분으로 전락하고 있음을 알 수 있는 것이다.

---

124) 「前朝之季 不知制民之産 休養失其道 以生齒不息 安集無其方 而或死於飢寒 戶口日就於耗損 其有見存者 不勝賦役之煩 折而入於豪强之家 托於權要之勢 惑作工商 或逃浮圖 固已失其十五六 而其爲公私寺院之奴婢者 亦不在其數焉」≪三峰集≫ 卷 13, <朝鮮經國典> 上, 版籍.
125) 이러한 점은 다음 기사가 잘 묘사하고 있다.
 「(辛禑)十四年八月 大司憲趙浚上疏曰 近來 戶籍法壞 守令不知其州之戶口 按廉不知一道之戶口 當徵發之際 鄕吏欺蔽 招納賄賂 富壯免而貧弱行 貧弱之戶不堪其苦而逃 則富壯之戶 代受其苦 亦貧弱而逃矣」≪高麗史≫ 卷 79, 食貨 2 戶口.

물론 이같은 사정의 배경에는 무신집권과, 麗蒙戰爭을 겪은 후 荒廢化된 국토와, 耕作地의 激減이라는 현실이 자리하고 있는 것이지만 당시 民들이 糊口之策으로, 혹은 힘에 겨운 役의 부담에서 이탈하여 새로운 활로를 찾고자 하였던 여망이 반영된 것이라 할 것이다.[126]

그러나 이와는 성격을 달리하여 사원의 적극적 招集策이 지나쳐 강제로 이들을 끌어들이는 경우도 없지 않았던 것 같다. 잘 알려진대로 帝釋院 奴의 경우와 桐華寺主의 暴擧는 이를 대변해 주고 있다.

① 初貞和宮主兄僧 住桐華寺 冒良人爲隷 蕃至千數百戶[127]
② (全)英甫嘗壓良人一百六十人爲賤[128]

이상에서와 같이 고려후기에 와서 사원소속의 노비에 새로운 부류들이 편입되고 있음을 확인할 수 있다. 그리고 이것은 12세기 이후 民의 동향과 기층사회의 변화를 나타내고 있는 예가 될 것이며, 이런 가운데 寺院奴婢는 수적으로 擴大의 양상을 보였으리라 생각된다.

앞에서 살핀대로 고려시대의 사원소속 노비들은 다양한 유형을 이루고 있었다. 이를 몇 가지로 분류해 보면 사원이 본래부터 소유하고 있었던 노비, 王이 사원에 田地를 賜給할 때 부가하여 급여한 노비, 귀족이나 일반 양인이 信心에서 시납한 노비, 그리고 특히 12세기 이후 많이 나타나고 있는 양인이 투탁하여 된 노비, 사원에서 양인을

---

126) 물론 이들이 모두 노비화 하였다는 것은 아니다. 仁宗代 국자감의 학생들이 올린 상소(「(仁宗 8年 7月)國子諸生 詣闕上書曰 …(中略)… 且佛氏寺觀 周遍中外 齊民逃 役 飽食逸居者 不知幾千萬焉」≪高麗史≫ 卷 74, 選擧2 學校)에 나오는 바와 같이「役을 避하여 배 부르게 먹고 편하게 살고 있는자」들은 분명 이와는 다른 부류에 속한다 할 것이다.
127) ≪高麗史≫ 卷 91, 列傳4 江陽君滋 附 丹陽府院君 珛傳.
128) ≪高麗史≫ 卷 124, 列傳37 全英甫傳.

冒占하여 예속화한 노비로 나눌 수 있다. 이리하여 고려 후기에 이르러서 사원은 막대한 수의 노비들을 소유하고 있었다고 보여진다.129)

그러면 이렇게 많은 노비들이 佛道修業의 道場인 사원에 왜 필요하였을까. 곧 이들은 주로 어떠한 일에 종사하였을까. 물론 이들이 종사한 일에는 사원고유의 기능과 맞물린 使令, 사원이 수요로 하는 수공업품의 생산 등 소규모의 일에도 종사하였을 것이다. 그러나 이제 사원의 토지집적이 두드러지는 고려후기에 있어서는 이런 소규모의 일에만 종사하였다기 보다는 훨씬 많은 비중이 당시 사원경제의 주축을 이루고 있던 토지의 지배와 관련된 역에 종사하였을 것이다.

주지하듯이 고려시대의 사원은 기본적으로 적지않은 토지를 소유하고 있었지만, 이제 후기에 접어들어서는 田柴科의 붕괴를 배경으로 施納과 賜給 이외에 특히 사원 스스로에 의한 奪占 등의 적극적인 방법에 의해 土地를 集中시키는 양상을 보이고 있으며, 이에 따라 그 지배의 방법에서도 상당부분 변화를 가져오고 있었다.130) 물론 이러한 변화는 기본적으로 이 시기 불교계 전반의 사정과 밀접히 연관되어 있는 것이겠으나,131) 토지자체만 하더라도 그 노동력을 둘러싼 문

---

129) 이들 인원을 추산해 내는 것은 현실적으로 어려움이 있다. 그러나 대체로 朝鮮 太宗代의 革去寺社로 인한 屬公노비의 수자가 8萬 餘口였던 점을 감안 하면 최소한의 인원은 짐작해 볼 수 있다. ≪太宗實錄≫ 卷 30, 太宗 15年 8月 癸巳.

130) 이러한 배경에서 이루어진 사원전은 엄밀히 말해 그 기본적 구조가 크게 所有地와 收租地로 나누어 질 수 있을 것이지만, 후기의 사원전은 주로 所有的 支配가 이루어 졌다고 보여진다. 또 수조지로 보이는 일정정도의 토지도 사실상 소유적 지배가 가능한 것이어서 그 구조가 重層的이었던 것이다. 이것은 사원전의 구조가 12세기를 전후한 시기 이후 제반의 사회경제적 여건의 변화 속에서 점차 변질되고 있음을 의미한다. 裵象鉉, <앞의 논문> 1992, 참고.

131) 이 시기 佛敎界의 動向은 기존의 保守門閥들과 밀착해 있던 세력들이

제가 중요하게 자리하고 있었다 보여진다. 이는 대표적으로 사원에 소속된 奴婢를 두고도 전개되고 있었다. 이들 사원노비들의 중요한 역할이 寺院田의 支配와도 직결되어 있었기 때문이다. 다음의 내용은 사원 고유의 기능과 더불어 노비가 왜 지급되고 있는 지를 잘 드러내고 있다.

> 동쪽으로 전파된 佛敎의 바람이 사뭇 盛하게 되니, 이러한 까닭으로 국가는 널리 寺院을 세워 僧을 안치하게 되었고, 玄妙한 이치를 탐구하고 계율을 지키는 시골 僧侶로 하여금 거처함에 편안케 함은 물론 王家에 손노릇하는 승려들도 편히 머무르게 하려 하였다. 이에 田莊을 나누어 주고 각각 奴僕을 주었던 것이다.132)

곧 승려들의 본분이란 오로지 오묘한 진리를 찾고 戒를 지키며 精進하는 것인 만큼 잡역에 얽매임 없이 거처함에 불편이 없게한다는 취지에서 田莊과 더불어 奴婢가 지급되었음을 알 수 있다. 이렇게 보면 여기 지급된 노비들의 역할가운데는 각종 잡역이 포함되어 있었을 것이다. 그러나 이들이 田莊과 함께 지급되고 있음으로 보아 이들은 잡역 못지않게 경작에 종사해야 하였음도 알 수 있다. 또 이것은

武臣 執權者들에 의해 排除되어 가는 한편으로, 새로운 사원들이 부상하면서 13세기를 전후한 시기의 信仰結社 운동 등의 전개로 나타났다. 이것은 그 主導勢力 및 構成員에서 적지않은 변화가 있었음을 의미하며, 사원이 중앙집권적인 교단체제에 대해 점차 個別化·獨自化 되어 간다는 것을 의미하는 것이었다.
　　蔡尙植, <高麗後期 佛敎史의 展開樣相과 그 傾向> ≪歷史敎育≫ 35, 1984 ; ≪高麗後期佛敎史硏究≫ 一潮閣, 1991.
　　許興植, <高麗後期 佛敎界의 變動> ≪高麗佛敎史硏究≫ 一潮閣, 1986.
132)「東漸之釋風滋盛 所以國家廣開蓮宇 安置桑門 欲使探玄護戒之鄕僧 居而穩 便向化賓王之法侶 住以安排 乃令量給田莊 各充奴僕」≪東文選≫ 卷 23, 崔洪胤 勸誡諸寺院三剛司存敎書.

그들의 노동에서 가장 큰 비중을 차지한 것이 될 것이다. 따라서 이들 노비들은 사살상 승려에 속했다기 보다는 오히려 사원의 土地에 딸린 경작농민의 성격으로 파악된다.

이같은 사원노비의 역할은 후기로 갈수록 사원경제가 土地를 중심으로 擴大·集中化되는 양상을 보이게 되면서 더욱 강화되었다. 실제 이러한 내용은 다음과 같이 사원의 土地支給과 병행된 奴婢의 賜與와 施納에서도 확인할 수 있다.133)

① 雲岩寺納田 二千二百四十結 奴婢四六口 以資冥福134)
② 平陽君永純 感激發願 家僮百口 田百頃 歸于寺135)
③ 大師門下僧 有名行者可大師大德二十人 納南畝一千頃 佛奴五十人136)

즉 恭愍王이 后妃 魯國大長公主의 冥福을 비는 뜻에서 王妃陵(正陵)의 부근에 있던 雲岩寺에 토지와 더불어 노비 46 口를 동시에 시납하고 있으며, 金永純은 개인적인 信心에서 토지 100 頃에 노비 100 口를, 또 普願寺에도 佛奴 50 人을 토지와 더불어 지급하고 있는 것이다. 이와 같이 많은 노비들이 토지와 동시에 지급되고 있다는 점에서 이들은 토지의 경작인과 다름아님을 미루어 짐작할 수 있다. 다음의 내용은 이를 더욱 뒷받침한다고 보여진다.

---

133) 이러한 예는 비단 사원에만 국한되는 것이 아니었다. 忠烈王代 이후 수차에 걸친 국가적 危難에 맞서 功勳을 거둔 이에게 褒賞으로 내린 토지에도 10結當 1口의 비율로 노비가 사여되고 있는데, 이도 마찬가지로 주어진 토지에 대한 노동력의 의미를 지니는 것이라고 이해된 바 있다. 林英正, <麗末 農莊人口에 대한 一 考察> ≪東國史學≫ 13, 1976, pp. 38~39.

134) ≪高麗史≫ 卷 89, 后妃2 魯國大長公主傳.

135) ≪新增東國輿地勝覽≫ 卷 17, 林川郡 普光寺.

136) <普願寺法印國師寶乘塔碑> ≪朝鮮金石總覽≫ 上, 亞細亞文化社, 1976, p.229.

納田地 □□頃 奴婢一百人・牛馬・供具等 以充常□□…137)

　곧 玄化寺와 같은 경우에는 노비가 사여될 때 牛・馬・供具 등 농사수단이 이들과 동시에 지급되고 있다. 시기로 보아 다소 앞선 것이긴 하나 이 점은 후기와 큰 차이가 없을 것으로 보인다. 이렇게 보면 사원에 토지와 함께 지급되는 노비는 사원전을 경작하는데 있어 중요한 기반 노동력이었음을 알 수 있다.

　사원소속의 토지를 경작하는 농민은 이들 노비외에도 佃戶 農民과 隨院僧徒 등 다양하게 구성되어 있었다. 그리고 그 처지도 모두 동일한 것은 아니었다. 예컨대 국가로부터 賜給된 收租地의 경우에는, 주로 국가관장 토지의 佃客에서 사원의 전객으로 轉化된 존재로부터 사원은 국가를 대신하여 수확량의 1/10에 해당하는 田租를 거두었을 것이다.138)

　그러나 고려후기는 다수의 良人 農民이 몰락함에 따라 토지를 상실하고 사원의 소유지를 借耕하는 경우가 많았으며, 이 경우 경작농민은 수확량의 1/2을 地代로 사원에 납부해야 했기 때문에 그 처지가 전객농민에 비하여 열악하였을 것으로 보인다. 그리고 이들은 사원의 전호로 존재하였지만 公民으로서 국가에 대한 庸・調의 부담을 면할 수는 없었을 것이다. 이들이 용・조까지도 국가에 부담하지 않는 완전한 사원의 예속민이 되기 위해서는 僧侶로 가장 하거나 奴婢로 身分을 변화하지 않으면 안되었을 것이다. 곧 사원 소유의 토지에 있어서는 전호와 더불어 다수의 노비가 참여하였을 것으로 이해되는 것

---

137) <玄化寺碑> ≪朝鮮金石總覽≫ 上, 亞細亞文化社, 1976, p. 245.
138) 李炳熙, <高麗前期 寺院田의 分給과 經營> ≪韓國史論≫ 18, 1988, pp.66～67.

이다.

 그리고 이들 중 일부는 사원소속의 토지를 管理・經營하는데 있어서도 일정 정도 관여를 하지 않았을까 보여진다. 꼭 사원의 경우는 아니지만, 고려후기 권문 소유의 농장을 경영하는데 있어서 다수의 노비들이 이러한 역할에 관여하였음을 볼 때,139) 고려후기 사원도 대규모 농장을 지배하고 있었으므로 이와 다르지 않을 것이다.

 다음으로 사원의 토지와 관련된 노비들의 역할로 지목해 볼 수 있는 것은 당시 사원에서 소유하였던 鹽田과 관련된 것이다.140) 사원이 수공업과 상업활동에 관여하였다는 사실은 도처에서 확인되고 있거니와,141) 이는 본래 사원 자체의 수요품을 공급하기 위한 것이었으나 사원의 경제규모가 커짐에 따라 자연 이러한 생산품도 증대되었을 것이다.142) 물론 이러한 행위들이 세속의 그것과 얼마만큼의 차이가 있었는지는 알 수 없는 일이지만, 이것 역시 국가나 개인의 지원없이는 어려웠을 것이다. 이 점을 염두에 두면서 다음의 기사를 살펴보기

---

139) 裵象鉉, <高麗後期 農莊奴婢의 形成과 社會經濟的 地位> ≪慶南史學≫ 5, 1991, pp.19~22.
140) 물론 이것은 토지지배의 측면보다 단순히 鹽을 생산한다고 하는 鹽盆의 役에 국한시켜 생각할 수도 있다. 그러나 고려후기의 사원이 사사로이 설치하여 운영하던 염전은 餘他의 그것과는 다른, 생산과 공급 등의 역할을 노비를 통해 운영하는 직접적인 관리와 지배의 형태를 취하고 있었으리라 생각된다. 따라서 여기서는 이를 토지지배와 동렬로 다루고자 한다.
141) 다음의 글은 이러한 내용들을 담고있어 참고된다.
 李相瑄, <高麗 寺院의 商行爲 考> ≪誠信史學≫ 9, 1991.
142) 사원의 鹽생산 시설의 소유는 이미 고려 이전부터 나타나고 있었다. 新羅 경문왕 12년에 해당되는 시기에 만들어진 <谷城大安寺寂忍禪師照輪淸淨塔碑> (≪朝鮮金石總覽≫上, 亞細亞文化社, pp.119~120)에「田畓柴 田畓幷 四百九十四結三十九負 坐地三結 下院代四結七十二負 柴一百四十三結 荳原地 鹽盆四十三結 奴婢 奴十名 婢十三口」라고 명기한 것은 그러한 예이다.

로 하자.

① 충선왕이 즉위하여 下敎하기를, "염세는 예로부터 천하의 公用인데 지금 여러 宮院, 寺社와 권세가들이 모두 다투어 차지하여 그 稅를 내지 않으니 국용이 부족하다. 담당관청은 깊이 살펴 그 폐단을 제거하라" 하였다.143)

② 충선왕 원년 2월 전지에 이르기를, "옛날의 소금 전매법은 국용에 대비하려는 것이었다. (그런데) 본국의 여러 宮院, 寺院과 권세가들이 사사로이 鹽盆을 설치하여 그 이익을 독점하고 있으니 무엇으로써 국용을 넉넉하게 할 수 있겠는가? 이제 장차 內庫, 常積倉, 都鹽院, 安國社 및 諸宮院, 內外寺社의 소유 염분은 모두 관청에 들이도록 하라.144)

이는 元의 간섭하에서 왕권강화를 도모한 충선왕이 鹽의 전매법을 실시하여 재정사정을 개선하려는 내용을 담고 있다. 그런데 여기서는 모두 사원의 鹽盆 설치가 지적되고 있음으로 보아 사원은 일찍부터 鹽田을 소유·운영하며, 鹽를 상품화 하였음을 알 수 있다. 그리고 짧은 내용이긴 하지만, 국가는 이를 통해 사원에서 관장하고 있는 염분에 대하여 탈세라는 차원에서 단속하고, 이를 官에 吸收하는 형식을 취하려 하고 있음을 알 수 있다.145) 그렇다면 이는 주로 어떠한

---

143) 「忠宣王卽位敎曰 鹽稅 自古天下公用 今諸宮院·社寺 與勢要之家 皆爭據執不納其稅 國用不足 有司 窮推除罷」≪高麗史≫ 卷 79, 食貨2, 鹽法.
144) 「忠宣王元年二月 傳旨曰 古者榷鹽之法 所以備國用也 本國諸宮院·寺社 及權勢家 私置鹽盆 以專其利 國用何由可贍 今將內庫·常積倉·都鹽院·安國社 及諸宮院·內外寺社 所有鹽盆 盡行入官」위와 같음.
145) 이에 관해서는 다음의 글들이 참고된다.
朴鍾進, <忠宣王代의 財政改革策과 그 性格> ≪韓國史論≫ 9, 서울대, 1983.
權寧國, <14세기 榷鹽制의 成立과 運用> ≪韓國史論≫ 13, 서울대, 1985.
姜順吉, <忠宣王代의 鹽法改革과 鹽戶> ≪韓國史硏究≫ 48, 1985.

사원에서 행해지고 있었을까. 다음의 修禪社와 長安寺의 경우가 이에 해당한다. 다음의 문서는 수선사의 동산과 부동산의 규모를 알려주는 寺院 現況記의 일부이다.146)

> … 參知政事崔 祝聖油香寶以施納 寶城郡任內南陽縣地鹽田七庫山田三庫並三結七十卜 昇平郡地吐叱村鹽田六庫 節席四座奴婢 檢校軍器監徐敦敬納奴婢並載十口 利川郡在京前唐柱下典申公俊敎 買奴三口 同人亦削髮爲道者玄海名 以納奴婢四口147)

이에 의하면 參知政事 崔가 油香寶로 寶城郡任內 南陽縣地에 있는 山田 세 곳을 비롯한 鹽田 일곱 군데, 또 昇平郡地의 吐叱村에서 節田 四座를 포함한 鹽田 여섯 곳을 施納하고 있음이 확인된다. 여기 鹽田 열세 곳을 시납하고 있는 布施主는 崔氏政權의 崔怡이다.148)그렇다면 시납된 寶城·昇平의 염전에서는 누가 생산을 담당하였을까.

또 여기에 덧붙여 시납된 노비들이 주목된다. 우선 檢校軍器監 徐敦敬이 奴婢 10 口를 시납하고 있다. 물론 이 외에도 다수의 노비가 수선사에 시납되고 있다. 이와 함께 利川郡 在京前唐柱下典 申公俊이 사들였던 奴 3 口와 同人(申公俊)이 僧이 되어 玄海란 僧名으로 시납한 奴婢 4 口가 있다. 이들은 모두 시납된 일반 토지와는 별도로 시납되었다. 그렇다면 이들은 어떠한 성격의 노비였을까. 물론 사원

崔然柱, <高麗後期의 榷鹽制를 둘러싼 분쟁과 그 性格> 嶺南大學校 석사학위논문, 1993.

146) 본 기사와 관련해서는 다음의 연구가 있다.
任昌淳, <松廣寺의 高麗文書> 《白山學報》 11, 1971.
朴宗基, <13세기 초엽의 村落과 部曲> 《韓國史研究》 33, 1981.

147) 《曹溪山松廣寺史庫》 <國師當時大衆及維持費>, 아세아문화사, 1977, PP. 401~404.

148) 任昌淳, <앞의 논문>, pp. 44~45.

의 使令에 종사했을 가능성을 배제하기 어렵다. 그렇다면 이들은 이 때 사원에 시납되고 있는 염전에 사역하였을 가능성이 높다. 곧 송광사에 소속된 일정 인원의 노비들 가운데 일부는 鹽田의 役에 참여하였던 것이다.149)

다음 長安寺에 관한 기록도 염전에서 노비의 役이 짐작되는 내용을 담고 있다.

> 예전부터 있던 田地에 이르러서는 國法에 의하여 結의 數로써 계산한다면 1천 5백 結이 된다. 전지로서 咸悅·仁義縣에 있는 것이 각각 2백 結, 扶寧·幸州·白州에 있는 것이 각각 1백 5십 結, 平州·安山에 각각 1백 結이니 바로 成王이 희사한 것이다. 鹽盆은 通州의 林道縣에 있는 것이 하나, 京邸로 開城府에 있는 것이 1區 이다.150)

위 기사는 忠穆王 元年 李穀에 의해 씌어진 碑文에 나타나는 내용이다. 이에 의하면 장안사는 최소한 일곱 군데의 지역에 걸쳐 1,050 結 이상의 토지를 갖고 있는 경제력이 큰 사원이었음을 알 수 있다. 그리고 이에 덧붙여 通州에 위치한 鹽盆을 소유하고 있었다. 다만 여기에는 구체적인 노동력에 관한 기록을 덧붙이지 않았다. 그렇지만 이렇게 경제력이 막대한 사원에 다수의 노비가 소속되지 않았을 가

---

149) 이러한 鹽田 使役의 가능성은 修禪社와 시납된 염전과의 거리상으로도 짐작할 수 있다. 이들은 모두 수선사의 소재지와는 상당한 거리를 두고 위치해 있는 것이다. 곧 이들은 직접 생산에 임하는 鹽盆의 役 이외에도 이를 保管·管理·運搬하는 역할도 담당하였을 가능성이 짙다고 보여진다.

150) 「至若舊有之田 依國法以結計之千有五十 其在咸悅·仁義縣者各二百 扶寧·幸州·白州各百五十 平州·安山各一百 卽成王所捨也 鹽盆在通州林道縣者一所 京邸在開城府者 一區」 <長安寺重興碑> ≪朝鮮金石總覽≫ 上, 아세아문화사, 1976, p.640.

능성은 거의 없다고 본다.

그리고 장안사에 대한 이 기록은 후반부에 開城府에 소재한 1 구의 京邸가 있어 주목된다.151) 곧 이를 통해 장안사 소속의 염분은 고려후기 사원에서 사사로 설치한 염분일 가능성이 짙으며, 이를 통해 생산된 鹽은 개경에까지 운송 판매되었을 가능성이 높다. 그리고 이러한 추단이 가능하다면 이 과정에서 사원소속 노비들은 중요한 역할을 담당하였을 것이다.152)

고려후기 국가소유로 만든 전국의 鹽盆數는 대략 600여 개소를 상회하고 있는데,153) 이 가운데 국가와 귀족의 보호를 받고 있던 사원에서 경영하고 있던 염분이 수선사나 장안사 뿐만은 아닐 것이 분명하다. 그리고 사원이 이러한 염분을 소유·경영할 수 있었던 것은 여러 경로를 통해 시납되었던 막대한 수의 노비를 보유하였기에 가능하였다고 할 것이다.

---

151) 「京邸」는 조선시대 「京邸(主)人」제도와 비슷한 것으로 지방과 중앙의 연락 기능을 담당하면서 鄕吏의 노비 등이 상경하였을 때 숙식하며 머물던 곳이었다. 그런데 이것의 중요성은 단순한 연락의 기능이 아니라 貢物 등을 담당하는 경제적 역할도 컸던데 있다. 그리고 이러한 제도의 시초가 장안사와 같은 고려시대 사원에서 이미 나타나고 있음을 알 수 있는 것이다.
李光麟, <京主人 硏究> ≪人文科學≫ 7집, 연세대 인문과학연구소, 1962, pp. 238~242.

152) 앞서의 修禪社와 마찬가지로 이것도 소유한 사원과 鹽田은 상당한 거리에 위치한 것이었다. ≪新增東國輿地勝覽≫ 卷 47, 淮陽都護府條에 의하면 장안사가 소재한 淮陽府와 通州의 경계까지만도 69리의 거리였다. 여기에 京邸가 있는 開城府와의 거리를 고려한다면 더 많은 운반을 위한 노동력이 요구되었을 것이며, 이 역의 상당부분도 노비들의 몫이었을 것이다.

153) 忠宣王代를 기준으로 당시 각 도에 분정된 鹽盆과 鹽戶의 수는 다음과 같다.

	양광도	경상도	전라도	평양도	강릉도	서해도	계
염 분	126	174	126	98	43	49	616
염 호	231	195	220	122	75	49	892

한편 고려후기 사원에서는 開墾을 통해서 많은 농지를 확대하고 있었다. 곧 信者에 의해서 시납되었거나, 혹은 국가로부터 사패받은 토지 등을 農地로 轉用하기 위한 개간에 노비가 동원되었으리라는 점은 쉽게 짐작될 수 있는 것이다. 이제 다음의 사례는 시납된 토지가 노비에 의해 開墾되고 있음을 시사해 주는 것이다.

> 마침 들으매 樞密 朴公이 일찍이 固城에 원으로 나가 있을때 창건한 水品寺가 그 고을의 동북쪽에 있었다. 앞으로는 맑은 시내가 흐르고 뒤로는 높은 산을 등져 수림이 우거졌으므로 薪水가 풍족하니, 僧들이 살기에 알맞은 곳이었다. 相國이 田地로 삼을 수 있는 넓은 땅을 그 절에 들여놓고, 거기다가 私奴婢 10여 명과 약간의 곡식을 들여놓아 子母의 法을 써서 그 비용이 끊어지지 않기를 기약하였다.154)

무인집권기 水品寺는 朴文備가 이 지역(固城)의 수령으로 있을 때 창건한 것으로, 그에 의하여 田地와 私奴婢 10 명 및 약간의 곡식을 시납하여 그 경비로 사용하도록 하였던 것이다. 그리고 이때 시납된 토지는 空曠한 陂澤으로 田土로 만들만한 것이었다. 물론 이 땅은 개간되어 농지로 바뀌었을 것이며, 이 작업은 같이 시납된 노비들의 몫이었을 것이다.

이러한 사례들은 이후에도 적지않게 찾아지고 있다. 충렬왕 때 낙향한 李承休에 의해 시납된 '二水間에 버려진 空閑地'의 看藏寺 토지,155) 乾洞禪寺에 侍衛護軍인 河元瑞가 퇴락한 사찰을 重修하고 시

---

154) 「樞密相國朴公(文備) 嘗出守固城時 所創 水品寺者 在州之艮隅 前臨澄溪 後負秀嶺 林藪幽邃 薪水贍足 宜釋子栖眞之地 相國迺以空曠陂澤可以爲田者 納于寺 申納私藏獲十攵 納穀若干 期爲子母之法 永永不絶」≪東國李相國後集≫ 卷 12, 水品寺華嚴結社文.

155) <動安居士集> 雜著, 看藏寺記 (≪高麗明賢集≫ 1, p. 153).

납한 斥鹵의 땅이 있는데,156) 이러한 땅들은 모두 개간되어 농지화 되었을 가능성이 크기 때문이다.

그리고 이러한 개간이 국가의 허가하에 대규모로 이루어진 것은 역시 賜牌를 통해서였다. 사패는 고려후기의 토지제도 문란과 더불어 그것이 濫發됨으로써 脫法的인 토지점유의 수단으로 이용되어 그 부정적인 면만 부각된 바 없지 않다. 그러나 실제 이러한 사정의 배경은 麗蒙戰爭 이후 경지의 황폐화 현상과 이에 의한 토지지배 형태의 변화를 반영하는 것이었다.157) 말하자면 이러한 변화 속의 시대적 산물인 사패는 당시 현실적 당면 과제였던 陳田開墾과도 직결된 것이었다.158) 사원도 이에 적극 참여하고 있었다. 다음의 기사가 참고된다.

① (忠烈王 11年 3月) 教旨를 내리기를, 諸王·宰樞·扈從臣僚·宮院·寺社들이 閑田을 많이 차지하기를 바라고, 국가에서도 농사에 힘쓰고 곡식을 중히 여기는 뜻에서 牌를 주었다. 그런데 賜牌를 빙자하여 비록 주인이 있고 田籍에 올라 있는 토지 조차도 모두 빼앗으니 그 폐해가 적지 않다. 사람을 가려 보내어 사실을 철저히 가려내고 무릇 패를 받았다 하더라도 田籍에 올라있는 토지라면 起田과 陳田을 가리지 말고 원래 주인이 있던 것은 모두 돌려

---

156) <益齋亂藁> 重修乾洞禪寺記,《高麗明賢集》 2, p. 285.
157) 이러한 賜牌地와 관련된 연구로는 다음의 글들이 있다.
  박경안, <高麗後期의 陳田開墾과 賜田> 《學林》 7, 1985.
  浜中昇, <高麗後期の賜給田について>《朝鮮史研究論文集》 19, 1982 ;《朝鮮古代の經濟社會》 法政大 出版局, 1986.
158) 陳田의 개념에 관해서는 다소 상이한 견해들이 제시되어 있다. 즉 休閑期間에 있는 토지도 이의 범주에 넣어야 한다거나(浜中昇, <高麗前期の小作制とその條件>《歷史學研究》 507, 1982), 休閑田과는 달리 耕作을 放棄한 토지를 가리키는 개념(宮嶋博史, <朝鮮史研究と所有論>《人文學報》 167, 1984, p. 53)으로 보아야 한다는 견해들이 그것이다.

주도록 하라.159)

② 忠宣王이 卽位하여 교서를 내려 이르기를 …… 寺院과 齋醮의 여러 곳에서 兩班의 田地를 점거하고 賜牌를 함부로 받아 農場으로 삼고 있다. 지금부터 有司들은 자세히 살펴 각기 그 주인에게 되돌려 주도록 하라.160)

즉 국가에서 '務農重穀'의 취지에서 閑田을 開墾할 수 있도록 사패한 것을, 주인이 있는 토지, 심지어 양반의 토지까지 이를 빙자하여 탈점하고서는 農場을 삼는 등 문제가 컸던 것이다. 여기서 閑田은 원래 주인이 있는 起田이 生産效果가 낮아 陳田化된 경우도 있겠으나,161) 기본적으로 耕地의 擴大라는 차원에서 시행되었기 때문에 山野의 荒蕪地를 開墾하는 사례도 많았던 것으로 보인다. 곧 이를 통해 사원에서는 土地所有를 확대하고 있었다 할 것이다.

그러면 이러한 사패지의 개간에는 어떠한 인원들이 참여하고 있었을까. 일차적으로 국가에서 이를 시행하는 의도에서 보이듯이 流民·逃戶들을 통한 경우가 많았다고 생각된다. 사원은 되도록 이러한 인원들을 招集함으로써, 開墾 耕作을 도모하고 있었다.

그런데 여기서 한 가지 주목해야 할 것은 이를 개간하여 경작하게 되는 民의 신분이다. 이를 통해 개간 경작하게 되는 토지가 과거부터 국가 收租地로서의 토지였으나 이것이 陳田化 되었을 경우에는 물론

---

159) 「(忠烈王 11年 3月)下旨 諸王·宰樞及扈從臣僚 諸宮院·寺社望占閑田 國家亦以務農重穀之意賜牌 然憑藉賜牌 雖有主付籍之田 並皆奪之 其弊不貲 擇人差遣 窮推辨覈 凡賜牌付田 起陣勿論 苟有本主 皆令還給」《高麗史》卷 78, 食貨1 經理.

160) 「忠宣王卽位下敎曰 …(中略)… 寺院及齋醮諸處所 據執兩班田地 冒受賜牌 以爲農場 今後 有司窮治 各還其主」《高麗史》卷 84, 刑法1 職制 忠烈王 24년 忠宣王 卽位年 正月.

161) 박경안, <앞의 논문> 1985, pp.50~51.

이고 설사 無主의 토지라 하더라도 그들 개간자가 公民으로 남아있는 한 국가에 대한 의무를 부담하여야 되었을 것이다. 이렇다고 볼 때 이들 유민이나 逃戶들의 담세능력은 일정한 한계를 갖는 것이었다. 곧 그들의 현실적 처지에서는 自意이건 他意이건 이러한 부담으로부터 벗어나기 위하여 이들은 私民化의 길을 걷기를 희망하였을 것으로 보여진다. 따라서 이들 사원이 받은 사패지 개간인 경우, 이에 참여한 다수는 대개가 사원에 예속되는 外居奴婢化의 경로를 밟았을 가능성이 높다 하겠다.

또 이들 사패지에 대하여 사원은 스스로의 노동력으로 이를 개간 경작 하였을 가능성이 높다고 하겠다. 곧 이 경우에도 사원에 소속된 노비의 역할은 필수적이었다. 이러한 개간지에 대하여 노비들은 경작 혹은, 극소수이긴 하겠으나 이를 관리하는 역할을 담당하였으리라 보여지며, 이들은 대개 外居奴婢였으리라 본다.162) 결국 이와 같은 사패에 의한 토지의 개간과 경작지의 확대과정은 사원소속 노비들의 역할이 기대되는 사업이었다고 할 것이다.

한편, 고려후기는 僧政의 문란을 틈타 각 사원 소속의 노비를 둘러싸고 宗派間 각축의 양상을 보이기도 하였다. 이러한 측면은 이들 노비노동력에 많은 부분을 의존해야 하는 외적 요인에도 기인한 바 있겠으나,163) 근본적으로는 노비 노동력 자체가 지니는 이와 같은 중요

---

162) 이러한 賜牌地에 대한 開墾의 역할을 통하여 사원노비들이 차지하는 耕作者로서의 비중은 더욱 높아져 갔을 것으로 유추된다. 그리고 이같은 고려후기 사원의 所有土地의 증가와 더불어 사원소속 솔거노비의 일부는 외거노비로 전환되어 토지경작에 종사하거나 이들 토지를 관리하는 역할을 수행하였을 것이며, 이를 통해 그들의 사회경제적 지위도 향상되어 갔을 것으로 생각된다.

163) 사원소속 토지의 지배에 있어서 노비노동력이 중시된다는 것은, 한편에서 보면 이 시기 사원이 막대한 경제력을 지니고 있었음에도 불구하고 그 경영에 있어서는 위약하였음을 반영하는 것으로도 볼 수 있겠다. 이

성 때문이었던 것이다. 다음의 기사가 참고된다.

> 근자에 天台宗과 曹溪宗에서 서로 주지를 임명했는데, 그 뒤에 조계종에서 그만 빼앗아 소유하려고 하여 法司에 송사하게 되니, 당시의 議論이 '사원에 밭과 奴婢를 둠은 三寶를 공양하려는 것이요, 住持僧의 이득을 위하는 것이 아닌데, 양종이 서로 다툼은 이것이 있기 때문이니, 이는 없는 것만 같지 못하다.' 하고, 이어 노비 약간 명은 水原府에 위임하고, 본 寺는 도로 천태종에 귀속시키었다.[164]

그리고 이러한 양상들은 末期로 내려갈 수록 더욱 심화되지 않았나 여겨진다. 이는 비록 토지와 노비가 함께 소속을 바꾸고 있지는 않으나 기본적으로는 이들이 토지경작을 위한 노동력으로서 중요한 비중을 차지하고 있는 까닭에서 일 것이다.[165] 결국 이 시기에 나타

것은 고려후기의 사원이 경험하는 정치·사회적 외풍과 관련된다. 곧 여기서 사회적인 외풍이란 前項에서도 民의 동향과 관련하여 언급한 바 있거니와, 특히 사원 소재지를 가까이 두고 나타나고 있는 민들의 움직임과도 관련될 것이다. 예를 들어 淸道 雲門寺만 하더라도 金沙彌의 亂과 같은 그 지역 민의 동요로 인해 소속토지의 지배에 있어서 상당한 어려움에 처해 있었으리라 짐작되는 것이다. 「時 南賊蜂起 其劇者 金沙彌據雲門 孝心居草田 嘯聚亡命 剽掠州縣」《高麗史節要》卷 13, 明宗 23年 7月.
한편, 정치적 측면의 외풍이란 무신 정권기만 하더라도 종파간의 이해를 둘러싸고 나타난 그들 스스로의 갈등국면에서도 엿보이고 있거니와, 다음 사료가 시사하는 바와같이 무신정권으로부터도 적지않은 탄압을 당하였을 것으로 사료되기 때문이다. 「又庚寅年 晉陽府貼 五道按察使 各道禪敎寺院始創年月形址 審檢成籍時 差使員東京掌書記李儁審檢記載」《三國遺事》卷 4, 寶壤梨木.

164) 「比者 天台·曹溪 互差住持 厥後曹溪 仍欲奪而有之 訟于法司 時議以爲寺有田口 所以供三寶 非以爲主僧之利 兩宗交爭 徒以有此也 是不如無 乃以藏獲若干口 委屬水原府 而以本寺還屬天台」《陽村集》卷 12, 水原萬義寺祝上華嚴法會衆日記.
165) 이 기사에 대하여, 오히려 토지경작과 노비가 무관함을 보이는 기사로서

나고 있는 宗派間의 갈등도 이 시기 사원노비가 토지지배에서 차지하는 비중과도 결코 무관하지는 않을 것으로 보여진다.

2. 社會經濟的 處地

앞에서도 언급한 바 있지만 고려사회의 **身分構成**에 있어서 **奴婢**는 최하위에 자리하였으며, 이들의 신분적 이탈은 국가적으로 禁止된 것이었다. 이같은 신분적 통제는 생산수단으로서의 필요성 때문에서였다.

이들의 경제적 기능에 관해서는 모든 국가기관은 물론 지배층과 관료들의 사적 생활을 영위하기 위한 노동력으로서 차지하는 비중이 컸기 때문이었으며, 이러한 생산수단의 확보와 유지를 위해서는 이들의 신분적 속박이 필수불가결 하였던 것이다.

그리고 이와 같은 경제적 이유 외에도 신분제도를 유지할 수 밖에 없었던 또 하나의 이유는 이를 통해 風敎를 補한다는,166) 지배계층의 이른바 사회의 질서 유지를 위해 극히 중요하다는 인식이었다. 이같은 고려의 신분제에 대한 뿌리깊은 인식은 고려의 奴婢法制를 개혁

활용한 논자가 있었다. 李炳熙, <앞의 논문> 1992, pp.77~78 이 때 하필이면 토지는 두고 왜 노비만 水原府에 귀속시키느냐에 대한 반문에서 였다. 그러나 이는 '時議以爲寺有田口'의 구절을 간과한데서 기인한 오해가 아닌가 생각한다. ≪新增東國輿地勝覽≫에는 만의사에 토지와 노비가 지급될 때의 사정을 다음과 같이 전하고 있어 참고된다. 「辛禑時 我太祖 自義州擧義回軍 僧神照在麾下 與定大策焉 恭讓王 特賜功牌 使主是寺 仍給奴婢·土田 傳于法孫」(卷 9, 水原都護府 佛宇 萬義寺) 다른 사원도 마찬가지였겠지만, 기본적으로 만의사도 토지와 노비는 불가분의 관계에 있었으므로 오히려 노비만 거두어들이면 문제는 없어지기 때문이 아닌가 생각된다.

166)「夫 東國之奴婢 大有補於風教 所以嚴內外等貴賤 禮儀之行 靡不由此焉」 ≪高麗史≫ 卷 85, 刑法2 奴婢.

하려 했던 元의 闊里吉思의 策動에 대한 忠烈王의 上表에 잘 반영되어 있다.

> 왕이 표문을 올려 이르기를, "옛날 우리 始祖께서 후사 자손들에게 훈계하여 이르기를 '무릇 이 賤類들은 그 種이 다른 것이니 삼가 이들로 하여금 良人이 되지 못하게 하라. 만약 양인이 되는 것을 허락하면 그들은 후에 반드시 벼슬을 하게 되고, 장차 要職을 구하여 국가를 어지럽히게 될 것이다.' 하였다. 이로 말미암아 우리나라 法에는 8대 戶籍이 천인의 類에 관계가 없어야만 비로소 벼슬할 수 있게 되었다. 賤人의 부류에 속한 자는 그 부모 가운데 어느 한 편이 천인이면 곧 천인이 되고, 설사 본 주인이 屬良하였다 하더라도 그가 낳은 자손은 도로 천인이 되며, 본 주인이 후계자가 없이 죽었다 하더라도 그 주인의 同族에 붙이게 하였으니 이는 그들을 끝까지 良民이 되지 못하게 하자는 데 이유가 있었다. ……."167)

이를 보면 고려는 이미 太祖代로부터 노비는 良人과는 다른 種으로 구별되고 있으며, 만약 이들을 從良하게 되면 반드시 從仕 要職을 구하고, 마침내는 국가를 謀亂하여 社稷을 위태롭게 할 것이라 하여 경계하고 있음을 알 수 있다. 그리하여 결국에는 관리를 뽑는데도 八世戶籍에 賤類가 없어야 등용될 수 있도록 하였던 것이다. 곧 고려조는 신분질서의 유지와 경제적 기반으로 노비제의 유지에 노력하고 이에 대해 강력한 통제책을 실시하여 왔던 것이다.

---

167) 「王上表 略曰 昔我始祖 垂誡于後嗣子孫云 凡此賤類 其種有別 愼勿使斯類從良 若許從良 後必通仕 漸求要職 謀亂國家 若違此誡 社稷危矣 由是小邦之法 於其八世戶籍 不干賤類 然後乃得筮仕 凡爲賤類 若父若母 一賤則賤 縱其本主放許爲良 於其所生子孫 却還爲賤 又其本主 絶其繼嗣 亦屬同宗 所以然者 不欲使終良也」≪高麗史≫ 卷 85, 刑法2 奴婢 忠烈王 26년 10월.

그러나 이러한 통제는 국가기반의 확립에 따른 固定性에 기인한 것이었고, 소위 貴族專權의 시대를 맞이하게 되고, 그들 상호간의 軋轢과 跋扈가 전개되면서는 적지않은 변화의 소지가 마련되고 있었다. 말하자면 이를 통한 국가지배력의 약화와 또 토지제도의 문란이 가속화 되면서는 적지않은 변화가 불가피하였던 것이다.[168]

이리하여 마침내는 국가기관 내지는 지배신분에 속박되어 있던 노비들로 하여금 그들의 지위와 신분에 변화의 움직임을 보일 수 있게 된 것이다. 이는 정치·경제적인 측면에서부터 사회신분적 측면에 이르기까지 자못 광범위하게 전개되었다. 각종의 노비반란이 빈발하고, 이를 통해 그들은 노골적인 신분해방의 주장을 보이는가 하면,[169] 심지어 '務農致富'하여 관직을 사는 이까지 나오고 있었던 것이다.[170]

그렇다면 고려후기 寺院所屬의 奴婢들은 현실적으로 어떠한 처지에 놓여 있었을까. 먼저 이들을 거주형태와 독자경리의 소유 유무라는 측면에서 나누어보면 다음과 같다.

---

168) 金潤坤, <高麗貴族社會의 諸矛盾> ≪한국사≫ 7, 1973.
169) 이런 의미에서 보면 萬積 亂의 모의에서 나오는 다음의 이야기는 주목되는 바가 큰 것이다. 「謀曰 國家自庚癸以來 朱紫多起於賤隷 將相寧有種乎 時來則可爲也 吾輩安能勞筋骨 困於箠楚之下 諸奴皆然之 剪黃紙數千 皆金及丁字爲識 約曰 吾輩自興國寺步廊 至毬庭 一時群集鼓噪 則在內宦者 必應之 官奴等誅金助於內 吾徒蜂起城中 先殺崔忠獻等 仍各格殺其主 焚賤籍 使三韓無賤人 則公卿將相 吾輩皆得爲之矣」≪高麗史≫ 卷 129, 崔忠獻傳.
170) 이런 의미에서 다음의 기사가 보여주는 平亮의 例는 시사하는 바 크다.
「(明宗 20年 5月)流平亮遠島 平亮平章事金永寬家奴也 居見州 務農致富 賂遣權要 免賤爲良 得散員同正 其妻乃元之家婢也 元之家貧 挈家往依焉 平亮厚慰 權還于京 密與妻兄仁茂仁庇等 要於路殺元之夫妻及數兒 自幸其無主 可永得爲良 使其子禮圭 得拜隊正 娶八關寶判官朴柔進之女 又以仁茂娶明經學諭朴禹錫之女 人皆痛憤 至是御史臺捕鞫 流平亮 罷柔進禹錫官 仁茂仁庇禮圭等 皆逃匿」≪高麗史≫ 卷 20, 世家 明宗 18年 5月.

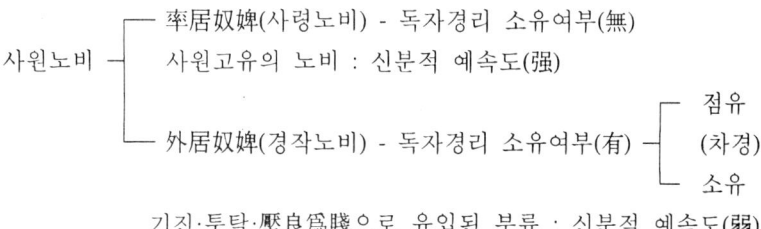

앞서 살펴 본 바 있듯이 이들의 역할은 다양하였던 것 같다. 첫째로 솔거노비의 경우는 시기적으로 초기에, 그들이 맡은 일로 치면 사원고유의 기능과 연관된 使令의 역을 주로 담당하였다고 보여진다. 둘째로 외거노비인데, 이들은 投托·寄進·壓良爲賤 등을 통하여 고려후기에 들어서 유입된 부류가 상당수 포함되어 있지않았나 보여진다. 물론 이전에도 이런 부류들이 없었던 것은 아니다. 그러나 이제 후기 사회에 접어들어 이들 다수의 새로운 부류들이 流入됨으로써, 사원노비의 구성자체가 크게 확대 변화되었다고 생각된다. 前項에서 주로 언급한 토지 경작과 관련된 노비들의 상당수도 바로 이러한 부류에 속하였을 것이다.

이미 언급한 바와같이 이들 사원노비들의 중요한 역할은 토지의 지배와 관련된 것이 주종을 이루는 것이었다. 특히 이들은 그 역할과 처지가 일반 佃戶와 크게 다를 바 없는 가운데 그들의 사회경제적 지위를 향상시켜 나갔다고 보여진다. 그래서 보통 전호로 분류되는 이들이 良人 佃戶라면, 다수 외거노비형태를 취해가면서 사원소속 토지를 경작하며 생활을 도모한 이들 사원노비들은 下層 佃戶로 볼 수 있을 것이다. 그렇다면 이들의 처지는 어떠하였을까.

고려후기 사원노비들의 처지는 구체적으로 그들이 부담해야하는 身貢의 측면에서 살필 수 있을 것이다. 다음의 기록이 참고된다.

① 근세 이래 僧徒들이 그 스승의 욕심을 적게 하라는 가르침을 돌아보지 않아, 토지의 조세와 노비의 傭(身貢)을 부처에게 봉양하지 않고, 승이 스스로 자기 몸을 부유케 하며 과부의 집에 드나들어 풍속을 더럽히며 권세있는 집에 뇌물을 주어 큰 사찰을 구하니, 그 욕심을 적게하고 세속과 인연을 끊으라는 교훈과 무슨 관련이 있는 것입니까? 원컨대 지금부터는 道行이 있는 자를 가려 뽑아 諸 寺院에 주지로 삼고, 사찰의 田租와 노비의 신공을 관청에서 거두어 장부에 올리고, 승려의 수를 계산하여 그것으로 주어 주지가 훔쳐쓰는 것을 금해야 할 것입니다.171)

② 스님이 王師가 되었을 때 받든 바의 畓은 新藪·新院 두 곳의 2백 結이며, 國奴婢 5백 人이 (같이) 획급되어 雲門寺에서 永久히 香火로 삼게 하였다. 길이 5 尺, 높이 3 尺의 石碑를 절의 동쪽에 세웠다. 三寶院이 35 間이었는데, 절의 북쪽 3 里 가량에 있었다 …… 奴婢 5백 人의 貢布를 거두어 國師가 安居하는데 함께하는 徒衆들의 衣財로 쓰도록 하였다.172)

①의 趙仁沃의 상서를 통하여 우리는 사원 소속의 노비들에게 身貢을 거두고 있음을 알 수 있다.173) 이러한 사실은 그들의 거주처가

---

171) 「近世以來 僧徒不顧其師寡慾之敎 土田之租 奴婢之傭 不以供佛僧 而自富其身出入寡婦之家 汚染風俗賄賂權勢之門 希求巨刹 其於淸淨絶俗之敎何 願自今選有道行者 住諸寺院 其田租奴婢之傭 令所在官收之 載諸公案 計僧徒之數而給之 禁住持竊用」《高麗史》 卷 111, 列傳24 趙暾 附 趙仁沃傳.

172) 「師爲王師時 所供畓 新藪新院二員等 二百結 國奴婢五百人割給 雲門寺以爲萬世香火之擧 長五尺 廣三尺石碑樹於寺之乾方 三寶院三十五間 在於寺之北三里許 …(中略)… 奴婢五百人收貢布 以資國師安居徒衆之衣財也」 <慶尙道淸道郡東虎踞山雲門寺事蹟> 《雲門寺志》 亞細亞文化社, 1977, p.17.

173) 물론 이 기사에는 직접적으로 身貢을 언급한 대목은 없다. 그러나 토지와 노비를 이용하여 승려가 富를 축적하는 가운데 나타나고 있는 '奴婢

寺院內가 아니며, 또 직접 사원에 노동력을 제공하지 않아도 되었던 것으로 풀이된다. 그리고 ②의 <雲門寺事蹟記>에는 圓應國師 學一이 主席하는 동안 필요한 경비의 일정부분을 노비의 身貢으로 충당하도록 명시한 내용이다. 그러면 그들은 어떻게 하여 이러한 신공을 부담할 수 있었던 것일까. 곧 이들은 스스로의 獨自經理를 지닌 外居形態의 노비였기 때문이다. 그렇다면 이들은 얼마 만큼의 額數를 바쳤을까가 궁금하다. 그것은 다음의 鮮初 革去寺社奴婢에게 부과된 納貢額에 견주어 보면 어떨까 한다.

> 政府에서 또 革去한 사원 奴婢의 身貢에 대한 式例를 상정하여 아뢰기를, "壯奴는 米 平木 3 석을 받고, 아내가 없는 자는 1 석을 받고, 노비끼리 서로 혼인한 자는 正五升布 각각 1 필씩을 받고, 15세 이하와 60세 이상인 자는 징수하는 것을 면제하소서" 하니, 그대로 따랐다.174)

국가에서 고시한 액수가 이와 같이 高價였던 것이다.175) 그렇다면

之傭'에는 다분히 상징적인 것이긴 하나 충분히 身貢의 의미를 담고 있다고 생각된다. '其田租奴婢之傭 令所在官收之'에서 보이듯 이것은 단순히 '傭' 자체를 의미하는 것이 아니기 때문이다. 이 기사를 身貢의 의미로 해석하는데는 다음의 글이 참고된다. 姜晉哲, 註 77) 논문 p.153 참조.

174) 「政府又詳定革去寺社奴婢身貢式例以啓 壯奴米平三石 無妻者二石 壯婢二石無夫者一石奴婢相婚者正五升布各一匹 十五歲以下六十歲以上免徵 從之」≪太宗實錄≫ 卷 13, 7年 正月 丁卯.

175) 鮮初 革去된 노비의 수가 대략 8만에 이른다고 하였는데, 이 중 半을 壯奴, 그리고 나머지를 壯婢로 본다면, 1년에 거두어들이는 納貢額은 도합 340萬斗에 달한다고 추산된 바 있다. (林英正, <麗末 農莊人口에 대한 一 考察> ≪東國史學≫13, 1976, p. 35) 이러한 양은 국가재정에 막대한 도움이 되었을 것이며, 한편으로는 고려후기 사원노비의 사회경제적 처지를 반영하는 것이라 하겠다.

여말 사원에서 직접 징수할 때의 납공액은 더 과중하지 않았을까 생각된다. 이를 그들이 가지는 최소한의 獨自的 經理로 간주해 보면 그들의 경제적 규모는 결코 적지는 않았을 것 같다.

또 다른 하나는 이들을 다른 公·私奴婢와 비교해 보는 것이다. 이러한 의미에서 다음의 내용은 고려후기 사원노비의 처지를 짐작케 하는 바 있으니 참고해 보기로 하자.

> 疏에 이르기를, "가만히 보옵건대, 定數 이외의 寺院奴婢를 모두 서울과 외방의 각 관청에 나누어 붙이게 하였으나, 僧徒들은 본래 紀綱이 없어서 노비를 역사시키는 것이 대개는 輕하고 헐하온대, 지금 만일 上項의 노비들을 갑자기 父母 妻子와 분리시켜 각 관청에 分散하여 立役 시킨다면 장차 流離하고 도망하여 人戶가 날로 줄어들 염려가 있사오니, 국가에는 도리어 이익이 없습니다. 軍器監에 定屬시킨 4천 口를 제외하고는, 그 나머지는 각 관청에 분속시키는 것을 허락하지 말고 모두 현재 살고 있는 곳에서 前과 같이 完聚하게 하고, 남녀노소를 分揀하여 屯田과 身貢을 적당히 정하여 소재지의 州郡에서 매년 거두어 저축하게 하고, 따로 文簿를 비치하여 긴급한 수요와 흉년의 재앙에 대비하소서" 하였다.176)

위 기사의 내용은 고려후기 사원노비에 대한 여러가지 내용을 시사해 주고 있다. 즉 사헌부에서 寺社奴婢의 役使에 대하여 올린 이 疏의 내용을 보면, 원래 그들을 役使시킴에 있어 가볍고 歇하였으며, 부모와 처자를 분리시키면 장차 流離하고 逃亡할 우려가 있다고 상

---

176)「疏曰 竊見定數外寺社奴婢 悉令分屬京外各官 然僧徒本無紀綱 其役使奴婢 類多輕歇 今若遽將上項奴婢 違離父母妻子 於各官分散立役 則將慮流亡 人戶日減 其於國家 反無利益 除軍器監定屬四千口不動外 其餘不許於各官分屬 幷於所居依舊完聚 男女老少 分揀屯田身貢 量宜定體 所在州郡 逐年收貯 別置文簿 以備不虞之需凶荒之災」≪太宗實錄≫ 卷 13, 7年 正月 丁卯.

언하고 있는 것이다. 곧 이로써 우리는 두가지 사실을 확인할 수 있다. 하나는 그들의 사역이 다른 노비에 비하여 '類多輕歇'하여 일반 노비와는 비교가 되지않을 정도로 가벼웠다는 사실이고, 다른 하나는 그들이 이전부터 父母와 妻子가 함께 생활하는 경우가 많았다는 것이다.

이상에서와 같이 그들이 부담했던 役과 身貢額을 통해 볼 때 이들 고려후기의 사원노비들은 일반 노비와는 다른, 다분히 우월한 사회경제적 처지에 있음을 확인할 수 있는 것이다. 그렇다면 이들은 이러한 처지에서 어떠한 사회적, 혹은 개인적 삶을 꾸려가고 있었을까. 직접적인 사료를 찾아내기 어려운 상황에서 다음의 몇 가지 事例들을 통해 접근해 보기로 한다.

① 李義旼은 경주인이다. 아버지 善은 소금과 체를 파는 것이 직업이었으며, 어머니는 延日縣 玉靈寺의 婢였다.[177]
② 全英甫는 본디 帝釋院의 奴였는데, 冶金薄을 하는 것이 그의 직업이었다. 원나라 내시 李淑의 처형이다. …… 충숙왕대에 密直副使로 임명되고 다시 여러 관직을 거쳐서 지사사 겸 大司憲에 임명되니, 臺官들이 문을 닫아 걸고 告身에 서명하지 아니하였다.[178]
③ 辛旽은 靈山사람인데, 그의 어머니는 桂城縣 玉川寺의 婢이다. 어려서 승려가 되어 이름을 遍照라 하고, 字가 耀光이었다. 그는 어머니가 賤하다는 이유로 승려들 사이에 한 축에 들지 못하고 늘 山房에 거처하였다.[179]

---

177) 「李義旼慶州人 父善以販鹽鬻篩爲業 母延日縣玉靈寺婢也」《高麗史》卷 128, 列傳41 李義旼傳.
178) 「全英甫 本帝釋院奴 冶金薄爲生 元嬖幸李淑之妻兄也 … 初忠烈 授英甫 郎將諫官 不署告身 及忠宣復位二年 拜大護軍 卽署之 … 忠肅時 授密直 副使累轉知司事兼大司憲 臺官 閉門不署告身」《高麗史》卷 124, 列傳 37 全英甫傳.

먼저 ①의 李義旼의 경우를 살펴보자.180) 그는 父가 소금과 체를 판매하는 것을 業으로 삼는 자이고, 母가 延日縣 玉靈寺婢였다고 한다. 당시의 '賤者隨母法'에 따르면 그의 원래 신분은 의당 노비일 것이며, 그것도 母가 소속해 있던 옥령사의 寺奴로 유추된다. 그런데 이에 연이은 다음의 내용이 흥미롭다.

> 장성하자 키가 8척이나 되고 힘이 절등하였으며, 형 2명과 함께 온 시골을 횡행하여 사람들의 우환거리가 되었으므로 안렴사 金子陽이 잡아 가두어 심한 고문을 하였다. 두 형은 옥중에서 병들어 죽었으나, 義旼만 죽지 않았다.181)

곧, 이를 보면 그는 어려서부터 그의 出自上의 신분에 전혀 개의치 않고 있다는 인상이 짙다. 그리고 그가 형제들과 함께 자라고 있었음을 알 수 있다. 그렇다면 寺婢였던 그의 어머니가 어떤 경우로 그같은 업을 가진 남자와 가정을 꾸리게 되었을까. 그리고 그런 그의 아버지도 함께 생활할 수 있었을까.

이같이 寺婢였던 이의민 어머니와 소금과 체를 파는 것을 업으로 하는 아버지 사이의 혼인관계는 고려후기 노비들의 가정 형성에 대해 시사하는 바가 적지 않다. 그런 의미에서 조금 장황할지 모르나 다음의 松廣寺의 奴婢文書를 먼저 인용해 참고해 보기로 한다.182)

---

179)「辛旽靈山人 母桂城縣玉川寺婢也 幼爲僧 名遍照字耀光 以母賤不見 齒於其類 常處山房」《高麗史》卷 132, 列傳45 辛旽傳.

180) 李義旼의 結婚과 家庭에 관해서는 다음의 論考에서 언급된 바 있다.
金世潤, <高麗 寺院奴婢의 性格> 《釜山女大史學》 1, 1983, pp.4~6.

181)「及壯 身長八尺 膂力絶人 與兄二人 橫於鄕曲 爲人患 按廉使金子陽 收掠拷問 二兄瘦死獄中 獨義旼不死」《高麗史》卷 128, 列傳41 李義旼傳.

182) 《曹溪山松廣寺史庫》 <奴婢宣給官文>, 亞細亞文化社, 1977, pp.454~455.

至元拾捌年閏捌月　日
　修禪社主乃老所志事矣　去甲寅年分　國朝以誅流員將矣奴婢等乙　公私分屬令是事是行　同年五月分　主掌都以事定別監出納乙據爲矣　出父禮賓卿梁宅椿亦中　卒宰臣鄭晏婢世堂矣所生婢古次左年四十八矣　身及右婢矣所生等乙　官文成給事等果　右古次左婢矣長所生逸三奴矣身乙良 同生弟別將梁弼矣身亦　傳特使用爲遺出父亦中賜給事　是後良中沙意長爲乎所生奴中三矣身以矣亦中仰使內如乎在乙矣　發願修補爲　本社安邀差乎丹本大藏寶良中　右中三矣身乙　所生幷以屬令是白乎　在等以　爭望爲行隅有去等　禁止爲遺　鎭長屬社令是良於特事　左丞旨兼威衛上將軍判事宰之典理司事趙 (手決)

이것은 13세기에 개인에 의하여 私奴婢들이 修禪社에 시납되는 경우를 施納者와 奴婢名, 시납되는 노비의 가족 등에 관해서 언급하고 있는 자료다. 말하자면 사노비가 사원노비로 전화되는 과정을 구체적으로 나타내고 있는 자료인 셈이다. 이를 보면 처음 鄭晏이라는 개인이 소유했던 사노비가 국가에 의해 몰수되고, 이를 다시 국가가 개인(梁宅椿)에게 사급한다. 이 노비는 다시 상속되어 乃老인 修禪社 社主의 소유가 되고, 다시 契丹本大藏寶에 속하게 되어 이에 이탈하지 못하도록 명기해 두고 있는 자료인 것이다.

이 내용에 나오는 관련 노비들의 가족사황을 도표화 해보면 다음과 같다.

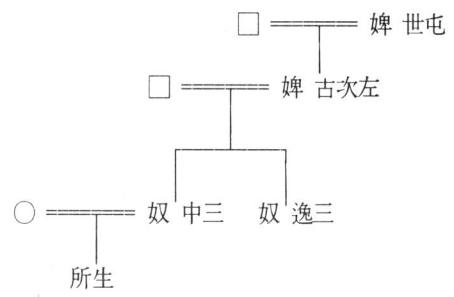

第4章 寺院田의 耕作民 199

　그런데 여기서 문제가 하나 있다. 婢 世屯은 물론이거니와 鄭晏 家의 古次左의 夫나 梁宅椿 家의 中三의 妻와 逸三의 妻子가 기록에 보이지 않는 것이다. 이것은 무슨 까닭일까.
　여기서 逸三의 처자가 보이지 않는 것은 아직 결혼이 이루어지지 않았으며, 中三의 경우는 또다른 사정이 있었던 것으로 전제해 본다면,[183] 나머지는 공통적으로 자식은 있으나 남편이 나타나 있지 않다는 사실이다. 바로 이러한 점이 앞서의 李義旼 어머니의 사정과 어떤 공통분모를 가지는 것은 아닐까. 말하자면 그들은 寺婢와 혼인관계에 있었지만 사원에서 소유권을 행사할 수 없는 신분의 소유자가 아니었나 보여지는 것이다. 다시 말해서 李義旼 어머니와 같은 사원노비의 결혼과 가정의 형성은 수선사에 사노로서 시납된 노비의 경우와 마찬가지로 고려후기에 와서는 다분히 만연되었던 것이다.
　그렇다면 이의민은 그런 아버지와 함께 생활할 수 있었을까. 단정할 수는 없는 것이지만 鹽과 체를 팔고 있는 아버지의 직업상 기본적으로는 어려웠을 것이다. 그러나 아버지의 직업이 사원과 어떤 관계가 있는 것이라면 아버지와 함께 기거할 수 있었을 것이다.[184] 또

---

[183] 일찍이 洪承基씨는 본 자료를 통하여 고려시기 사노비의 가정을 살피는 가운데, 이들의 不在에 대하여 다음과 같은 세가지의 가능성을 제시한 바 있다. 하나는 그들의 소유주에 의해 다른 사람에게 매매 혹은 증여되었을 가능성, 둘째로는 分屬 또는 相續의 과정에서 헤어졌을 가능성, 다른 하나는 그들은 애당초 결혼자체가 이루어지지 않았을지도 모른다는 것이었다. 그래서 아마도 이 세 가지 사실 가운데 어느 하나 일 것이라는 견해를 제시하였다. 洪承基, 《高麗貴族社會와 奴婢》 一潮閣, 1983, pp.28～33.

[184] 아버지가 단순한 소금이나 체를 파는 행상을 하였다면 사원에서 함께 기거하도록 용납하지 않았을 것이고, 또 떠돌아 다녀야 하는 직업상 가족과 같이 起居하기는 어려웠을 것이다. 다만 아버지가 판매하는 소금이나 체

그렇지 않았다면 함께 생활하기는 어려웠을 것이고, 이럴 경우에 그의 어머니는 사원의 사령 일을 보면서도 사실상 외거노비의 형태를 취하지 않았을까 생각된다.

②는 본래 帝釋院의 奴로 金薄을 만들어 생활하던 全英甫에 관한 내용이다. 사원에는 원래 이와 같은 수공업제품을 많이 생산하였다. 그래서 그가 원래 사원에서 금박을 만드는 일을 하였다는 것은 특별한 경우가 아닐 것이다. 그런데 그가 郞將으로 入仕하고, 이후에는 累轉하여 正 2品의 職에까지 오르고 있다는 점이다. 그러면 그는 사원노비의 출신이면서 어떻게 하여 이렇게 입신할 수 있었을까.[185)]

그는 고려후기 賤類顯官의 대표적인 사례에 해당하지만, 그의 入仕가 여동생의 남편에 의해 이루어지고 있다는 사실은 당시의 풍조를 반영하는 것이기도 하다. 그의 官職 提受에 諫官이 서명하지 않고 있음은 고려의 전통적인 신분제에 기인한 것이라 할 것이나 자못 파격적인 일이 아닐 수 없다. 그리고 이런 類의 일들이 굳이 전영보의 경우 뿐이라고 말하기는 어렵다고 생각된다.

한편 辛旽의 家系도 사원노비의 혼인과 가족관계를 이해하는데 주목할 만한 대목이 많다.[186)] ③에서와 같이 玉川寺[187)] 婢인 어머니의

가 사원과 직·간접의 관련을 지니는 물품이었다면 사정은 다를 것이다.

185) 이는 일차적으로 그의 妹가 元孼幸 李淑의 妻가 된 것을 因緣으로 元에 들어가 몽고어를 익힌데 기인한 것으로 이해되고 있다.
 黃雲龍, ≪韓國中世社會硏究≫ 東亞大學校 出版部, 1987, pp.43~44.

186) 辛旽의 家系에 관해서는 다음의 글이 참고된다.
 閔賢九, <辛旽의 執權과 그 政治的 性格(上)> ≪歷史學報≫ 38, 1968.
 朱碩煥, <辛旽의 執權과 失脚> ≪史叢≫ 30, 1986.

187) 玉川寺는 玉泉寺로도 불리웠던 모양이다. ≪新增東國輿地勝覽≫ 卷 27, 昌寧縣 古跡條에는 다음과 같은 기술이 있어 참고된다. 「玉泉寺 在火王山南 高麗辛旽母 乃此寺婢也 旽誅 寺廢 後改創 未旣 以旽之故 復有論列者 撤去」.

몸에서 태어난 그는 어려서 승려가 된 것 같다. 본 기록은 그의 출신 신분 및 출신지에 대해 설명해 주고있다. 辛氏는 慶尙道 靈山 本縣의 姓氏이며, 그의 亡父의 墳墓가 있었다는 사실을 보면 父系는 명백한 양인신분이었던 것으로 생각된다. 또 그의 黨人으로 '旽異父弟 判事 姜成乙'[188])이 있음도 보면 그의 母에 대해서도 여러 측면에서 시사하는 바 있다. 이같은 혈통관계는 그가 신분상 寺婢의 자식이어서 법적으로 노비의 신분이라고는 하나 사실상 노비의 처지에 있었다고 보기 어려운 면이 많은 것이다.[189]) 어쨌든 이러한 경우는 寺婢와 일반 양인사이의 혼인관계가 성립할 수 있음을 보이는 사례라고도 볼 수 있지 않을까. 곧 이들은 사원소속의 奴婢라고는 하나 이런 노비의 신분에 크게 개의치 않고 또 그 소생의 처지도 다른 노비와 같지 않다는 것을 반영하는 것이라 하겠다.

 이상의 사례들은 면면이 그들의 정치적 행태와 더불어 워낙 유명한 경우여서 이들을 사원노비의 일반적인 경우로 삼기에는 한계가 없지 않다. 다만 이들 개인에 관한 정치적 측면은 논외로 치더라도, 중요한 것은 이들이 良人에 상당할 정도의 사회적 생활을 영위하고 있었다는 사실일 것이다. 그리고 이것은 고려후기 사원노비의 사회경제적 지위를 이해하는데 있어서 마땅히 고려되어야 할 것이다.

 이것은 어쩌면 이들 대부분이 외거노비의 형태를 취하여 사실상 신분적으로는 양인, 경제적으로는 전호의 처지와 대차없음에서, 또는

---

188) ≪高麗史≫ 卷 132, 列傳45 辛旽傳.
189) 이러한 父系측의 사정으로 보아 그는 사실상 奴婢의 신분이 아닐 것이라고 추측한 논고도 있었다(朱碩煥, <앞의 논문> 1986, pp.67~68). 그러나 이는 고려후기 사원노비의 신분적 성격을 너무 고정적으로만 이해한데 기인하는 것이라 생각된다.

상당수가 아마 양인으로 투탁내지 압량위천되어 유입된 경우가 적지 않음에서, 그리고 고려후기 사회라는 것이 이러한 특수성을 용인해서 받아들일 수 있는 상황이었기에 가능한 것이었는지 모를 일이다. 바로 이러한 점 때문에 그들의 運身도 상당한 폭을 지니지 않았을까 생각해 본다. 그리고 그들에게 이러한 사회경제적 처지가 주어지는 배경에는 토지를 매개로 하는 그들의 역할과 이를 통한 일정 정도의 독자적 경리가 중요한 배경으로 자리하고 있었다 할 것이다.

3節 僧徒

僧徒란 통상 사원에서 종교적 기능을 수행하는 '僧의 무리' 혹은 승려와 그 제자들로 구성된 '僧侶의 門徒'를 가리킨다.[190] 그러나 이들의 용례를 자세히 검토해 보면 단순히 僧의 복수로서의 의미가 아니라, 적어도 고려시대에 있어서는 승려를 포함하면서도 이 보다는 더욱 포괄적인 집단의 의미를 담고 있는 것 같다.[191] 이들은 사원에서 불도에 정진하는 순수한 승려와는 또다른 하나의 성원을 이루면서 집단적으로, 혹은 개별적으로 그들의 역할을 수행하고 있었다.

고려시대 승도에 관해서는 개별주제로서 본격적으로 검토한 연구는 많지 않으나, 이들이 보여주는 활동양상의 중요성 때문에 일찍부

---

[190] 耘虛 龍夏, 《佛敎辭典》 東國譯經院, 1961. p.501.
韓國佛敎大辭典編纂委員會, 《韓國佛敎大辭典》 3, 1982. p.878.

[191] 《高麗史》를 중심으로 이 시기 史書에 나타나고 있는 '僧徒'의 용례들에 비추어 보면 그리 단순하지만은 않을 듯 하다. 이런 점에서 다음과 같은 '徒'의 의미도 참고해 볼만하다고 본다. 즉, '步兵', '人夫', '從者', '門人', '弟子'의 語意가 있기 때문이다(諸橋轍次, 《大漢和辭典》 권 4, 1984, pp.869~870).

터 선학들에 의해 언급되어 왔다. 그같은 관심은 접근시각에 따라 무신집권기 무인정권에 대응한 무력적 활동이나192) '隨院僧徒'에 관한 해석이 주종을 이루어 왔다고 할 수 있다.193)

그러나 이러한 연구를 진행함에 있어서 전제되어야 할 이들의 용례에 관한 검토라든가, 이들이 어떤 유형을 이루고 있었는지에 대해서는 아직 구체적인 관심이 기울여지지 않은 것 같다. 그리하여 본 절에서는 먼저 ≪高麗史≫에 드러나고 있는 '僧徒' 관련 기사를 중심으로 이들의 범주와 유형을 검토하고자 한다. 다음으로 隨院僧徒를 비롯한 이들이 고려후기 사회에서 어떠한 활동양상을 보이고 있으며, 또 사원경제 혹은 사원전의 경영과 관련해서는 어떤 역할을 하고 있는지에 대해서도 접근해 보기로 한다. 이러한 작업은 고려후기 사원전 경영에 참여한 이들의 역할은 물론 고려시대 사원 안밖의 인적

---

192) 다음과 같은 논고가 있다.
　　金鐘國, <高麗武臣政權と僧徒の對立抗爭に關する一考察> ≪朝鮮學報≫ 21·22合輯, 1961.
　　邊太燮, <農民·賤民의 亂> ≪한국사≫ 7, 1977.
　　鄭鎭禹, <高麗武臣政權과 僧徒와의 對立> ≪淸大史林≫ 4·5합집, 1985.
193) 이를 부분적으로 언급하고 있는 논고는 다음과 같다.
　　白南雲, ≪朝鮮封建社會經濟史≫ 上, 1937. p.838.
　　李基白, ≪高麗史 兵志 譯註≫ 1969. p.69.
　　姜晉哲, ≪高麗土地制度史研究≫ 1980. pp.155~156.
　　閔丙河, <高麗時代 佛敎界의 地位와 그 經濟> ≪成大史林≫ 1, 1965.
　　金潤坤, <麗代의 寺院田과 그 耕作農民> ≪民族文化論叢≫ 2·3합집, 1982. pp.177~178.
　　다음의 글은 '隨院僧徒'를 독립적으로 다룬 논고이다. 앞의 것은 기왕의 諸論을 종합하면서 대체로 '僧徒'를 '隨院僧徒'의 類로 이해하고 있고, 후자는 전자의 견해를 수용하여 주로 고려전기 사원경제와 더불어 그들의 경제적 활동을 포괄적으로 서술하고 있다는 인상이다.
　　李相瑄, <高麗時代 隨院僧徒에 대한 考察> ≪崇實史學≫ 2, 1984.
　　金炯秀, <高麗前期 寺院田의 經營과 隨院僧徒> ≪한국중세사연구≫ 2, 1995.

구성원을 이해하는데 있어서도 필수적인 작업이 될 것으로 본다.

1. 僧徒의 範疇와 類型

≪고려사≫에서 승의 집단을 지칭하는 용어는 여러가지 이다. '沙門', '僧輩', '群僧', '緇流', '緇徒' 등이 그러한 예이다. 이들은 대체로 出家하여 受戒를 거쳐 불도의 완성을 위해 정진하는 부류들이었다. '승도'라는 용어도 이와 비슷하였다.

> ① 시중 崔齊顔에 명하여 구정에 분향하고 街衢의 經行을 拜送케 하였는데, …… 僧徒들이 법복을 입고 따라 가면서 불경을 외우며 監押官도 관복을 입고 걸어서 그 뒤를 따라 시가지를 순행한다.194)
> ② 왕의 명령으로 僧徒들을 연경궁에 모아놓고 大藏經을 轉寫하되, 1년을 기한으로 하게 하였다.195)
> ③ 왕의 생일이라 하여 普愚를 내전에 불러들여 僧 108명을 飯僧하였다. 이 때 住持가 되고자 僧徒들이 모두 愚에 붙어서 청탁하였다. 왕이 이르기를 "지금부터 禪敎宗門의 주지는 그대가 심사 배치하라. 과인은 다만 임명서만 내리겠다"라고 하였다. 이리하여 僧徒들이 다투어 그의 門徒가 되었는데 그 수를 헤아릴 수 없었다.196)

---

194) 「命侍中崔齊顔 詣毬庭行香 拜送街衢經行 …(中略)…僧徒具法服 步行讀誦 監押官 亦以公服步從 巡行街衢」≪高麗史≫ 卷 6, 世家 靖宗 12년 3월 신축.
195) 「以王命 集僧徒於延慶宮 轉藏經 卒歲爲期」≪高麗史≫ 卷 34, 忠宣王 4년 춘정월 정유.
196) 「王以誕日 邀普愚于內殿 飯僧百八 時僧徒 求住寺者 皆附愚于請 王曰 自今 禪敎宗門寺社住持 聽師注擬 寡人 但下除目爾 於是 僧徒爭爲門徒 不可勝計」≪高麗史≫ 卷 39, 世家 恭愍王 5년 4월 을유.

①에서와 같이 왕이 큰 거리로 경행을 배송하는데 법복을 입고 따라가면서 불경을 외우는 것이나, ②의 기사처럼 궁에서 대장경을 전사하는 일은 승려의 본분에 걸맞은 행동이다. 이때의 승도는 곧 승려들을 지칭한 것이다. 또 ③에서처럼 보우에게 붙어 주지가 되고자하는 승도들은 내전에서 飯僧을 마친 승들로 위와 마찬가지의 경우이다.

그런데 이러한 '승도'의 용례에 조금더 관심을 기울여 보면, 이들 용례들이 모두 순수한 승려의 집단을 지칭했다고는 보기 어려운 사례를 발견하게 된다. 다음의 기사가 참고된다.

> 또 승도를 뽑아 降魔軍으로 삼았다. 國初에 중앙과 지방의 사원에는 모두 隨院僧徒가 있어 항상 勞役을 담당하였는데 마치 郡縣의 居民과 같았고, 恒産을 가진자가 많아서 千百에 이르렀다. 매번 국가에서 군사를 일으킬 때면 또한 중앙과 지방에 있는 여러 사원의 수원 승도를 징발하여 각 군에 나누어 소속시켰다.197)

항상 勞役을 담당하며, 郡縣에 居住하는 民과 같았다는 이들은 분명 佛道를 수행하는 승려 본연의 모습으로 보기는 어려운 것이다. 오히려 이들은 仁宗 원년 개경을 다녀간 宋使 徐兢이 본 袈裟를 입지 않고 계율을 지키지 않는다는 在家和尙에 다름 아닌듯이 보인다.198) 그러나 이들도 분명하게 '승도'로 지칭되고 있음을 여기서 확인하게 된다.

---

197) 「又選僧徒爲降魔軍 國初內外寺院 皆有隨院僧徒 常執勞役 如郡縣之居民 有恒産者多至千百 每國家興師 亦發內外諸寺隨院僧徒 分屬諸軍」《高麗史》 卷 81, 兵志1 兵制 肅宗 9년 12월.

198) 徐 兢,《高麗圖經》在家和尙.

다시, 이와는 좀 다른 사례들을 찾아 보기로 하자.

① 陰陽會議所에서 아뢴바, "근래에 僧俗 雜類들이 떼를 지어 萬佛香徒라 부르며 염불도 하고 불경도 읽어 궤탄한 짓을 하며, 혹은 서울과 지방의 사원들에서 僧徒들이 술과 파를 팔며, 혹은 무기를 가지고 악을 짓고 날뛰면서 유희를 하는 등으로 倫常과 풍속을 문란케 하고 있다.199)

② 僧俗 10여 인이 무기를 들고 뛰어 나와 崔忠獻의 하인 몇사람을 때려 눕혔다. …… 최충헌의 도당 指諭 申宣胄, 奇允偉 등은 僧徒들과 서로 얽히어 격투가 시작되었다. 최충헌의 都房 六番들이 궁성밖에 집합해 있었으나 최충헌의 생사를 몰랐는데 최충헌을 따라서 내전에 들어갔던 茶捧 盧永儀라는 자가 대궐 지붕위로 올라가 큰 소리로 말하기를 "우리 대감은 무고하다"라고 하였으므로 도방들이 앞을 다투어 궁중으로 돌입해서 최충헌을 구출했고 승도들은 패해서 도망갔다.200)

③ 戰船을 만들기 위하여 僧徒들을 경산 및 각 도에서 징발하였는데, 양광도에서 1천명, 교주·서해·평양도에서 각각 500인, 경산에서 300명이었다. 슈을 내려 이르기를 "승도들이 만약 구차하게 피하는 자가 있으면 즉시 軍法으로 처리할 것이다."하였다.201)

---

199) 「陰陽會議所奏 近來 僧俗雜類 聚集成群 號萬佛香徒 或念佛讀經 作爲詭誕 或內外寺社僧徒 賣酒鬻葱 或持兵作惡 跳躍遊戲 亂常敗俗」《高麗史》 卷 85, 刑法2 禁令.

200) 「僧俗十餘人 持兵突至 擊從者數人…(中略)…忠獻黨指諭申宣胄 奇允偉等 與 僧徒 相格鬪 忠獻都房六番 皆集宮城外 不知忠獻生死 有茶捧盧永儀者 初隨忠獻入內 登屋大呼曰 吾公無恙 於是都房 爭入救之 僧徒敗走」《高麗史》 卷 129, 列傳42 崔忠獻傳.

201) 「徵造戰船僧徒於慶山及各道 楊廣道一千人 交州西海平壤道 各五百人 慶山 三百人 令曰 僧徒如有苟避者 輒以軍法論」《高麗史》 卷 81, 兵志1 辛禑 3년 3월.

①은 인종 9년 6월 음양회의소에서 올린 글의 일부이다. 이를 보면 만불향도로 말미암아 내외사원의 승도들이 酒·蔥을 판매하고 있음이 주목된다. 이에 의하면 승도는 속세 신도들의 집단인 香徒와 일정한 연관을 가지는 것으로 보인다.202) 그리고 상행위 뿐만 아니라 무기를 가지고 횡행하기도 하고, 倫常과 풍속을 어지럽히는 부류로 내비친다. 이러한 승도들은 사원의 적극적인 비호를 받으면서 유사시에는 무력을 행사하는 부류들로 지목될 만 하다.

②의 기사는 최충헌 집정 초기에 그에 대항하고 있는 승도들의 활동을 극명하게 보여주는 기사다. 승과 속으로 이루어진 이들이 사원의 무력기반임을 단적으로 보여주고 있다. 이들 가운데는 승려도 일부 있었지만 다수의 속인들이 한 무리가 되어 있음을 알 수 있다. 이들은 모두 무기를 들고 소속 사원의 이해를 관철시키려는 무력단체 같은 느낌을 준다.

③의 기사는 앞의 두 예와는 또다른 경우이다. 이들은 국가의 역을 위해 징발되고 있는 부류였다. 이러한 부류의 사례는 다른 곳에서도 적지않게 나타난다.203) 그런데 이들이 피역할 경우 군법의 규제를 받아야 함이 드러나고 있어 주목되는 것이다.

---

202) 香徒는 불교적 신앙행위를 통한 祈願에 목적을 두고 조직 되고 있으며, 일정 영역내의 공동체적 결속 강화에 중요한 계기로 작용할 수 있는 성격을 지니는 것으로 이해된다. 이런 점에서 香徒의 구성원들은 해당 사원과 밀접한 연관을 지니고 있다. 이들 향도의 性格에 대해서는 다음의 글이 참고된다. 蔡雄錫, <高麗時代 香徒의 社會的 性格과 變化> ≪國史館論叢≫ 2, 1989.

203) 다음과 같은 사례들이 그러한 예다.
 •「(仁宗 13年) 發西南界州縣卒二萬三千二百 僧徒五百五十 負土石集材木」 ≪高麗史≫ 卷 98, 列傳11 金富軾傳.
 •「(恭愍王 16年) 命放影殿役夫 止留工匠 及僧徒 時徵發六道丁夫 督役太急 逃者相繼」 ≪高麗史≫ 卷 41, 世家 恭愍王 16년 4월 丙寅.
 •「瑩欲造戰艦 發諸道軍 又募僧徒」 ≪高麗史≫ 卷 113, 列傳26 崔瑩傳..

이렇게 다양한 용례들로 나타나고 있는 승도들을 한마디로 정의하기는 대단히 어렵다. 그러나 이러한 사례를 통하여 우리는 고려시대의 '승도'는 승려를 지칭함은 물론이고, 이들 외에도 승이 아닌 여타의 부류로 사원에 부속한 인원들이 다수 포함된 것임을 알 수 있다. 또 순수한 승려 외의 존재인 저들은 사원의 주변에서 恒産의 상태를 유지하면서 사원의 일정한 요구에 부응하고 있었고, 때에 따라 국가에서 요구한 역에 대해서도 소속 사원의 이름으로 참여하는 부류임을 알 수 있다. 이제 이들을 유형화하여 좀더 구체적으로 살펴보기로 하자.

고려시대 '僧徒'가 일반 승려들 만을 지칭하는 것이 아니라면 이들은 어떤 부류들로 구성되어 있었을까. 그리고 어떠한 배경하에서 이같은 존재가 가능하였는가 하는 점을 살펴볼 필요가 있겠다. 먼저 후자부터 살펴보기로 하자.

사원은 고려 불교의 구심점에 위치하면서 다양한 인적구성을 하고 있었다. 그것은 통상 四部大衆이라고도 일컬어지지만, 줄여서 僧과 俗(信徒)으로 구분할 수 있을 것이다. 승은 신도 가운데 出家와 受戒를 거쳐 불도의 완성을 위하여 정진함을 그 本分으로 하였다.

信者 한 사람이 출가하여 완전한 승이 되기까지는 여러가지 절차가 필요하였다. 만약 10대에 출가한 경우 18세가 되면 沙彌·沙彌尼가 될 수 있고, 20세가 되어야 具足戒를 받으면서 比丘 또는 比丘尼가 될 수 있었으나 세밀한 연령상의 제한은 보이지 않고 대체로 출가는 15세 이전이어야 했다.[204] 그리고 구족계는 僧으로서 완전한 자

---

204) 이러한 出家 연령은 승려들의 금석문을 통해 추정된다. 이에 의하면 승으로 출가하는 연령은 대략 10~15세에 집중적으로 나타나고 있다. 이것은 고려시대 國役 부담 연령과도 일정하게 연관되고 있었다. 許興植, <佛敎

격을 갖춘 자로 공인하는 의식이었다.

그런데 우리는 신자가 출가하는 과정을 통하여 유의할 만한 몇가지 사실을 발견하게 된다. 먼저 僧이 되기 위해서는 여러가지 제약이 있었다. 이러한 제한은 기본적으로 四子 혹은 三子 이상을 둔 부모의 자식이어야 하였다든가,[205] 州縣의 吏인 경우는 비록 多子者라 하더라도 그 자제는 반드시 사전에 官의 허락을 얻어야 하였으며,[206] 천인의 자제와 범죄자는 승이 되는 자격이 박탈, 금지되는 것 등을 들 수 있다.

그리고 정식으로 출가가 허락된 경우라 하더라도 수련과정을 거쳐 일정한 절차 아래에서 公認되어야 한다는 점이었다. 곧 이는 국가에서 지정한 사원에서 공식적인 受戒가 있어야 함을 의미하였다. 그러나 이들이 수계할 수 있는 官壇寺院은 극히 제한되어 있었다.[207]

그런데 고려 불교의 방만한 규모와 조직을 감안해 볼 때 실제로 어느 정도 효율적으로 국가에 의해 통제되었겠느냐 하는 점도 의문

界의 組織과 行政制度>≪高麗佛敎史硏究≫ 一潮閣, 1986. pp.318~319.

205) ・「制 凡有四子者 許一子出家於靈通嵩法普願桐華等寺戒壇」≪高麗史≫ 卷 6, 世家 靖宗 2년 5월 申卯.
・「制 兩京及東南州府郡縣 一家有三子者 許一子 年十五 剃髮爲僧」≪高麗史≫ 卷 8, 世家 文宗 13년 8월 丁亥.

206) 「州縣吏 有三子者 毋得剃度爲僧 雖多子 須告官 得度牒 許剃一子 違者 子及父母 俱治其罪」≪高麗史≫ 卷 85, 刑法2 禁令 忠肅王 12년 2월.

207) 현재로 알려진 官檀寺院은 興國寺・靈通寺・嵩法寺・普願寺・桐華寺・福泉寺・華嚴寺・通度寺・長谷寺・迦耶山岬寺・靈神寺・海印寺・藏義寺・法泉寺・摩訶岬寺・福興寺・佛日寺 등이다. 이들 관단이 설치된 사원은 약간의 瑜伽宗 사원을 제외하면 거의 華嚴宗에 속한 사원이었으므로 이 때문에 종종 曹溪宗이나 天台宗에 속한 승들은 다른 종파의 사원에서 수계하여야 했다. 또 이러한 이유로 私壇에 의한 受戒도 필수적으로 나타났을 것으로 지적되기도 한다. 許興植, <佛敎界의 組織과 行政制度>≪高麗佛敎史硏究≫ 一潮閣, 1986, pp.320~322.

이다. 물론 太祖代 이래 고려는 지방세력을 포섭하는 일환으로 羅末의 사원을 추인하여 통치권에 흡수하는 노력을 단계적으로 추진하고 이를 통하여 점차 물질적 인적인 기반을 파악하여 <裨補記>라는 문서를 작성하고, 또 이에 바탕하여 행정적 통제를 지향하고 있었다.208) 그러나 성종대 최승로가 올린 상소문에도 나타나듯 소재 지역에 대한 사원의 영향력이 계속되고 있다거나,209) 이후의 시기에도 다양한 활동을 보이고 있는 승도들의 존재 형태 등을 감안하면 이러한 지향이 어느 정도 성과를 거두었을까 하는 점은 여전히 의문으로 남는다. 그나마 후기에 이르러서는 관단체제가 무너지고 사실상 僧에 대한 국가 공인의 의미는 '度牒'이라는 형식으로 추인 정도에 머물 수 밖에 없는 실정이었다.210) 승정의 문란과 종파간의 갈등이 심각한 가운데211) 승려들의 자질을 검증할 수 있는 제도적 장치는 오히려 와해되고 이들의 세속화와 더불어 여러가지 문제를 야기시키기도 하였던 것이다.

또 다른 배경으로는 고려시대 사원에는 사원 고유의 종교적 기능과는 별개로 사회경제적 이유, 혹은 개인의 일신상 이유212) 등으로

---

208) 韓基汶, <高麗時代 寺院의 統制와 編制> ≪韓國佛敎文化思想史≫ 上, 1992. pp.737~742.
209) 「諸寺僧人 各於州郡 差人勾當 逐年息利 勞擾百姓 請皆禁之 以其錢穀 移置 寺院田莊 若其主典有田丁者 幷取之 以屬于寺院莊所 則民弊稍減矣」 ≪高麗史≫ 卷 93, 列傳6 崔承老傳.
210) 다음의 글은 고려후기 불교계에서는 公的 受戒가 사실상 무너지고 度牒을 통하여 승려의 파악과 자질검사를 시행하였다고 보고있다.
崔鎭錫, <高麗後期 度牒制에 대하여> ≪慶熙史學≫ 3, 1972.
姜京南, <度牒制考> ≪東國思想≫ 16, 1983.
211) 이러한 점에 대해서는 다음의 글이 참고된다.
許興植, <僧政의 紊亂과 宗派間의 葛藤> ≪高麗佛敎史硏究≫ 一潮閣, 1986.
212) 예를 들면 고려시대 사원과 승려는 醫療의 기능을 가지고 있었음이 짐작되는데(許興植, <高麗社會의 佛敎의 基盤> ≪高麗社會史硏究≫ 亞細

恒居하고 있는 무리들이 상당수 포함되어 있었을 가능성이다. '승도'
는 바로 이러한 고려사회 불교계 안팎의 구조로부터 발생한 것이었
다.
 그러면 이러한 승도들은 구체적으로 어떠한 유형으로 나타나고 있
었을까. ≪高麗史≫에 보이는 '승도'관련 기사를 일별해 보면 이들은
대개 다음의 몇 유형으로 나누어 볼 수 있겠다.
 앞서 언급한대로 승도가 승 전체를 포괄적으로 지칭하는 경우도
없지 않았다. 사원에는 主持를 중심으로 職制에 따라 각종의 職任을
맡은 승이 분장되어 있었고, 이들은 修行과 불교의식의 집행, 신도와
의 유대관계, 사원의 유지 등으로 분주하였을 것이다. 곧 이들로서
대표적인 승도의 예를 다음 예에서 찾아볼 수 있지 않나 한다.

> 보제사 僧 貞雙 등이 왕에게 아뢰기를 "9산문 사원의 參學 僧徒들
> 을 가려 進士의 例에 의하여 3년에 1번씩 뽑으소서"하니 이에 따랐
> 다.213)

 물론 위에 보이는 참학승도에 대한 선발은 官壇이 없는 종파에 대
한 배려로 생각될 수 있다. 그러나 이런 류의 승들은 종파에 무관하
게 존재하였을 것이다. 사원의 규모에 따라서 그 사정은 다소 다르겠
지만 대개의 사원에는 다수의 수도승이 상존하고 있었을 것이기 때
문이다. 그러므로 승도라 함은 위의 기사가 보여주는 參學들이 대표
적인 한 부류가 될 것이다.

 亞文化社, 1981. p.433), 이러한 기능은 개인이 건강 등 일신상의 이유로
 사원에 恒居할 수 있었음을 짐작케 한다.
213)「普濟寺僧貞雙等奏 九山門參學僧徒 請依進士例 三年一選 從之」≪高麗史≫
 卷 10, 世家 宣宗 원년 정월 기사.

여기서 '參學'은 단순한 수식어가 아니라 일부 금석문에서 보여지듯 고승의 문인 또는 문도의 최하위에 위치한 승을 의미하였다.214) 그리고 기본적으로 이들은 사원의 고유기능과 관련하여 승으로서 본분에 충실한 부류들이 아닌가 한다. 이들이 '進士의 例에 의해 3년마다 1번씩' 계속 선발되었는지는 확인되지 않으나, 그렇다고 한다면 이들 가운데 상당수는 僧科까지 거쳐 정식의 수계과정을 밟았을 것으로 보인다.215) 그러므로 이들이야말로 정식 관단을 거쳐 僧階로 나아갈 수 있었던 부류로 불교 사원 본연의 기능에 충실한 승도였으리라 믿어진다.216)

　그런데 ≪高麗史≫에는 이같이 僧을 지칭하면서도 불도에 충실한 승의 집단과는 별개인 승도의 예를 보여주는 기사들이 있는데, 다음의 경우들이 그런 류로 참고된다.

---

214) 이러한 점은 다음의 자료를 통해 이해해 볼 수 있다.
　　<億政寺大智國師智鑑圓明塔碑> ≪朝鮮金石總覽≫下, pp. 715~716.
　　<雲門寺圓應國師碑> ≪韓國金石全文≫ 中世上, pp.665~668.
　　전자의 경우 門徒중에 僧의 제일 하단에 해당하는 雲水 다음 俗門徒 바로 앞에 5人이 刻字되어있고, 후자의 경우 陰記에 「雲門寺圓應國師碑陰門徒姓名具錄」이라하고 批職 24員으로 부터 法理住持重大師 57員, 法理名公 29員, 加階 29員, 加階石工 50員 등으로 고위 승직으로부터 차례로 인명을 刻字해 두고 있으며, 이 가운데 參學 42名職이 맨 나중에 각자되어 있다. 이것으로 보아 참학은 승려의 서열상 맨 아래에 위치한 승이었음을 알 수 있다. 그러므로 이들 참학은 최하급의 승려일 가능성이 크다.

215) 僧科는 具足戒의 과정에서 講經을 시험한 과정과도 유사성이 있으나 고려에서는 구족계의 다음 단계로 철저히 강화되었으며, 僧選, 大選, 禪佛場 등의 용어로 쓰여지고 있었다. 許興植, <高麗의 佛敎制度와 그 機能> ≪高麗佛敎史硏究≫ 一潮閣, 1986. p.323.

216) ≪三國遺事≫에 보이는 다음의 '僧徒' 사례도 이와 유사한 성격이 아닐까 한다. 「太和元年丁未 入學僧高麗釋丘德 齎佛經若干函來 王與諸寺僧徒 出迎于興輪寺前路」(≪三國遺事≫ 卷 3, 塔像 前後所藏舍利) 이를 보면 기본적으로 승도 본연의 역할은 불교의식과 관련된 것일 것이다.

① 근래에 僧徒들이 생업을 탐하고 영리를 도모함이 거의 다 그러하다. 이제 濁한 것을 막고 淸한 것을 들추어 그 弊를 救하고자 하니 淸高한 僧徒로 산림에 자취를 감추고 있는자를 찾아내어 천거하라.217)

② 근세 이래 僧徒들이 그 스승의 욕심을 적게 하라는 가르침을 돌아보지 않아, 토지의 조세와 노비의 노동을 부처에게 봉양하지 않고, 승이 스스로 자기 몸을 부유케 하며 …… 원컨대 지금부터는 道行이 있는 자를 가려 뽑아 諸 寺院에 주지로 삼으소서.218)

이를 보면 僧을 공경해야 한다는 기본적 믿음을 견지하면서도, 재물을 탐내고 謀利하는 이들을 마음이 淸高하고 道行이 있는 승과 그 성격을 구분하고 있는 것이다. 그런데 이러한 기사는 다음과 같은 공통점을 가지고 있다. 곧 사원의 지나친 경제행위로 그 폐해가 지적되거나, 그것이 儒者 관인에 의해 비난받고 있는 경우이다. 물론 이러할 경우 승의 무리를 지칭하는 승도도 다양하게 분류될 수 있3음을 시사한다.219) 그러나 이들은 승에 대한 범칭일 뿐 사원의 인적 구성을 나타내는 특징적인 용례로 보기는 어려운 것이다.

---

217) 「近來僧徒 貪生謀利 比比皆是 今欲激濁揚淸 以救其弊 其淸高僧徒 遁迹山林者 所在官 搜訪薦奏」≪高麗史≫ 卷 18, 世家 毅宗 22년 3월 무자.

218) 「近世以來 僧徒不顧其師寡欲之敎 土田之租 奴婢之傭 不以供佛 僧而自富 …(中略)… 願自今 選有道行者 住諸寺院」≪高麗史≫ 卷 111, 列傳24 趙暾 附 趙仁沃傳.

219) 예컨대, 麗末 鮮初를 다루고 있긴 하나, 한우근은 승려신분의 구성을 상류계층, 중류계층, 그리고 하급승려로 나누었다. 씨는 이 가운데 權化僧 혹은 緣化僧의 부류를 중류계층으로 상정하고 이들이 중외로 횡행하면서 폐단이 많았다고 보고 있다(韓㳓劤, <麗末~太宗朝의 抑佛策과 佛敎傳承> ≪儒敎政治와 佛敎≫ 一潮閣, 1993. pp.35~47). 그러나 본고에서는 이러한 僧의 세부적 유형에 대해서는 언급하지 않기로 한다.

다음으로 상정할 수 있는 승도의 유형은 庸僧의 성격을 지니는 부류이다. 이들 용승을 직접적으로 '승도'로 명명한 용례는 찾아지지 않는다. 그러나 승이면서 국가가 요구하는 각종의 역에 동원되고 있는 승도들의 사례는 다수가 나타나고 있는데, 이들은 곧 기본적으로 불법의 수행에 임하였을 것이지만 사원에서 행해지는 각종의 특수한 노동과 밀접한 관련을 지닌 부류로 보이는 용승으로 상정되는 것이다. 다음의 기사가 참고된다.

> 教書를 내려 이르기를 …… 이제부터 僧俗이 서로 절하는 것은 법대로 엄중하게 취급할 것이며, 비록 居家 庸僧이라 할지라도 官役에 차출하지 말라" 하였다.[220]

고려가 불교를 국교로 존숭한 왕조임은 부인할 수 없는 사실이다. 따라서 승려는 일종의 특권적 신분이 되었는데, 고려후기에도 예외는 아니었다. 충선왕이 즉위하여 宿弊의 革去를 기도하였으나 개혁의 대상이 되었던 부원배를 비롯한 권문들의 방해공작으로 재위 8개월 만에 元에 소환을 당하기도 하였다. 그런 그가 당시 시정의 개혁을 담은 교서를 내렸는데,[221] 그 가운데 불교계를 지적한 것 중의 일부가 위의 내용이다.

그런데 여기서 '庸僧'에게조차 官役에 차출하는 것을 금하고 있는 것은 무슨 까닭일까. 기본적으로는 불교를 존숭한 왕조의 국왕으로서

---

220) 「敎 …(中略)… 自今 僧俗相拜者 重論如法 雖至居家庸僧 勿差官役」≪高麗史≫ 卷 33, 世家 忠宣王 즉위년 5월 계사.

221) 충선왕이 단행한 개혁의 배경과 성격에 대해서는 다음의 글이 참조된다.
金光哲, <高麗 忠宣王의 現實認識과 對元活動> ≪釜山史學≫ 11, 1986.
이익주, <충선왕 즉위년(1298) '개혁정치'의 성격 -관제(官制)개편을 중심으로-> ≪역사와 현실≫ 7, 1992.

어쩌면 당연한 조처로 이해될 수 있을 것이다. 그러나 승도에 대한 관역의 차출은 이전부터 있어 오던 일이었고, 충선왕 자신 또한 불교를 특별히 존숭한 왕은 아니었다. 그런 그가 이같은 조치를 내리고 있는 배경은 무언가 다른 요인이 내재해 있다는 인상이다. 곧 그것은 이들이 관역에 참여함으로써 발생하는 폐단과 관련되는 것일 것이다.

충선왕이 수선 후 발표한 개혁교서에는 사원의 현실문제가 지적되고 있는데, 그 내용은 대개 권력층에 의한 願刹建立의 금지와 賂物로 僧職을 사는 행위를 엄단한다는 것 등이 골자였다. 또 '승들의 批職이 많으면 나라가 망하고 집안이 패한다'고 하는 속담을 인용하면서, '현재 그 비직의 수가 너무 많으니 해당 책임자에게 지시하여 표창하거나 강직한 자를 조사하여 보고하고, 이제부터 승으로서 法德이 높아서 특수한 직위에 있는 자에게 法號를 주도록 할 것이다'라는 대목이 눈에 띠는 것으로 보아222) 그가 유달리 僧을 우대하거나 장려하는 입장은 아니었던 것이다.223)

그렇다면, 그런 그가 이들 '庸僧'들에게 官役에 차출하는 것을 금한 동기는 어디에 있었던 것일까. 이것은 일차적으로 관역에 참여한 자에게 관직과 품계를 올려주고 布를 감면해 주는 등 그동안 그들의 신분상승과 경제적 시혜 등 특혜를 베풀었던 관례와 일정한 관련을 지닌다고 할 것이다.224) 곧 이러한 사례들이 누적되어 승의 비직을

---

222) 「諺曰 僧多批職 亡國敗家 今批職之數過多 令有司襃貶申聞 今後 有法德 殊勝者 方加法號」≪高麗史≫ 卷 33, 世家 忠宣王 즉위년 1月 무신.
223) 이러한 충선왕의 불교계에 대한 인식은 자신의 사상적 기반과도 일정한 관련을 지닐 것이라는 점도 지적되고 있다. 곧 세자시절부터 元都에서 儒學에 많은 관심을 가졌다거나, 忠烈王 이후 고려 국내의 학문적 경향은 그로 하여금 새로운 儒敎的 政治理念을 모색하게 하였을 것이라는 점 등이 그러한 이유이다. 金光哲, <高麗 忠宣王의 現實認識과 對元活動> ≪釜山史學≫ 11, 1986. pp.22~28.
224) 이러한 사례는 이들을 동원 활용한 만큼이나 다양할 것이다. 다음의 현

과도하게 하였으며, 이로 인한 폐해가 컸던 것이다.

또 하나의 이유는 이들의 존재형태에서 비롯하는 문제점 때문이 아닐까 한다. 위의 자료가 보여 주는대로 이들은 주로 '居家'하는 형태가 많았을 가능성이 크다. 때문에 이들을 '거가 용승'이라 표현한 것이 아닌가 한다. 또 여기서 '居家'라는 말은 '在家' 혹은 '挈家'로도 의미지울만 한데, 이런 의미에서 이들은 가정을 가진 승이라는 의미로도 받아들여 질 수 있을 것이다. 이들이 俗家에 있으면서 국역을 지지 않고, 경우에 따라서는 특혜를 받는 폐해가 있었던 것이다. 다음의 기사는 그러한 예가 될 것이다.

妻가 있는 僧을 징발하여 重光寺의 役徒로 충당토록 하라.225)

이러한 징발에 부응한 승도에게 포상한 사례는 앞에서 언급한 바 있다. 그러나 이들은 이러한 성격의 승도임에도 불구하고 '上不拜君王'하고 '下不拜父母'하는 엄연히 속과는 분별되는, 승의 특권이 최소한으로 주어지는 자들이었던 것이다.226) 그런데 이들이 국가의 역 동원에 참여하면서 적지않은 폐단이 있어왔던 것이다.

이러한 승도들은 대개 다음과 같은 역할을 맡고 있었던 부류들이었다.

① 宗門의 여러 사찰에 통첩을 보내어 役徒들을 불러 들여, 높고 낮

종대 羅城의 축조와 重光寺의 영조에 동원된 승도의 처우에서 보여지는 사례도 그 하나의 예이다. 「築羅城 營重光寺員吏僧俗工匠 並加階職 赴役者 減今年調布」≪高麗史≫ 卷 5, 世家 顯宗 21년 6월 신묘.
225) 「徵有妻僧 充重光寺役徒」≪高麗史≫ 卷 5, 世家 顯宗 20년 6월.
226) 「敎 僧人 旣已出家 固當上不拜君王 下不拜父母 況其餘乎 自今 僧俗相拜者 重論如法 雖至居家庸僧 勿差官役」≪高麗史≫ 卷 33, 世家 忠宣王 즉위년 5월 계사.

은 곳을 평평하게 다듬고, 풀 뿌리와 나뭇가지들을 제거하고, 재목을 다듬고 칸 수를 재고, 들보와 서까래를 올리고 흙을 바르고 단청을 하였다. 위쪽에 佛殿을 높이 짓고, 긴 행랑을 양옆으로 지었으며, 양쪽 행랑 끝에 다락을 지어 난간을 만들고, 양쪽 다락 사이는 回廊을 만든 다음 문을 내었다. 그 서쪽에는 學徒들의 집과 스승의 방을 만들었다.227)
② 諸將에게 명하여 土山을 일으켜 먼저 楊命浦의 산 위에 城柵을 세우고, 陣營을 펴 軍을 옮겨 이에 웅거하게 하고 僧徒 5백 5십명을 동원하여 흙과 돌을 져 나르고 재목을 모았다.228)
③ 각 도의 僧徒들을 募徵하여 전함을 건조하는데, 京山에서 300명, 양광도에서 1000명, 교주, 서해, 평양 등 각 도에서 500명씩 징모하였다. 드디어 僧徒들에게 슈을 내리고 만약 기피하는 자들이 있으면 軍法으로 논한다고 하였다.229)

①의 개국율사의 重修에 宗門의 여러 사찰에서 동원된 役徒들은 기록 말미의 學徒들과 구분된다는 점에서 庸僧으로 구성된 僧徒들로 보인다. 이들은 평소 각 사원에 존재하고 있다가, 宗門의 필요에 따라 징발되어 각종 사역에 동원되고 있었던 것이다. 좀 다른 경우이긴 하지만 ②, ③에 보이는 승도는 국가의 역에 동원되고 있는 승도의 사례이다. 이들은 성책을 쌓고 전함을 건조하는데 동원되고 있음으로 보아 임시로 급조된 인원은 아니었다. 그런 점에서 이들은 어느 정도 기술을 지닌 용승들이었던 것이다.

---

227) 「牒宗門諸刹 科徵役徒 夷崟崇 剔薈翳 繩墨曲直 筵几寬狹 棟而桷之 塈而塓之 峙峻殿于上 方引脩廡于兩傍 樓兩廡之端而軒焉 廊兩樓之間而門焉 其西則 學徒之舍 監師之堂」《益齋亂藁》卷 6, 開國律寺重修記.
228) 「命諸將起土山 先於楊命浦山上 堅柵列營 移軍據之 …(中略)… 僧徒五百五十 負土石集材木」《高麗史》卷 98, 列傳11 金富軾傳.
229) 「募徵諸道僧徒 作戰艦 京山三百人 楊廣道一千人 交州西海平壤道 各五百人 遂下令僧徒 如有苟避者 以軍法論」《高麗史》卷 133, 列傳46 辛禑 3년 3월.

다음의 금석문에 나타나고 있는 石工의 존재도 그러한 전문 인력의 예가 될 것이다.230)

① 雲門寺圓應國師碑陰門徒姓名具錄…(中略)…加階石工五十員　景春　性高　幸景　子存　洪俊　英卓　品諝　演如　誕龍　釋資　硏機　妙中　道存　懷寶　挺倫　俊玿　○雲　○○　彦○　子休　海修　善元　緣照　懷實　尙渠　圓照　妙機　尙明　闡源　弼賢　義淳　智悅　義聰　懷已　覺靖　俊英　○禪　○○　皎元　妙俊　宗彦　覺元　觀慧　觀海　彦求　惠常　齊淡　宗淵　智淸　雲淳231)

② 國師의 法孫인 雲岩寺 住持 重大師 志文이 일로서 大史氏에게 호소하여 드디어 敎旨를 받았다. 光陽縣의 貢員을 불러 그 돌(原石)을 배에 실어 玉龍寺로 보내었다. …… 石工은 華嚴寺 僧衆을 불렀고, 役夫는 光陽과 求禮 두 縣에서 징발하였다.232)

앞서 본 ①의 사례가 그러하지만, 사원에는 사찰의 重開修와 같은 여러가지 토목사업이 필수적이었으며, 이에 따라 많은 전문 인력을 필요로 하였을 것이다. 바로 위 ①, ② 사례가 보여주듯 이들 石工들은 華嚴寺나 雲門寺와 같은 중심 사원에서 집중적으로 존재, 혹은 양성되었을 가능성도 있다. 그리고 이들 중 일부는 필요한 인원을 충족

---

230) 최근에 사원의 使役僧과 工匠僧에 관한 독립된 논고가 있었다. 임영정은 다수의 금석문을 통해 이들을 추출하고, 이들의 성격을 隨院僧徒로 이해하고 있다(林英正, <高麗時代의 使役·工匠僧에 대하여> ≪韓國佛敎文化思想史≫上, 1992). 그러나 이들 가운데 工匠僧은 승으로서 그 존재형태가 분명해 그 성격이 수원승도와는 다른 庸僧으로 보면 어떨까 한다.

231) <雲門寺圓應國師碑> ≪韓國金石全文≫ 中世上 (亞細亞文化社, 1984, pp.665~667).

232) 「國師法孫 雲岩寺住持重大師志文者 以其事訴屈于大史氏 遂取旨召光陽縣 貢舡載其石 送于玉龍寺 …(中略)… 石工召華嚴寺僧衆 役夫徵光陽求禮二縣」<玉龍寺先覺國師證聖慧燈塔碑> ≪韓國金石全文≫ 中世下(亞細亞文化社, 1984. p.828).

하기 위하여 사원이 민간의 私匠을 적극적으로 초모했을 가능성도 배제할 수 없는 것이어서 이들 유입된 인원들도 포함될 수 있을 것이다.233) 이들은 각종의 石物 제작, 토목사업 등에 참여한 것으로 보인다. 그리고 사원의 이러한 전문기술 노동력의 존재는 국가적인 토목 사업에 이들의 동원을 불가피하게 하였을 것이다.

이들의 국가적 공인은 사원의 역사는 물론 국가도 유사시에 동원할 수 있는 필요 인력이었으므로 용이하였을 것이다. 설사 불법적 형태로 승이 되었다 할지라도 일단 국가의 역에 동원되어 포상을 받거나 명부에 등재되면 공인의 의미가 부여되었을 것이기 때문이다. 그러므로 이러한 용승들은 국가에서 공인하는 승이면서도 대개 사원에 거주하지 않고 居家의 성격을 띨 수 있었던 것이다.

또 이들은 앞서 본 바와 같이 특정 사원에 소속해 있기는 하였으나 독립적 거주형태를 띠고 있었으므로 소속 사원의 공역 외에 개별적인 영리활동이 가능하였을 것이고, 이럴 경우 상대적인 경제력의 차이도 있었을 것으로 보인다.234)

그런데 국가는 이러한 居家 庸僧들의 다양한 존재형태로 인하여 여러 가지 곤란한 점도 있었던 것 같다. 공민왕 원년에 '僧侶가 된

---

233) 이러한 流入은 기본적으로, 民間의 私匠보다 寺院에 소속한 전문 工匠의 더욱 나은 경제적 처우가 요인이 되어 나타났을 가능성이 있다. 그러나 이들이 庸僧으로 편입되는데는 제반 법적 제약이 컸으므로 몇몇 특수한 경우에 국한되었다고 보인다. 오히려 대다수 인원은 隨院僧徒와 같은 노동력 집단에 흡수되었을 가능성이 농후하기 때문이다.

234) 庸僧을 직접적으로 언급하고 있는 기록이 많지 않아 단정적으로 말하기는 어렵지만 鮮初 이들의 존재형태를 보여주는 다음과 같은 기사는 고려시기 이들의 경제행위를 짐작하는 데도 도움이 된다고 본다.「前判羅州牧事鄭守弘陳言 …(中略)… 一 念觀僧徒用心態度 其名利僧 則已蒙裁抑 不可更論 其餘庸僧 則爲惡不一 未有紀極 或貿易有無 以資其利 或培養木綿田 以資其利 或造成赴役 以資其利」≪世宗實錄≫ 卷 28, 世宗 7년 6월 신유.

자는 반드시 度牒을 가져야 하며 俗家에 있을 수 없다.'235) 라고 한 교서는 이를 반영하는 것이다. 그것은 기본적으로 有役人이 사사로이 출가함으로써 避役하는 것을 막는다는 의도를 반영하는 것이지만, 한편으로 이 기사는 속가에 머물고 있는 庸僧들을 국가가 분별하여 파악해 내는 것이 대단히 어렵다는 것과도 일정하게 연관되기 때문이다.

다시 이를 좀더 확대 해석하면 恭愍王代 즈음에는 度牒의 소지 여부는 차치하고라도 이들이 계속해서 俗家에 머물 경우 더 이상 僧으로서 인정할 수 없다는, 따라서 여러가지 혜택을 부여할 수 없다는 조처로도 보인다. 그만큼 속가에 머무르고 있는 용승의 경우 국가적 차원에서 파악이 어려웠다는 이야기가 될 것이다.236)

결국 이러한 용승들로 구성된 승도들은 다수가 속가에 머물고 있음으로 인해 국가적 차원의 파악에 대단한 어려움이 있었으며, 국가는 또 이들을 유사시 동원 인력으로 활용함으로써 그들을 승으로 용인해야 하는 자기모순을 안고 있었다 하겠다.

한편, 국가에서 이들을 동원할 경우에는 승록사를 통해 諸寺에 인원을 배당하여 徵募했을 가능성이 크다.237) 이러한 국가적 사업에

---

235)「爲僧者 必須度牒 不許居家」≪高麗史≫ 卷 38, 世家 恭愍王 원년 2월 병자.
236) 이런 의미에서 ≪高麗史≫에 '승도'의 용례가 매우 포괄적으로 사용되고 있는 것은 시사하는 바 있다. 물론 여기에 나타난 불교관련 기사는 性理學에 薰陶된 찬자들의 불교에 대한 비판적 인식을 깊게 반영하고 있다. 엄밀하게 승과 구별되는 부류를 승과 더불어 총칭하여 '僧徒'라고 명명한 것도 그 하나의 예가 될 것이다. 그러나 고려사회에서 실제적으로 정식 수계자인 僧으로서 그 본분에 충실한 부류와 또다른 별개의 존재인 이들을 따로 분리해서 이해하는 것은 그리 쉽지는 않았으리라 본다.
237) 僧錄司가 僧籍管理, 寺院建設, 佛敎儀式 등 僧과 敎團에 대한 제반사에 관여하였다는 점은 다음 글이 참고된다.
  張東翼, <惠諶의 大禪師告身에 대한 檢討 -高麗 僧政體系의 理解를 중심으로- > ≪韓國史研究≫ 34, 1981. pp.111~115.

승도가 참여할 경우에는 먼저 사업을 책임맡은 자가 승록사에 협조를 구하였을 것이다. 다음의 기사는 이를 시사해 준다.

　　(최영이) 戰艦을 건조하기 위하여 각 도의 군인을 징발하고 또 僧徒를 모집하였다. 이 때 僧錄을 불러 말하기를 "僧도 외적을 방어하려 하는가" 하니, 대답하기를 "僧들이 편안한 것은 나라에 우환이 없기 때문입니다. 나라에 변고가 있는데 僧만이 어찌 편안할 수 있겠습니까"라고 하였다.238)

　고려시대 전체 승의 수는 현재로서는 파악하기가 거의 불가능하다. 다만 《高麗史》에 인원을 비교적 빈번히 기술해 둔 飯僧에 참여한 인원만 고려하더라도 행사 참여인원만 일회에 보통 3만에서 많게는 10만에까지239) 이르고 있을 정도였다.240) 그러므로 고려시대 사원에는 실제 이보다 훨씬 많은 수의 僧徒들이 머물렀을 것이며, 이들 가운데는 불교의식의 집행과 수행, 신도의 관리와 교화라는 사원 고유의 기능과는 별개의 역할을 수행하는 부류들도 적지 않았을 것으로 짐작된다. 이들은 僧이 아닌 사원의 役夫, 혹은 경우에 따라서는 군사적 인력으로서의 성격이 짙은 부류였다. 그런데 이들도 '승도'로 나타나고 있다.241)

　　許興植, <佛敎界의 組織과 行政制度> 《高麗佛敎史硏究》 一潮閣, 1986. pp.342~347.
238) 「瑩欲造戰艦 發諸道軍 又募僧徒 召語僧錄曰 僧亦欲禦侮乎 曰 僧所以安 以國家無虞也 國有變 僧何獨安」《高麗史》 卷 113, 列傳26 崔瑩傳.
239) 《高麗史》 卷 4, 世家 顯宗 9년 5월 무인.
240) 《高麗史》는 다른 어떤 불교행사보다 이들 飯僧에 대한 기록들을 비교적 많이 남겨주고 있고, 시기별 참여 인원에 대해서도 잘 명시해 두고 있다. 이들 飯僧의 성격과 참여 인원 등에 관해서는 다음 글이 참고된다.
　　李相瑄, <高麗時代의 飯僧에 대한 考察 - 飯僧의 史的 性格을 중심으로-> 《誠信史學》 6, 1988.

다음과 같은 경우는 그 역할이나 성격이 승 본연의 것과는 다른 승도의 부류를 잘 보여주는 유형이라 할 수 있다.

> 尹瓘이 아뢰기를 "…… 또 僧徒들을 뽑아서 降魔軍을 조직해야 할 것입니다" 하였다. 國初에 중앙과 지방의 사원에는 모두 隨院僧徒가 있어 항상 勞役을 담당하였는데 마치 郡縣의 居民과 같았고, 恒産을 가진자가 많아서 千百에 이르렀다. 매번 국가에서 군사를 일으킬 때면 또한 중앙과 지방에 있는 여러 사원의 수원승도를 징발하여 각 군에 나누어 소속시켰다.[242]

이는 肅宗년간 降魔軍 편성의 중요한 성원으로 보아지고 있는 隨院僧徒의 존재형태를 잘 설명해 주고 있는 기사이다. 이에 의하면 이들은 佛家에서 인정하는 戒를 받고 佛法을 수행하는 승의 성격으로 이해하기 어렵다. 오히려 이들은 인위적 공동체로서 근로단체, 무력단체, 신앙단체의 의미를 강하게 풍기고 있으며, 사원의 勞役을 도맡고, 마치 郡縣의 居民과 같이 恒産이 있는 자가 많을 때는 천 백이라 하였으니 그 집단의 규모 또한 방대하였던 것 같다. 그런데 이들이 국가에 의해 승도의 한 유형으로 파악되고 있음은 주목되는 일면이다.[243]

앞의 용승과 마찬가지가 되겠지만,[244] 수원승도의 성격을 파악하기

---

241) ≪宋史≫ 高麗傳에는 「凡三京 四府八牧 郡百有十八 縣鎭三百九十 洲島 三千七百 郡邑之小者 或只百家 男女二百十萬口 兵民僧 各居其一」이라 하여 마치 전체 인구의 1/3이 僧인듯한 인상을 주기도 한다. 그러나 이는 그 기준이 모호하여 적극 수용하기 어렵다. 다만 승의 비중이 이만큼 컸다면, 이들은 '僧徒'들을 포함한 인원으로 볼 수 있지 않을까 한다.

242) ≪高麗史≫ 卷 81, 兵志1 兵制 肅宗 9년 12월.

243) 이들 수원승도의 성격에 대해서는 다음의 글이 참고된다.
李相瑄, <高麗時代 隨院僧徒에 대한 考察> ≪崇實史學≫ 2, 1984.

244) 특히 일반 民이 庸僧으로 편입되어 들어가는 경우를 말함.

위해서는 앞서 언급한 바 있는 출가에 대한 국가의 제한조치들을 상기할 필요가 있다. 즉 국가는 개인적 믿음이라는 信者의 의지와는 무관하게, 효과적인 국가적 지배를 관철하기 위한 장치로서 출가를 法으로 제한하고 있었다. 그러나 어느 시대를 막론하고 민의 신앙형태는 어떤 형태로든 표출되기 마련이었다. 특히 고려와 같이 사회적 습속이 불교와 밀접한 연관을 지녔다거나245) 사원과 民家가 근접해 있는 사정을 고려하면,246) 이러한 상황에서 민이 사원으로 유입하는 형태는 다양하게 나타났을 것이다.

가령 하층 계급의 경우 아래와 같이 役을 피해 사원에 몸을 의탁하고 있는 경우가 많았다.

① 지금 避役의 무리들이 沙門에 이름을 의탁하여서는 생계를 경영하며, 농사짓고 가축기르는 것을 업으로 삼고, 상업을 풍조로 삼는다 …… 그들 중에서 선악을 구분하고 규율을 엄격히 하려하노니 서울과 지방의 사원들을 깨끗이 정리하여 계율에 충실한 자는 전부 안착시키고 계율을 위반한 자는 법률로써 논죄할 것이다.247)
② 또 불교의 사찰은 중앙과 지방에 두루 가득하여, 일반 백성으로 役을 피해 배불리 먹고 편안히 지내는 자가 몇 千 몇 萬이 되는지 모른다.248)

---

245) 다음의 글은 이러한 사정을 잘 설명해 준다.
許興植, <佛敎와 融合된 社會構造> ≪高麗佛敎史硏究≫ 一潮閣, 1986.
246) 鮮初에 成俔이 신라와 같이 고려의 왕궁과 큰 집들이 모두 절과 연해 있었다고 한 것은 고려시대 사원이 민가와 근접해 위치하고 있음을 짐작케 한다. 「我國崇奉佛久矣 新羅古都招提多於閭閻 松都亦然 王宮甲第 皆與佛宇相連」 成俔, ≪慵齋叢話≫ 卷 8.
247) 「今有避役之徒 托號沙門 殖貨營生 耕畜爲業 估販爲風 …(中略)… 朕 庶使區分善惡 肅擧紀綱 宜令沙汰中外寺院 其精修戒行者 悉令安住 犯者以法論」≪高麗史≫ 卷 7, 世家 文宗 10년 9월 병신.
248) 「且佛氏寺觀 周遍中外 齊民逃役 飽食逸居者 不知其幾千萬焉」≪高麗史節

③ (금강산) 산중의 암자가 해마다 또 백 개씩 불어나고 있다. 큰 절로는 報德寺・表訓寺・長安寺 등이 있는데 …(중략)… 백성으로 도피하여 부역을 면하는 자 항상 수천 수만명이 있어 편안히 앉아 배부르기를 기다린다. 그러나 한 사람도 雪山에서 처럼 부지런히 닦아 道를 얻었다는 것을 듣지 못하였다.249)

물론 혈혈단신 몸을 의탁할 곳이 없는데도 出家한 경우가 없는 바는 아니지만,250) 대체로 이들은 信心을 두텁게 하고 경제적 영위를 동시에 누릴 수 있는 사원에 출가와는 또 다른 형태로 몸을 의탁하였던 것이다. 이들은 사원의 대토지 지배와 관련해서 전호로, 유사시에는 私兵과 같은 성격으로, 아니면 사원의 잡역을 담당하는 부류들로 자리하였을 것이다.

이들이 사원에 의탁하여 생계의 경영을 도모하였거나 과도한 역의 부담으로부터 도피한 부류가 지배적이었다고 하는 점은 국가나 지배자의 입장을 반영하는 것이지만, 이것으로 이들의 사회경제적 처지를 짐작하기는 그리 어렵지 않다. 이들이 곧 수원승도였던 것이다.

그런데 이들은 '院(寺)에 따른 僧徒'로 파악되고는 있으나 실제로는 승으로 假托한 무리여서 僧俗이 混淆된 구성을 보이고 있었다는 점에서 승과 속으로 분별하여 이해하기 어려운 부류가 아니었나 한다.

그런 의미에서 <淨兜寺五層石塔造成形止記>에 보이고 있는 다음의 기사도 참고해 볼만하다.

要≫ 卷 9, 仁宗 8년 7월.

249) 「(金剛山)山中菴居歲增且百 其大寺則有報德・表訓・長安等寺 …(中略)… 逃其民避其徭 常有數千萬人 安坐待哺 而未聞一人如雪山 勤修而得成道者」 ≪新增東國輿地勝覽≫ 卷 47, 淮陽都護府 金剛山.

250) ≪高麗史≫ 卷 121, 列傳 34 釋珠의 경우는 그런 예였다.
「釋珠 文宗時人 早孤無托 剃髮爲僧 刻木爲父母形 加繪飾 晨昏定省 奉養之禮 悉如平日」

第4章 寺院田의 耕作民 225

太平 7年 丁卯 12월月 日에 隨願僧俗 등 1천여 인을 戶長 柳瓊이 좌측 무리로 하고, 副戶長 承律이 우측무리로 나누어 거느리고 하루 하루 돌을 운반하여 일을 마쳤다.251)

이 기록은 정두사의 석탑재 운반에 若木郡 일원 일천명의 僧俗이 한데 어울어져 運役하고 있는 모습을 잘 보여주고 있다. 이때 '隨願僧俗'의 무리들은 대부분 그들의 願에 따른 것이며, 寺塔의 조성에 적극 동원되고 있는 인원이라는 점에서 '수원승도'와도 일정한 관련을 지니는 것으로 보인다.252) 수원승도의 인원은 기본적으로 이러한 사원의 신도와 최소한의 관련을 가지면서 승은 아니었고 사원에 소속해 있던 인원으로 보아야 할 것이다.

이들은 앞서 제시한 자료에서 보듯 유사시 국가에 의해 징발 동원될 경우에는 승도로서 파악되고 있다는 점이 주목된다. 그러므로 이

---

251) 「太平七年歲次丁卯十二月 隨願僧俗等一千餘人乙 戶長柳瓊左徒副戶長承律右徒例以分析爲彌日日以石運已畢爲」≪朝鮮古籍圖譜≫ 卷 6 (朝鮮總督府, 1918) ; ≪吏讀集成≫附錄 (朝鮮總督府, 1937, p.14) 본 자료에 대하여는 다음의 글이 참고된다.
武田幸男, <淨兜寺五層石塔造成形止記の硏究 I> ≪朝鮮學報≫ 25, 1962.
許興植, <1031년 淨兜寺 塔誌의 분석> ≪한국의 古文書≫ 民音社, 1988.

252) 본문에 명시된 조탑에 참여한 세속의 참여자와 신분을 보면 향리층이 대단히 많다는 것이 우선 주목된다(許興植, <1031년 淨兜寺 塔誌의 분석> ≪한국의 古文書≫ 民音社, 1988, pp.77~82). 그러나 이들 명문에 나타나는 대부분의 인원은 주로 그 지역의 지도층 인사 내지는 대표격이었을 것이다. 오히려 실질적 노역 참여자는 '隨願僧俗等一千人' 그들이었을 것이다. 이들은 부분적인 전문 기술자와 다수 무명의 수원승도였을 것이기 때문이다. 이때 참여한 전문 기술자 가운데 貞元伯士, 地理 延曬僧, 金徒僧 妙孝 등은 전문기술을 지닌 僧(庸僧)이라 볼 수 있을 것이며, 나머지는 俗人 기술자로 수원승도였을 것이다.

  * 造塔參與 전문기술자와 그 역할(허홍식, 위의 글, p.83참고)

들의 존재는 특정사원을 중심으로 사실상 묵과되고 있었으며, 사원은 이들을 적극 활용하고 있었던 것이다. 그런데 그와 같이 국가가 군사적 필요에 의해 수원승도를 징발하고 있는 경우, 이에 동원되고 있는 이들은 사원에서도 사병의 성격이 농후한 부류들이었을 것이다.[253]

한편 경우에 따라 이들의 모습은 다양하게 비춰지고 있었던 것 같다. 宋使 徐兢의 눈에 비친 在家和尙도 이들과 다름 아닐 것이다.

> 在家和尙은 袈裟를 입지 않고 戒律을 지키지 않으며, 흰 모시의 좁은 옷에 검정색 깁으로 허리를 묶고 맨발로 다니는데, 간혹 신발을 신은 자도 있다. 거처할 집을 자신이 만들며 아내를 얻고 자식을 기른다. 그들은 관청에서 기물을 져 나르고 도로를 쓸고 도랑을 내고 성과 집을 수축하는 일들에 다 종사한다. 邊境에 경보가 있으면 단결해서 나가는데 비록 달리는데 익숙하지 않으나 자못 씩씩하고 용감하다. 군대에 가게 되면 각자가 양식을 마련해 가기 때문에 나라에서는 경비를 소모하지 않고서 전쟁을 치를 수 있었다. 듣기로는 중간에 契丹이 고려인에게 패전한 것도 바로 이 무리들의 힘이었다고 한다. 그들은 사실 형벌을 받은 복역자들인데 이족의 사람들은 그들이 수

인 명	역 할	거주지(본관)
善州土集居院主人貞元伯土	石材마련, 石工, 또는 지휘	義全郡(本貫)
地理 延▨僧	塔 설치할 장소 선정	八居縣 土阬村
漆匠 信貞	(漆工)	(若木郡)
鑢匠 居等達	(鑢工)	(若木郡)
繡帳 寶廉 富女	(繡工)	(若木郡)
樂人 式長(等 15人)	(樂工)	(若木郡)
金徒僧 妙孝	(鍍金담당)	長只縣
鐵匠 會文	(鐵工)	

253) 시기적으로 무신집권기에 집중적으로 나타나고 있는 승도들의 조직적 저항도, 그 이면에는 이러한 사병적 성격의 수원승도들의 존재가 있었기에 가능하였을 것이다. 이 점에 관해서는, 李相瑄 <高麗時代의 隨院僧徒에 대한 考察> ≪崇實史學≫ 2, 1984, pp.7~20이 참고된다.

염과 머리를 깎아 버린 것을 가지고 和尙이라고 이름한 것이다.254)

仁宗 원년 宋의 正使 給事中 路允迪, 副使 中書舍人 傅墨卿과 더불어 고려에 와 약 1개월간을 체류한 徐兢이255) 그의 ≪高麗圖經≫에 서술해 놓고 있는 이 내용으로는 그들의 성격을 선뜻 확정짓기 어렵다. 그러나 분명한 것은, 이들이 마치 용어상으로는 在家僧과 같은 인상을 주고 있으나 그 존재 형태는 僧과는 거리가 멀다는 것이다.

곧 계율을 지키지 않는다거나 거처할 집을 자신이 직접 만들며, 아내를 얻고 자식을 기른다는 점에 이르러서는 분명 이들은 속인이라는 점을 확인하게 된다. 그리고 이들이 유사시에는 변경으로 나아가 직접 전투를 벌이는 무리라는 것이며, 이들이 從軍할 경우 스스로 양식을 마련하는 무리였다고 하는 점이다. 이 점은 이들이 恒産을 가졌다는 것과 다름 아니다. 곧 이들은 군사적 성격과 사원의 노동력으로서의 성격을 동시에 지니고 있었던 것이다.

그런데 이들에게서 하나 주목되는 것은 이들은 원래 형벌 복역자라는 것이다. 그렇다면 수원승도로서 형벌에 복역하는 자라는 것은 어떤 부류를 말함일까.

우선 僧으로서 犯法함으로 인해 신분이 박탈된 경우가 상정된다. 이럴 경우는 僧籍의 박탈 뿐만 아니라 죄질에 따라서는 가혹한 형벌이 주어지기도 하였다. 가령 犯奸의 경우가 그러했다. 곧 睿宗 원년 7월 교서에 '승도로 犯奸한 자는 영구히 鄕戶에 편입할

---

254)「在家和尙 不服袈裟 不持戒律 白紵窄衣 束腰皁帛 徒跣以行 間有穿履者 自爲居室 娶婦鞠子 其於公上 負載器用 掃除道路 開治溝洫 修築城室 悉以從事 邊郵有警 則團結而出 雖不閑於馳逐 然頗壯勇 其趨軍旅之事 則人自裹糧 故國用不費而能戰也 聞中間 契丹爲麗人所敗 正賴此輩 其實刑餘之役人 夷人以其髡削鬚髮 而名和尙耳」徐 兢, ≪高麗圖經≫ 在家和尙.
255) <高麗圖經 解題> (≪高麗圖經≫ 亞細亞文化社, 1972, pp.1~8)

것이며, 赦免을 거쳐서도 풀어주지 않는다면 가혹한 법이라고 할 것이니, 마땅히 해당 관리로 하여금 이들을 審査하여 모두 軍役에 충당시킬 것이다'256)라 한 사례는 이런 점을 짐작케 하는 것이다. 아마 이들이 죄를 범해 鄕戶에 편입되었다고 하였는데, 경우에 따라서는 사원에 예속된 취락에서 역을 가혹히 지는 무리였을 것이다.257) 그런데 유사시에 이들은 종군하면서 죄를 사하게 되는 부류였던 것이다. 그런 점에서 그들은 원래 승의 신분이었다 하더라도 이제는 이미 僧의 신분은 아니었으며, 그렇다고 해서 정상적인 國役을 지는 民도 아니었던 것이다.258) 곧 이들도 수원승도의 한 형태로 존재하고 있었던 것이다. 이들이야 말로 非僧非俗의 수원승도로 또 하나의 승도의 유형을 이루고 있었던 것이다.

이와같이 《高麗史》에 나타나고 있는 '승도'들은 대개 參學僧과 같은 하급 승들의 집단, 승의 문도들, 토목사업과 같이 대규모 인력이 요구되는 사업에 동원되는 각종의 용승들, 승속이 혼효되어 나타

---

256) 「睿宗元年七月 詔曰…(中略)… 其僧徒犯奸 永充鄕戶 經赦不原 幾乎苛法 宜令有司撿察 並充軍役」《高麗史》卷 85, 刑法2 恤刑.
257) 이렇게 사원에 예속된 취락은 '僧首'의 존재가 나타나고 있는 다음의 部曲들을 例할 수 있을 것이다.
 • 「有花開薩川兩部曲 其長皆剃頭 稱爲僧首」《高麗史》卷 57, 地理2 晉 州牧.
 • 「部曲二 花開谷 薩川谷 右二部曲長 皆剃頭 稱爲僧首 方言聲轉 今爲 矢乃」《世宗實錄地理志》晉州牧.
 • 「花開部曲 一名陜浦 在州西一百二十六里 其長剃頭 稱爲僧首」《新增東國輿地勝覽》卷 30, 晉州牧 屬縣.
 • 「薩川部曲 在州西八十一里 其長剃頭 稱爲僧首」《新增東國輿地勝覽》卷 30, 晉州牧 屬縣.
258) 그런 의미에서 이들은 다음의 《通度寺事蹟略錄》<四至四方山川裨補> 기사에 보이는 벌을 지면 洞內에서 쫓겨나 흩어졌던 삼천대덕과도 비슷한 무리가 아니었을까 한다.「又東西院三川大德 常分部於東西 築石大德 犯罰 見黜於洞內 並皆離散」(亞細亞文化社, 1983, pp.23~28).

나는 수원승도들을 통칭하는 의미로 사용되고 있었다.

그런데 이들 중 참학승 등 사원의 종교적 기능을 수행하는 승도들을 제외하면, 비교적 다양한 유형으로 이들이 구성되고 있다는 점을 주목하게 된다. 이러한 점은 고려 사회에서 불교계가 지니는 폐쇄적 구조 - 출가에 대한 신분적 제한, 공인체계의 미흡함 등 - 에서 기인 한 바도 있겠지만, 종교적 기능 외 이 시기 사원이 자리한 사회경제적 위상과도 일정한 관련이 있지 않았을까 한다.

그렇다면 이러한 사정은 12세기를 고비로 나타나고 있는 정치, 경제, 사회적 변화와 연관되어 불교계가 구조적 변화를 겪으면서 더욱 현저하게 드러나고 있었을 것이다. 점차 관단수계가 무너지고 도첩제가 실시되고 있는 상황에서 보듯 승려의 자질문제, 사원의 세속화 문제와 더불어 나타나는 여러가지 문제들 속에는 이들 승도의 존재양태도 반영하고 있지 않나 하는 것이다. 이러한 사정과 관련하여 거가용승, 수원승도와 같은 부류의 승도는 고려후기 사회에서 양산되어 상당한 비중으로 자리하였다고 볼 수 있을 것이다.

2. 活動樣相과 寺院田의 經營

이상과 같은 부류로 이루어진 승도들이 고려후기에 들어 주목되는 것은, 이들이 보여주고 있는 다양한 활동에서 이다. 이제 이들의 활동양상들을 몇 가지로 나누어 살펴보면 다음과 같다.

먼저 드러나고 있는 특징은 이들이 정치적인 무력활동을 보이고 있다는 사실이다. 특히 武臣執權期에 들어 그러한 경향은 더욱 두드러지게 나타나고 있다.259) 일부 사례를 제시해 보면 다음과 같다.

---

259) 종래 이들의 무력활동에 대해서는 註 192)의 인용 논문들에서 다루어진 바 있다. 이들 논고들에서는 대개 僧徒를 僧의 무리 혹은 僧의 범칭 정도

① 歸法寺 승려 백여 명이 城의 北門으로 침입하여 宣諭僧錄 彦宣을 살해 하니, 李義方이 군사 천여 명을 이끌고 승려 수십 명을 때려 죽이고 나머지는 모두 흩어졌는데 兵卒의 死傷者 또한 많았다. 다음날 重光寺·弘護寺·歸法寺·弘化寺 등 여러 절의 승려 2천여 명이 城의 동문 밖에 집결하였으므로 …… 드디어 절에 불을 지르고 절의 재물과 기명을 약탈해 갔다. 그러나, 僧徒들이 길에서 요격해 그것을 탈환하였다. 府兵으로서 죽은 자도 매우 많았다.260)

② 忠獻이 일이 있어 壽昌宮으로 나아가 왕을 배알하였는데, …… 僧·俗 10여 인이 무기를 들고 뛰어 나와서 충헌을 따르는 몇 사람을 때려 눕혔다. …… 충헌의 도당 指諭 申宣胄·奇允偉 등은 僧徒들과 얽혀 격투가 시작되었다.261)

③ 雲門山과 蔚珍, 草田의 賊들을 모집하여 3軍을 편성하고 스스로 正國兵馬라고 칭하면서 이웃의 州와 郡들을 유인해 위협하였다. …… 匡義가 또 보고하기를, "興州의 浮石寺·符仁寺와 松生縣의 雙岩寺의 僧徒들이 반란을 모의한다"고 하였다.262)

로 파악하고, 이들이 종래 밀착해 있던 왕실이나 문벌 귀족가문을 누르고 등장한 무신집권 세력에 대하여 정치적 대립관계를 이유로 항거한 것으로 이해하고 있다.

그러나 이러한 논지는 이에 참여한 승도들의 구성이 단순히 僧의 무리가 아니라 사원에 긴박되어 있는 다수의 非僧의 부류, 예컨대 隨院僧徒와 같은 부류들이 포함되어 있음을 감안하면, 이 시기 그들이 보여주는 활동의 성격은 더욱 폭넓은 측면에서 접근이 이루어져야 한다고 본다.

260) 「歸法寺僧百餘人 犯城北門 殺宣諭僧錄彦宣 義方率兵千餘 擊殺數十僧 餘皆散去 兵卒死傷者亦多 翌日 重光·弘護·歸法·弘化諸寺僧 二千餘人 集城東門 …(中略)… 遂焚之取貨財器皿 僧徒要擊於路 還奪之府兵 死者甚衆」≪高麗史≫ 卷 128, 列傳41 李義方傳.

261) 「忠獻 以事詣壽昌宮謁王 …(中略)… 俄有僧俗十餘人 持兵突至 擊從者數人…(中略)…忠獻黨指諭申宣胄 奇允偉等 與僧徒 相格鬪」≪高麗史≫ 卷 129, 列傳42 崔忠獻傳.

262) 「募集雲門山及蔚珍草田賊 分爲三軍 自稱正國兵馬 誘脅州郡 …(中略)… 匡義又奏 興州·浮石·符仁等寺 及松生縣雙岩寺 僧徒謀亂」≪高麗史≫

이미 알려져 있듯이 1170년 武臣亂과 뒤이은 무신들의 집권은 불교계에 적지않은 파문을 초래하였고, 이것은 결국 승도들의 저항을 불러 일으키기에 충분하였다. 이러한 점은 敎宗의 비호세력이었던 王室과 이들의 주요 檀越이었던 門閥家門의 정치적 타격에 대한 반발로 이해되기도 하지만, 이들이 그와같은 상황에서 직접적으로 의사를 표출하고 있었던 것은 주목할 만한 사실이었다. 기사 ①이 보여주듯이 이같은 움직임은 우선 특정 종파를 떠나 사원 자체만으로도 대단한 위기적 상황에서 촉발된 것으로 보아야 할 것이다. 곧 이들 '僧徒'들은 이 시기 대다수 民들이 그러했듯이 그들의 현실적 처지에 입각하여 그들의 의사를 적극적으로 표출하고 있는 것으로 이해된다. 또 ②의 기사는 분명 僧과 俗人이 연합해 무력적으로 저항하고 있음을 보여주고 있는 것이다. 그리고 이들은 주변의 다른 사원과도 연합하여 항쟁을 도모하고 있었던 것이다.

③에서의 蔚珍・草田의 賊들은 이미 雲門寺나 通度寺 등의 사원과도 연관된 농민들로 이해되고 있고263) 이들과 마찬가지로 浮石寺・符仁寺・雙岩寺의 僧徒들도 항쟁을 꾀하고 있었던 것이다.264) 이것은 이 시기 대다수 농민항쟁의 배경과 마찬가지로 12세기 이후 드러나고 있던 사회경제적 모순과 더불어 불교계에 대한 재편의도, 그리고 앞으로 닥칠 소속사원의 경제적 위기에 적극 대응하고 있는 寺院田 耕作民들의 위기의식과도 관련되었을 개연성이 크다고 할 것이다.

卷 100, 列傳13 丁彦眞傳.
263) 金光植, <雲門寺와 金沙彌亂> ≪韓國學報≫ 54, 1989.
264) 이 가운데 浮石寺는 羅代이래 광범위한 田莊을 소유하고 知莊을 파견하여 관리해오는 토지가 있었던 것으로 알려져 있다. 부석사의 田莊支配에 대해서는 다음의 논고가 참고된다. 金潤坤, <羅代의 寺院莊舍 -浮石寺를 중심으로-> ≪考古歷史學志≫ 7, 1991.

그런데 이 시기 농민항쟁은 무신정권의 확립기에 해당하는 최씨집권기에 이르면 다소 약화되는 경향이었음에 비해서 승도들의 항쟁은 더욱 두드러지게 나타나고 있음이 자못 주목된다. 그러면 이러한 이유는 어디에 있었을까.

이러한 점은 이 시기 崔氏政權이 보여주는 일련의 정책과도 맞물려 있는 것이 아닌가 한다. 이러한 사정은 崔忠獻이 집권초에 올린 아래의 封事條文을 보면 잠작될 것 같다.

> ① 태조의 시대에는 山川의 順逆을 보아 사원을 세워 地理에 따라 편안하게 하였는데, 後代에 將相·群臣과 無賴한 僧尼들이 산천의 吉凶을 묻지 않고 寺院을 세워, 이름하여 願堂이라 하니 地脈을 손상시켜 재변이 자주 일어 납니다. 삼가 陛下께서는 陰陽官으로 하여금 檢討케 하여 神補寺刹 외에는 곧 革去하여 남기지 못하게 하여 後人의 觀望함이 되게 하소서.[265]
>
> ② 벼슬을 가진자가 탐욕하여 公田과 私田을 빼앗아 겸병하게 되니, 한 집이 가진 기름진 옥토가 州를 넘어서고 郡에 걸쳐 있습니다. 그 결과 나라의 稅收는 삭감되고 軍士들은 결핍을 겪게 되었으니, 원컨대 폐하께서는 有司에게 명하여 公文書를 검증하고 빼앗은 바의 토지는 공사의 本 주인에게 돌리도록 하십시오.[266]

①에 의하면, 태조이래 무뢰한 승니들이 山川의 길흉을 고려하지 않고 사원을 건립하여 지맥을 손상시킨다고 하면서 裨補寺院의 유무

---

265) 「在祖聖代 必以山川順逆 創浮圖祠 隨地以安 後代 將相群臣 無賴僧尼等 無問山川吉凶營立佛宇 名爲願堂 損傷地脈 災變屢作 惟陛下 使陰陽官檢討凡裨補外 輒削去勿留 無爲後人觀望」≪高麗史≫ 卷 129, 列傳42 崔忠獻傳.

266) 「在位者貪鄙 奪公私田 兼有之 一家膏沃 彌州跨郡 使邦賦削 而軍士缺 惟陛下 勅有司 會驗公文 凡所見奪 悉以還本」위와 같음.

를 기준으로 이들 사원에 대한 대대적인 혁거를 건의하고 있는 내용이다.

물론 이러한 건의안은 언뜻 보기에는 일부 불교 사원에 대한 정리를 시사할 뿐 생산자 농민들과 직접적인 이해가 닿지 않는 것으로도 볼 수 있다. 그러나 이러한 정치·사회적 배경에 기인한 사원의 존립 위기는 실질적으로 사원의 토지를 경작하고 있던 民들에게도 매우 위급한 상황으로 받아들여지지 않을 수 없었을 것이다. 그러므로 그들 나름의 적극적 대응을 모색한다는 것은 당연한 귀결이었을 것이다.267)

이와 결부하여 ②의 條文에는 또 先王에 의한 制度로 파악 관리되던 土地에 대하여, 公·私田을 막론하고 諸位者가 탐호하여 빼앗아 겸병한 것은 공문서를 검증하여 모두 본 주인들에게 되돌려 주도록 하는 조치를 취하고 있었다. 그러므로 토지겸병과 관련된 대규모 사원에서는 더욱 그러한 위기의식이 컸으리라 보여진다. 따라서 삶의 기반을 사원을 통하여 유지시키고 있던 승도들에게는 무엇보다 사원 경제의 현상적 유지가 더없이 중요하게 인식되었을 것이고, 결국 이를 유지하기 위한 무력적이고도 직접적인 저항이 불가피하였던 것이다.

이러한 상황은 특히 崔瑀때 들어서 더욱 두드러지게 나타났을 가능성이 높다. 다음의 기사가 참고된다.

庚寅年의 晉陽府貼에는 "五道按察使가 각 도의 禪宗과 教宗의 寺

---

267) 가령 元干涉 초기에 修禪社 冲止가 元皇帝에게 올린 表文을 통해 알 수 있듯이, 免稅되던 토지가 收稅가 되기라도 한다면, 이에 대한 부담은 결국 이들 토지에 긴박되어 사는 耕作民에게 떨어져 그들의 처지를 열악하게 할 위험이 있었을 것이다. 冲止, <上大元皇帝謝賜復土田表> ≪圓鑑錄≫ (≪韓國佛教全書≫ 6, pp.408~409).

院이 처음 세워진 年月과 그 모양을 자세히 조사하여 장부를 만들었다……268)

　이 당시 晉陽府는 崔氏家의 심복집단이자 최고의 두뇌집단이었다.269) 진양부의 공문에 의해 5 道의 안찰사들이 각 지방에 있는 禪·敎 寺院의 창건시기와 그 실태를 파악한다는 것은 이 公文書가 지니는 성격의 일단을 짐작하기에 충분하다. 곧 이러한 조치가 지니는 성격은 일종의 '寺刹令'과 다름없었음을 짐작케 한다. 결국 이러한 조사의 궁극적 목적은 사원의 지역에 대한 영향력과 경제기반에 대한 통제, 그것을 의미하였을 것이기 때문이다.

　그러나 이러한 최씨정권도 다른 부문에서 그러했던 것과 마찬가지로 경우에 따라서는 유화적인 회유책도 구사하고 있었다. 비록 투서로 중단되기는 하였으나 최충헌이 興王寺에 불상전을 지으려고 하였던 경우나270) 崔怡가 黃金 200 斤을 내어 13층의 탑과 화병을 만들어 홍왕사에 둔 사례는 좋은 예일 것이다.271) 이러한 회유정책이 홍왕사와 같은 사원에 꾸준히 계속되고 있었음은 이들의 저항이 일시적이 아니었음을 의미한다 할 것이다. 그런 의미에서 고종조의 ≪高麗大藏經≫의 조성이 광범위한 계층이 참여한 가운데 최씨정권하에서 가능하였음도 이러한 사원의 통제책이 고도의 단계로까지 발전되어 갔음을 시사한다는 의견272)은 경청할 필요가 있다고 본다.

---

268) 「庚寅年 晉陽府貼 五道按察使 各道禪敎寺院 始創年月形址 審檢成籍」, ≪三國遺事≫ 卷 4, 義解 寶壤梨木.
269) 金翰奎, <高麗 崔氏政權의 晉陽府> ≪東亞研究≫ 17, 1989, P.167.
270) ≪高麗史≫ 卷 129, 列傳42 崔忠獻傳.
271) 위와 같음.
272) 金潤坤, <高麗大藏經의 雕成機構와 刻手의 成分> ≪民族史의 展開와 그 文化≫ 上, 1990.

한편 무신집권기 이후, 고려사회가 계급모순과 민족모순이 중첩되는 부정적 현실을 경험해 가는 가운데 불교계에서는 信仰結社와 같은 스스로의 내면적 각성과는 전혀 다른 방향에서, 기득권 봉건지배층에 편승하는 승도들도 적지않게 나타나고 있었다. 이들은 자기완성과 민중구원을 宗旨로 하는 불교 본래의 성격과는 다분히 괴리된 성향을 지닌 부류로, 中外에서 횡행하고 있었다.

이들은 王이 太子로 있을때부터 최측근에서 그를 侍衛하여 그 공으로 관작을 받기도 하였으며, 呪禁에 대한 방술로 왕의 환심을 사 은총을 받기도 하고, 심지어 뇌물을 주기도 하였다. 그런 경우가 적지 않으니 왕은 한편으로는 沙門을 공경해야 한다면서도 재물을 탐하고 모리하는 이들이 있다고 하면서 그들을 몰아내어 폐단을 고쳐야 한다는 敎旨를 내리기까지 하였던 것이다.273)

이들은 僧을 빙자한 무리, 혹은 일정한 절차를 거치지 않고 정치적 필요성으로 출가의 형식을 취한 일단의 무리라는 점에서, 정식 受戒에 의한 승과 구분되는, 다른 부류로 파악되어야 할 것이다. 즉 이들의 존재는 또다른 형태의 승도들의 존재를 의미함과 동시에 그 폐단 또한 적지않았음을 드러내는 것이다. 이러한 승도들의 대표적인 예는 小君의 존재를 통하여 엿볼 수 있다. 다음의 기사가 참고된다.

① 明宗은 庶子 10여 명이 있었다. 즉 善思·洪機·洪樞·洪規·洪鈞·洪覺·洪貽 등인 바, 이들은 모두 첩의 소생이며 머리를 깎고 僧이 되어, 小君이라 불렀다. 기록이 전해지지 않는다. 善思는 나이 겨우 열 살 때에 명종의 명으로 승려가 되었는데 衣服과 대우는 適子와 다름이 없었으며, 궁중에 출입하면서 자못 권세를 부렸다. 당시 여러 소군들에게 三重 벼슬을 直授하였고 유명한 절을

---

273) ≪高麗史≫ 卷 18, 世家 毅宗 22년 3월 戊子 敎書.

선택하여 거주하게 하였으며, 권세를 부리고 뇌물을 받았다. 때문에 요행을 바라는 자들이 많이 붙었다.274)
② 明宗의 서자인 僧 小君 洪機 등이 권세를 부리며 뇌물을 받으니 조정관리들이 다투어 그에게 아부하였다. 그러나 홀로 閔湜만은 찾아가지 않았다. 그의 아우가 이르기를, "형은 왜 찾아가지 않습니까?" 하였다. 민식이 이르기를, "또한 나의 뜻이다" 하였다. 하루는 그 아우가 함께 가자고 청하므로 같이 가게 되었는데, 술이 취할 무렵 불쑥하는 말이 "무지개 승(虹沙彌)의 무리들이 나라를 망친다" 하여 아우가 깜짝 놀라 진땀을 흘렸다. 대개 무지개는 한 끝이 하늘에 속하고 한 끝은 땅에 연접된 것이므로 小君이 왕의 아들이면서 어머니가 미천한 것을 비유해서 한 말인 것이다.275)

小君은 국왕과 궁녀 사이의 소생으로 출가시켜 승이 되게 한 자로, 천인 소생의 왕자를 일반왕자인 大君보다 한 등급 내려서 이름한 것이었다. 이들은 비록 母系가 천인이었지만 父系의 막강한 권력을 배경으로 출가하였던 관계로 정치적 영향력을 발휘하기도 하였다.276)

이같이 고려의 왕들이 宮人과의 소생으로 남긴 小君의 예는 적지 않으나, 특히 明宗의 경우가 많았다. 이들은 왕실과 세속과의 사이에서 적지않은 물의를 일으켰으므로 '虹沙彌'라는 표현이 쓰이기도 하였다. 이것은 '무지개 중'이라는 뜻으로 자못 심장한 의미로 그 폐단

---

274) 「明宗 庶子十餘人 善思・洪機・洪樞・洪規・洪鈞・洪覺・洪貽 皆諸嬖所生俱剃髮爲僧 號小君 史逸 善思 年甫十歲 明宗命爲僧 衣服禮秩 與適無異出入禁中 頗張威福 時諸小君 直授三重 擇住名寺 用事納賂 僥倖者 多附」≪高麗史≫ 卷 90, 列傳3 宗室1 孝靈太子祈 및 善思.

275) 「明宗孽子僧小君洪機等 招權納賂 朝士爭附 獨湜不往 其弟曰 兄盍往焉 湜曰 亦吾志也 一日 弟請與俱往 酒酣 忽曰 虹沙彌輩 敗國家 弟愕然流汗 盖以虹一端接地 一端屬天 喩小君 王子而母賤也」≪高麗史≫ 卷 101, 列傳 14 閔令謨 附 閔湜傳.

276) 許興植, <고려시대 小君의 신분상 특성> ≪韓國史論叢≫ pp.124~125.

이 지적되고 있는 것이다.

　이외에도 忠烈王代 元宗의 서자 益藏의 예에서 볼 수 있듯이[277] 그러한 경우는 계속되고 있으며, 심지어 이들을 왕으로 추대해야 한다는 논의가 있을 만큼 그 주변에는 정치적 모리배들이 득실거리는 예도 있었다.

　　釋器는 忠定王이 그를 머리 깎고 僧이 되게 하여 萬德寺에 두었다. 恭愍王代에 元에서 장차 석기를 소환하겠다고 하므로 왕이 드디어 불러들였다. 공민왕 5년 왕은 前 護軍 林仲甫가 釋器를 왕으로 추대하려고 반란을 꾸미고 있다는 것을 듣고는 巡軍에 가두어 심문하였다.[278]

　위 기사는 그러한 소군을 둘러싼 정치적 행태의 단면을 반영한다. 석기는 忠惠王의 하나뿐인 아들이니 銀川翁主 林氏의 소생이었다. 忠定王이 즉위한 후 그는 머리 깎고 僧이 되었으며, 이후 그를 둘러싸고 여러 음모가 일어나고 있었다. 이에 왕이 교서를 내려 먼 섬 濟州로 격리시키려 하였다. 그러나 배에 탄 그가 제주에 도착하기도 전에 이미 그를 제거하려고 시도되고 있는 것은[279] 그 정치적 음모와 상징성을 극적으로 드러내어 준다고 하겠다.

　소군과는 경우가 다르지만, 무신집권기라는 특수한 상황 아래서 이에 버금가는 존재로 활동한 이들이 崔怡의 子 萬宗과 萬全이다.

---

277) ≪高麗史≫ 卷 29, 世家 忠烈王 6년 정월 乙丑.
278) 「釋器 忠定祝髮置萬德寺 恭愍時 元將召釋器 王聞之 遂召還 五年王聞前 護軍林仲甫欲奉釋器 潛圖不軌 囚巡軍按治」≪高麗史≫ 卷 91, 列傳4 宗室2 釋器.
279) 「安置釋器于濟州 令李安 鄭寶等押送 至海中 擠之於水 釋器不死亡匿」위와 같음.

崔怡는 적자가 없고 기생첩 瑞蓮의 몸에서 난 萬宗·萬全 두 아들을 두었다. 처음 최이가 병권을 金若先에게 넘겨줄 생각을 가지고 두 아들이 변란을 일으킬까 염려하여 둘다 松廣社에 보내어 머리를 깎이고, 禪師의 칭호를 주어 萬宗은 斷俗寺에, 萬全은 雙峰寺에 주지하게 하였다. 둘은 모두 無賴僧을 모아 門徒로 삼고 오직 재산을 늘이기만 일삼아서 금과 비단이 鉅萬이었다. 慶尙道에 쌓아놓은 쌀만 50여 만 석에 달하였다. 그들은 이것을 대여하여 취식하였는데, 추수가 시작되면 성화같이 독촉하여 백성들이 租稅를 내지 못하는 경우도 종종 있었다. 門徒들은 이름있는 절에 나누어 웅거하여 勢力을 믿고 횡행하였는데, 鞍馬와 服飾은 모두 韃靼을 모방하고 서로 官人이라 부르면서, 혹 남의 부인을 음행하기도 하고 혹 驛馬를 함부로 이용하기도 하였다. 州縣의 관리들을 멸시하고 기만하였다. 다른 僧徒들도 살진 말을 타고 좋은 의복을 입어 (만종, 만전의) 제자를 사칭하여 이르는 곳마다의 주민들 재산을 침해하였다. 그러나 州縣에서는 두렵고 위축되어 감히 누가 무엇을 하는지 간섭하지 못하였다.[280]

최씨집정자들은 비록 국왕은 아니었지만 무신집권의 절정을 이루면서 국왕과 다름없는 권력을 향유하고 있었다. 그런 가운데 그의 庶子들은 삭발하여 僧의 모습으로 각지의 無賴輩들을 거느리고 물의를 일으키고 있었던 것이다. 그들이 門徒를 각처로 보내어 부채를 독촉 징수하였으므로 백성들이 조세마저 바치지 못하였다고 하였음은 그

---

280) 「怡無適子 嬖妓瑞蓮房 生二男萬宗萬全 初怡欲傳兵柄於若先 恐二男爲亂 皆送松廣社削髮 幷授禪師 萬宗住斷俗 萬全住雙峰 皆聚無賴僧爲門徒 惟以殖貨 爲事金帛鉅萬計 慶尙道所畜米 五十餘萬石 貸與取息 秋稼始熟 催徵甚酷 民無餘粟租稅屢闕 門徒 分據名寺 倚勢橫行 鞍馬服飾 皆效韃靼 相稱爲官人 或强淫人妻或擅乘驛騎 陵轢州縣官吏 其他僧徒 乘肥衣輕者 詐稱弟子所至侵擾 州縣畏縮莫敢誰何」 ≪高麗史≫ 卷 129, 列傳42 崔忠獻 附 崔怡傳.

정도를 짐작케 한다. 이와 같은 양상들은 비록 이들이 모두 僧의 모습으로 나타나고 있는 사례들이긴 하나, 고려후기 승도들의 성격을 이해하는데 도움되는 일면이라 할 것이다.

고려후기의 寺院經濟는 이 시기 사원의 人的 構成만큼이나 다양한 양상을 보이고 있었다. 寺院田의 경우, 이른바 私有地와 收租地가 重層的 構造를 가지면서 集積되는 경우를 보이는가 하면, 武臣執權과 麗蒙戰爭을 겪으면서 收租權을 회수 당하는 등 상황이 악화 일로에 놓이는 경우도 많았다.281) 그리고 이 시기 겸병과 개간, 농업기술의 발달 등으로282) 생산량이 늘어났을 법한데도 재정적인 이유로 어려움을 겪거나 廢寺가 되는 사례도 속출하고 있었다.

고려후기 사원전의 경영과 관련하여 주목되는 것은 이 시기 사원의 田地들이 매우 방만한 규모였음에도 이렇게 경제적 위약성을 보이는 구조적 특성은 어디에 기인하는가 하는 점일 것이며, 이것은 이 시기의 사원경제와 승도의 관련성에서도 접근이 가능할 것이다.

12세기에 들어오면서 고려왕조는 점차 동요의 조짐이 나타나고 있었다. 그것은 이자겸의 난과 묘청의 서경천도 운동으로 소요하다가 마침내 무신의 난으로 종래의 문신 중심의 지배체제가 여지없이 무너지면서 극에 달하였다. 이후 수차례에 걸친 중앙권력의 교체와 통치력의 이완으로 말미암아 그 파장은 사회·경제 깊숙이 파고들어

---

281) 다음의 두 사례는 그러한 예가 될 것이다.
　　•「惟此修禪精舍 …(中略)… 昔邦君錫近邑之土田 永充齋費 今天使尋別宮之版籍 將備兵粮」冲止,《圓鑑錄》《上大元皇帝表》(《韓國佛敎全書》 6, p.408).
　　•「裔 嘗受元命 主楡岾都監 時姜居正·尹衡 爲有備倉官 以王命 收寺院田 楡岾田亦見收」,《高麗史》卷 125, 列傳38 辛裔傳.

282) 魏恩淑,<12세기 농업기술의 발전>《釜大史學》12, 1988.
　　이평래,<고려후기 수리시설의 확충과 수전개발>《역사와현실》5, 1992.
　　李宗峯,<高麗後期 勸農政策과 土地開墾>《釜大史學》15·16합집, 1992.

갔다. 田柴科는 붕괴되어 가고 있었으며, 이와 더불어 각지에서 民의 蜂起가 빈발하고, 심지어 신라·고구려·백제의 부흥운동으로까지 발전하면서 중앙을 위협하였다.

그러나 이런 상황 속에서도 民들은 그들의 활로를 모색하고 있었다. 적극적으로는 부조리한 현실에 대응의 자세를 보이면서도, 또 다른 한편에서는 流亡을 통하여 그들의 노동력을 살릴 수 있는 농장으로 투속하는 경우도 적지 않았다.[283] 이는 기본적으로 국가의 조세부담에서 벗어나고 避役할 수 있는 중요한 수단이 되었기 때문이었다. 그런데 이러한 인구의 流動 가운데는 權勢家에 투탁하거나 工商을 업으로 하기도 하는 형태로도 나타났지만, 유력한 사원으로 유입되는 경우로도 나타나고 있었다.

> 前朝 말기에는 백성들의 재산을 다스릴 줄 몰랐다. 백성을 休養시키는 방도를 잃자 인구가 늘어나지 못하였고, 백성을 편안하게 하는 방도를 갖지 못하자 더러는 굶주림과 추위에 죽기도 하였다. 戶口는 나날이 줄어들고 남은 사람들은 賦役의 번거로움을 견디지 못하여 豪富의 집에 꺾이어 들어 가기도 하고 權勢家에 의탁하기도 하였다. 그 밖에 혹 工業이나 商業에 종사하기도 하고, 혹은 도망하여 僧이 되기도 하여서 전 인구의 5, 6할이 호적에서 이미 빠져 있었다.[284]

---

283) 「宗廟·學校·寺社·祿轉·軍須田及 國人世業田民 豪强之家 奪占幾盡 …(中略)… 認民爲隷 州縣驛吏 官奴 百姓之逃役者 悉皆隱漏…」(≪高麗史≫ 卷 132, 列傳45 叛逆6 辛旽傳) 이러한 경우 田民辨整의 입장에서는 奪占이 되겠으나 실제 民의 처지에서 보면 상당수는 投托의 의미가 될 것이다.

284) 「前朝之季 不知制民之産 休養失其道 以生齒不息 安集無其方 而或死於飢寒戶口日就於耗損 其有見存者 不勝賦役之煩 折而入於豪强之家 托於權要之勢 惑作工商 或逃浮圖 固已失其十五六」≪三峰集≫ 卷 13, <朝鮮經國典> 上, 版籍.

第4章 寺院田의 耕作民 241

　이는 기본적으로 고려후기의 사회경제상황이 民을 어떠한 형태로 流動시키고 있는지를 잘 반영해 주고 있다. 이러한 상황에 대하여 다른 기록에는 丁口가 勞役을 회피하여 僧이 되고 있다거나,[285] 심지어 良民이 모두 머리깎고 僧이 되지 않도록 단속을 건의할 정도였던 점을 감안하면 그 비중이 결코 가볍지 않았음을 알 수 있다.[286] 이러한 民들의 모습은 崔瀣가 금강산에서 僧을 보내면서 쓴 글의 서문에 나타난다.

　　(금강산) 산중의 암자가 해마다 또 백 개씩 불어나고 있다. 큰 절로는 報德寺·表訓寺·長安寺 등이 있는데 …… 백성으로 도피하여 부역을 면하는 자 항상 수천 수만명이 있어 편안히 앉아 배부르기를 기다린다. 그러나 한 사람도 雪山에서 처럼 부지런히 닦아 道를 얻었다는 것을 듣지 못하였다.[287]

라 하여 좀더 구체적인 모습으로 드러내어준다.
　그러나 전술한 바와같이 고려조에서 僧으로 出家하는데는 여러가지 제한이 많았던 만큼 이렇게 집중된 人口들이 쉽게 僧이 될 수 있는 성질은 아니었다. 이럴 경우 하나의 가능성은 사원이 고위 지배층과 결탁하여 이들을 隸民化하거나 隨院僧徒와 같은 부류로 수용하는 방식이었을 것이다. 그 가운데 더러 기록에 '壓良爲賤', '認民爲隸'로 나타나고 있는 이들의 일부는 사원의 노비와 같은 처지로 전락하였을 가능성도 있지만, 상당수는 이들 僧徒의 무리에 흡수되어

---

285) ≪高麗史≫ 卷 84, 恭愍王 20년 敎書.
286) ≪高麗史≫ 卷 115, 列傳28 李穡傳.
287) 「(金剛山)山中菴居歲增且百 其大寺則有報德·表訓·長安等寺 …(中略)… 逃其民避其徭 常有數千萬人 安坐待哺 而未聞一人如雪山 勤修而得成道者」≪新增東國輿地勝覽≫ 卷 47, 淮陽都護府 金剛山.

사원전의 경영과 깊은 연관을 맺게 되었을 것이다.

이런 부류의 승도들의 존재를 상정해 볼 수 있는 사원으로는 앞의 報德寺・表訓寺・長安寺 외에도 通度寺가 있다.

통도사는 周 47,000 步의 토지에 戶部의 재가를 받아 長生標를 세우고 圈域內에는 '일찍이 公私 他土가 없다'고 文記를 남길만큼[288] 국가로부터 토지에 대한 지배권을 공인받고 있었다.[289] 그런데 통도사는 이들 토지의 지배와 밀접한 촌락들을 거느리고 있어 주목된다.[290] 그 가운데 다음의 布川山洞은 다수 승도들의 集居地라는 점에서 주목된다.

> 四方으로 長生의 땅을 나누어 三千의 大德房洞을 두었다. 남쪽에는 布川山洞이 있는데 곧 일천 大德이 살고있는 곳이다. …(중략)… 또 東西院에 있는 삼천대덕은 항상 동서로 나뉘어져 있는데 大川에서 돌을 쌓았다. 벌을 지면 동내에서 쫓겨나서 모두다 흩어졌다. 일천 僧衆의 무리들은 경계의 남쪽 布川洞으로 나아가 암자를 짓고 머물렀다. 아침 저녁으로 절에 왕래하면서 舍利와 袈裟에 첨례하였다. 정성스럽고 부지런히 도를 닦았다.[291]

---

288) 「右石碑石磧長生標內 曾無公私他土也」, <寺之四方山川裨補> ≪通度寺寺蹟略錄≫ (≪通度寺誌≫ 亞細亞文化社, 1983, p.29).
289) 通度寺의 土地支配에 대해서는 본서 제 2장 3절 참조.
290) 이들 촌락은 특정 사원과 관련하여 그 고유의 성격을 가지고 있었을 것으로 짐작되며, 사원에 소속되어 있는 촌락이라는 점에서 사원의 '屬村'으로 볼 수 있을 것이다.
291) 「四方長生基地 分有三千大德房洞 南有布川山洞 乃一千大德之所住房也 …(中略)… 又東西院 三千大德 常分部於東西 築石大川 犯罰 見黜於洞內 竝皆離散 一千僧衆詣境 南布川洞 架庵居止 晨夕往來於寺 瞻禮舍利袈裟 精勤修道」<寺之四方山川裨補> ≪通度寺事蹟略錄≫ (≪通度寺誌≫ 亞細亞文化社, 1983, pp.26~28).

위의 내용이 보여주듯 포천산동은 일천 大德이 거처하는 房들이 모여 이루어진 村落이었다. 여기서는 이들을 大德이라 지칭하였으나, 일부 수행에 임하는 參學僧 외에는 대다수가 용승 내지는 수원승도와 같은 하급승도들로 보인다.292) 이들이 東西로 나뉘어 大川에서 築石하는 모습도 그러하고, 이들이 죄를 범하면 동내에서 쫓겨나 흩어져 이곳에 암자를 짓고 머물렀다는 것이 이를 잘 반영해주고 있다. 곧 이들은 정식 受戒僧과는 구별되는 僧徒들의 집단이라는 의미로 받아들여지며, 이곳은 이들의 거처가 모여 하나의 村을 이루었던 곳이었다. 이들은 비록 소속 사원으로부터는 貶黜되었지만 舍利 袈裟를 첨례할 수 있는 것으로 보아 일정하게 통도사에 소속되어 있는 人的 成員으로 이해되나, 경제적으로는 在家 혹은 암자를 이루며 자립적인 생활을 영위하는 村民으로서 존재하였던 것이다.

그러면 이들은 주로 어떤 것을 생산기반으로 하여 생활을 영위하였을까. 우선 이들은 통도사의 광대한 토지 경작에 참여한 인적 성원이었을 것이다. 그리고 그들은 때때로 통도사가 필요로 하는 수공업품 생산도 담당하였을 가능성도 있다.293) 그러나 역시 그들이 恒産을 가지는데 가장 큰 비중을 차지하는 것은 토지경영과 결부된 역할이었을 것으로 보인다.

여러가지 제한이 있음에도 불구하고 고려후기 사원으로 유입된 民

---

292) 大德은 최하위의 僧階를 의미하는 용어이기도 하지만 일반 승려에 대한 존칭으로도 많이 나타나고 있다.
   許興植, <僧科制度와 그 機能> 《高麗佛敎史硏究》 一潮閣, 1986, p.365.
293) 다음의 茶所村의 존재는 그러한 예가 될 수 있을 것이다.
   「四方長生基地 分有三千大德房洞 南有布川山洞 乃一千大德之所住房也 北冬乙山茶村 乃造茶貢寺之所也 貢寺茶因茶泉 至今猶存不泯 後人以爲茶所村也」<寺之火四方山川神補> 《通度寺事蹟略錄》 (《通度寺誌》 亞細亞文化社, 1983, pp.26~28).

들 가운데 일부는 僧으로 假托하는 경우도 적지 않았다. 그러나 이들은 비록 사사로운 경로를 통하여 僧으로 가장하였지만 그들의 궁극적 목적은 경제적 어려움을 해결하기 위함이었으므로 현실적 처지는 위의 승도들과 크게 다르지는 않았을 것이다.294)

한편 고려후기는 寺院田을 둘러싼 사원간의 분쟁이 자주 나타나고 있었고, 특히 宗派가 다를 경우에는 그 정도가 더욱 심하게 나타나는 시기였다. 이러한 寺院間의 對立局面에서도 僧徒의 역할이 짐작된다.

① 監察司에서 禁令을 붙였다. …… 근래에 禪·敎 寺院의 住持들이 토지의 산물에 탐을 내어 오로지 쟁탈을 일삼으며, 그것으로 하여 寺宇를 파괴하는 데까지 이르고 있다.295)
② 전 왕조의 말기에는 禪宗과 敎宗이 이익과 명예만을 탐내어 유명한 사찰을 다투어 점유하여 그 禪을 닦고 敎를 넓히는 곳은 겨우 한 두개 뿐이었다.296)

이는 무신집권 이후 원의 간섭기에 이르기까지 정치적 실력자들이 불교계의 경제활동에 깊숙이 관여한데 기인한 바도 있겠지만, 무신집권 이후 전란과 중앙 정치세력의 격변 와중에 중앙과 지방의 사원이

---

294) 이런 부류의 僧徒들을 이해하는데는 다음의 기사가 참고된다.
 ㅇ「令其境內僧徒曰 爲浮圖者 吾知之矣 其不曰上報四恩 下濟三塗乎 若飢餐渴飮 絶學無爲者上也 勤勤講說 孜孜化誘者次也 髡而家居 逃賦而營山 斯爲下矣 僧而爲下」<刱置金剛都山寺記> ≪稼亭集≫ 卷 3, 記.
 ㅇ「國家度僧 初無定額 僧之於民 居十之三 而其可赴役者 亦不下三之二焉 盖僧之品有三 食不求飽 居無常處 修心僧堂者上也 講說法文 乘馬奔馳者中也 迎齋赴喪 規得衣食者下也」≪太祖實錄≫ 卷 7, 太祖 4년 2월 癸未.
295) 「忠肅王後八年五月 監察司牓示禁令 …(中略)… 近年 禪敎寺院住持 利其土生專事爭奪 以致隳壞寺宇」≪高麗史≫ 卷 85, 刑法 2 禁令.
296) 「前朝之季 禪與敎 利名是甏 爭占名利 其修禪衍敎處 僅存一二」≪太祖實錄≫ 卷 14, 7년 5월 己未.

연결되어 自衛力을 구축하고 있었던 데에도 연유하고 있었다. 이러한 불교계의 분규 과정은 정치실권자와의 결탁을 통해 분쟁을 해결하는 예로도 나타나고 있다. 이러한 상황에서 僧徒들은 소속사원의 재산권을 유지하기 위한 무력행사에 동원되어 참여하였을 것임은 당연한 일일 것이다.

이러한 사례의 하나를 다음의 淸州牧官文書가 반영해 주고 있다.297)

    淸州牧官
  上昇天今卽五歲以州應天寺南禪院化林
  寺叱不多田地乙菩薩社良中屬令是彌供佛
  養僧祝上爲如乎事是如有等以龜山寺屬田是如
  出食收齊向事以執由等以下去騷擾爲臥乎事是如
  有等以禁止爲遣菩薩社不動令是事
     至正九年十月日
    公主

본 문서는 종파간 사원전을 둘러싼 대립된 이해관계에 지방관인 淸州牧官, 그리고 국왕을 대신한 실권자인 德寧公主의 결재를 거쳐 그 토지의 소유를 확정지워 준다는 내용을 담고 있다.

이를보면 본 문서가 작성되기 전부터 菩薩社와 龜山寺사이에는 뿌리깊은 토지 분쟁이 있었음을 짐작할 수 있다. 이에 의하면 청주목 관내의 應天寺와 化林寺의 토지 약간을 菩薩寺에 속하게 하였는데,

---

297) 본 文書에 대한 구체적인 검토는 다음의 글에서 이루어졌다.
  許興植, <1349年 淸州牧官의 吏讀文書> ≪韓國學報≫ 38, 一志社, 1985 : ≪한국의 古文書≫ 민음사, 1988, pp.145~154) 본 문서는 李東洲 선생의 소장본으로, 본문의 인용은 許興植의 판독에 따랐다.

이것이 이전에 이 토지를 지배하고 있던 웅천사·화림사와 같은 종파인 개경의 龜山寺에서 屬田으로 삼아 침탈하면서부터 보살사와의 분쟁으로 비화된 것이었다. 귀산사가 여기에 개입한 것은 전 소유주인 兩寺를 지원하는 의미가 되는 것이었다.298) 결국에는 이를 중앙의 실력자가 깊숙이 개입한 가운데 중앙관서에서 지방으로 하달한 공문을 통해 보살사로 그 소유권을 확정지워 준 내용을 담고 있다.

이 때 執由 등은 이 분쟁에 직접 관여한 당사자였던 것으로 보인다. 執由는 사원의 토지를 직접 관장한 관리인이 아니었을까 하는 짐작도 되지만 '騷擾'로 표현된 그같은 상황의 이면에는 승도들이 직접나서 해결하려는 모습으로 비춰지기도 하는 것이다.299) 그리고 이 경우처럼 종파가 다른 경우에는 지방사원의 토지 분쟁에 元 출신 공주까지 개입할 정도로 그 골이 깊었던 것이다. 이러한 분쟁 속에서 各寺의 승도들은 소속사원의 재산권을 保衛하는데 적극적인 역할을 수행하였으리라 믿어진다.

한편 승도들은 이와같은 사원경제의 유지에서 한걸음 나아가 사원경제를 확충시킨다는 명분으로, 사원을 등에 업고 불사를 사칭하며 스스로의 이익 챙기기에 급급한 일면도 보여주고 있다.

① 근세 이래 僧徒들이 그 스승의 욕심을 적게 하라는 가르침을 돌아보지 않아, 토지의 조세와 노비의 傭(身貢)을 부처에게 봉양하지 않고, 僧이 스스로 자기 몸을 부유케 하며 …… 주지가 훔쳐쓰는 것을 금해야 할 것이다.300)

---

298) 許興植, <위의 논문> 1985, p.151 참조.
299) 무신집권기 승도들의 실력행사가 보여주듯 이러한 분쟁에 승도들의 참여는 필수적이었을 것이다. 다음의 기사도 이러한 사례로 볼 수 있을 것이다. 「今也九由禪流 各負其門 以爲彼劣我優 鬪鬪慈甚 近者益之」 ≪太古集≫ <門人維昌撰行狀>

② 놀고 지내는 승려와 無賴한 자가 佛事를 칭탁하고 權勢家의 書狀을 받아 州郡에 간청하는데, 소량의 米와 布를 민에게 빌려주고 다량의 미와 포를 징수하는데 이를 反同이라 한다. 징수하는 것이 마치 밀린 負債처럼 하니 民이 굶주리고 추위에 떨게 된다.301)

이들은 僧의 사사로운 경제행위와 권세가의 書帳으로 무뢰배를 동원하여 강제성을 띤 고리대를 행하고 있음을 언급한 대목이다. 그 정도가 얼마인지는 확언하기 어렵겠으나 이들이 무뢰배와 결탁하여 경제행위를 하고 있는 것이다. 이들은 여기서 佛事를 稱托하고 있는데, 그런 점에서 이들 무뢰배의 다수는 승도로 지칭할 수 있는 무리들이었을 가능성이 크다. 이 시기 승려 개인도 기본적으로 상속된 재산이 있을 수 있었으며302) 이를 통한 경제활동도 일정하게는 이루어졌을 것으로 짐작된다. 그리고 이것이 과도하여 이들 승도들이 동원 활용되고, 때에 따라서는 무력행사도 하였던 것으로 짐작되는 것이다.

또 이러한 면면은 승도들의 독자적 경리의 규모를 짐작할 수 있는 대목이기도 하다. 다음의 기사에서 보이는 '僧徒'는 기본적으로 僧을

---

300)「近世以來 僧徒 不顧其師寡欲之敎 土田之租 奴婢之傭 不以供佛 僧而自富 …(中略)… 禁住持竊用」≪高麗史≫ 卷 111, 列傳24 趙暾 附 趙仁沃傳.

301)「遊手之僧 無賴之人 托爲佛事 冒受權勢書狀 干謁州郡 借民斗米尺布 斂以餓石尋丈 號曰反同 徵如逋債 民以飢寒」≪高麗史節要≫ 卷 32, 辛禑 9년 8월.

302) 이의 대표적 사례를 松廣寺의 <奴婢宣給官文> (≪曹溪山松廣寺史庫≫ 亞細亞文化社, 1977)에서 찾을 수 있거니와 기본적으로 속가의 재산이 출가한 승에게 상속되는 경우는 보편적인 것이었다. 이는 科田法 시행에서 보이는 「…僧尼等 人身及子孫不許受田」의 조치(≪高麗史≫ 卷 78, 恭讓王 3년 5월)와 鮮初 본격적인 革去寺社措置가 있기 전에 「僧人辭親出家 不可以俗例 爭望祖業奴婢 父母傳得外 爭望者禁止」(≪太宗實錄≫ 卷 10, 太宗 5년 9월 戊戌)라고 하는 내용의 議政府 請을 국왕이 윤허하는 데서도 알 수 있다.

가리키는 것이겠지만 이 내용 가운데는 넓은 의미로 이 시기 '승도'들의 사회경제적 처지도 짐작할 수 있게 한다.

> 諸王과 百官 및 장인·상인·노예, 그리고 僧徒들로 하여금 모두 차등있게 軍糧을 내게 하되, 諸王·宰樞 및 僕射·承旨는 쌀 스무 섬 …… 業中僧은 한 섬을 내게 하였다.303)

이것은 이 시기 승도들의 독자적 經理 유무 자체로서 의미보다, 유사시이긴 하지만 한 걸음 나아가 국가가 그들에게도 개별적으로 물량을 염출하고 있음을 알려주고 있는 것이다.

이와같이 고려후기 사원이 사회경제적으로 그 기반이 점차 위약해지고 있는 가운데 寺院이 아닌 僧徒들에게 오히려 재정을 염출하고 있다는 점은 고려후기 이들의 사회경제적 위상과도 무관하지는 않을 것이다.

---

303)「令諸王百官 及工商奴隷僧徒 出軍糧有差 諸王宰樞僕射承旨 米二十石…(中略)… 業中僧 一石」≪高麗史≫ 卷 82, 兵志2 屯田 忠烈王 9년 3월.

第5章 寺院 村落과 寺院田*

 고려시대 사원전의 규모와 경영형태를 감안할 때, 사원의 토지지배는 촌락지배와도 무관하지 않을 것이다. 그러나 이러한 개연성에도 불구하고 그동안 이에 대한 연구는 본격적으로 이루어지지 않았다. 따라서 본장에서는 사원의 토지지배와 관련하여 사원의 촌락지배에 대하여 논지를 전개해 보고자 한다.[1]
 고려시기 사원은 그것이 제공하는 각종 의식이나 사회적 역할로 인하여 當時人들의 발길이 끊이지 않은 곳이었다. 또 이 시기 사원은

---

* 본 논문은 <高麗時代의 寺院 屬村> (《한국중세사연구》 3, 1997)이라는 제목으로 발표된 바 있으나, 本書 전체 주제와의 관련성을 도모하기 위해 제목을 '寺院 村落과 寺院田'으로, 그리고 본문 중 '屬村' 이라는 용어를 '사원 소속 村落'으로 변경 사용하였다.
1) 그동안 사원의 촌락지배에 대하여 언급한 논고로는 다음과 같은 것이 있다.
 高承濟, <高麗莊園村落의 社會的性格과 展開過程> 《白山學報》 22, 1977.
 李相瑄, <高麗時代 寺院의 村落支配에 대한 試考> 《人文科學硏究》 11輯, 1991.
 이 가운데 전자는 고려시대의 촌락을 '동양형 봉건제도'하에서 파악하고자 하면서 사원에 의한 촌락의 지배를 '寺領莊園'의 일환으로 논급한 것이었고, 후자는 주로 사원의 莊·處나 部曲지역에 대한 지배에 대해 접근한 논고이다.

사회경제적인 측면에서도 차지하는 위상이 높아 民이 삶을 영위하는 데 유리한 여러 이점이 있어 상당수의 민이 사원 인근, 혹은 사원과 직결된 지역에 촌락을 이루어 그 독특한 존재양상을 보이고 있었다. 여기서는 이러한 취락을 사원 촌락이라 부르기로 한다.

아래의 본문에서는 이러한 촌락에 대하여 그것의 연원과 형성, 그리고 고려시대에 보여지고 있는 이들의 실제적인 존재 양태를 사원전의 경영과 결부하여 해석해 보고자 한다. 그리고 이들 촌락의 변화와 더불어 그 성격에 관하여도 약간의 언급을 해 보고자 한다.

1節 寺院 村落의 淵源

사원에 소속한 촌락의 존재 가능성은 新羅代에까지 거슬러 올라간다. 다음 ≪三國遺事≫의 기록을 참고해 볼 필요가 있다.

① 法興王은 이미 폐해진 불교를 일으켜 사원을 세우고, 사원이 이룩되자 冕旒冠을 벗고 袈裟를 입었으며 궁중에 있던 친척들로 사원의 종으로 쓰게 하여(절의 종은 아직까지도 王孫이라고 한다. 그 뒤 太宗 때 宰輔 金良圖가 불법을 믿어 花寶·蓮寶 두 딸을 바쳐 이 사원의 종으로 하였으며, 또 역신 逆臣 毛尺의 족속을 데려다가 절의 종으로 삼았으니 이 두 가족의 후손은 지금까지도 끊어지지 않고 있다) 그 사원에 주석하여 몸소 널리 교화하였다.2)

---

2) 「法興王旣擧廢立寺 寺成 謝冕旒披方袍 施宮戚爲寺隷(寺隷 至今稱王 孫 後 至大宗王時 宰輔金良圖 信向佛法 有二女 曰花寶蓮寶 捨身爲此寺婢 又以逆臣 毛尺之族 沒寺爲隷 二族之裔隷 至今不絶) 主住其寺 躬任弘化」≪三國遺事≫ 卷 3, 原宗興法 猒髑滅身.

② 비로소 眞如院을 고쳐 세웠다. 이 때 대왕은 친히 百官들을 거느리고 산에 와서 殿堂을 세우고, 또 文殊菩薩의 소상을 만들어서 堂에 모셨다. 여기에 知識 靈卞 등 다섯 사람으로 하여금 華嚴經을 오래동안 돌려 가면서 읽게하고 이어 華嚴社를 조직하였다. 오랫동안의 供費로 해마다 봄과 가을이면 이 산에서 가까운 州縣으로부터 倉租 1백 석과 淨油 한 섬을 바치는 것을 정해놓은 규칙으로 삼았으며, 진여원에서 서쪽으로 6천 보 쯤 되는 牟尼岾, 古伊峴 밖에 이르기까지의 柴地 15 結과 밤나무 밭 6 결, 坐位 2 結을 내어서 莊舍를 세웠다.3)

①은 신라불교의 弘布에 결정적 기여를 하였다고 하는 法興王과 관련된 내용이다. 이 기사는 일찍부터 寺院奴婢의 기원을 보이는 기사로 지목되어 왔다.4) 그러나 제시된 내용을 자세히 살펴보면, 사원 주변에 촌락이 형성될 가능성을 시사해 주어 주목된다. 궁중에 있던 친척들을 절에 붙이게 하였다는 것은 이들이 단순히 절의 노비나 승려가 되었다는 사실만으로 끝나지 않을 것 같다. 이들의 후손들이 代가 끊어지지 않고 王孫이라 칭하고 있는 점이 이를 뒷받침 해준다. 역신 毛尺의 후손들이 代를 이어 그곳에서 삶을 영위하고 있음도 마찬가지다. 이들은 출신부터가 王族 혹은 貴族이기도 하거니와, 이와 같이 代를 이은 삶의 영위가 가능하려면 사원 근처에 家舍를 이루지

---

3) 「始改創眞如院 大王親率百寮到山 營構殿堂 竝塑泥像文殊大聖安于 堂中 以知識靈卞等五員 長轉華嚴經 仍結爲華嚴社 長年供費 每歲春秋 各給近山州縣倉租一百石 淨油一石 以爲恒規 自院西行六千步 至牟尼岾古伊峴外 柴地十五結 栗枝六結 坐位二結 創置莊舍焉」《三國遺事》卷 3, 臺山五萬眞身.

4) 李載昌, <寺院奴婢考>《黃義敦先生 古稀紀念 史學論叢》, 1960 ;《韓國佛敎 寺院經濟硏究》, 불교시대사, 1993, pp.20～23.
   趙法鐘, <新羅寺院奴婢의 起源問題에 關한 一考察>《史叢》 32, 1987.

않고는 어려웠을 것이다. 그러므로 이들이 모여사는 곳은 사원 촌락의 단초적 형태로 상정해 볼 수 있지 않을까 한다.

②는 8세기 초의 사원의 모습을 보여주는 기록이다. 이 때 고쳐서 다시 세운 眞如院에 왕(聖德王)이 직접 행차하여 佛殿을 짓고 있는 것을 보여주고 있다. 이어 승려 靈卞 등 다섯 명에게 머물면서 오랫동안 華嚴經을 轉經하게 하고, 해마다 가까운 州縣에서 租와 淨油를 거두도록 恒規로 정해두고 있다. 또 여기에 더하여 사원에서 6천 步 거리로부터 牟尼岾·古伊峴 밖에 이르기까지의 일정한 지역을 지정하고, 이를 관리할 목적으로 莊舍를 설치하고 있는 점이 주목된다. 本寺와 상당한 거리를 두고 일정한 지역을 설정하여 설치된 '莊舍'는 분명 단순히 단일된 건물만을 지칭하는 것은 아닐 것으로 보인다. 곧 이들 촌락을 관할하는 장소의 의미로도 볼 수 있을 것이다. 이러한 사례들은 초기 사원이 촌락과 밀접한 관련을 지니고 있음을 반영해 준다 할 것이다.

그리고 이 시기 사원이 실질적으로 소유 지배하고 있는 토지의 규모도 사원의 촌락지배를 가능케 하는 요소로 지목될만 하다.

일찍이 孝昭王은 토지 1만 頃을 栢栗寺에 시납한 바 있고,[5] 哀莊王代에는 2천 5백 結의 토지가 海印寺에 기증되고 일부가 田券으로도 남아있었다.[6] 또 景文王 12년의 것으로 추정되는 <大安寺寂忍國師照輪淸淨塔碑>에 의하면 대안사의 所有田畓은 기타 토지를 빼고도 494 結 이상이었고,[7] 헌강왕 6년에는 安樂寺에 莊 12區의 토지 5백

---

5) 《三國遺事》 卷 3, 栢栗寺.

6) 李弘稙, <羅末의 戰亂과 緇軍> 《史叢》 12·13합집, 1968 ; 《韓國古代史의 硏究》 新丘文化社, 1973, pp.551~556.

7) 당시 大安寺의 소유지는 전답외 坐地 3 結·下院代地 4 結 72 負·柴地 143 結과 鹽盆 43結이 추가된 것이었다(《韓國金石全文》 古代, 亞細亞文化社, p.191).

結이 희사되고 있었다.8) 이러한 토지들은 각 지방에 산재한 경우도 있었겠지만, 대안사와 같이 특정지역에 집중되어 존재하는 경우가 많았을 것으로 짐작되며,9) 이런 규모의 토지를 경작하려면 당시 상황에서는 적어도 수백 명의 인원은 넘어서야 한다는 추산도 가능하다.10) 이는 고려 중기 十數家 정도의 촌락 규모를 감안하면,11) 사원 소속 촌락의 존재를 예상하는 것은 별 무리가 없어 보이는 것이다. 그리고 이들이 사원과 원거리에 위치할 경우에는 대개 莊舍를 설치하고 知莊을 파견하여 관리하고 있었음을 다음의 기사를 통하여 확인해 볼 수 있다.

> 옛날 新羅가 서울이었을 때 世逵寺의 莊舍가 溟州 捺李郡에 있었는데, …… 本寺에서 승려 調信을 보내어 知莊으로 삼았다.12)

---

8) <鳳巖寺智證大師寂照塔碑> ≪朝鮮金石總覽≫ 上, 아세아문화사, 1976, p.93.
9) 이를 大安寺의 所有 田畓만을 예로 들어보면, 최소 22 結 98 卜 8 束에서 최대 110 結 29 卜 3 束에 이르는 집중된 지역별 분포를 보여주고 있다.
   * 표 : 대안사 소유토지의 지역별 분포

종류	소 재 지 역	면 적	집중도(%)
田畓	晉州任內 永善縣	94 結 13 卜 7 束	19
	同 宜寧	110結 29 卜 3 束	22
	靈光任內 森溪縣	18 結 70 卜 2 束	4
	同 年平縣	29 結 85 卜	6
	羅州任內 餘惶縣	97 結 18 卜	20
	寶城任內 五果縣	61 結 55 卜	12
	昇州任內 富有縣	22 結 98 卜 8 束	5
	陝川任內 加祚縣	60 結 30 卜 2 束	12
計	8 곳	495 結	100

10) 金鐘璿은 신라 촌락문서에 나타난 토지규모와 촌락인구에 비추어 대안사의 경우도 추산하고 있다. 이에 의하면 대안사의 경우, 최소한 신라촌락문서에 나타나는 인원(462명)은 넘어서야 한다고 보고있다. <日本 正倉院 所藏 新羅帳籍의 作成年度와 그 歷史的 背景≫ ≪아시아문화≫ 5호, 1989, p.14.
11) 「居家十數家 共一聚落」 ≪高麗圖經≫ 卷 3, 國城.
12) 「昔新羅爲京師時 有世逵寺(今興敎寺也)之莊舍 在溟州捺李郡 …(中略)…

좀더 직접적인 사례를 확인할 수 있으면 도움이 될 것이다. 그러나 아쉽게도 현재로서는 그리 쉽지가 않은 것 같다. 그런데 다음 두 예는 村名과 관련 내용을 통해 사원과 촌락이 공존하는 공간으로 묘사되어 있어 관심을 끈다. 먼저 다음의 元曉의 출생지에 대한 다음 기사의 일부분을 살펴보자.

> ① 聖師 元曉의 속성은 薛氏이다. 조부는 仍皮公 또는 赤大公이라고도 하는데, 지금 赤大淵 옆에 仍皮公의 사당이 있다. 아버지는 談捺乃末이다. 원효는 처음에 押梁郡의 남쪽 (지금의 章山郡) 佛地村 북쪽 栗谷의 裟羅樹 아래에서 태어났다. 그 마을의 이름은 佛地村인데, 혹은 이르기를 發智村(속언에는 弗等乙村)이라고도 한다. 裟羅樹란 것은 …… 옛부터 전하기를 옛적에 주지한 자가 절의 노비에게 저녁끼니로 밤 두 알씩을 주었다. 노비가 적다고 관청에 고소하니 관리는 괴상히 여겨 그 밤을 가져다가 검사해 보았는데, 한 알이 바리 하나에 가득하므로 도리어 한 알을 주라고 판시하였다. 이런 때문에 栗谷이라 불리게 되었다. 스님은 출가하자 그 집을 희사해서 절로 삼고 이름을 初開寺라 하였다. …… 佛地村은 지금 慈仁縣에 속하여 있으니, 바로 押梁郡에서 나뉜 곳이다.[13]

주지하듯이 원효는 통일전쟁 이후 신라 불교의 대중화에 공이 지대하였던 인물이다. 이에 의하면 원효는 押梁郡의 남쪽에 있는 佛地

本寺 遣僧調信爲知莊」≪三國遺事≫ 卷 3, 洛山二大聖 觀音 正趣 調信.
13)「聖師元曉 俗姓薛氏 祖仍皮公 亦云赤大公 今赤大淵側有仍皮公廟 父談捺乃末 初示生于押梁郡南(今章山郡) 佛地村北 栗谷裟羅樹下 村名佛地 或作 發智村(俚云弗等乙村)裟羅樹者 …(中略)… 古傳 昔有主寺者 給寺奴一人 一夕饌栗二枚 奴訟于官 官吏怪之 取栗檢之 一枚盈一鉢 乃(反自)判給一枚 故因名栗谷 師旣出家 捨其宅爲寺 名初開 …(中略)… 佛地村今屬慈仁縣 則乃押梁之所分開也」≪三國遺事≫ 卷 4, 元曉不羈.

村 북쪽 栗谷의 裟羅樹아래에서 태어났다고 한다. 여기서 우선 주목되는 것은 '佛地村'이라는 촌명이다. 그러면 이것은 단순히 원효의 출생지라는 점에서 후대에 부여된 특정의 지점을 말하는 것인지, 아니면 사원과 관련된 특정 촌락을 의미하는 것인지가 궁금하다. 그런데 후자일 가능성이 높은 것 같다. 佛地는 村名이며, 一然이 생존했던 13세기 후반 현재 慈仁縣에 소속되었다는 사실로 보아 이는 상당한 규모의 독립된 촌락이었음을 알 수 있는 것이다. 그러면 이것은 어떤 사원과 관련되는 것일까. 이 점에서는 다음에 나타나는 古傳이 있는 사원과 연관시켜 이해될 수 있을 것 같다. 곧 이에 의하면 불지촌 남쪽에는 주지와 寺奴가 대립하여 官이 개입한 바 있다는 사원이 자리하고 있었다. 寺奴와 住持가 대립하였다는 내용은 얼핏 납득하기 어려운 점이 있다. 그러나 여기에 관이 개입하고 있다는 점에서 이 사원의 규모를 짐작해 볼 수는 있을 것 같다. 그런 면에서 佛地村도 단순한 촌명이 아닌 古傳이 전하는 사원과 직접 연관되어있는 촌락으로 볼 수 있을 것이다.

또 하나, 다음의 경우는 당시의 사원과 촌락이 僧俗이 혼효한 형태로 존재하고 있었음을 보여주는 동시에 당시의 사원 촌락을 이해하는데 많은 시사를 주는 기사이다.

② (白月)山의 동남쪽 3천 步 즈음되는 곳에 仙川村이 있고, 이 촌에는 두사람이 살고 있었다. 그 하나는 努肹夫得(혹은 等)이니 아버지의 이름을 月藏이라 했고, 어머니는 味勝이라 했다. 또 하나는 怛怛朴朴이다. …… 이들은 모두 풍채와 골격이 범상치 않았고 항상 속세를 초월하는 데 뜻을 두어 서로 좋은 친구였다. 나이 20세가 되어 마을 동북쪽 고개 밖에 있는 法積房에 가서 머리를 깎고 僧侶가 되었다. 얼마되지 않아 서남쪽 雉山村 法宗谷 僧道村에 오래된 절이 있어 머물만하다는 말을 듣고 함께 가서 大佛田·小佛

田 두 마을에 각각 살았다. 夫得은 懷眞庵에 살았는데 혹은 이곳을 壤寺(지금 懷眞洞에 옛절터가 있으니 이곳을 말함이다)라고도 했다. 朴朴은 琉璃光寺(지금 梨山위에 절터가 있으니 이것이다)에 살았다. 이들은 모두 妻子를 거느리고 농사를 짓고 살았으며 서로 왕래하며 정신을 수양하여 바라는 뜻을 이루기 위해 잠시도 쉬지 아니했다.14)

　노힐부득과 달달박박에 관한 ≪三國遺事≫의 이야기는 佛家에서 말하는 修行과 成佛의 의미를 상징적으로 잘 드러내 주는 부분이기도 하다. 그러면서도 본 기사는 이 시기 촌락과 사원의 모습도 보여준다.
　② 기사의 중심무대가 되는 白月山은 현재 昌原市 北面과 東邑 일대에 위치하고 있다. 그런데 이 백월산 서남쪽 雉山村에 있는 法宗谷의 僧道村에 오래된 절이 있었다고 한다. 여기서 법종곡의 승도촌은 古寺 주변에 형성된 自然村落으로 보이며, 치산촌은 승도촌을 아우르는 廣域의 村落을 의미하는 것으로 보인다. 그런데 北嶺 바깥의 法積房에서 出家한 朴朴師와 夫得師는 이후 古寺의 屬院일 가능성이 높은 회진암과 유리광사에서 수행하고 있었다. 그런데 그들은 실제 머물게 된 大佛田 小佛田洞에서 妻子를 거느리고 産業을 경영하고 있는 것이다. 이들이 출가한 몸으로 가족과 더불어 산업에 임하고 있는 촌락은 이들이 몸을 담고 佛道를 닦고 있는 사원과 밀접한 연관을 맺으면서 존재한 촌락임이 틀림없을 것이다.

---

14) 「(白月)山之東南 三千步許 有仙川村 村有二人 其一曰 努肹夫得(一作等) 父名月藏 母味勝 其一曰 怛怛朴朴 …(中略)… 年皆弱冠 往依村之東北嶺外法積房 剃髮爲僧 未幾聞西南雉山村法宗谷僧道村有古寺 可以栖眞 同往大佛田 小佛田二洞 各居焉 夫得寓懷眞庵 一云壤寺(今懷眞洞有古寺基是也) 朴朴居琉璃光寺(今梨山上有寺基是也) 皆挈妻子而居 經營産業 交相來往 棲神安養 方外之志 未常暫廢」≪三國遺事≫ 卷 3, 南白月二聖 努肹夫得 怛怛朴朴.

불교 전래 이후 사원은 民과 불가분의 연관을 가지면서 신앙과 삶을 영위하는 터로서 자리하고 있었다. 그것은 단순히 신앙적인 이유 때문에서 뿐만 아니라 사원의 경제적 기반과 民의 존재 기반이 서로 부합된데도 기인할 것이다. 불교가 전래 된 후 비교적 초기부터 사원과 촌락은 상호 밀접한 연관속에서 존재하고, 또 유지・운영되어 왔음을 이로써 짐작해 볼 수 있다.

그러나 이런 초기의 모습들이 고려조에 와서 그대로 유지되었다고는 보기 어려울 것이다. 신라하대의 사회변화를 경험하고 고려초 중앙집권화의 과정에서 일정하게는 사원도 통제와 재편의 대상이 되었을 것이기 때문이다.15) 또 量田을 통한 새 왕조의 田制 수립과 外官의 파견, 행정구역의 조정・재편 등 일련의 조치들은 이전의 촌락들을 변화시키는 요인이 되기도 하였을 것이다.

2節 存在樣態와 寺院田

나말여초의 정치・경제・사회 등 총체적 변화에도 불구하고 일부 사원은 기왕의 經濟基盤이 유지되고 있거나, 오히려 그 지배를 공인 받는 경우도 나타나고 있었다. 이러한 사원들은 대개 高僧의 지역에 대한 영향력, 혹은 新王朝와의 친소관계가 중요한 매개로 작용하였다. 다음의 雲門寺・大安寺 등이 그러한 예이다.

---

15) 韓基汶, <高麗時代 寺院의 統制와 編制> ≪韓國佛敎文化思想史≫, 1992 ; ≪高麗時代 寺院의 運營基盤과 願堂의 存在樣相≫, 慶北大學校 박사학위논문, 1994, 참조.

① 얼마되지 않아 태조가 삼국을 통일하고 法師가 이곳에 절을 짓고 산다는 말을 듣고 다섯 岬의 田地 500 結을 합하여 이 절에 바쳤다. 그리고 淸泰 4年 丁酉에 賜額하여 이르기를 雲門禪寺라 하였다. …… (태조가) 법사에게 이를 물리칠 방책을 물으니 법사가 대답하여 이르기를 "대체 개란 짐승은 밤만을 맡았고 낮은 맡지 않았으며, 앞만 지키고 그 뒤는 잊고 있습니다. 하오니 마땅히 대낮에 그 북쪽을 처들어 가야 할 것입니다." 태조가 그 말을 좇으니 적은 과연 패하여 항복했다. 태조는 법사의 그 신통한 꾀를 가상히 여겨 매년 가까운 고을의 租 50 석을 주어 香火를 받들게 하였다.16)

② 왕은 허락하여 桐裏山으로 돌아가게 하였다. 本道의 守相에게 명하여 田結과 奴婢를 헌납하여 香積을 제공토록 하였으며, 外護의 家風을 잊지 아니하고 항상 八行의 禮를 펴서 돈독한 檀越이 되어 불교의 보존과 유지의 의무를 받아서 각기 陳雷를 본받았다.17)

물론 이 때의 田地들이 사원의 직접적 관할하에 놓인 村落이었다고 확증할 근거는 없다. 그러나 ①의 운문사 경우에는 이전부터 이미 인근에서 50 石의 歲租를 거둘 수 있는 토지가 확보되어 있었고, 그것도 특정 촌락과 직결되는 토지가 시납되어 있었다.18) 이것이 고려조에 들어 500 結이나 되는 적지 않은 토지로 추인되는 것으로 보아 그 가능성은 농후한 것이라 하겠다. 이같이 이전의 토지나 경제기반

---

16) 「未幾太祖統一三國 聞師至此創院而居 乃合五岬田束五百結納寺 以淸泰四年 丁酉 賜額曰 雲門禪寺 …(中略)… 問師以易制之述 師答曰 夫犬之爲物 司夜而不司晝 守前而忘其後 宜以晝擊其北 祖從之 果敗降 太祖嘉乃神謀 歲給近縣租五十碩 以供香火」《三國遺事》卷 4, 寶攘梨木.

17) 「上許之 令歸桐裏 古山命本道守相 畫給田結奴婢 以供香積 不忘外護之風 每展八行之禮 仍爲壇越 久受保持 各效陳雷」<大安寺廣慈大師碑>《韓國金石全文》中世上, p.355.

18) 《三國遺事》卷 4, 寶攘梨木.

을 추인받는 것은 대안사의 경우에서도 마찬가지였다.
　桐裏山 대안사는 이미 9세기 중엽의 기록에 3천 石에 달하는 곡식과 500 結에 가까운 토지를 보유하고 있었고, 이들 토지는 인근 寶城·昇州·羅州·靈光에서부터 멀리는 晋州·陜川에 이르는 지역으로 나누어져 있었다.19) 그런데 이러한 토지들은 ②의 기사가 보여주는 대로 本道의 守相에게 명하여 다시 획급되고 있다. 이를 통하여 대안사는 고려초 廣慈大師를 중심으로 더욱 왕성한 寺勢였음을 읽을 수 있다.
　그러나 이와달리 고려조에 와서 경제기반에 큰 변화를 맞이하는 사원도 있었다. 이경우는 인근의 새로운 사원에 경제력이 흡수되기도 하였다. 다음의 王后寺가 그러하다.

　　　元嘉 29년 임진에 首露王과 許王后가 혼인한 곳에 사원을 세워 그 이름을 王后寺라 하고, 사자를 보내어 절 근처에 있는 平田 10 結을 측량하여 三寶를 봉양하는 비용으로 쓰게 하였다. 이 절이 생긴 지 5백년 후에 長遊寺를 세웠는데, 이 절에 바친 田柴가 도합 300 結이나 되었다. 이에 장유사의 三剛은 왕후사가 장유사의 柴地 東南標內에 있다고 해서 폐하고 莊舍를 만들어 가을에 곡식을 거두어 저장하는 장소와 말을 기르고 소를 치는 마굿간으로 만들었으니 슬픈 일이다.20)

　왕후사는 元嘉 29年 首露王과 王后가 합혼하던 곳에 세운 사원이

---

19) <大安寺寂忍國師照輪淸淨塔碑> ≪韓國金石全文≫ 古代(亞細亞文化社, 1984, p.191).
20) 「元嘉二十九年壬辰 於元君與皇后合婚之地創寺 額曰 王后寺 遣使審量 近側 平田十結 以爲供億三寶之費 自有是寺五百後 置長遊寺 所納田柴幷三百結 於是右寺三剛 以王后寺在寺柴地東南標內 罷寺爲莊 作秋收冬藏之場 秣馬養牛之廡 悲夫」≪三國遺事≫ 卷 2, 駕洛國記.

었다. 이 때 절 근처의 平田 10 結을 측량해서 三寶의 공양에 써도록 하였던 것인데, 문제는 그 뒤 長遊寺가 들어서고 나서 나타나고 있다. 장유사가 세워지기는 이후 500년쯤 뒤라고 하였으니 대략 고려 光宗朝에 해당한다.21) 그런데 이 때 田柴를 아울러서 300結의 토지가 여기에 시납되면서 왕후사는 存廢의 갈림길에 서게 되었다.22) 즉 이때 장유사의 三剛은 왕후사의 柴地가 장유사의 標內에 있다고 하여 절을 파하고 莊으로 삼고 있는 것이다. 여기서 말하는 '莊'은 '莊舍'의 성격이 짙다. 그렇다면 이것은 田莊의 성격이 짙은 토지지배라 해도 좋을 것이다.23)

주지하는 바와같이 전장은 단순히 토지만을 의미하는 것이 아니라 대개 莊으로 확정된 지역에 살고 있는 人戶 및 가옥, 혹은 莊籍에 등재되어 있는 家戶 등을 의미하는 것으로 이해된다.24)

그런 의미에서 보면 여기서 '東南標內'에서의 '標'는 오늘날 일부 사례가 보여주듯 長生標가 아닐까 생각된다. 그렇다면 이 '標'내에

---

21) 王后寺가 창건되던 元嘉 29년 壬辰은 서기 452년이다. 그러므로 대략 500년후면 950년대, 즉 고려 光宗朝에 해당한다.
22) 이 때 시납의 주체가 누구인지에 대해서는 언급되지 않고 있다. 그러나 이 시기가 光宗代 였다고 하면, 왕실 혹은 국가였을 가능성이 크다. 당시의 佛敎政策은 지방에 할거해 있는 세력의 정리 내지는 재편과 밀접한 관련이 있었고, 이곳 金海지역도 예외가 아니었을 것이기 때문이다. 광종대 정치와 불교계에 대해서는 다음의 歸法寺의 사례에서 그 일단을 짐작해 볼 수 있다. 金龍善, <光宗代의 改革과 歸法寺> ≪高麗光宗硏究≫, 일조각, 1981.
23) 이 시기 토지를 매개로 한 사원의 촌락지배는 田莊支配의 모습에서도 확인해 볼 수 있을 것이다. 이에 대해서는 다음의 논문이 참고된다.
   金潤坤, <羅代의 寺院莊舍> ≪考古歷史學志≫ 7, 1991.
   金昌錫, <통일신라기 田莊에 관한 연구> ≪韓國史論≫ 25, 1991.
   金琪燮, <新羅 統一期 田莊의 經營과 農業技術> ≪新羅文化祭學術發表會論文集≫ 13, 1992.
24) 金潤坤, <앞의 논문>, 1991, p.278.

취락을 이루고 생산에 종사하는 民이 거주하였을 것은 의심의 여지
가 없는 것이다. 절이 파해져 莊舍가 되고 소나 말을 기르는 마굿간
으로 변했음을 보고 僧 一然이 슬프다고 생각하는 것은 어쩌면 당연
한 것인지도 모른다.
 고려시기 寺院 村落은 그 존재의 가능성에 비하여 현전하는 기록
은 그리 많지 않은 편이다. 이는 고려시기를 총괄해 주는 基本 史書
인 ≪高麗史≫, ≪高麗史節要≫와 현전하는 관련 자료들이 보여주는
내용상의 한계 때문이기도 할 것이다. 그러나 이러한 한계에도 불구
하고 자세히 살펴보면 언급이 전혀 없는 것은 아니다. 따라서 매우
포괄적인 내용이라 할지라도 접근이 이루어질 필요가 있을 것이다.
 먼저 고려시기의 사원은 莊·處와 같은 특수 취락을 통한 토지지
배를 행하고 있었다는 사실에 주목해 볼 필요가 있다.25) 이미 알려진
바와 같이 이들은 羅末麗初의 사회변화를 겪으면서, 당시 지방에 할
거하던 유력 세력이 지배하고 있던 촌락을 취하여 王室이 주요 재정
기반으로 삼은데서 비롯하는 것이 보편적인 것이었다. 그런데 이러한
형태의 토지지배가 사원에서도 이루어지고 있었으며, 앞서의 長遊寺
의 경우에서와 같이26) 그 연원은 오히려 멀리 거슬러 올라간다는 사
실이다. 다음의 기록이 참고된다.

  ① 무릇 佛寶의 돈과 곡식은 여러 寺院의 승려가 각기 州郡에 사람을

─────────
25) 이들 莊·處에 대한 연구 논고는 다음과 같은 것들이 있다.
  旗田巍, <高麗時代の王室の莊園 - 莊·處> ≪歷史學研究≫ 246, 1960 ; ≪
    朝鮮中世社會史の研究≫, 法政大 出版局, 1972.
  姜晉哲, <高麗時代의 農業經營形態> ≪韓國史研究≫ 12, 1976 ; ≪高麗土地
    制度史研究≫, 高麗大學校 出版部, 1980.
  李相瑄, <高麗時代의 莊·處에 대한 再考 -王室 莊·處를 中心으로> ≪震
    檀學報≫ 64, 1987.
26) ≪三國遺事≫ 卷 2, 駕洛國記.

차출하여 관장해서 해마다 이자를 늘려 백성을 괴롭히고 시끄럽게 합니다. 청컨대 이를 모두 금지하고, 그 돈과 곡식은 寺院의 田莊에 옮겨 두되 만약 그 主典이 田丁을 갖고 있으면, 아울러 이를 취하여 寺院의 莊所에 소속시킨다면 民弊가 조금 덜어질 것입니다.27)

② 料物庫에 속한 3백 6십 莊·處의 田地로 先代에 寺院에 시납된 것은 모두 그 庫에 되돌리도록 하라.28)

사원의 장·처 지배는 위 ①의 성종대 崔承老가 올리고 있는 時務策의 내용에서도 반영되어 나타나고 있다. 이에 의하면, 사원의 田莊은 主典이 사사로이 한데 대한 문제로까지 나아가고 있음을 알 수 있다. 그러나 이미 사원의 전장지배 자체는 문제되지 않음을 알 수 있는 것이다. 물론 이것은 田莊에 대한 사원의 지배가 국가적으로 용인된 -합법적인- 형태였던데 기인할 것이다. 이들은 특정 분량의 토지에 대한 收租權을 分給한 것과 달리, 국초 도움받은 사원에 대해 그 대가로 사원이 소유하고 있던 田莊을 법제적으로 인정해주는 절차를 통하여 이루어진 것이었다.29) 이럴 경우의 莊은 일정한 지역을 중심으로 실질적인 촌락 지배를 이룰 수 있는 곳으로 상정된다.

---

27) 「凡佛寶錢穀 諸寺僧人 各於州郡 差人勾當 逐年息利 勞擾百姓 請皆禁之 以其錢穀 移置寺院田莊 若其主典有田丁者 幷取之 以屬于寺院莊所 則民弊稍減矣」≪高麗史≫ 卷 93, 열전6 崔承老傳.

28) 「其料物庫屬三百六十壯處之田 先代施納寺院者 悉還其庫」≪高麗史≫ 卷 78, 食貨1 田制 祿科田 辛禑 14년 6월.

29) 물론 莊과 處는 국가가 사원에 대하여 지급한 分給收租地로서의 성격을 지니기도 하였다. 그러나 이것이 사원의 私有地 위에 설정된 경우 단순히 수조지로서의 성격을 넘어서 사실상 기존의 촌락지배를 추인하는 형태를 취한 것으로 이해된다. 이러한 점은 다음 論考가 참고된다.
姜晋哲, ≪高麗土地制度史硏究≫, 高麗大 出版部, 1980, pp.150~156.
李相瑄, <앞의 논문>, 1991, pp.142~146.

第 5 章 寺院 村落과 寺院田 263

이들 지역은 단순히 토지의 집적에 의해 이루어진 장소의 의미에서 벗어나 있었으며, 그 경작민들이 하나 혹은 몇개의 촌락을 이루어 그들이 소속된 사원에 稅를 바치며 그들의 관할하에 있었던 것으로 보인다. 그리고 이런 지역들은 사실상 신라이래 사원에 의한 지배가 계속된 것으로 이해할 수도 있을 것이다.

이 시기 기록들은 이와 같은 정황을 짐작하게 하는 정도이지만, 다음의 海州 廣照寺의 경우는 국가로부터 官莊이 직접 사급되는 사례이다.

大衆은 삼밭같고 그의 뜰은 저자거리와 같았다. 그런 까닭에 分衛인 乞食 하지 않아도 (공자가) 陳에서 양식이 떨어진 것과 같은 사정은 면하였다. 이에 官庄은 三庄으로 나누었고, 供養은 四事로 구분하였으며, 더 나아가서는 當郡과 주변의 隣州가 모두 깊은 信心을 내었다.30)

광조사는 태조 7년 개경 서북 해주 남쪽에 정사를 짓고 眞澈大師가 주석하여 學徒와 禪客의 무리들이 堂에 가득하면서 가히 국가적인 사원으로 부상하고 있었다.31) 그러한 가운데 官莊이 지급되고, 이로써 해당 郡縣에 폭넓은 영향력을 발휘하고 있었음을 짐작케 한다. 여기서는 官莊을 三莊으로 나누어 지급하였고,32) 이곳의 供養으로 四事를 두루 갖추게 되었다고 한다. 그러므로 이는 사원의 소요품이 이

---

30) 「其衆如麻 其門如市 然則不資分衛 唯免在陳 此乃官庄 則分錫三莊 供事則具頒四事 況復近從當郡 傍及鄰州 咸發深心」 <廣照寺眞澈大師寶月乘空塔碑> 《朝鮮金石總覽》 上, p.128.
31) <廣照寺眞澈大師寶月乘空塔碑> 《朝鮮金石總覽》 上, p.128.
32) 여기서의 三莊은 糧莊・鹽莊・棉花莊의 의미로 풀이된다. 李智冠, <海州廣照寺 眞澈大師 寶月乘空塔碑文> 《校勘譯註 歷代高僧碑文》 高麗篇 1, 伽山文庫, p.41.

로부터 충당되고 있음을 의미한다. 즉 국가는 광조사로 하여금 이들 촌락에 대한 지배권을 일정하게 부여했다고 볼 수 있다.

그런데 이러한 촌락에 대한 사원의 지배력 행사는 국가의 지방 지배구조가 어느 정도 자리를 잡아가면서 外官과 상당한 알력을 노정하고 있었다. 이러한 사실은 앞서 제시한 ①의 내용(최승로전)에서 촌민들을 통해 殖利하는 주지[33]들의 문제로도 나타나고 있었지만, 이에 덧붙여 다음의 내용으로도 짐작된다.

> 臣이 듣건대 僧人이 郡縣을 왕래하면서 館·驛에 유숙하고 지방의 吏·民을 매질하여 그 영접과 공급이 완만함을 꾸짖으나, 吏·民이 그 직함과 명령을 의심하면서도 두려워 감히 말하지 못하니, 폐단이 더할 수 없이 큽니다. 지금부터는 僧徒가 관·역에 유숙하는 것을 금지시켜 그 폐단을 제거하소서.[34]

물론 이것은 중앙에서 지방을 장악하는 지배구조가 확립되지 못한 가운데 나타난 과도기적 현상에 불과하다고도 볼 수 있다. 그러나 사원의 '莊'은 그렇게만으로 이해하기는 어려울 것 같다. 이러한 사실은 승려들이 郡縣을 왕래하면서 지방의 吏와 民을 대하는 태도에서 잘 나타나고 있는 것이다. 이들 吏民은 그들의 직함과 명령을 의심하면서도 이에 따를 수 밖에 없는 처지였다는 사실은 그것을 반영하고 있다. 이러한 점에서 사원에 의해 일정 지역에 대한 지배가 이루어지고 있음을 감지할 수 있는 것이라 하겠다. 그런데 이와 같은 사원의 장·처 지배는 앞서의 언급대로 여말 料物庫에 되돌려지기까지 계속

---

33) '主典'을 주지로 보고 있는 논고는 金潤坤, <앞의 논문>, 1982, p.159.
34) 「臣聞僧人往來郡縣 止宿館驛 鞭撻吏民 責其迎候 供億之緩 吏民疑其銜命 畏不敢言 弊莫大焉 自今禁僧徒止宿館驛 以除其弊」≪高麗史≫ 卷 93, 열전6 崔承老傳.

되고 있었던 것이다.35)

한편, 이상의 莊·處 지역과 더불어 사원의 촌락지배는 고려시대 지방통치구조에서 특수한 위치를 점하는 일부 部曲지역에도 나타나고 있었다. 다음의 기록이 그러한 정황을 보여준다.

> 이제 살펴 보건대, 新羅에서 州郡을 建置할 때, 그 田丁 戶口가 縣이 되지 못하는 것은, 혹 鄕을 두거나 혹 部曲을 두어 소재의 邑에 속하게 하였다. 고려때에 또 所라고 칭하는 것이 있었는데, …… 또 處라 칭하는 것도 있었고, 또 莊으로 칭하는것도 있어, 각 宮殿·寺院 및 內莊宅에 분속되어 그 稅를 바쳤다.36)

부곡지역은 고려후기에 와서 비록 해체의 길을 걸었으나37) 15세기까지 강고하게 잔존하였다.38) 유지되어 온 이들 부곡 지역도 일부가 사원의 촌락으로 짐작된다. 좀더 구체적인 면은 다음의 기록을 통해 시사받을 수 있다.

> ① 花開·薩川 두 部曲이 있는데, 그 長은 모두 머리를 깎았으며, 칭하기를 僧首라 한다.39)

---

35) 註 28) 참고.
36) 「今按 新羅建置州郡時 其田丁戶口未堪爲縣者 或置鄕 或置部曲 屬于所在之邑 高麗時 又有稱所者 …(中略)… 又有稱處者 又有稱莊者 分隸於各宮殿寺院及內莊宅 以輸其稅」≪新增東國輿地勝覽≫ 卷 7, 驪州牧 古跡 登神莊.
37) 李樹健, ≪韓國中世社會史硏究≫, 一潮閣, 1984, pp.393~397.
　　朴宗基, <部曲制의 變質> ≪高麗時代 部曲制硏究≫, 서울大學校 出版部, 1990.
38) 李佑成, <李朝時代 密陽古買部曲에 대하여 -部曲制의 發生 形成에 관한 一試論-> ≪震檀學報≫ 56, 1983.

② 參知政事 崔怡가 祝聖 油香寶에 시납하고 토지대장을 부치어 주었
   는데 …… 國大夫人 宋氏의 忌日寶로 昇平郡의 任內인 加音部曲
   40 結 30 負, 進禮部曲 1 結, 赤良部曲 2 結이었다.40)

①에서의 花開・薩川 部曲은 그 長들이 모두 머리를 깎고 있으며, 그들이 '僧首'로 지칭되고 있음이 주목된다.41) 물론 여기서 '僧首'의 존재가 보인다 하여, 이것이 곧 특정 사원과의 관련성에 기인한 것으로 단정할 수는 없다. 다만 왜 晉州牧 屬縣인 花開・薩川 부곡에서만 그 長이 이렇게 불리게 되었는가 하는 점에는 의문이 있다. 이미 여러 연구자들이 언급한 바 대로 이들 지역의 발생에 대해서는 제설이 있지만,42) 특수행정구역으로서 군현제와는 또다른 방식으로 존재하였던 촌락임은 이미 공감되어 있다. 그렇다면 이 지역의 자치와 교화, 질서유지를 담당한 長의 모습은 어떠했을까. 이러한 점과 결부시켜보면 이들 지역의 경우 불교 신앙을 통하여 각종 관습과 전통을 유지하면서 종교적인 행사도 주관하는 僧을 상정해 볼 수 있을 것이다. 일찍이 이들의 존재에 대해 15세기 南孝溫이 이 지역이 불교세력

---

39)「有花開・薩川兩部曲 其長皆剃頭 稱爲僧首 」≪高麗史≫ 卷 57, 地理2 晉州牧.

40)「參知政事崔 祝聖油香寶 以施納宣給文付 …(中略)… 國大夫人宋氏 忌日寶 以納同郡任內加音部曲四十結三十卜 進禮部曲一結 赤良部曲二結」<國師當時大衆及維持費> ≪曹溪山松廣寺史庫≫ (亞細亞文化社, 1977, p.402).

41) 본 내용과 관련하여 다음의 기사도 참고된다.
   ○「部曲二 花開谷 薩川谷 右二部曲長 皆剃頭稱爲僧首 方言聲轉 今爲矢乃」 ≪世宗實錄地理志≫ 卷 150, 晉州牧.
   ○「薩川部曲 在州西八十一里 其長剃頭 稱爲僧首 花開部曲 一名陝浦 在州西 一百二十六里 其長剃頭 稱爲僧首」≪新增東國輿地勝覽≫ 卷 30, 晉州牧屬縣.

42) 部曲制에 대한 연구성과에 대해서는 다음의 논고들이 참고된다.
   具山祐, <고려시기 부곡제의 연구성과와 과제> ≪釜大史學≫ 12, 1988.
   朴宗基, ≪高麗時代 部曲制研究≫, 서울大學校 出版部, 1990, pp.10~30.

의 영향권 아래에 있어 그러하다고 본 바 있듯이43) 인접 사원과 결코 무관하지는 않은 듯이 보인다. 이런 점에서 花開·薩川의 兩 부곡은 인접한 지역에 위치했던 雙溪寺와 무관하지 않을 것이다.44) 만약 이것이 사실이라면, 이들 부곡지역도 사원에 소속된 촌락이 있었던 곳으로 상정된다.

②의 기사는 高宗 年間에 작성된 것으로 보이는, 당시 무인집정자 崔怡 등 유력 인사들이 修禪社에 시납하고 있는 토지에 대한 언급의 일부이다.45) 물론 이 자료에 나타나는 지역이 촌락을 단위로 사원에 의해 지배가 이루어졌다고 단정할만한 근거가 되는 것은 아니다. 다만 여기서 주목되는 것은, 이들 부곡지역은 일반 행정구역에서 벗어나 있는 특수한 촌락을 의미하였고, 특히 이들 지역이 당시 최고 집정자인 崔怡의 사유지에 가까운 토지였을 가능성은 이러한 정황을 더욱 뒷받침 해준다.46)

그러면 이제 이러한 장·처나 부곡지역 외에 실질적으로 확인되는 고려시대 사원 촌락의 구체적 사례를 살펴보기로 하자. 다음의 通度

---

43) ≪秋江錄≫ 卷 6, 智異山 日課條.
44) 「雙溪寺 在州西花開谷」, ≪世宗實錄地理志≫ 卷 150, 晉州牧.
45) 본 자료와 이 시기 송광사의 토지지배를 이해하는 데는 아래의 논고가 참고되며, 이들 部曲지역과 송광사의 촌락지배 가능성에 대해서는 李相瑄의 논고(1991, <앞의 논문>, pp.154~156)에서도 언급된 바 있다.
　　任昌淳, <松廣寺의 高麗文書> ≪白山學報≫ 11, 1971.
　　許興植, <曹溪山 松廣寺의 寺院文書> ≪韓國中世社會史資料集≫, 亞細亞文化社, 1972.
　　朴宗基, <13세기 초엽의 村落과 部曲> ≪韓國史研究≫ 33, 1981.
　　李炳熙, <高麗 武人執權期 修禪社의 農莊經營> ≪典農史論≫ 1, 1995.
46) 본 문서에 나타나는 시납 토지들은 대개 이들 시납주체들이 소유하고 있는 사유지임이 확인된다(朴宗基, <앞의 논문>, 1981, pp.52~54). 崔怡의 경우도 당시 최고 집권가로서의 토지지배 형태로 보아 예외가 아님은 분명하다(李相瑄, <앞의 논문>, 1991, pp.154~156).

寺는 그러한 점에서 중요한 예가 될 수 있을 것이다.

通度寺는 신라 선덕왕 15년 慈藏律師가 창건한 이래 고려시대에는 官壇寺院으로 왕실과도 밀접한 연관을 지니며 높은 寺格을 유지한 사원이었다.[47] 뿐만아니라 대규모의 토지를 보유한 사원으로도 지목되고 있다.[48] 때문에 고려시대 사원 촌락의 존재 가능성도 상대적으로 높다 하겠다. 다행히 현재 일부 史蹟과 <通度寺事蹟略錄>과 같은 문헌이 전해지고 있어 이들 기록을 활용해 접근해 보기로 한다.

우선 고려시대 통도사는 사방에 山川을 神補하기 위하여 長生標를 설치해 두고 있었고, 그 標內에 본사와 屬院을 두고 있었다.

> 또 절의 사방 山川을 神補했는데, 그 땅은 四方의 둘레가 4만 7천 步 가량되며, 각각 표탑으로 長生標를 세웠는데 모두 12개이다. 동쪽에는 黑石峯이 있어 돌로 쌓은 장생표를 하나 설치하였다. 북쪽에는 冬乙山이 있어, 이곳에 돌로 쌓은 장생표 하나를 설치하였고, 중앙의 省仍川과 机川에는 각각 석비를 늘어뜨려 장생표 둘씩을 설치하였다. 위의 사방 장생표 안 동쪽에는 祖日房이 있고, 서쪽에는 慈藏房과 月明房이 있으며, 남쪽에는 赤雲房과 呼應房이 있다. 북쪽에는 白雲房과 穀成房이 있는데, 모두 통도사의 屬院이다.[49]

---

47) 蔡尙植, <고려중기 通度寺의 寺格과 역사적 의미> 《韓國文化硏究》 3, 1990.
48) 통도사의 토지지배에 관해서는 다음의 논고가 참고된다.
  최길성, <1328년 통도사의 농장경영형태> 《력사과학》1961-4, 1961.
  武田幸男, <高麗時代における通度寺の寺領支配> 《東洋史硏究》25-1, 1966.
  安日煥, <高麗時代 通度寺의 寺領支配에 對한 一考 -「事蹟記」中의 「寺之四方山川裨補」를 中心으로 -> 《論文集》 4, 釜山大學校敎養課程部, 1974.
  金潤坤, <麗代의 寺院田과 그 耕作農民> 《民族文化論叢》 2·3합집, 1982.
  이인재, <『通度寺誌』「寺之四方山川裨補篇」의 분석 - 신라통일기·고려시대 사원경제의 한 사례 -> 《역사와 현실》 8, 1992.
49) 「又寺之四方山川裨補也者 基地四方周四萬七千步許 各塔長生標 合十二 東有黑石峯 置石磧長生標一 南有沙川布川峯 塔排石碑長生標一 北有冬乙山 置石

곧 둘레가 4만 7천 步 가량되는 광대한 토지에 東, 西, 南, 北, 中으로 나누어져 12개의 장생표가 설치되어 있었고, 祖日房・慈藏房・月明房・赤雲房・呼應房・白雲房・穀成房 등의 屬院이 標內에 위치해 있었던 것이다. 장생표는 이 가운데 북쪽의 冬乙山의 것 1 基와 중앙 省仍川의 것 1 基가 현전하고 있어 이 기록의 사실성을 더욱 뒷받침 해주고 있다.

그런데 본 문건은 이러한 사실에 이어서 소속 촌락에 대해서도 다음과 같이 언급해 주고 있어 이 시기 통도사 소속 촌락의 존재를 확인시켜 준다.

>   四方으로 長生의 땅을 나누어 三千의 大德房洞을 두었다. 남쪽에는 布川山洞이 있는데 곧 일천 大德이 살고있는 곳이다. 북쪽의 冬乙山에는 茶村이 있는데 차를 만들어 통도사에 바치던 곳이다. 절에 바치던 茶囚와 茶泉은 지금에 와서도 없어지지 않았는데 후인들은 이를 茶所村으로 부른다.…… 사방 장생표를 관할하는 直干의 位田畓이 東南洞 內의 北茶村 坪郊에 나뉘어져 있는데 거기는 居火郡의 경계이다.50)

곧 이에 의하면 통도사는 屬院과 더불어 예하에 몇개의 촌락을 두

磧長生標一 中有省仍川杌川 各排石碑長生標二 右四方長生標內 東有祖日房 西有慈藏房月明房 南有赤雲房呼應房 北有白雲房穀成房 皆通度寺之屬院也」 <寺之四方山川裨補> 《通度寺事蹟略錄》 (《通度寺誌》, 亞細亞文化社, 1983, pp.24～25).

50) 「四方長生基地 分有三千大德房洞 南有布川山洞 乃一千大德之所住房也 北冬乙山茶村 乃造茶貢寺之所也 貢寺茶囚茶泉 至今猶存不泯 後人以爲茶所村也 …(中略)… 四方長生標 直干之位田畓 分伏於東南洞內 北茶村坪郊 乃居火郡之境也」 <寺之四方山川裨補> 《通度寺事蹟略錄》 《通度寺誌》, 亞細亞文化社, 1983, pp.26～27).

고 이를 지배하고 있었다. 장생표가 세워져 있는 공간 안에 있었던 大德房洞, 布川山洞, 茶村 혹은 茶所村 등의 존재가 그것이다. 특히 冬乙山 茶所村의 경우 '造茶貢寺'하는 곳이라는 점과 더불어 居火郡과 경계지점에 있음을 나타내어 더욱 구체적인 촌락의 모습을 보여주고 있다. 또 直干의 位田畓이 東南洞 내에 나누어져 분포하고 있다는 것으로 보아 일부 촌락민의 경제적 기반도 이해할 수 있게 한다.

결국 이 기록을 통하여 알 수 있는 것은 통도사가 本寺 이외에 여러 屬院을 두고 있었다는 사실과 더불어 장생표를 사방경계로 하나의 圈域을 이루고 있었으며, 그것이 몇개의 村落으로 이루어져 있다는 사실이다. 더구나 중요한 것은 이들 촌락민 가운데는 直干, 혹은 干으로 지칭되는 부류들이 존재하고 있다는 사실이다.51) 이제 이들 촌락의 성격과도 밀접한 관련이 있어 보이는 長生標에 관심을 돌려보기로 하자.

앞서 제시한 자료에 의하면 통도사에는 여러 개의 장생표가 세워져 있었다. 장생표의 기능에는 여러가지가 있지만,52) 통도사 장생의 특징은 '公私他土'가 없는 특정 지역에 대해 그 증표로 삼고 있다는 점일 것이다.53) 따라서 이들 촌락과도 밀접한 관련을 맺고 있는 史蹟

---

51) 이들 直干에 대해서는 통도사의 토지지배와 관련하여 언급되고 있는데, 그 성격이 각기 다르게 이해되고 있다. 곧 노동지대를 착취당하는 직접 생산자(최길성, <앞의 논문>), 장생표를 보호 관리하는 특수 신분자(武田幸男, <앞의 논문>), 절의 전답과 그 경작민으로부터 地代의 수납 등을 담당하는 중간관리인(金潤坤, <앞의 논문>, 1982), 전객농민인 處干과 같은 존재로 파악(이인재, <앞의 논문>)되기도 하는 것이다. 필자는 이에 대해서 佃戶와 같은 부류로 파악한 바 있다(<앞의 논문>, 1996).

52) 이같은 長生標에 대해서는 다음의 글이 참고된다.
   孫晉泰, <長栍考> 《孫晉泰先生全集》 2, 太學社, 1981.
   김두하, 《장승과 벅수》, 대원사, 1991.

53) 「右石碑石磧塔排長生標內 曾無公私他土也」 <寺之四方山川裨補> 《通度寺事蹟略錄》 (《通度寺誌》, 亞細亞文化社, 1983, p.29).

이라 할 수 있다. 기록에는 12개로 알려져 있으나, 현재 문헌 혹은 실물로서 확인할 수 있는 것은 3基가 있다.54) 그런데 여기에는 통도사의 소속 촌락에 대한 이해를 보완해 주는 내용이 새겨져 있어 주목된다. 각기 내용은 비슷한데 가장 완전한 형태로 현전하고 있는 것이 양산시 하북면 백록리에 소재한 이른바 <通度寺國長生石標>이다.55) 여기에는 다음과 같은 내용이 새겨져 있다.

> 通度寺孫仍川國長生一坐段寺
> 所報尙書戶部乙丑五月日牒前
> 判兒如改立令是於位了等以立
> 大安元年乙丑十二月日記

이를 풀이하면 '通度寺 孫仍川(솔래천) 國長生 一坐는 寺에서 보고한 바에(의해서) 尙書 戶部가 乙丑年 5月 日에 통첩하기를 앞서 결정한 것과 같이 改立하도록 하라는 令이 있었기에 이에 의해서 세운다'는 내용이 된다. 大安 乙丑年은 宣宗 2년(1085)에 해당한다. 따라서 같은 연대가 표기된 세 석표는 모두 宣宗 2년 5월경에 尙書 戶部의 통첩을 받고 동년 12월경에 세운 것임을 알 수 있다. 그런데 이같이 동일한 시기에 국장생이 각 지역에 걸쳐 세워진 것은 결코 우연한 일은 아닐 것이다. 이들은 통도사의 요청에 의해 세워졌음이 분명하며, 그것도 刻字내용으로 보아 尙書 戶部에 청원하여 이의 재가를 받

---

54) 현재 통도사 아래 양산시 하북면 백록리 외에, 울산시 삼남면 상천리에는 석표 상단이 부러진 상태로 높이 171cm 너비 80cm의 화강암 재질로 들 가운데 서 있다. 또 하나는 《朝鮮金石總覽》 上 (아세아문화사, 1976, p.292)에 전하고 있는 것으로, 현재 그 지점에는 남아 있지 않으나 밀양l 下西面 武安里에 소재해 있던 석표이다.

55) 현재 刻字부분은 상당히 마모된 상태이나 立石의 상태는 양호하며, 판독에는 《朝鮮金石總覽》 上 (亞細亞文化社, 1976, p.291)이 참고된다.

아 세워졌음을 알 수 있다. 그러면 왜 여기서 상서 호부가 개입하여 통첩하고 있는 것일까.

戶部는 고려시대 중앙 정치기구 가운데 三司와 더불어 대표적인 財政運營 機構였다. 그 가운데 三司가 주로 州縣의 稅貢을 규정하거나 耗米 징수 등의 錢穀 출납과 회계의 일을 관장하는데 비하여, 호부는 국가의 기본적인 財政源인 土地와 戶口를 체계적으로 파악 관리하는 관부였다.56) 그렇다면 호부가 통도사에 대하여 通牒으로 앞서의 결정(前判)에 따라 같이 改立하라는 令을 내리고, 이에 의하여 세워진 장생표는 단순히 사방의 경계를 표시하기 위한 것은 아니라 하겠다. 곧 이것은 통도사가 인접한 군현과 이해가 충돌·대립하지 않도록 국가가 지배력을 보호·공인하는 의미가 담겨져 있는 것이라 할 것이다. 이러한 경우는 통도사 이외의 다른 사례에서도 확인된다.

시기가 다소 앞선 경우이긴 하나 雲門寺와 長遊寺에서도 짐작해 볼 수 있다.

① 가) 天福 8년 癸酉 正月 日 淸道郡界 里審使 順英·大乃末 水文 등의 柱貼公文을 보면, 雲門山禪院의 長生이 남쪽으로는 阿尼岾, 동쪽으로는 嘉西峴 등이라 했다(운운). 나) 또 開運 3년 丙辰의 雲門山禪院의 長生標塔 公文 1통을 보면 "長生이 11이니 阿尼岾·嘉西峴·畝峴·西北買峴(혹은 面知村이라 함)·北猪足門 등이다"라 하였다.57)

② 이 절이 생긴 지 5백년 후에 長遊寺를 세웠는데, 이 절에 바친 田

---

56) 安秉佑, ≪高麗前期 財政構造硏究≫, 서울大學校 박사학위논문, 1994, pp.11~25.

57) 「天福八年 癸酉(太祖卽位 第二十六年也) 正月日 淸道郡界里審使順英 大乃末水文等 柱貼公文 雲門山禪院長生 南阿尼岾 東嘉西峴 (云云) 又開運三年 丙辰 雲門山禪院 長生標塔公文一道 長生十一 阿尼岾 嘉西峴 畝峴 西北買峴 (一作面知村) 北猪足門等」 ≪三國遺事≫ 卷 4, 寶壤梨木.

柴가 도합 300 結이나 되었다. 이에 장유사의 三剛은 왕후사가 장유사의 柴地 東南標內에 있다고 해서 절을 폐하고 莊舍로 삼았다.58)

①의 가)는 一然이 청도군의 문적을 상고하여 남긴 기록이다. 이를 보면, 운문사에는 태조 26년 里審使의 확인을 받은 柱貼公文과 더불어 阿尼岾·嘉西峴에 장생표가 세워져 있었다. 그런데 3년 뒤의 사실을 반영하는 나)의 내용에 의하면, 이제 장생표 11 基에 畝峴·西北買峴·北猪足門 등의 지역이 추가되어 나타나고 있다. 곧 이에 의하면, 운문사에는 태조 26년 정월 里審使에 의한 柱貼公文에도 불구하고 定宗 元年 다시 장생표가 세워졌음을 알 수 있다. 주첩공문 자체가 운문사 토지의 소유권을 확정짓는 의미가 있음에도59) 이같이 장생표로 분명한 구획을 또다시 명시할 필요가 있었던 것은, 무엇보다도 운문사와 인접한 郡縣, 혹은 사원간의 촌락지배를 둘러싼 갈등의 소지를 미연에 방지하는 의미라 할 것이다.

또 ②의 장유사의 경우에도 이런 標가 세워지고 인접사원을 파하기까지 하는 것은, 고려국가가 국초에 당면한 정치적 과제 해결을 위한 필요성과도 일정한 연관을 갖겠지만, 기본적으로 사원의 처지에서는 村民을 장악하거나 영역내 경제기반을 확고히 해두기 위한 절실한 요구에 의해 취해진 조처로 볼 수 있을 것이다. 따라서 이들 사원도 여러가지 점에서 통도사와 유사한 형태로 소속 촌락을 가지고 있었음을 알 수 있다.

다시 통도사의 경우로 되돌아가서 살펴보자. 통도사가 호부를 통하

---

58)「自有是寺五百後 置長遊寺 所納田柴幷三百結 於是右寺三剛 以王后寺 在寺柴地東南標內 罷寺爲莊」≪三國遺事≫ 卷 1, 駕洛國記.
59) 金潤坤, <앞의 논문>, 1982, pp.149~150.

여 이러한 재가를 받으려 하였던 것도 위의 雲門寺나 長遊寺의 사례와 마찬가지 이유에 기인한 것이었을 것이며, 결국 같은 여건하에서 사원 촌락은 존재하였을 것이다. 장생표내 토지가 '일찍이 公私 他土가 없는 것'으로 명시되고 있는 것도 사실이 그러하다기보다는 이 일대의 토지전체가 통도사의 지배영역이라는 통도사 측의 강한 권리의식이 반영된 표현이 아닌가 한다.60) 이제 이들 속촌이 일반 취락과 어떤 점에서 다른지, 어떤 특성을 지니는지 검토해 보기로 한다.

먼저 布川山洞의 경우를 살펴 보기로 하자. 여기서 洞은 村의 다른 표현이다. 포천동의 경우 다음의 기사가 참고된다.

① 四方으로 長生의 땅을 나누어 三千의 大德房洞을 두었다. 남쪽에는 布川山洞이 있는데 곧 일천 大德이 살고있는 곳이다.61)

② 또 東西院에 있는 삼천대덕은 항상 동서로 나뉘어져 있는데 大川에서 돌을 쌓았다. 벌을 지면 동내에서 쫓겨나서 모두다 흩어졌다. 일천 僧衆의 무리들은 경계의 남쪽 布川洞으로 나아가 암자를 짓고 머물렀다. 아침 저녁으로 절에 왕래하면서 舍利와 袈裟에 첨례하였다. 정성스럽고 부지런히 도를 닦았다. 하루는 다섯 비구가 사리에 禮拜하다가 肉身이 창공에 올랐다. 멀리서부터 날아오다가 절 문앞에서 해골을 떨어뜨리고 모두 죽었다. 이에 다비하였다 운운… 後人이 문앞에 시내에 임하여 누정을 짓고, 이름을 置髏樓라 하였다.62)

---

60) 종래 이들 토지가 모두 통도사의 지배영역을 의미하는 것으로 이해되어 왔다. '통도사의 莊園'이나 '寺領'과 같은 용어도 그런 이해의 산물이었다(註 34) 최길성, 武田幸男, 安日煥의 논문). 그러나 필자는 이것이 이런 배타적 지배의 증표라기 보다는 사원의 지배범위를 더욱 분명히 해 둠으로써 통도사 토지의 지배가 지니는 기본적 위약성을 보완받으려는 의도로 짐작된다.

61) 「四方長生基地 分有三千大德房洞 南有布川山洞 乃一千大德之所住房也」 <寺之四方山川裨補> ≪通度寺事蹟略錄≫ (≪通度寺誌≫, 亞細亞文化社, 1983, p.26).

62) 「又東西院三千大德 常分部於東西 築石大川 犯罰見黜於洞內 並皆離散 一千

①의 내용이 보여주듯 포천산동은 일천 大德이 거처하는 房들이 모여 있는 곳이었다. 여기서 일천대덕이라 한 것은 僧徒들의 집단이라는 의미로 받아들여야 할 것이지만, 이로 보면 이곳은 이들의 거처가 모여 하나의 村을 이루었던 모양이다. 물론 이들이 大德이라고 하였지만, 수행에 임하는 參學僧 내지는 하급승도들로 보인다.63) 이들이 東西로 나뉘어 大川에서 築石하는 모습도 그러하거니와, 이들이 죄를 범하면 동내에서 쫓겨나 흩어져 이곳에서 암자를 짓고 머물렀다는 것이 이를 반영해주고 있다. 이 시기 통도사는 대표적인 官壇寺院이었고,64) 이를 통해 짐작되는 것은 官壇受戒를 위하여 많은 修學僧들이 운집한 사원이었을 것이라는 짐작이다. 또한 이 시기 律業의 중추적인 사원이기도 하였던65) 이곳에서는 계율을 어긴 승도들을 洞內에 내쫓음으로써 그들은 스스로 舍利袈裟를 첨례하며 精勤修道할 수 밖에 없었던 것이다.66)

僧衆 詣境南布川洞 架庵居止 晨夕往來於寺 瞻禮舍利袈裟 精勤修道 一日 五比丘 因禮拜舍利 肉身登空 而向澶飛來 於寺之門前 墮骸而俱亡於其門前 仍茶毗云云 後人於其前臨溪構樓 因名曰 置骸樓也」 <寺之四方山川神補> ≪通度寺事蹟略錄≫ (≪通度寺誌≫, 亞細亞文化社, 1983, pp.27~28).

63) 大德은 教禪을 불문하고 최하위에 자리한 僧階이다. 그러나 이것은 除授된 승계로서의 의미보다는 일반 승려에 대한 존칭으로 많이 나타나고 있다. 許興植, <僧科制度와 그 機能> ≪高麗佛教史研究≫, 一潮閣, 1986, p.365.

64) 현재로 알려진 고려시대 官檀寺院은 通度寺 이외에 興國寺・靈通寺・嵩法寺・普願寺・桐華寺・福泉寺・華嚴寺・長谷寺・迦耶山岬寺・靈神寺・海印寺・藏義寺・法泉寺・摩訶岬寺・福興寺・佛日寺 등이다. 許興植, <佛教界의 組織과 行政制度> ≪高麗佛教史研究≫, 一潮閣, 1986, pp.320~322.

65) 통도사가 律業의 중추적인 사원으로, 또 佛舍利 信仰에 의해서 관심이 집중된 시기는 11세기 후반 이후일 것으로 추측되고 있다. 蔡尙植, <앞의 논문>, 1990, pp.61~65.

66) 이들이 수행하던 모습은 다음의 기록을 통해서도 짐작해 볼 수 있다.
「揷良州東北二十許里 有布川山 石窟奇秀 宛如人鐫 有五比丘 未詳名氏 來寓

그러면 이러한 부류들은 어떠한 성격의 승도들이었을까. 이들은 비록 소속 사원으로부터는 貶黜되었지만 舍利 袈裟를 첨례할 수 있는 것으로 보아 일정하게 통도사에 소속되어 있는 人的成員임을 짐작해 볼 수 있다. 또 이들은 在家 혹은 암자에서 자립적인 생활을 영위하였을 가능성으로 미루어 有妻僧이나 隨院僧徒의 성격으로도 존재하였던 것 같다.67) 따라서 남쪽의 포천산동과 같은 촌락은 하급승려나 在家僧과 같은 부류들이 모여 촌락을 이룬 일종의 僧徒村으로 이해된다.

다음으로 통도사의 소속 촌락에서 주목되는 것은 茶村 혹은 茶所村의 존재이다. 다음의 기사가 참고된다.

> 북쪽의 冬乙山에는 茶村이 있는데 차를 만들어 통도사에 바치던 곳이다. 절에 바치던 茶囚와 茶泉은 지금에 와서도 없어지지 않았는데 후인들은 이를 茶所村으로 부른다.68)

이에 의하면 冬乙山의 茶村은 차를 제조하여 통도사에 바치는 곳

而念彌陀 求西方幾十年 忽有聖衆 自西來迎 於是五比丘各坐蓮臺 乘空而逝 至通度寺門外留連 而天樂間奏 寺僧出觀 五比丘爲說無常苦空之理 蛻棄遺骸 放大光明 向西而去 其捐舍處 寺僧起亭榭 名置樓 至今存焉」≪三國遺事≫ 卷, 布川山 五比丘 景德王代.

이 기록의 내용은 <寺之四方山川裨補> ≪通度寺事蹟略錄≫의 내용과 유사한 면이 있다. 이를 통해 이들 촌락의 연원이 이미 신라 景德王代까지 거슬러 올라간다는 사실을 짐작하게 된다.

67) 고려시대 승도와 그 유형에 대해서는 다음의 논고가 참고된다.
裵象鉉, <高麗時代 僧徒와 그 유형 - ≪高麗史≫ 소재 관련기사를 중심으로-> ≪昌原史學≫ 2, 1995.
68) 「北 冬乙山茶村 乃造茶貢寺之所也 貢寺茶囚茶泉 至今猶存不泯 後人以爲茶所村也」<寺之四方山川裨補> ≪通度寺事蹟略錄≫ (≪通度寺誌≫, 亞細亞文化社, 1983, pp.24~26).

이라고 했다. 그동안 연구자에 따라서는 이것을 통도사 예속농민들의 잉여노동, 즉 노동지대로 이해하는가 하면,69) '所'에 주목하여 이를 部曲지역의 일환으로 파악하고 통도사의 所지배라고 언급하기도 하였다.70) 그러나 통도사 속촌민들이 茶를 절에 바치는 것은 종교적 측면에서도 고려되어야 할 것이며, 또 한편으로는 일반 부곡지역과 다른 경우의 접근이 이루어져야 할 것이다. 즉 이것은 고려시대 지방행정구조가 보여주는 특수한 취락으로서 所와는 다른, 통도사 소유의 토지지배와 관련되어 田民들에 의해 자연스럽게 조성된 사원 촌락으로서 성격이 짙기 때문이다.

이러한 점은 이에 거주하고 있던 民이 사원의 토지와 밀접한 관련을 지니는 전호들이었을 것이라는 가능성과, 또 하나는 茶라고 하는 '貢寺'의 품목에 주목해 볼 필요가 있는 문제라고 보여진다. 곧 통도사의 촌락에서는 각 장생표 당 10명에 이르는 直干들이 존재하고 있고, 이들의 位田畓이 널리 분포해 있음으로 보아,71) 茶村의 民들 대부분도 이러한 토지를 경작하는 民으로 이해되기 때문이다. 또 이와 더불어 이들은 사원 고유의 기능과 관련된 소요품인 茶의 제조에도 관여한 것이 아닌가 하는 것이다. 이는 이전의 사례에 비추어 보아,72) 茶를 제조하여 절에 바치는 것이 恒規化된 촌락을 의미하지 않

---

69) 최길성, <앞의 논문>.
70) 武田幸男은 여기서의 茶所村은 賤民들이 集團的으로 居住하였던 賤民村落으로서의 '所'라 하였다. <앞의 논문>, pp.83~84.
71) •「四方長生標 直干之位田畓 分伏於東南洞內 北茶村坪郊 乃居火郡之境也」
 <寺之四方山川裨補> 《通度寺事蹟略錄》 《通度寺誌》, 亞細亞文化社, 1983, p.27.
 •「分塔排於四境各置干十 每給位田畓及家代田 幷四方長生標內 田畓土地也 右石碑石磧塔排 長生標內 曾無公私他土也」위와 같음, p.29.
72) 즉, 《三國遺事》 卷 3, 臺山五萬眞身에 「每歲春秋 各給近山州縣倉租一百石 淨油一石 以爲恒規 自院西行六千步 至牟尼岾 古伊峴外 柴地十五結 栗枝六

을까 추론된다. 그러므로 이들 촌민의 위상도 단순히 지주제적 관계에 입각한 경제적 측면에서의 지배・예속 관계 뿐 아니라, 종교적 성격과 더불어 상호 보완적인 관계에 있었던 것이 아닌가 한다. 결국 이것을 매개로 통도사와 속촌민들은 불가분의 관계를 맺고 있었다 할 것이다.

통도사 촌락에서 또 하나 특기할 곳은 密陽郡 下西面에 있었던 것으로 보고된73) 장생표와 관련된 것이다. 현재 이 곳은 행정구역상 密陽市 武安面 武安里로 개칭되고 장생표가 있었던 지점에는 석표가 발견되고 있지는 않다. 그러나 자료를 토대로 하면 이곳도 통도사에 소속된 촌락이 자리했을 가능성이 높은 지역이다. 다음의 기록이 참고된다.

> 神補 장생표 12개는 門前의 동구에 검은 나무로 된 장생표 2개를 설치하였고, 동쪽의 黑石峯에는 돌로 쌓은 장생표 2개를 설치하였다. 가운데(흐르는) 省仍川과 机川에는 각기 입석비 장생표 2개를 설치하였다. 남쪽의 沙川 布川峯에는 돌로 쌓은 장생표 2개를 설치하였으며, 서쪽의 大嶺峴에는 석비 장생표 하나를 설치하였고, 남쪽의 大川에는 석비 장생표 하나를 설치하였다.74)

結 坐位二結 創置莊舍焉」라고 한 바와같이, 통도사의 茶所村도 통도사에 茶를 바치는 것이 恒規化 되어 있는 촌락으로, 사원의 전호가 취락을 이루며 살던 사원 촌락이 아닌가 하는 것이다.

73) 「□國長生一坐段寺 □乙丑五月日牒前 □是於爲了等以立□乙丑十二月日記」《朝鮮金石總覽》上, (亞細亞文化社, 1976, p.292).
74) 「神補長生標十二者 門前洞口 立黑木榜長生標二 東黑石峯置石磧長生標二 中省仍川机川 各立石碑長生標二 南沙川布川峯 置石磧長生標二 西大嶺峴立石碑長生標一 南大川立石碑長生標一」<寺之四方山川神補> 《通度寺事蹟略錄》(《通度寺誌》, 亞細亞文化社, 1983, pp.28~29).

이에 의하면 서쪽으로 大嶺峴에 石碑 장생표 1 基를 세웠다고 하였다. 여기서 大嶺峴은 관련 기록을 통해 볼 때 오늘날 밀양지역으로 비정될만하다.75) 그러나 비록 고려시대 梁州와 密城은 행정구역상으로는 인접해 있어 同一圈으로 묶일 수 있겠으나, 지리적으로는 迦智山 줄기를 넘어야 하는 원거리가 아닐 수 없다. 그렇다면 이곳을 관할한 방식은 두 가지로 상정된다. 하나는 현지에 위치한 屬院을 통한 방식이고, 또 하나는 官을 통한 收租權의 행사 방식이 그것일 것이다. 그러나 후자보다는 전자일 가능성이 높다고 본다. 이것은 본사 인근의 속촌이 屬院이나 房의 인근에 위치하고 있었다는 점에서 이곳도 예외가 아닐 것이라는 생각에서이다. 그런데 이와 같은 원격지 속촌은 이미 世達寺의 溟州 㮈李郡의 경우에서 보듯76) 연원이 깊은 것이었다. 이러한 점을 감안하면, 羅代 이래의 사원의 원격지 속촌은 그 존재가 고려중기까지 특수한 형태로 남아 있었다는 방증이 된다.

이상의 통도사 속원과 촌락을 도표로 정리해 보면 다음 표 6과 같다.

---

75) 이에 관해서는 그동안 통도사에서 서쪽으로 4km 떨어진 '한피기' 고개라고 본 견해도 있었다(안일환, <앞의 논문>, 1974, p.11). 그러나 최근 ≪三國遺事≫ 권5, 永才遇賊條의 「暮歲將隱于南岳 至大峴嶺 遇賊六十餘人」의 기사와 ≪三國史記≫ 권 37, 地理 4의 三國有名未詳地分條 '武安郷'의 존재로 비추어 장생표가 있었던 것으로 보고된 밀양 무안면으로 비정한 견해(이인재, <앞의 논문>, 1992, p.297)가 제시되었는데, 필자가 보기에는 후자가 더 타당성이 있는 것으로 보인다.

76) ≪三國遺事≫ 卷 3, 洛山二大聖 觀音 正趣 調信.

◇ 표 6 通度寺의 屬院과 村落

(방위) \구분	屬院名	屬村名	主要地理	長生標數	備 考
東	祖日房 (祖日庵)		黑石峯	1/2	
西	慈藏房 月明房	(武安鄉?)	大嶺峴	0/1	(遠隔地 佃戶村)
南	赤雲房 呼應房	布川山洞(村)	沙川 布川峯 大川	1/2 0/1	一千大德之所住房/ 一千僧衆詣境 (僧徒村)
北	白雲房 穀成房 (雲穀寺)	冬乙山茶村 (茶所村)	東南洞內 冬乙山 居火郡之境	1/0	造茶貢寺之所 (恒規가 있는 佃戶村)

 그러나 이상에서 살핀 바와 같은 통도사의 촌락은 고려시대 사원 속촌의 보편적 형태와는 일정한 차이가 있을지도 모른다. 寺格과 주요 檀越의 성격, 국가와의 관계 등에 따라 각기 편차가 있을 것이기 때문이다.

3節 寺院 村落의 변화와 그 性格

 12세기를 고비로 고려사회는 여러 방면에서 달라지고 있었다. 12세기 초부터 중앙정부는 대대적으로 監務制를 실시하고 현령을 증치하는 등 外官을 증파하는 조치를 취하고 있었고, 5도·양계·경기를 중간 행정기구로 전환시키면서,[77] 관 주도의 향촌에 대한 통제책을 적

---

77) 監務파견과 고려 郡縣制의 變化에 대해서는 다음 논문들이 참고된다.
　元昌愛, <高麗 中·後期 監務增置와 地方制度의 變遷> 《淸溪史學》 1, 1984.
　金東洙, <고려 중·후기 監務 파견> 《全南史學》 3, 1989.
　이인재, <고려 중·후기 지방제 개혁과 감무> 《外大史學》 3, 1990.

극적으로 시행하고 있었다.78) 睿宗 元年부터 나타나고 있는 監務 파견의 명분은 民의 流亡을 막고 그들로 하여금 산업에 종사하도록 하기 위함이라고 하였지만,79) 실제로는 속현지역을 위시하여 직접지배에서 탈루된 지역에 대한 국가의 안정적 수취노력의 일환으로 보여진다.80) 이러한 추세와 더불어 사원에 대한 不輸의 특권은 점차 감소될 수 밖에 없었으며, 이는 곧 사원에 소속된 村民의 부담이 가중됨과 동시에 이들의 유망을 가속화시켰을 것으로 보인다. 또 이후 무신정권의 등장과 더불어 나타난 유력 사원들에 대한 탄압81)은 사원소속 촌락민에 대한 처지를 더욱 열악하게 하였던 것으로 보인다. 적극적인 효과를 기대하기는 어려웠으나 일부 사원에서는 貢戶들을 초집하여82) 촌민의 유망으로 인한 노동력의 결손을 충당하려는 모습도

---

78) 한편, 이들 監務의 파견에 대해서는 왕권이 미약했던 시기에 통치상의 필요와는 상관없이 무원칙하게 濫設되어 이 시기 郡縣制 문란의 요인이 되었다는 지적도 있다. 李義權, <高麗의 郡縣制度와 地方統治政策> ≪高麗史의 諸問題≫, 三英社, 1986.
79) ≪高麗史≫ 卷 12, 睿宗 원년 4월 庚寅.
80) 이러한 노력은 다음과 같은 屬縣의 변화에서도 짐작된다.
  * ≪高麗史≫ 地理志 所載 記事를 중심으로 본 屬縣의 變化

道別 屬縣數 時 期	京畿	忠淸	慶尙	全羅	江原	黃海	平安	咸鏡	計
顯宗 9年	48	59	114	87	28	16	5	7	364
恭讓王 3年	15	18	47	51	20	3	0	7	161

李樹健, ≪韓國中世社會史硏究≫, 一潮閣, 1984, p.392 참조.
81) 다음의 기사는 武臣政權에 의한 이 시기 사원에 대한 統制, 혹은 强制가 작용하였을 가능성을 시사해 준다고 생각된다. 「又庚寅年 晉陽府貼 五道按察使 各道禪敎寺院 始創年月形止 審檢成籍」≪三國遺事≫ 卷 4, 寶壤梨木, p.327.
82) 이들 貢戶에 대해서는 다음의 논고가 참고된다.
  北村秀人, <高麗時代의 貢戶에 대하여> ≪人文硏究≫ 32-95, 大阪市立大,

나타나고 있었다.83) 그러한 가운데 일부 사원에서는 촌민들과의 갈등도 없지 않았던 것으로 보인다. 무인집권기 일부 사원의 僧徒들의 亂이나 雲門寺와의 관련성이 짐작되는 金沙彌의 蜂起는 그러한 사정과도 일정한 연관성을 지닌다고 볼 수 있을 것이다.84) 또 13세기 麗蒙戰爭으로 인한 촌락 파괴와 촌락의 인적구성에 대한 불가피한 변동은85) 사원 소속의 촌락에서도 예외는 아니었을 것이며, 이에따라 사원 촌민들의 존재양태는 점차 이전과 다른 모습을 보일 수 밖에 없었다. 이러한 사정은 다음의 定惠寺의 예로 미루어 짐작해 볼 수 있다.

園頭로는 老僧 한명 뿐인데 / 풀을 베다 엎어져 한팔이 부러졌고 / 산초와 채소밭은 겨우 손바닥만 한데 / 풀 우거져 무릎까지 빠지지만 매는 사람없네 / 깊은 산골 장정은 4, 5호 밖에 없는데 / 집도 제대로 못이고 쑥대는 마당에 가득하네 / 사내는 나가 농사짓고 여자는 방아 찧고 / 어른할 일 아이한테도 미치네 / 열흘동안 부림을 당하다 하루 동안 쉬나니 / 어느 여가에 내 이익을 꾀할꼬 / 가을이 와도 쓸쓸히 거두는 것 없나니 / 다만 남의 밭에 나가 이삭 주울 뿐이네 / 매양 말하길 내년에는 더욱 심할 것이니 / 멀거나 가깝거나 이 절을 다시 안보리라 하네.86)

1981.
83) 다음의 기사가 이러한 사정을 잘 반영해 준다.
 「道門僧人 諸處農舍 冒認貢戶良人以使之」≪高麗史≫ 卷 85, 刑法2 禁令 明宗 18년 3월.
84) 金沙彌와 雲門寺와의 관계에 대해서는 다음의 논고가 참고된다.
 金光植, <雲門寺와 金沙彌亂> ≪韓國學報≫ 54, 1989 ; ≪高麗 武人政權과 佛敎界≫, 民族社, 1995.
85) 金光哲, <麗蒙戰爭과 在地吏族> ≪釜山史學≫ 12, 1987, pp.16~22.
86) 「園頭老僧只一個 薙草倒地折一臂 山椒菜圃小如掌 草深沒膝無人理 深村丁力四五戶 茅茨不完蓬滿地 男出耕耘女踏碓 長年力役到童稚 十日驅使一日休 奚

이 詩를 남긴 禪僧 冲止의 現實認識에 대해서는 일부 상반된 견해가 제기되고는 있지만,87) 詩의 내용은 이 시기 사원 촌락의 분위기를 읽기에는 부족함이 없다. 여기서 園頭는 直歲 계열로 수취를 담당하고 촌민을 동원 관리하는 僧일 것이다.88) 그리고 깊은 산골마을 장정이 있는 집은 4~5戶밖에 남지 않았고, 그것도 마당엔 쑥대만 가득하다고 하는 표현에서 적막한 사원 촌락의 분위기를 물씬 풍기고 있다. 이것은 이 시기 빈번한 국가의 노동력 동원과 더불어 자립성 저락으로 인해 몰락해 가는 民의 처지를 반영하는 것이 아닐까 싶다. 사원에 따라 사정은 다르겠지만 이 시기 사원 속촌들은 점차 본래의 모습을 잃어가고 있었던 것이다.

元의 간섭과 더불어 고려정부의 촌락지배는 행정적으로나 경제적으로 일원화되지 못하고, 다소 혼란스런 부분이 없지 않았다. 이는 기본적으로는 원의 간섭이라고 하는 민족모순에 기인하겠지만, 그것은 결국 일반 郡縣民의 부담을 가중시키고 있었다. 그런 측면에서 다음의 기사들은 이 시기 촌락의 상황을 이해하는데 시사하는 바 크다.

暇仕家營自利 秋至蕭然無所穫 但向人田拾遺穗 每說明年必不堪 遠邇不復見玆寺 冲止, <鷄峯苦> 《圓鑑錄》 (《韓國佛敎全書》 6, p.393).
87) 대표적으로 다음 두 논고의 입장을 예할 수 있을 것이다.
秦星圭, <圓鑑錄을 通해서 본 圓鑑國師 冲止의 國家觀> 《歷史學報》 94·95합집, 1982.
박영제, <원간섭기 초기 불교계의 변화 - 冲止(1226~1293)의 현실인식과 불교사상을 중심으로> 《14세기 고려의 정치와 사회》, 민음사, 1994.
88) 直歲는 일종의 僧官組織인 三綱體制를 이루는 직제에서 주로 토지와 인민에 대한 수취의 역할을 담당한 것으로 이해된다.
蔡尙植, <淨土寺址 法境大師碑 陰記의 分析> 《韓國史硏究》 36, 1982, pp.63~65.

① 嘉林縣의 사람들이 達魯花赤에게 이르기를, "현의 村落들이 각각 元成殿과 貞和院·將軍房·忽赤·巡軍에 나누어 소속되었으며, 오직 金所 하나만 남아 있던 것을 이제 鷹房 迷刺里가 빼앗으니, 우리들이 어떻게 단독으로 부역에 나오겠습니까?" 하니 達魯花赤이 이르기를, "비단 그 현만 그런 것이 아니라 이런 일이 많을 것이다. 장차 각 道에 관원을 보내어 순찰하여 그 폐단을 없애도록 하겠다." 하고, 왕에게 각 도에 사람을 함께 보낼 것을 청하였다.89)

② (충렬왕) 12년 3월 敎旨를 내렸다. 지금 모든 寺院과 忽赤, 鷹房·巡馬 및 양반들이 관직을 가진 관원이나 殿前, 上守를 田庄으로 내려 보내어 농민을 불러 모으며, 교활한 관리들을 유인하고, 수령들에게 항거하며 심지어는 뽑아 보낸 이들을 구타하는 등 온갖 악행을 다 하는데, 지방 別銜들은 이것을 금하지 못하고 있다.90)

①은 왕과 공주가 원에 행차하는데 가림현 사람이 자기 고을의 폐단과 민생의 문제를 達魯花赤에게 말하는 내용이다. 이 지역은 일찍부터 지방관이 파견되어 있는 지역임에도 불구하고, 제반 收取에 있어서는 충렬왕비와 관련을 가지는 元成殿이나 貞和院, 혹은 그 추종 세력과 관련을 가지는 곳에서 관할하고 있었던 것이다.91) 따라서 사실상 지방민은 이중수취를 당하였으며, 지방관은 무력할 수 밖에 없는 상황이었다.

---

89) 「嘉林縣人 告達魯花赤曰 縣之村落 分屬元成殿及貞和院·將軍房·忽赤·巡軍 唯金所一村在 今鷹房迷刺里 又奪而有之 我等何以獨供賦役 達魯花赤曰 非獨汝縣 若此者多矣 將使巡審諸道 以蠲其弊 請王遣人偕」≪高麗史≫ 卷 89, 열전 后妃傳 齊國大長公主.

90) 「(忠烈王)十二年三月 下旨 今諸院·寺社·忽赤·鷹房·巡馬及兩班等 以有職人員 殿前上守 分遣田庄 招集齊民 引有猾吏 抗拒守令 以至毆攝差人作惡萬端 下界別銜 不能懲禁」, ≪高麗史≫ 卷 85, 刑法2 禁令.

91) 이 시기 민생문제의 발생과 그 요인에 대해서는 다음의 글이 참고된다.
金光哲, <高麗 忠宣王의 現實認識과 對元活動 -忠烈王 24年 受禪以前을 중심으로-> ≪釜山史學≫ 11, 1986, pp.39~44.

그런데 이러한 촌락에 대한 침탈의 주체는 비단 왕실관련 기구나 원과 관련된 특정기구에 국한되지는 않았던 것 같다. ②의 기사는 사원도 여전히 이 시기 촌락지배에 일정하게 영향력을 행사하고 있음을 보여주고 있다. 곧 嘉林縣의 경우와 같은 촌락지배의 주체가 사원일 수도 있다는 것을 보여준다. 물론 이러한 사원들은 대개가 이 시기 정치권력과 유관한 경우에 국한되겠지만, 이 경우 殿前·上守는 일부 勸化僧을 포함하는92) 대개 사원의 재정을 담당하는 직임자를 지칭하는 것일 것이다.

이러한 시기를 거치면서 사원의 촌락지배는 점차 그 양상을 달리해 가고 있었다. 다음의 미원장의 예는 국가의 지방지배와 사원(승려)의 촌락에 대한 영향력 행사의 정도를 시사해 주어 참고된다.

　　　　왕이 사자를 보내어 僧 普虛를 益和縣에서 불렀다. …(中略)…(보허는) 廣州 迷元莊에 우거하고 있었는데, 친척들을 모아 마침내 집안을 이루었다. 虛가 왕에게 아뢰어 미원장을 승격하여 縣으로 만들었는데, 監務를 두어 보허가 그들을 호령하면 監務는 다만 나아가고 물러날 따름이었다. 널리 田園을 점유하여 牧馬가 들에 가득하였는데 모두 內乘이라 칭하였으며, 비록 禾穀이 상하여도 사람들이 감히 쫓지 못하였다.93)

이 기사는 물론 이 시기 정치에서 僧 보허가 차지하는 위상을 감안하여94) 그 특수성이 인정되지만, 이 시기 사원에 의한 촌락의 지배

---

92) 「(忠宣王 四年) 九月 置僧人推考都監 禁諸寺勸化僧 來集京師 聚錢財 肆爲穢行者」《高麗史》卷 85, 刑法2 禁令.
93) 「王遣使 召僧普虛于益和縣 …(中略)… 寓廣州迷元莊 聚親戚 遂家焉 虛白王 陞迷元爲縣 置監務 虛主號令 監務但進退而已 廣占田園 牧馬滿野 皆以內乘稱 雖害禾穀 人不敢逐」《高麗史》卷 38, 세가1 恭愍王 元年 5월 己丑.
94) 공민왕대의 정치와 僧 普虛(普愚)에 대해서는 다음의 論考가 참고된다.

를 일정 부분 반영한다고도 볼 수 있을 것이다. 이로써 사원의 속촌이 어떤 과정으로 현으로 승격되며, 정부로부터 파견된 監務의 위상은 어떠하였는가를 짐작해 볼 수 있다.

迷元莊이 현으로 승격된 것은 보허의 역할도 있겠지만, 기본적으로는 이 시기 국가의 지방통치 정책과 맥락을 같이하는 것으로 보아야 할 것이다.95) 그러나 이 경우에도 국가권력의 대행자인 감무는 그 임무를 정상적으로 수행하고 있는 것이 아니었고, 오히려 보허가 그 지역에 실질적인 지배력을 행사하고 있었다. 田園을 널리 점유하고 심지어 기르는 말들이 禾穀을 상하게 하여도 어쩔 수 없었음에서 파견된 감무의 역할이 얼마나 제한적이었는지를 짐작할 수 있다.

그러나 사원과 승려들의 이러한 노력에도 불구하고 여말에 접어들면서 사원 소속의 촌락은 점차 소멸해 가고 있었다고 생각된다. 이는 근본적으로 '民少官多'라 표현될만큼 지방지배가 세분화되고96) 屬邑 지역이 성장하고 부곡지역이 해체되는 가운데 사원 촌락도 그 존립기반을 점차 잃어가고 있었기 때문이다. 또한 이 시기 불교계가 基層

李相瑄, <恭愍王과 普愚> ≪李載襲博士還曆紀念韓國史學論叢≫, 1990.
俞瑩淑, <圓證國師 普愚와 恭愍王의 改革政治> ≪韓國史論≫ 20, 국사편찬위원회, 1990.

95) 이 시기 국가의 지방통치형태 변화에 대해서는 아래의 논문이 참고된다.
박종기, <14세기 군현구조의 변동과 향촌사회> ≪14세기 고려의 정치와 사회≫, 민음사, 1994.

96) 충렬왕대의 사정을 반영하는 다음 기록이 이러한 사정을 잘 보여준다.
「又本國王京裏外 諸司衙門州縣 摠三百五十八處 設官大小四千三百五十五員 刻削銷於民 甚爲冗濫 加之賦役頻倂 少有不前 那縛淩虐 忍痛銜冤 無可伸理 城郭州縣 虛有其名 民少官多 管民官按廉官 半年一次交代 令本處百姓 自備牛馬路費等物 迎送新舊官員 道路如織 防農害物 民甚苦之」 ≪高麗史≫ 卷32, 忠烈王 27년 4월.
이에 의하면 중앙과 지방의 관청과 관원이 지나치게 많고, 지방관이 자주 교체되어 郡縣民에게 많은 부담과 고통을 안겨주고 있었다.

民을 포용하지 못하고 자기 집단의 이익만 고수하는 보수화의 경향을 보이고 있는 것도[97] 그 원인으로 지적될 수 있을 것이다.

결국 사원 촌락은 그것이 지니는 근본적 한계로 말미암아 위약한 기반에 놓일 수 밖에 없었으며, 그만큼 불교 사원의 향촌에 대한 영향력도 감소될 수 밖에 없는 것이었다. 이러한 사실은 자연촌락의 성장과 더불어 한편에서는 조선조 面里制 운영의 바탕이 되었을 것이고, 멀리 보면 성리학적인 향촌지배를 가능하게 하는 촌락 변화의 내적 배경이 되었다고 본다.

이상에서 살펴 본 사원 촌락의 모습은 고려시대 사원과 국가, 사원과 향촌사회, 그리고 사원의 사회경제적 위상과의 관련성 등 여러 각도에서 검토를 요하고 있다.

우리 중세사회의 지배체제는 흔히 중앙집권체제로 이해되고 있고, 그 중앙집권체제는 지방제도로서 郡縣制度를 갖추고 있었다. 이같은 구조하에서 사원의 속촌은 어떻게 존재할 수 있었을까. 이러한 문제는 궁극적으로 고려 사회에서 民에 대한 국가의 지배가 향촌의 在地支配層 또는 지역의 공동체적 질서를 어떠한 방식으로 포용하고 있었는가, 혹은 이와 별개로 어떠한 형태로 향촌사회가 존재하였는가 하는 문제의 해명과도 관련이 있다고 본다.[98]

고려시대 지방지배의 진전은 중앙정부가 직접적인 지배를 통하여 물적기반을 확보해 나가는 한편으로 국가 지배이데올로기를 적극적

---

97) 蔡尙植, <高麗後期 佛敎史의 전개양상과 그 경향> 《歷史敎育》 35, 1984 ; 《高麗後期佛敎史硏究》, 一潮閣, 1991 참조.

98) 고려시대 지방지배와 향촌사회에 대한 연구성과에 대해서는 최근 다음의 글이 정리하고 있어 참고된다.
채웅석, <군현제와 향촌사회> 《한국역사입문》 ②, 풀빛, 1995.

으로 전파함으로써 향촌사회의 안정과 그들의 지배체제를 공고히 함에서 비롯한 것이었다. 郡縣制度도 이러한 지배구조의 일환으로 구현되어 갔다고 볼 수 있을 것이다.

 이러한 일련의 과정은 기존의 在鄕勢力들을 고려하지 않으면 안되었고, 이들과 相互保險的인 관계에서 그들을 적극 활용하는 방향으로 民에 대한 지배를 도모하였다고 할 수 있다. 이 시기 군현제도가 기본적으로 大邑중심 체제에서 성립하여 발전해 나갈 수 밖에 없었던 이유가 여기에 있을 것이다.99)

 고려전기 대읍중심 군현제도에서는 다양한 邑格들이 존재하면서 각기 독립적인 지배영역을 가지고 있었다. 지방관이 파견되어 중앙과 直牒關係에 있는 主縣과 그렇지 못하고 주현의 지휘를 받는 광범위한 屬縣 지역이 존재하게 되었다. 물론 이러한 속현지역의 분포는 단순히 재향세력이 강하여 중앙의 행정력이 침투하기 어려웠던데 기인한 것만은 아니었다. 羅末이래의 광범위한 逋戶들을 국가가 효과적으로 파악하고 收取하기 위해서는100) 人丁과 土地를 결부시켜주는 이러한 파악방식이 일면 유용할 수도 있을 것이기 때문이다.

 이 시기는 또 지배계급의 분화가 나타나면서 종래의 지역공동체 기반이 일정하게 재편되는 시기이기도 하였다. 지배체제에 저항하고 자위조직을 운영하면서 일정하게 영역지배가 실현되고 있던 지역을 중심으로 새로운 지배질서가 구축되어 가고 있었던 것이다.101) 그러

---

99) 大邑中心의 郡縣支配와 그 성격에 대해서는 다음의 논문이 참고된다.
   金潤坤, 《高麗郡縣制度의 硏究》, 慶北大學校 박사학위논문, 1983.
   ____, <羅・麗 郡縣民 收取體系와 結負制度> 《民族文化論叢》 9, 1988.
100) 金潤坤, <앞의 논문>, 1988, pp.97~103.
101) 新羅末에서 高麗前期에 이르는 地方社會의 變動과 支配構造의 成立에 대해서는 최근 다음과 같은 연구성과들이 제출되어 참고된다.
   蔡雄錫, 《高麗時期 '本貫制'의 施行과 地方支配秩序》, 서울大學校 박사학

第5章 寺院 村落과 寺院田　289

나 모든 군현에 지방관을 파견할만큼 郡縣의 상태가 고른 것은 아니었고, 포섭의 방식에 따라서는 기존의 영향력이 유지 혹은 용인되는 경우도 있었는데 이 시기 불교계와 사원의 촌락도 예외는 아니었다. 특정 사원이 이 시기 지배세력과 연대하여 영향력을 행사하고, 그것이 정부의 지방지배구조와 크게 괴리되지 않으면서 유지될 수 있었던 것도 이러한 배경에 연유하는 것이다.

그동안 莊·處는 왕실을 비롯한 宮院·寺院이 지배해온 일종의 莊園村落으로 인식되어왔다. 이들은 신라의 祿邑이나 田莊과 일정하게 연결되는 것으로서 나말여초에 왕실의 直屬領으로 취해진 촌락에서 비롯하였는데, 이들도 당시 지역적 행정구획을 단위로 하는 토지지배의 객체로 파악되고 있다.102) 그런데 이것이 사원에 소속한 경우에도 그 성립의 역사적 배경으로 인하여 촌락지배의 형태를 보이고 있었다. 部曲지역에 있어서도 종래 賤人聚落說을 넘어서서 일반 군현에 비해 예속의 강도가 높은 독특한 수취제도와 결부된 특수행정구역으로 이해되고 있는데,103) 이 곳 역시 일부가 사원의 영향력이 미치고 있는 지역이었다. 이러한 구조는 기본적으로 이 시기 지방지배구조의 특수성에 기인한 것이었다. 그러나 이런 장·처나 부곡과 같은 특수 촌락과 달리 국부적으로 사원을 중심으로 형성된 특정 촌락에 대하여 사원이 지배력을 행사하고 있는 지역도 있었다. 雲門寺나 通度寺의 사례는 대표적인 예가 될 것이다.

이러한 사례들에서 먼저 주목되는 것은 이들 사원의 촌락은 다른 촌락들이 일반적으로 특정 州縣, 혹은 중앙과 직결되어 파악되고 있

　　　위논문, 1995.
　　具山祐, ≪高麗前期 鄕村支配體制 硏究≫, 釜山大學校 박사학위논문, 1995.
102) 旗田巍, <앞의 논문>, 1960 및 姜晉哲, <앞의 논문>, 1976 참조.
103) 朴宗基, ≪高麗時代 部曲制硏究≫, 서울大學校 出版部, 1990.

없음에 비해 이들은 그렇지 않다는 점이다. 이것은 곧 중앙정부가 里審使나 戶部를 통하여 일정한 권한을 사원에 위임하고 있었기 때문으로 이해된다. 이는 그들 지역의 戶口와 田結에 대한 파악이 일반 군현과 그 계통을 달리하고 있음을 의미하는 것이기도 할 것이다.

대개 고려시대의 촌락은 신라 帳籍文書에 보이는 沙害漸村 등과 유사한 自然村落이었다고 이해되고 있다. 그리고 이러한 자연촌락이 시기와 지역에 따라 몇개가 합쳐져서 일종의 地域村을 이루기도 하였으며, 그것이 행정적으로 파악의 대상이 된 것으로 짐작되고 있다.104) 그런데 사원 소속의 촌락은 대개 한 개 혹은 몇 개의 자연촌락으로 존재하였으나 일개의 지역촌, 혹은 행정촌을 이루는 것은 아니었다.105) 또 이들이 행정적으로는 해당 사원으로 파악되어 국가 권력이 직접 영향을 미치는 곳이 아니었다는 점에서 고려시대 지방통치의 하부구조에서 일정하게 벗어나 있는 특수한 촌락으로 이해된다.

그러나 사원 촌락은 기본적으로는 지방행정 구획의 범위안에 들어 있음에도 사원이 소속 촌락을 대상으로 직접 수취를 하고 있다는 점에서 해당 지역의 수령과 충돌의 소지가 상존하고 있었다. 이러한 점과 관련하여 柱貼公文이나 戶部의 재가를 받은 장생표의 존재는 중

---

104) 고려시대의 촌락 구조에 대해서는 다음의 논문이 참고된다.
　　李佑成, <麗代百姓考> 《歷史學報》 14, 1961 ; 《韓國中世社會研究》, 一潮閣, 1991.
　　李泰鎭, <醴泉 開心寺 石塔記의 分析 -고려전기 香徒의 一例-> 《歷史學報》 53·54합집, 1972 ; 《韓國社會史研究》, 知識産業社, 1986.
　　朴宗基, <高麗時代 村落의 機能과 構造> 《震檀學報》 64, 1987.
　　具山祐, <高麗前期 鄕村支配體制의 成立> 《韓國史論》 20, 1988.
105) 恭愍王代 普愚(普虛)의 迷元莊이 縣으로 승격된 사례가 있긴 하였다. 그러나 이 때 파견된 監務는 실질적으로 행정력을 행사하지 못하였을 뿐 아니라, 미원현 자체도 곧 폐해졌다. 《高麗史》 卷 38, 恭愍王 世家 1 元年 5월 己丑.

앙정부가 개입하여 이를 공인하여 줌으로써 外官과의 충돌을 미연에 방지하고 있다는 증표로서 의의가 있는 것이다.

그러면 이들 村民들은 국가의 收取로부터 완전히 벗어나 있었을까. 그렇지는 않은 것 같다. 국가적 차원에서는 유사시 주요 사원을 단위로 하는 인력의 동원을 행하고 있는데, 이 경우 '僧徒'의 일원으로 村民들의 일부를 참여시켰을 것으로 짐작되기 때문이다. 곧 이들 촌민에 대한 수취는 기본적으로 일반 군현과는 달리 소속 사원을 통하여 이루어졌으나, 노동력의 동원에 있어서는 국가의 영향력에서 완전히 배제된 것은 아니었던 것이다.106) 그런 점에서 국가가 사원의 촌락지배를 일정하게 용인하였다고 해서 사원이 이들 촌락에 대해 국가를 완전히 배제한 가운데 배타적으로 영역지배를 했다고 보는 것은 무리가 있다고 할 것이다. 곧 그러한 사원의 촌락지배는 어디까지나 토지지배를 매개로하여 前代 이래의 지배가 예외적으로 부여된 것이지 항구적으로 보장된 것은 아니었던 것이다. 그러므로 유사시에는 국가의 직접 지배를 받는 지역으로 편입될 가능성이 상존해 있었으며, 따라서 한편으로는 대단히 위약한 구조적 한계를 가지고 있었다고 하겠다.

한편 고려사회는 불교신앙을 매개로 향촌공동체를 이루기도 한 시기였다. 불교가 공인된 이후 나말여초는 향촌에서 이데올로기로서 불교가 그 영향력을 십분 발휘하던 시기였다. 따라서 고려왕조는 국초부터 불교를 적극 활용할 필요가 있었고, 극히 자연스럽게 향촌사회의 안정과 관련하여 사원의 역할이 증대될 수 밖에 없었다. 그런 의

---

106) 고려 후기의 사례이지만 여러차례 僧錄司가 사원을 통하여 승도를 징발하고 있는 것도 이러한 사원의 촌락지배와도 일정한 연관을 지니지 않는가 한다. 다음의 기사는 이러한 사정을 엿보게 하는 것이다.
「瑩欲造戰艦 發諸道軍 又募僧徒 召語僧錄曰 僧亦欲禦侮乎 曰 僧所以安以國家無虞也 國有變僧何獨安」≪高麗史≫ 卷 113, 列傳26 崔瑩傳.

미에서 十大寺 開創과[107] 전국 각지의 사원을 重・開修하고, 각지에 裨補寺刹을 건립 공인한 사실은[108] 이 시기 향촌사회의 포섭이나 지방 행정의 원활성과 불가분의 관련을 갖는 것으로 이해된다. 국왕이 토지를 施納하거나 기존의 경제기반을 추인해 주는 조치, 禪僧을 厚禮하는 조치 등은 모두 이 시기 불교계의 협력을 끌어내기 위한 중앙정부의 노력의 일환이었다.[109] 羅代의 田莊支配가 지속적으로 용인되는 가운데 사원이 향촌에 대한 영향력을 유지할 수 있었던 것은 이러한 배경에서였다.

고려시대는 기본적으로 政敎가 분리되어 있었지만, 國王 冊封儀式에서 보이는 敎權優位의 상징성을 통해 당시 불교의 정치적 영향력을 짐작해 볼 수 있다. 이는 이 시기 불교를 통한 교화가 통치의 수단이나 과정이 될 수도 있음을 의미하며,[110] 사원이 王室이나 통치권과도 일정하게 결합할 수 밖에 없는 素地가 되었다.

통치구조상에서 뿐만아니라 이 시기 불교계는 在地 支配勢力과도 불가분의 관계를 가지고 있었다. 顯宗代의 若木郡 淨兜寺의 五層石塔 造成에 참여한 광범위한 鄕吏層의 존재와 그 역할은 그것을 잘 반영해 주고 있다.[111] 이는 이 시기 在鄕勢力이 불교를 통하여 지역사회

---

107) 《高麗史》 卷 1, 世家1 太祖 2년 2월.
108) 이 시기 裨補寺院은 다음 기록에서 보이는 數字로 미루어보아 전국적으로 설치된 것 같다. 「自羅以後 尤尊崇之 三千裨補所 七大伽籃 五百禪刹」 <香積山陽和寺古蹟記文跋> 《朝鮮寺刹史料》 下, pp.137~138.
109) 金炯秀는 이러한 조치들을 사원을 통한 지방통제의 차원에서 파악하고 있다(<高麗前期 寺院田 經營과 隨院僧徒> 《한국중세사연구》 2, 1995, pp.72~84).
110) 許興植, <高麗社會의 佛敎的 基盤> 《高麗社會史硏究》, 亞細亞文化社, 1981, pp.424~429.
111) <若木郡淨兜寺五層石塔造成形止記>와 造塔 참여자의 成分에 대해서는 다음의 논고들이 참고된다.

의 지배권을 더욱 공고히 하려는 의도에서도 비롯하였겠지만, 한편으로 이 시기 寺院이 향촌사회의 유지에 구심적인 역할을 하고 있었음을 반증하는 것이기도 하다. 이것의 조성에 관한 기록을 살펴보면 정도사의 석탑재 운반에는 若木郡 일원 일천명의 僧俗이 한데 어우러져 運役하고 있는 모습을 보여주고 있다.112) 여기서 보여지는 '隨願僧俗'의 구성원에는 사원 촌락의 民들도 포함되어 있을 것임은 물론이다. 이들 가운데는 願에 따라 참여한 일반 신자들도 있었을 것이지만, 사원 촌락의 민들이 함께 하였음이 당연할 것이기 때문이다.113)

또 香徒의 존재는 이들 구성의 광범위함과 신앙행태를 통하여 이 시기 基層民들의 信佛行爲를 잘 반영해 주는 것이기도 하다.114) 석탑 조성과 같은 佛事에 中心 人力으로 참여하는가 하면,115) 특히 萬佛香

武田幸男, <淨兜寺五層石塔造成形止記の硏究 Ⅰ> ≪朝鮮學報≫ 25, 1962.
許興植, <1031년 淨兜寺塔誌의 분석> ≪한국의 古文書≫, 민음사, 1988.
李慶喜, <高麗初期 尙州牧의 郡縣編成과 屬邑統治의 實態 - 若木郡內 鄕吏組織의 運營實態를 중심으로 - > ≪한국중세사연구≫ 2, 1995, pp.55~65.

112) 「太平七年歲次丁卯十二月 隨願僧俗等一千餘人乙 戶長柳瓊左徒副戶長承律右徒例以分析爲彌日日以石運已畢爲」 <若木郡淨兜寺五層石塔造成形止記>
  李基白 編, ≪韓國上代古文書資料集成≫, 일지사, 1987.

113) 조탑 참여자들 가운데 신분을 알 수 있는 경우는 향리층 외에도 貞元伯士, 地理延嘿僧, 金徒僧 妙孝 등의 전문기술을 지닌 僧들이 있었다. 그리고 이 가운데 상당수의 俗人은 隨院僧徒와 같은 부류일 것으로 상정한 바 있다. 裵象鉉, <앞의 논문>, 1995, pp.244~245.

114) 향도의 성격에 대해서는 다음의 논고가 참고된다.
  李海濬, <埋香信仰과 그 主導集團의 性格> ≪金哲埈博士華甲紀念 史學論叢≫ 知識産業社, 1983.
  蔡雄錫, <高麗時代 香徒의 社會的 性格과 變化> ≪國史館論叢≫ 2, 1989.

115) 醴泉 開心寺의 石塔造成은 대표적 사례이다. 이에 대해서는 다음 論考가 참고된다.
  李泰鎭, <醴泉 開心寺 石塔記의 分析> ≪歷史學報≫ 53·54합집, 1972 ; ≪韓國社會史硏究≫, 知識産業社, 1986.

徒와 같은 경우에는 사원 소속 촌락에 거주하면서 사원을 중심으로 이루어진 유통경제에도 일정한 역할을 보이고 있는데,116) 이를 통하여 향촌사회와도 불가분의 관계를 맺고 있었다. 이러한 여건 속에서 사원의 촌락들은 극히 자연스럽게 유지되고 있었던 것이다.

다음으로 사원 촌락의 성격에서 주목되는 것은 사원경제와의 관련성이다. 주지하듯이 고려시대의 사원은 布施를 통해 필요한 재화를 충당하는 경우도 많았지만 직접 재화의 원천을 시납받아 이로부터 재정에 충당하는 형태가 일반화되고 있었다. 이 경우 토지는 대표적인 것이었다. 따라서 사원전의 경영과 소속 村民의 관계는 밀접하였다고 볼 수 있다.

신라시대 사원의 田莊支配는 사원의 촌락지배와 밀접한 관련을 가지는 것으로 보여지며, 고려시대에 와서도 그 일부는 여전히 존속하여 '莊'이라는 형태로 남아 있었다. 국초 중앙의 통제력이 강화되고 田制가 확립되어 가면서 불법적인 것으로 간주되어 정리될 수 있었지만, 후삼국의 형세 하에서 태조를 도왔거나 지배세력과 직접 연계된 사원의 경우 오히려 이것이 추인되는 경우가 많았다.

사원의 토지지배와 관련해서 사원 촌락의 민들은 토지경작이 그들의 중요한 생산기반이었다. 그러나 이들의 경영형태가 일률적이지는 않았다. 크게보아 이는 차경지와 직영지로 나누어 볼 수 있다. 외거노비나 일부 修學僧이 참여하는 僧徒村의 경우에는 直營의 형태였다고 보여지며, 이들에 대한 관리는 三剛과 같은 재정담당 승려의 몫이었을 것이다. 借耕地의 경우는 사원전호나 일부 수원승도들이 참여하였을 것이지만, 필요에 따라서는 貢戶를 불러모아 활용하기도 하였다.117) 또 그것이 멀리 위치한 경우에는 현지의 屬院이나 세규사의

---

116) ≪高麗史≫ 卷 85, 刑法2 禁令 仁宗 9년 6월.

경우처럼 知莊이 파견되어 관리되었다. 그러나 이들 토지가 차경지라고 하여도 본사에서 승려가 현지에 파견되어 상주하는 것을 보면 이들이 지대수취 외에도 種穀대여, 농기구 제공 등을 통하여 경작과정에도 일정하게 관여하고 있었음을 짐작케 된다.

사원 촌민들의 경제행위는 토지 경작에만 머물지 않았다. 상품생산과 유통 등에도 적극 관여하고 있었다.118) 간단하게는 淨油공급, 造茶, 燔瓦 등 사원이 필요로 하는 물품을 생산하였을 것이지만, 그외 각종 수공업품과 소금과 같은 전매품을 생산하여 유통하고 있었다. 몇 예를 들어보면 다음과 같다.

① 全英甫는 본디 帝釋院의 奴였는데, 金薄을 하는 것이 그의 직업이었다.119)
② 李義旼은 경주인이다. 아버지 善은 소금과 체를 파는 것이 직업이었으며, 어머니는 延日縣 玉靈寺의 婢였다.120)
③ 옛날의 소금 전매법은 國用에 대비하려는 것이었다. (그런데) 본국의 여러 宮院, 寺院과 권세가들이 사사로이 鹽盆을 설치하여 그 이익을 독점하고 있으니 무엇으로써 국용을 넉넉하게 할 수 있겠는가? 이제 장차 內庫, 常積倉, 都鹽院, 安國社 및 諸宮院, 內外寺社의 소유 염분은 모두 관청에 들이도록 하라.121)

---

117) ≪高麗史≫ 卷 85, 刑法2 禁令 明宗 18년 3월.
118) 寺院의 경제행위에 대해서는, 수공업·상행위·고리대활동 등으로 그동안 언급되었다. 이에 대해서는 다음의 논고들이 참고된다.
姜萬吉, <手工業> ≪한국사≫ 5, 1981, pp.193~195.
李相瑄, <高麗寺院의 商行爲 考> ≪誠信史學≫ 9, 1991.
李炳熙, <寺院의 商業·高利貸活動의 盛行> ≪高麗後期 寺院經濟 硏究≫, 서울大學校 박사학위논문, 1992, pp.86~100.
119) 「全英甫 本帝釋院奴 治金薄爲生」 ≪高麗史≫ 卷 124, 列傳37 全英甫傳.
120) 「李義旼慶州人 父善以販鹽鬻篩爲業 母延日縣玉靈寺婢也」 ≪高麗史≫ 卷 128, 列傳41 李義旼傳.

제석원의 奴였던 전영보는 금박을 해서 생계를 유지하고 있었다. 그의 어머니가 玉靈寺 婢였던 이의민은 사원과 가까운 곳에 거주하였을 것이다. 그렇다면 그의 아버지가 팔러다닌 소금과 체는 그곳에서 생산하여 유통된 물품일 가능성이 높다. 사원의 소금생산과 유통에는 이들 촌민들의 역할이 더없이 중요하였을 것이다.122)

이러한 사례들을 종합해 보면 각종의 手工品 뿐만 아니라 製鹽·製油, 심지어 釀造까지 하여 많은 경우에는 그 양이 쌀 360여 石이나 되는 경우도 있었다.123) 이러한 생산은 사실상 사원자체에서보다는 이와 같은 사원 촌락과 연관되어 이루어졌다고 이해된다. 아래와 같이 沙門에 의탁한 '避役之徒'나 일부 香徒의 사례는 사원에 소속한 촌락민들에 의해 생산물의 유통이 적극 이루어지고 있었음을 보여준다.

① 지금 避役의 무리들이 沙門에 이름을 의탁하여서는 생계를 경영하며, 농사짓고 가축기르는 것을 業으로 삼고, 장사하는 풍습이 있어 밖에서는 戒律의 法文을 어기고 안에서는 淸淨의 규약을 무시하고 있다. 어깨에 걸치는 袈裟는 술 항아리의 덮개가 되고, 梵唄를 부르는 마당은 파, 마늘 밭이 되었으며, 장사꾼과 통하여 사고 팔고 있다.124)

---

121)「古者榷鹽之法 所以備國用也 本國諸宮院·寺社 及權勢家 私置鹽盆 以專其利 國用何由可贍 今將內庫·常積倉·都鹽院·安國社 及諸宮院·內外寺社所有鹽盆盡行入官」≪高麗史≫ 卷 79, 食貨2, 鹽法 忠宣王 元年 2월.
122) 고려후기 寺院이 私置 運營하고 있던 鹽盆의 役에는 寺院奴婢의 역할도 주목된다. 裵象鉉, <高麗後期 寺院奴婢와 그 社會經濟的 地位> ≪昌原史學≫ 1, 1993, pp.23~27.
123)「壯義三川靑淵等寺僧 犯禁釀酒 共米三百六十餘石」≪高麗史≫ 卷 5, 世家顯宗 18년 6월 癸未.

② 근래에 僧俗 雜類들이 떼를 지어 萬佛香徒라 부르며 염불도 하고 불경도 읽어 궤탄한 짓을 하며, 혹은 서울과 지방의 사원들에서 僧徒들이 술과 파를 팔기도 한다.125)

①의 기사내용대로 役을 피하여 사원에 의탁한 무리들은 이 시기 사원 촌락을 이루는 한 구성원으로 이해된다. 또 이들이 農畜業에 종사하고, 商行爲를 일삼고 있음은 이들 촌민들의 경제기반과 생활양태를 잘 반영해 준다.

한편, ②에 나타나는 僧俗雜類나 승도들의 모습에서는 당시 사원을 중심으로 이루어진 불교의식과 행사에 많은 사람이 운집하고, 또 자연스럽게 음식류를 중심으로 상행위가 이루어지고 있어 촌락의 떠들썩한 분위기를 읽게한다.

고려시기 사원에서는 많은 불사들이 이루어졌고, 이러한 행사가 당시 기층민의 삶과 밀접한 관련을 지녔을 것은 필지의 사실이다. 그러므로 이러한 佛會를 통한 상거래에서는 사원 촌락의 역할과 기능이 인정되며, 이는 이 시기 유통경제의 한계를 보완하는 場으로서도 평가할 수 있을 것이다. 고려시대 유통경제는 지배층 중심의 유통경제와 피지배층 중심의 유통경제로 이원적으로 구성되어 있었다고 이해된다. 그래서 고려시대에 고도로 발달한 사원경제는 전자에 속한다는 견해가 있다. 물론 사원은 고급의 상품을 생산하고 이러한 물품의 속성상 지배층 중심의 유통경제권에도 속하고 있었을 것이다.126) 그러

---

124)「今有避役之徒 托號沙門 殖貨營生 耕畜爲業 估販爲風 進違戒律之文 退無淸淨之約 袒肩之袍 任爲酒甕之覆 講唄之場 割爲葱蒜之疇 通商賣買」≪高麗史≫ 卷 7, 文宗 10년 9월.

125)「近來 僧俗雜類 聚集成群 號萬佛香徒 或念佛讀經 作爲詭誕 或內外寺社 僧徒賣酒鬻葱」≪高麗史≫ 卷 85, 刑法2 禁令 仁宗 9년 6월.

126) 蔡雄錫은 고려시대 고도로 발달된 사원경제가 지배층 중심의 유통경제와

나 사원 촌락을 통한 이러한 상행위는 이 시기 基層民들과 연결되어 있다는 점에서 이와는 또다른 모습으로 파악되어야 할 것이다.

일정한 관련이 있다고 하면서도, 萬佛香徒와 연결된 僧徒들의 商行爲는 이와 달리 볼 수 있는 면이 있다고 하였다(≪앞의 논문≫ 1995, pp.210~212). 필자도 이에 공감하며, 이와 아울러 상거래가 이루어진 장소로서 사원 촌락에도 주목해 볼 필요가 있다고 본다.

第6章 麗末鮮初 寺院田의 추이

 본장에서는 麗末鮮初를 중심으로 이 시기에 나타나는 田制上의 변화와 더불어 寺院田의 推移에 대하여 살펴 보고자 한다.
 주지하듯이 고려말에서 조선초에 이르는 시기는 비록 그 정도에 있어서는 이견이 없지 않으나, 정치체제상 강력한 執權的 官僚制가 추구되고, 경제적으로는 田制의 변화와 더불어 地主-佃戶制가 발달하는가 하면, 사상적으로는 새로운 지배이념으로 性理學이 받아들여지는 등 韓國中世史上 변화와 발전의 시기였다.1) 그러므로 이 시기의 전제변화와 더불어 寺院田에 대하여 살피는 것은, 비단 사원의 경제적 측면을 조망하는데 그치는 것은 아닐 것이다.
 고려시대에 있어서 寺院은 종교·문화·예술의 방면에서 뿐 아니라, 사회경제적인 면에서도 그 비중이 컸다. 특히 土地支配에 있어서는 국가적 차원에서의 지원과 왕실이나 귀족·士女의 施納에 힘입어

---

1) 이러한 변화를 조망하는 데는 다음과 같은 論著들이 참고된다.
   李樹健, ≪韓國中世社會史硏究≫ 一潮閣, 1984.
   李泰鎭, <高麗末·朝鮮初의 社會變化> ≪韓國社會史硏究-農業技術 발달과 社會變動-≫ 知識産業社, 1986.
   李棕浩, <麗末鮮初의 土地制度> ≪昌原大論文集≫ 8-2, 1986.

대규모 農莊의 모습을 띠기도 하였다. 그런데 이러한 寺院田의 규모와 지배형태는 14세기 후반에 접어들면서 점차 변화의 조짐을 보이고 있었다.

이것은 그동안 불교 사원이 방만한 규모하에 운영상 난맥을 보이고 있었던 데에도 일부 원인이 있었겠지만, 이 시기 改革政治가 모색되고,[2] 私田問題가 주요한 사회모순으로 대두되면서 개혁파 儒者들에 의해 추구된 田制改革과도 밀접히 연관되어 있었다.

그동안 사원전에 대해서는 寺院經濟의 한 부분으로 삼아 적지않은 관심이 기울어져왔다. 그러나 여말선초의 일련의 사회변화와 더불어서는, 일부 朝鮮初期의 상황을 언급한 것을 제외하고[3] 이 시기의 변화 자체에 초점을 맞추어 접근한 논고는 별로 보이지 않는 것 같다.

따라서 본장에서는 주로 麗末에 대두하고 있는 私田問題의 실상과 새로운 田制의 수립과정에 주목하면서 이 문제를 해명해 보고자 한다. 물론 이를 위해서는 이 시기 田制改革을 둘러싼 여러 논의에 대하여 살피는 것이 필수적이라 하겠다. 또 이에 연하여 신왕조 개창 이후 對寺院政策과 더불어 사원전이 어떠한 모습으로 변화되고 있는

---

2) 이 시기의 改革政治에 관해서는 다음의 논문이 참고된다.
김기덕, <14세기 후반 개혁정치의 내용과 그 성격 - 공민왕대 개혁안의 분석을 중심으로 -> ≪14세기 고려의 정치와 사회≫, 민음사, 1994.
3) 이러한 성과물로서는 다음과 같은 論文이 있다.
金甲周, <朝鮮前期 寺院田을 중심으로 한 佛敎界의 動向에 관한 一考> ≪東國史學≫ 13, 1976.
有井智德, <李朝初期에 있어서 收租地로서의 寺社田> ≪朝鮮學報≫ 81, 1976.
_____, <李朝初期에 있어서 私的土地所有로서의 寺社田> ≪旗田巍古稀紀念朝鮮歷史論集≫ 1979.
李炳熙, <朝鮮初期 寺社田의 整理와 運營> ≪全南史學≫ 7, 1992.
宋洙煥, <朝鮮前期의 寺院田 - 王室關聯 寺院田을 中心으로 -> ≪韓國史硏究≫ 79, 1992.

지에 대하여도 언급하여 보고자 한다.

1節 麗末의 田制改革과 寺院田

1. 私田問題와 田制改革

　고려후기의 사회는 田柴科가 붕괴된 상태에서 私的 토지의 집적이 두드러지고 있었다. 田柴科가 民田의 토지지배를 용인하는 바탕위에 收租權을 매개로 하여 토지를 국가가 직접 관장하면서 지배하는 형태였다고 한다면, 이제 이 시기는 私的인 土地의 集積이 두드러지고 收租權이 흔들리게 되면서 국가의 지배가 극히 약화되어가는 형세를 이루고 있었다. 이는 장기간의 무신집권과 麗蒙戰爭, 원의 간섭 등으로 야기된 통치권의 혼란과 이에 편승한 세력가들에 의해 兼幷, 奪占, 賜牌 등을 통하여 私田이 불법적으로 점유되어 개인의 소유지와 다름없이 지배되고 있었기 때문이다. 이로써 국가의 田租징수는 어려워질 수 밖에 없었고, 국가는 관료들에 대한 물적 보장도 제대로 마련하지 못하는 상황에 이르게 되었다. 이러한 가운데 여몽전쟁 이후에는 농토가 황폐화 되고 토지 분급이 어려워지자 祿科田, 賜給田 등의 제도를 채택하기에 이르렀다.

　녹과전은 국가가 토지분급을 제대로 할 수 없는 상황에서 신진관료에 대해 새로이 토지를 분급하는 제도이다. 이른바 '分田代祿'의 취지에서 시행된 이 제도는 京畿에 한정되어 설치되었지만, 기존의 토지분급제도를 혁파하지 않은 채 새로이 마련한 것으로 전시과와 과전법의 중간적 위치에 있는 제도였다.[4]

사급전은 몽고와의 전쟁 후 많은 영토가 황폐화 된 실정에서 개간을 장려하기 위한 조치로 마련된 지목이었다. 주로 權貴나 王室·附元勢力이 사패전을 많이 받았는데, 이들 토지들은 기본적으로 수조권 분급의 의미를 가질 수도 있는 것이었으나 실질적으로는 陳田의 개간을 통해 소유권을 취득할 수 있는 지목이기도 하였다.5) 그러면서 賜牌를 받은 주체들은 그들의 권세를 배경으로 사패를 冒稱하면서 주변의 농지를 탈취하는 경우가 적지 않았다. 이 점은 다음의 기사가 잘 반영하고 있다.

　　諸王·宰樞·扈從臣僚·宮院·寺社들이 閑田을 많이 차지하기를 바라고, 국가에서도 농사에 힘쓰고 곡식을 중히 여기는 뜻에서 牌를 주었다. 그런데 賜牌를 빙자하여 비록 주인이 있고 田籍에 올라 있는 토지 조차도 모두 빼앗으니 그 폐해가 적지 않다. 사람을 가려 보내어 사실을 철저히 가려내고 무릇 패를 받았다 하더라도 田籍에 올라 있는 토지라면 起田과 陳田을 가리지 말고 원래 주인이 있던 것은 모두 돌려 주도록 하라.6)

---

4) 祿科田에 대해서는 다음의 논고가 참고된다.
　閔賢九, <高麗의 祿科田> ≪歷史學報≫ 53·54합집, 1971.
　오일순, <고려후기 토지분급제의 변동과 녹과전> ≪14세기 고려의 정치와 사회≫, 민음사, 1994.

5) 그동안 賜牌田이 어떠한 형태로 지배되는 토지인가에 대해서는 몇가지로 견해가 나누어져 이해되어 왔다. 그러나 기본적으로 이것은 閑田의 지급을 통해 開墾을 유도하는 토지이고, 국가도 개간에 대한 권리를 일정하게 인정해 주고 있는 토지라는 점에서 실질적으로 所有地로 지배되는 성격이 짙다고 보여진다. 다음의 논문이 참고된다.
　朴京安, <高麗後期 陳田開墾과 賜·田> ≪學林≫ 7, 1985.
　李淑京, <高麗後期 賜牌田의 分給과 그 變化> ≪國史館論叢≫ 49, 1993.

6) 「諸王宰樞及扈從臣僚 諸宮院寺社 望占閑田 國家亦以務農重穀之意賜牌 然憑藉賜牌 雖有主付籍之田 並皆奪之 其弊之甚 擇人差遣 窮推辨覈 凡賜牌付田起陣勿論 苟有本主 皆令還給」 ≪高麗史≫ 卷 78, 食貨1 田制 經理 忠烈王 11년 3월.

이에 의하면 사패의 대상은 단순히 閑田에 머물지 않았고, 주인 있는 소유지까지 미치어 이것이 탈취되는 중요한 수단이 됨으로써 그 폐가 적지 않았음을 알 수 있다. 이 시기 農莊의 확대도 이를 매개로 하는 경우가 많았다. 그러므로 사패전은 이 시기 농장이 처음에는 수조권과 소유권을 모두 인정하는 것이었으나, 점차 소유권을 중심으로 집적되고 점차 수조권적 지배가 붕괴되는 양상과도 밀접한 연관을 지니는 것이었다.

이러한 가운데 麗末 田制의 運營은 혼란을 거듭하고 있었다. 이것의 중요한 원인이 이른바 私田이었다.7) 대표적인 것으로 祖業田을 예로 들 수 있다.

이는 私田이 조업전으로 지칭되어 조상전래의 소유지인 양 위장되어 자손에게 사사로이 전해지고 있는데서 비롯하는 문제였다.8) 따라서 이들 토지는 국가의 제도에 따라 정당한 절차를 거쳐 분급되거나 회수되는 것이 아니라, 개인의 사사로운 수수행위를 통하여 자손에게 상전되고 있었다. 이러한 조업전은 世業田이라 불리기도 하였는데, 이런 현상은 수조권의 강화와 家産化라는 지배의 성격에도 그 원인이 있을 것이지만,9) 이것이 조상전래 토지라는 의미의 '조업전'이라

---

7) 麗末 田制運營에서 나타난 핵심적인 사안으로 私田의 문제를 지목하는 데는 그동안의 연구자들 이 공통된 견해를 보여왔다.
　　金泰永, <科田法의 成立과 그 性格>≪韓國史研究≫ 37, 1982, ≪朝鮮前期土地制度史研究≫, 知識産業社, 1983
　　李景植, <高麗末의 私田問題> ≪東方學志≫ 40, 1983(≪朝鮮前期土地制度研究≫, 一潮閣, 1986).

8) ・大司憲 趙浚等上書曰 …(中略)… 至於近年 兼幷尤甚 奸兇之黨 跨州包郡 山川爲標 皆指爲祖業之田 相攘相奪 一畝之主 過於五六 一年之租 收至八九」≪高麗史≫ 卷 78, 食貨1 田制 祿科田 辛禑 14년 7월.
　　・「典法判書 趙仁沃等亦上疏曰 … 無賴之徒 … 以其先世私授之田 謂之祖業 … 復祖宗分田之法」위와 같음.

는 말로 지칭된 데에는 이 시기 사전지배의 특성을 잘 반영한 것이기도 하였다.

한편, 사전의 문제는 곧바로 국가의 재정적 기반을 잠식하는 것이었다. 이것의 확대가 주로 겸병·탈점에 의해서 이루어지고 있었던 만큼 이를 통한 대규모 토지의 田租不納이 문제였던 것이다.10)

고려시대의 전제는 기본적으로 사적인 소유를 기반으로 하고 있었으며, 심지어 노비까지도 토지소유의 주체가 될 수 있을 정도로 그 계층의 폭이 넓었다. 토지의 양은 소유주체에 따라 커다란 차이가 있었으나, 대토지 소유자들은 이를 佃戶에게 경작시켰으니 곧 地主制경영이 확대되는 추세였다.11)

물론 지주제의 확대는 이 시기가 보여주는 농법개량, 토지개간과 같은 순수한 농업경영상의 발전에 기인한 바도 없지는 않았지만,12) 이런 방식은 오히려 지방관이나 지방의 유력자, 寺院 등에 유리하였다.13) 때문에 그 가운데 양인농민들의 상당수가 '壓良爲賤', '認民爲隸'의 형태로 농장노비의 길을 걷기도 하는 추세였다.14)

---

9) 李景植, ≪앞의 책≫ 1986, p.15.
10) 이러한 문제는 그동안 고려후기 農莊의 문제로 지목되기도 하였다.
　　宋炳基, <高麗時代의 農莊> ≪韓國史硏究≫ 3, 1969.
　　姜晉哲, <高麗의 權力型 農莊에 대하여-民田의 奪占에 의하여 형성된 農莊의 實體追求-> ≪史叢≫ 24, 1980 ; ≪韓國中世土地所有硏究≫, 一潮閣, 1989.
11) ≪三峯集≫ 卷 7, <朝鮮經國典> 賦典 經理.
12) 안병우, <고려후기 농업생산력의 발달과 농장> ≪14세기 고려의 정치와 사회≫ 민음사, 1994, pp.306~319.
13) 위와 같음, pp.319~328.
14) 林英正, <麗末 農莊人口에 대한 一考察> ≪東國史學≫ 13, 1976.
　　裵象鉉, <高麗後期 農莊奴婢의 形成과 社會經濟的 地位> ≪慶南史學≫ 5, 1991, pp.17~19.

한편 收租權을 매개로 한 경우에도 사전은 권력의존적인 속성에 따라 마침내 국가의 지배범위를 벗어나 독자적인 생산관계를 구축하고 있는 경우도 많았다. 권귀들이 사전에 농민을 끌어모아 三稅를 포탈하고 있다든가,15) 豪猾한 무리들이 遠陳田이라 칭하고 山川으로 경계를 삼아 사패를 함부로 받아서는 자기의 소유지로 삼고 公租를 납부하지 않으니, 전야가 비록 개간되었어도 국가의 貢賦가 줄었다고 하는 것,16) 소정의 전세를 권세가에서 거부하여 납부하지 않았다17)고 하는 사례는 모두 사전이 이미 국가적 지배와는 서로 용납할 수 없는 모순관계를 형성해 가고 있었다는 사실을 말해준다.

그러나 정상적인 전제의 운영을 어렵게 하는 이런 폐단을 시정하려는 국가적 차원의 노력이 없었던 것은 아니었다. 이른바 여러 차례의 辨正·推刷·推考·整治 등은 국가적인 차원에서 田制整備의 사업으로 시도된 것이었다. 田民辨正 사업만 하더라도 이를 위한 임시기구인 田民辨正都監이 원종 10년, 충렬왕 14년과 27년, 공민왕 원년, 우왕 7년과 14년 등 여러 차례에 걸쳐 설치되고 있었다.18) 그러나 이 사업이 그만큼 자주 반복되고 있었다는 사실은, 문제의 중요성에 비하여 그다지 큰 성과를 거두지 못하고 있음을 의미한다. 결국 이러한 가운데 국가재정의 고갈이라는 문제를 야기시키고, 이것이 중대한 정치현안으로 떠오르게 되었다.

주지하듯이 1388년 5월의 威化島 回軍은 여말의 정치상황을 전환시키는 중요한 계기로 작용하였다. 회군 이후 이성계와 이른바 당시의 개혁파 인사들은 그 해 6월 禑王을 축출하고 나이 어린 昌王을 옹

---

15) 《高麗史》 卷 28, 忠烈王 4년 7월 乙酉.
16) 《高麗史》 卷 78, 植貨1 田制 經理 忠烈王 24년 正月 忠宣王 즉위.
17) 《高麗史》 卷 78, 植貨1 租稅 忠肅王 5년 5월 하교.
18) 《高麗史》 卷 77, 百官2 諸司都監各色.

립하는 한편, 최영을 비롯한 여러 구신들을 제거하여 정권을 장악하였다. 뿐만 아니라 정치권력을 운영하는데 필수 불가결의 요소인 경제적인 측면에도 관심을 기울이게 되었다. 그 가운데 국가재정의 조달을 위하여 가장 비중있게 다루어진 것이 역시 私田問題의 해결을 위한 田制改革論이었다. 그러므로 이것은 또한 여말 전제 운영의 일단을 살피는데 중요한 단서가 된다.

회군 후 그 해 6월에 즉위한 창왕은 敎書에서 東·西 兩界 토지의 공전화를 추진하고, 사전개혁에 관해 의견을 제출하라는 명령을 내리고 있다.[19] 이에 따라 趙浚을 시발로 하여 개혁파 사대부들에 의한 전제 개혁 상소가 잇따르게 되었다.

조준은 위화도 회군 이후 대사헌에 오른 뒤 전국의 토지를 국가수조지로 편성하고, 현존하는 사전을 혁파하며 수조지의 사전화를 방지하는 데 역점을 두는 개혁안을 제출한 인물이었다.[20] 그가 착목한 여말 전제운영의 문제는 다음의 기사에 나타나고 있다.

> 근년에는 兼幷이 더욱 심하여 간악하고 흉악한 무리가 州에 걸치고 郡을 포함하여 산천을 경계로 하여 모두 祖業田이라 칭하고, 서로 훔치고 서로 빼앗아 1 畝의 주인이 5, 6명이 되고, 1년에 租를 거두기를 8, 9차례나 합니다. 위로는 어분전으로부터 종실·공신·조정의 문무관의 토지와, 외역·진·역·원·관의 토지와, 다른 사람이 여러 대에 걸쳐 심은 뽕나무와 지은 집에 이르기까지 모두 빼앗아 가지니 애석하게도 우리 무고한 백성이 사방에 흩어져 돌아다니게 되고 골짜기에 빠져 죽습니다. 나라에서 토지를 나누어 준 것은 臣民을 넉넉하게 하고자 함이었는데, 오히려 臣民을 해치고 있습니다. 이러므로 私田이

---

19) 《高麗史》 卷 78, 食貨1 田制 祿科田 辛禑 14년 6월 昌王 敎書.
20) 《高麗史節要》 卷 33, 昌王 즉위년 7월 趙浚 上書 ; 《高麗史》 卷 78, 食貨1 田制 祿科田.

혼란의 으뜸이라고 하는 것입니다.[21]

 그는 당시 사전의 규모를 '跨州包郡' '山川爲標'로, 또 확대 방법으로 祖業田을 들었다. 거기서 비롯한 문제를 一田多主의 문제와 과중한 收租를 들고 이로써 民의 흩어짐을 지적하였다. 결국 그는 이로 인하여 국가 통치행정의 정상적 운영을 마비시키고 있다고 보았던 것이다.
 그에 의하면 이 시기 사전문제를 해결하는 첩경은 기왕에 作丁된 公私田制의 일체를 먼저 혁파하는 것이었다. 그리고 매읍 丁戶를 단위로 이를 다시 획급하고자 하였다. 그리하여 후인에게 사사로이 전하여 祖業田이라 칭하는 폐를 없애고, 士든 군인이든 국가의 직역을 진 자들을 중심으로 토지를 다시 지급하고 그렇지 않은 자들에게는 토지를 주지 말도록 하자는 것이었다.
 그러나 이러한 주장은 일거에 관철될 수 있는 성질은 아니었다. 보수 기득권층의 반발도 컸지만, 이 문제의 심각성을 인정하고 해결의 실마리를 찾아야 한다는데 공감하였다 하더라도 그 해결방식을 둘러싸고는 다른 주장도 만만치 않았기 때문이다.
 대표적으로 李穡은 고려말의 전제문란에 대하여 사전은 舊法이므로 가벼이 고칠 수 없다는 기본 태도을 견지하고 있었다. 그러나 불법적인 토지겸병과 백성이 곤궁에 빠진 것에 대해 깊이 공감하고 있었고, 이 시기 收租者의 전수와 이급이 복잡하여지고 계통이 불분명하며, 문제는 여기에 토지겸병과 수조지 점유의 권리를 명시한 문서

---

21) 「於近年 兼幷尤甚 奸兇之黨 跨州包郡 山川爲標 皆指爲祖業之田 相攘相奪一畝之主 過於五六 一年之租 收至八九 上自御分 至于宗室功臣 侍朝文武之田 以及外役津驛院館之田 凡人累世 所植之桑 所築之室 皆奪而有之 哀我無辜 流離四散 塡于溝壑 祖宗分田 所以厚臣民者 適足以害臣民也 此以私田 爲亂之首也」≪高麗史≫ 卷 78, 食貨1 田制 祿科田 趙浚等 上書.

가 남발되면서 비롯되었다고 보았다. 그는 이러한 문제들의 해결 방법으로 1314년에 작성된 甲寅柱案을 중심으로 公文朱筆을 참작하여 원래의 전주에게 찾아 주도록 하는 방법을 제시하였다.

> 신이 듣기로는, 經界의 바름이나 井田의 고른 것은 사람을 다스림에 있어 가장 우선 힘써야 되는 것으로 알고 있습니다. 오직 우리 조종께서 업을 비롯하고 전통을 드리운 제도와 그를 지키는 세밀한 규모가 이르지 않는 곳이 없었으나, 4백년 末類의 폐해가 어찌 없었으리오마는 그 중에 田制가 더욱 심하여 경계가 바르지 못하여 豪族이 아우러 겸병하였던 바, '까치가 사는 집에 비둘기가 거한다'는 말은 이것을 이름 입니다. 有司가 비록 公文에 붉은 글씨의 先後로서 賓主를 정하였으나, 만일 甲이 유력하다면, 乙에게서 무리하게 빼앗는데, 하물며 공문에 붉은 글씨와 또 많은 생선의 눈이 구슬에 섞여 있는 것이 아니겠습니까 …… 이와같이 그 법을 고치지 않고는 그 폐해를 제거할 수 없을 것이오니, 바라건대 甲寅年에 마련하였던 案으로 근본을 삼되 公文 중에 붉은 글씨로 기록된 것을 참고로 하여 쟁탈한 자의 것은 이것으로 바로잡고, 새로 개간한 자의 땅은 이것을 측량하여, 새로 개간한 땅은 이로써 측량하여, 세금을 매기고 濫賜한 밭은 삭감시킨다면 국고에 들어 오는 것이 증가될 것이요, 쟁탈된 밭을 바로 잡음으로서 갈아먹는 民을 안정시키면 사람들의 마음이 즐거울 것이며, 인심이 즐겁고 국고의 수입이 증가되는 것은 다스리는 임금이 간절히 하고자 하는 바인 것입니다.[22]

---

22) 「臣聞 經界之正井地之均 治人之先務也 洪惟我祖宗創垂之制 持守之規無所不至 四百餘年末流之弊 豈盡無有 而田制尤甚 經界不正 豪强兼幷鵲之巢而鳩之居者皆是也 有司雖以公文朱筆 先後定其賓主 甲若有力 乙便無理 而況公文朱筆 又多魚目混珍者乎 …(中略)… 不更其法 難去其弊 乞以甲寅柱案爲主 參以公文朱筆 爭奪者 因而正之 新墾者 從而量之稅新墾之地 減濫賜之田 則國入增 正爭奪之田 安耕種之民 則人心悅 人心之悅 國入之增 爲理之君 所大欲也」≪高麗史≫ 卷 115, 列傳28 李穡傳 ; ≪東文選≫ 卷 53, 奏議 陳時務書.

이에 의하면 고려초기 이래로 내려오는 전시과·녹과전 제도를 기본축으로 하고, 그 안에 정상적으로 운영되지 않는 田制 문제를 법률적으로 처리하자는 것이었음을 알 수 있다. 이색의 이러한 주장은 사전개혁에 반대한 權近의 주장과도 맥이 닿아 있는 것이었다.

권근은 이 시기 전제의 혼란을 하나의 전지에 여러 명의 수조권자가 존재하고, 또 그로 인하여 여러 차례의 徵稅가 이루어져 백성이 곤궁하여 진다고 파악하였다. 그는 이를 해결하기 위한 방편으로 本國의 田法에 의거해서 점유 분쟁을 법적으로 처리하여 一田一主의 원칙을 실행하자고 주장하였다.[23] 이것은 곧 불법적인 토지 점유자를 색출하여 수조지 점유의 혼란을 막고, 이를 통하여 농민의 생활을 안정시키고자 하는 대책이었다. 그러나 이러한 논리는 합법적인 방법을 통한 수조지 확대나 토지겸병의 경우에 대해서는 효과적인 제거방법이 되지 못하다는 점에서 일면 대토지 소유자를 옹호하는 논리가 될 수도 있었다.

즉 權近·李穡 등은 하나의 所耕田에 여러 명의 점유주가 있는 것을 문제의 소지로 파악하였다. 그러므로 文契를 검토하여 전주를 가려내어 사전점유의 귀속관계를 분명히 함으로써, 一田一主의 원칙을 확립하여 문제를 해결하려 하였던 것이다.[24]

그러나 이러한 개선론자들의 주장에도 불구하고 조준의 상소 이후 개혁론자들의 주장은 더욱 가속화되어 나타나고 있었다. 李行은 고려 전기의 토지제를 國田制로 파악하고, 이의 붕괴로 인하여 사전문제가

---

23) ≪高麗史≫ 卷 78, 食貨1 租稅 辛禑 9년 2월 權近 上書.
24) 이러한 견해는 기본적으로 그간 계속하여 온 田民辨正사업과 그 궤를 같이 하는 것으로, 그동안 실효성이 적었던 전민변정사업을 더욱 강력히 시행하자는 의미도 담고 있는 것이었다(안병우, <고려후기 농장의 발달과 사전개혁> ≪한국사≫ 5, 한길사, 1994, p.353).

발생되었다고 보았다.25) 이에 의하면 사전의 존재 자체가 국가의 권위와 토지에 대한 관리권을 무시한 결과로 발생한 불법적 토지였다. 이외에도 黃順常, 趙仁沃, 許應, 尹紹宗 등도 大同小異한 인식을 보여주었다.26) 이러한 논의들 속에는 모두 국가가 토지 분급의 주체가 되지 못하는 가운데 祖宗의 '授田收田之法'이 무너진 데 기인한 것으로 보았다.

한편, 같은 개혁론자의 입장이면서도 鄭道傳의 진단은 이와 다른 점이 있었다.

> 田制가 무너지게 되면서 豪强者가 남의 토지를 겸병하여 부자는 밭 두둑이 잇닿을 만큼 토지가 많아지고, 가난한 사람은 부자의 토지를 借耕하여 일년 내내 부지런하고 고생하여도 식량은 오히려 부족하였고, 부자는 편안히 앉아서 손수 농사를 짓지 않고 傭田人을 부려서도 그 소출의 태반을 먹었다. 국가에서는 팔장을 끼고 구경만 하고 그 이득을 차지하지 못하니, 백성은 더욱 곤궁해지고 나라는 더욱 가난해졌다. 이에 限田制나 均田制를 시행하자는 논의가 일어났다. … … 백성이 경작하는 경우에는 스스로 개간하고 점유하는 것을 허락하여 官에서 간섭하지 아니하였다. 그러므로 노동력이 많은 사람은 개간하는 땅이 넓고, 세력이 강한 사람은 점유하는 땅이 많았다. 그러나 힘이 약한 사람은 또 세력이 강하고 힘이 센 사람을 따라가서 그의 토지를 빌어 경작하여 소출의 반을 나눈다.27)

---

25) ≪高麗史≫ 卷 78, 食貨1 田制 李行 上書.
26) ≪高麗史≫ 卷 78, 食貨1 田制 祿科田.
27) 「自田制之壞 豪强得以兼併 而富者田連阡陌 貧者無立錐之地 借耕富人之田 終歲勤苦而食反不足 富家安坐不耕 役使傭佃之人 而食其太半之入公家拱手環視 而莫得其利 民益苦 而國益貧 於是限田均田之說興焉 …(中略)… 而民之所耕 則聽其自墾自占 而官不之治 力多者墾之廣 勢强者占之多 而弱者 又從强有力者借之耕 分其所出之牛」≪三峯集≫ 卷 7, <朝鮮經國典> 賦典 經理.

그는 이 시기 전제문란의 원인을 自墾自占을 허용한 고려의 田法에 두고 있었다. 원래 고려의 전제는 民이 스스로 개간하여 점유하는 경우 관에서 이를 통제하지 않았다. 그 결과 力多者는 그것을 크게 늘려 점유한 반면, 토지가 없고 약한 자는 이들의 토지를 借耕함으로써 地主-佃戶制가 확대되고, 이로써 '貧益貧 富益富'라는 사회모순이 더욱 증폭되는 것으로 보았다. 곧 그는 이 시기 전제 운영의 문제를 사적인 소유지의 확대, 이를 통한 중·소농의 몰락에서 찾고 있었던 것이다.

이상과 같이 여말의 전제문제를 해결하고자 하는 방법을 둘러싸고 크게 두 견해가 대립하고 있었다. 즉 현재의 사전을 일거에 폐지해야 한다는 견해와 현존하는 사전은 그대로 두고 거기에서 발생하는 폐단만 제거하자는 견해가 그것이었다. 이들의 견해의 차이는 그들이 처한 사회경제적 기반과 당시의 사회모순을 바라보는 시각, 그리고 그 저류를 형성하는 철학적 기반의 차이에 연유하는 것이기도 하였다. 또 대체로 사전개선론자들은 개혁론 혹은 혁파론자들에 비하여 사회경제적으로 우월한 기반을 가지고 있었으며, 이로 인하여 사전혁파에 대해서도 소극적이거나 반대의 입장을 보였다. 물적기반의 차이와 함께 두 입장의 차이는 당시 정치세력의 구성과 깊이 관련되어 있었고, 그 때문에 사전개혁을 둘러싼 논쟁은 정치적 대립의 양상을 띠고 전개되었다. 권력을 장악한 개혁론자들이 개선론자들을 사적 이익을 고수하는 자라고 비판하면서 균등한 수조지 점유와 군국의 재정확보라는 명분을 걸고 논쟁을 주도하였던 것도 이와 무관하지는 않았다.

마침내 창왕 원년(1388) 8월, 조준의 2차 상소가 있고 난 후 도평의사사에서 사전혁파안을 의정하고 육도의 양전에 착수하는 한편, 사전조의 공수조처를 단행하기에 이르렀다. 사전개혁의 전초작업으로 시

행된 기사년의 양전에서는 조준의 주장이 대폭 수용되어 자정제에
의한 作丁法이 채택되었다.

이같은 사실상의 사전혁파에 대하여 개선론자들은 반대하였다. 이
러한 가운데 정권을 장악해 있던 이성계 일파가 반대를 무릅쓰고 公
收조치를 강행함으로써, 전제개혁이 추진되었다.

그러나 田制의 運營을 둘러싼 여러 주장이 개진되고, 일부에서는
상소를 통해 사전의 혁파를 강력히 주장하였으나 그것으로 문제가
쉽게 해결되지는 않았다. 문제의 진단, 해결의 방법이 달랐기 때문이
다. 이러한 분위기는 1389년 4월에 행해진 사전개혁에 관한 중신회의
의 내용에서 읽을 수 있다.

> 都評議使司에서 田制를 논하였다. 이 때 전제가 크게 문란하여 兼
> 幷하는 집들은 土田을 빼앗아 산과 들을 차지하였으니, 毒害가 날로
> 깊어 백성들이 원망하였다. 우리 태조가 大司憲 趙浚과 더불어 私田
> 을 개혁하고자 하니, 李穡이 옛 법을 경솔히 개혁할 수 없다 하여 그
> 의논을 따르지 않았고, 李琳·禹玄寶·邊安烈 같은 이도 모두 개혁
> 하지 않으려고 하였다. 李穡이 儒宗이었으므로 그 입을 빌어 衆廳을
> 현혹되게 하였으므로, 개혁하여 사전을 공전으로 하려는 의논이 결
> 정되지 못하였다. 藝文館 提學 鄭道傳과 大司成 尹紹宗은 조준의 의
> 논에 찬동하고, 厚德府尹 權近과 判內府寺事 柳伯濡는 이색의 의논
> 에 찬동하고, 贊成事 鄭夢周는 두 사이에서 어름어름 하고 있었다.
> 이에 각 官司를 시켜서 사전을 개혁하여 공전으로 회복하는 利害를
> 의논케 하니, 의논한 자 53 명 중에 개혁하고자 한 자가 10에 8·9
> 명이었으니, 개혁하지 않으려는 자는 모두 巨室의 자제들이었다.28)

---

28) 「都評議使司議田制 時田制大毁 兼幷之家 攘奪土田 籠山絡野 毒痛日深 民胥
怨咨 我太祖與大司憲趙浚 欲革私田 李穡 以爲不可 輕改舊法 持其議不從 而
李琳·禹玄寶·邊安烈 皆不欲革 李穡爲儒宗 藉其口 以惑衆廳 革復之論未決
藝文館提學鄭道傳 大司成尹紹宗 同浚議 厚德府尹權近 判內府寺事柳伯濡 同

이미 정치의 주도권이 개혁파의 수중에 들어와 있는 상황이었는데도, 개혁파 정도전·윤소종이 찬성하였을 뿐, 侍中 李穡은 옛 법을 경솔히 개혁할 수 없다 하여 그들의 주장에 따르지 않았고, 李琳·禹玄寶·邊安烈 등 여러 보수세력들도 개혁을 반대하고 있었던 것이다. 이러한 개혁론에 반대하는 부류들도 일률적으로 보기는 어려운 것이었다. 이들 가운데는 이른바 권문 세족으로 지목되는, 고려후기 전제의 문란 속에서 사전의 확대로 많은 이득을 얻고 있던 자들로서 적극적으로 사전을 옹호하는 부류들이 있는가 하면, 불법적인 토지탈점과 겸병의 제거에 동조하나 사전 개혁의 방식에 있어서만 견해를 달리하는 부류로 나뉘어 질 수 있기 때문이다.29) 이 가운데 전자는 구래로부터 계승되어 온 조업전, 사급전, 개간에 의한 토지 확대 등에 의해 대토지를 소유하고 농장을 경영하기도 하는 당사자들이었다. 따라서 이들은 사전으로부터 많은 이득을 획득하고 있는 부류로 사전 혁파에 적극 반대할 수 밖에 없는 부류였다.

1389년 9월 給田都監이 주재하는 가운데 수조지 지급대상자가 선정되었다. 宗室의 諸君은 宗簿司에서, 문무양반은 典理司와 군부사에서, 前銜品官은 開城府에서 나누어 담당하였다.30) 11월에는 전제개혁에 미온적이었던 창왕을 축출하고 공양왕을 옹립하였으며, 12월에는 조준의 3차 상소를 통하여 경기 수조지 지급의 원칙을 재확인하고, 己巳量田의 결과 확보된 토지를 국가재정의 용도에 따라 분속시키는 계획을 수립하기에 이르렀던 것이다.31)

───────────────

穡議 贊成事鄭夢周 依僞兩間 乃令各司議革復利害 議者五十三人 欲革者十八九 其不欲者 皆巨室子弟也」≪高麗史節要≫ 卷 34, 恭讓王 원년 4월.
29) 李棕浩, <앞의 논문> 1986, p.87.
30) ≪高麗史≫ 卷 137, 列傳50 辛禑5 昌王 즉위 9월.

이러한 가운데 이성계를 비롯한 개혁파 사대부들은 개선론자들과 대립하면서 끝내 사전개혁을 추진하여 나갔다. 이른바 개선론자들은 私田 分給의 지역을 京畿에 한정하는 案에 반대하다가 이것이 관철되지 못하자, 경기에서 받지 못하는 부족액 만큼은 외방에서 받게 하자는 절충안을 제시하여 사전을 외방에도 설치하려 하였다. 그러나 개혁론자들에 의해 경기사전의 원칙은 고수되었고, 1390년 정월 給田都監에서 과전 수급 대상자에게 과전 지급문서인 田籍을 지급하게 되었다. 이것이 사실상 科田의 지급을 의미하는 것이었다. 이어 9월에는 이전의 公·私田籍들을 모두 불태워 없앴으며, 11월에는 지급할 전지의 結數와 수납되어야 할 조세의 액을 결정하였다. 이리하여 이듬해인 1391년 5월 科田法이 공포됨으로써 새로운 토지분급법이 마련되었다.

2. 寺院田의 추이

앞서 살펴 본 私田問題와 田制改革의 논의를 통하여 알 수 있는 여말의 田制 運營의 상황은 크게 다음 세 가지로 요약할 수 있다.

하나는 田制의 運用에 있어서 국가의 역할이 극도로 약화되어 있다는 사실이다. 田柴科가 붕괴된 가운데, 祿科田·賜給田 등의 제도를 통하여 이를 임시적으로 운용해 왔으나, 이것도 사실상 그 기능을 상실해 있었다. 當代의 論者들은 이것을 '私授兼幷之弊', 또는 '授田收田之法의 붕괴'에서 그 원인을 찾고 있었고, 이로 인하여 국가 재정이 고갈상태에 있음을 지적하였다.

둘째, 이와 같은 田制 붕괴에는 私的 土地所有의 진전이 내재되어

---
31) 안병우, <앞의 논문>, 1994, pp.354~355.

있었으며, 이에 의한 土地支配의 形態가 확대되고 있다는 점이다. 이런 가운데 力多者가 부상하고 중소지주가 몰락하거나 처지가 열악하게 되었으며, 地主-佃戶制가 더욱 확대 발전되고 있었다.

셋째, 이러한 사전문제의 해결 방법으로 크게 두 가지 주장이 대립되어 제시되고 있었다. 하나는 祖宗의 지극히 공정한 '分授之法'을 회복하는 방향에서 '一田一主'의 원칙을 확립하자는 것, 또 하나는 아예 이들 사전을 일거에 혁파하여 다시 분급하자는 주장이다. 결국 이러한 논의 가운데 후자의 논자들이 논의를 주도하는 가운데 科田法의 공포로 마무리 되었다는 점이다.

그러면 이러한 가운데 寺院의 田地에 대해서는 어떤 견해가 제시되고, 또 공포된 새 전제에서 어떠한 규정을 받게 되었을까 하는 점을 살펴보기로 하자.

여말 私田問題가 대두되고 전제 개혁에 관한 논의가 본격적으로 전개되기 직전에 내려진 昌王의 교서에 寺院의 田地에 대한 언급이 나타나고 있어 주목된다.

> 昌王이 교서를 내려 이르기를, "근래에 세력있는 자들이 토지를 겸병하여 田法이 크게 무너졌으니 그 폐단을 제거할 방법을 都評議使司, 司憲府, 版圖司로 하여금 의논하여 보고하게 하고, 料物庫에 속한 360개의 庄處田으로 先代에 사원에 施納한 것은 모두 요물고에 되돌리도록 하라 …" 하였다.32)

여기서 그는 전제의 붕괴 원인을 豪强들의 兼幷에서 찾고, 주요 부서로 하여금 救弊의 法을 상신하도록 하면서, 먼저 莊·處의 토지로

---

32) 「昌敎曰 近來 豪强兼併 田法大壞 其救弊之法 仰都評議使司·司憲府·版圖司擬議申聞 其料物庫屬三百六十庄處之田 先代 施納寺院者 悉還其庫」 ≪高麗史≫ 卷 78, 食貨1 田制 祿科田 辛禑 14년 6월.

서 先代에 寺院에 시납된 것을 되돌리라는 명을 내리고 있다.

莊・處는 王室・宮院・寺院에 소속해 있으면서 각각의 곳에 稅를 바치고 있는 토지였다.33) 이들은 특수한 형태의 촌락을 단위로 지배가 이루어지는 경우도 있었다. 사원의 경우도 마찬가지여서 때로는 사원의 촌락지배와도 밀접한 연관을 가지기도 하였다.34) 그럴 경우 소속된 민들이 국가의 徭役을 기피하고 있는 것으로 보아35) 지배의 주체에 대해 노동력의 부담을 질 가능성이 높은 토지였다. 그러므로 이같은 사원의 장・처전에 대한 환원조치는 당시 광범위한 지역에 걸쳐 농장을 설하고 있던 사원으로서는 적지않은 파장을 가져올 수 있는 것이었다.

그러면 사원의 田地가 유달리 田法의 개혁안을 상신하라는 국왕의 敎書에 첨부되어 환수의 조치를 받은 것은 무엇 때문일까.

① 諸王・宰樞・扈從臣僚・宮院・寺社들이 閑田을 많이 차지하기를 바라고, 국가에서도 농사에 힘쓰고 곡식을 중히 여기는 뜻에서 牌를 주었다. 그런데 賜牌를 빙자하여 비록 주인이 있고 田籍에 올

---

33) 다음의 글이 참고된다.
旗田巍, <高麗時代の王室の莊園 -莊・處-> 《歷史學硏究》 246, 1960. 《朝鮮中世社會史の硏究》 法政大學出版局, 1972.
姜晉哲, <高麗時代의 農業經營形態> 《韓國史硏究》12, 1976. 《高麗土地制度史硏究》 高麗大學校 出版部, 1980
李相瑄, <高麗時代의 莊・處에 대한 再考-王室의 莊處를 中心으로-> 《震檀學報》 64, 1987.

34) 李相瑄, <高麗時代 寺院의 村落支配에 관한 試考> 《人文科學硏究》 11, 1991.
裵象鉉, <高麗時代의 寺院 屬村> 《한국중세사연구》 3, 1996, pp.168~170.

35) 이들 處에 소속된 민의 처지는 일반 농민과 차이가 있었던 것 같다. 이 점에 대해서는 다음의 기사가 참고된다. 「議之 皆曰 上下皆撤處干 委以賦役可也(處干 耕人之田 歸租其主 庸調於官卽佃戶也) 時權貴 多聚民 謂之處干 以逋三稅 其弊尤重」《高麗史》 卷 28, 충렬왕 4년 7월 乙酉.

라 있는 토지 조차도 모두 빼앗으니 그 폐해가 적지 않다. 사람을 가려 보내어 사실을 철저히 가려내고 무릇 패를 받았다 하더라도 田籍에 올라있는 토지라면 起田과 陳田을 가리지 말고 원래 주인이 있던 것은 모두 돌려 주도록 하라.36)

② 寺院과 齋醮의 여러 곳에서 兩班의 田地를 점거하고 賜牌를 함부로 받아 農場으로 삼고 있다. 지금부터 有司들은 자세히 살펴 각기 그 주인에게 되돌려 주도록 하라.37)

③ (僧 普虛는) 廣州 迷元莊에 친척을 불러모아 마침내 집안을 이루었다. 虛가 왕에게 아뢰어 迷元莊을 승격하여 縣으로 하고 監務를 두었는데, 虛가 주로 號令하면 監務는 다만 進退만 할 따름이었다. 널리 田園을 점하였는데, 기르는 말(馬)들이 들에 가득하였다.38)

그것은 고려후기 사전 확대의 유력한 주체가 바로 사원이었기 때문이다. 賜牌를 빙자하여 閑田을 점유한다거나, 심지어 兩班의 科田마저도 據執하여 農場으로 삼을 정도였다. 그래서 우선, 규모가 크고 국가 收租地에 해당하는 莊·處田을 먼저 환수하는 조치를 취한 것으로 보인다.39) 실제 普虛40)의 迷元莊의 경우에는 직접 행정력까지

---

36) 「諸王宰樞及扈從臣僚·諸宮院·寺社 望占閑田 國家亦以務農重穀之意賜牌然 憑藉賜牌 雖有主付籍之田 並皆奪之 其弊之甚 擇人差遣 窮推辨覈 凡賜牌付田 起陣勿論苟有本主 皆令還給」≪高麗史≫ 卷 78, 食貨1 田制 經理 忠烈王 11년 3월.

37) 「寺院及諸齊醮諸處 所據執兩班田柴 冒受賜牌 以爲農場 今後 有司窺治 各還本主」≪高麗史≫ 卷 84, 刑法1 職制 忠宣王 즉위 下教.

38) 「(普虛) 寓廣州迷元莊 聚親戚 遂家焉 虛白王 陞迷元爲縣 置監務 虛主號令 監務 但進退而已 廣占田園 牧馬滿野」≪高麗史≫ 卷 38, 世家 恭愍王 1 원년 5월 己丑.

39) 田柴科上 公田으로서의 莊·處田에 대해서는 연구자 간에 약간의 견해차이가 있다. 즉, 이것을 1 科에 속하는 王室御料地의 하나로 볼것인가(旗田巍 <高麗의 公田>≪史學雜誌≫ 77-4, 1968 ; ≪朝鮮中世社會史의 研究≫ 법정대학 출판국, 1972, p.219, p.248), 아니면 民田과 같은 3 科 公田으로 볼 것인가(姜晉哲, 앞의 글) 하는 데 주장의 차이가 있는 것이다. 그러나 위의

장악하고 있었으니, 국가의 입장에서 그 폐단은 좌시하기 어려웠던 것이다.

昌王의 敎書 이후 이른바 전제 개혁에 관한 논의가 본격화 되었다. 따라서 개혁론자의 주장속에는 사원전에 대한 언급이 구체적으로 제시되었다. 창왕 즉위년 7월 趙浚의 상서에 보이는 다음의 내용이 그 하나이다.

> 태조이래 五大寺 十大寺등의 국가 裨補所 가운데 서울에 있는 것은 국가 창고에서 지급하고, 지방에 있는 것은 柴地를 지급한다. 道詵密記에 기록된 이외의 신라·백제·고구려 때 세운 사원과 새로 지은 사원은 지급하지 않는다.[41]

주지하는 바와같이 趙浚은 여말의 사전문제를 개혁하기 위해 노력한 신진관료 중에서도 대표적인 인물이었다. 당시 鄭道傳이 정치·종교·군사 등의 정비에 노력을 기울였다고 본다면, 그는 이러한 모든 것의 기초가 되는 토지개혁의 임무를 직접 담당한 인물이다.[42] 그러므로 그의 이러한 주장은 사원전 정리의 가닥을 이해하는데 중요한

普虛의 迷元莊의 예를 통하여 알 수 있듯이 사원의 莊·處 가운데는 吏를 통하지 않고 직접 지배되는 경우도 적지않았다.

40) 普虛는 太古 普愚의 다른 표기이다. 普愚의 行蹟과 活動에 관해서는 다음의 논문들이 참고된다.
李英茂, <太古普愚國師의 人物과 思想> 《建大史學》 5, 1976.
兪瑩淑, <圓證國師 普愚와 恭愍王의 改革政治> 《韓國史論》 20, 1990.
李相瑄, <恭愍王과 普愚 - 恭愍王初 王權安定의 一助를 中心으로 -> 《李載龒博士還曆紀念韓國史學論叢》 한울, 1990.

41) 「祖聖以來 五大寺 十大寺等 國家裨補所 其在京城者廩給 其在外方者 給柴地 道詵密記外 新羅·百濟·高句麗所創寺社 及新造寺社 不給」 《高麗史》 卷 78, 食貨1 田制 趙浚等 上書.

42) 柳昌圭, <高麗末 趙浚과 鄭道傳의 改革 방안> 《國史館論叢》 46, 1993.

시사를 준다할 것이다.

 조준의 이런 주장 속에는 세 가지 점이 추출된다. 하나는 五大寺·十大寺 및 일종의 國立寺院인 裨補寺院에 지급한 토지 중에 서울의 것만 그대로 두되, 지방의 것은 柴地로 제한하여야 한다는 것이다. 물론 이때의 토지는 국가가 분급한 收租地를 말한다. 둘째는 고려초 <道詵密記>에 실린 사원 이외의 것은 비록 역사와 전통이 깊더라도 - 삼국시대의 창건과 같이 - 토지를 지급하지 않는다는 것이다. 이는 물론 이전의 상황과는 사정이 달라졌다는 의미이다. 좀더 적극적으로 해석하면, 이전에 지급된 토지가 회수되어야 한다는 의미로도 받아들여진다. 셋째는, 새로 짓는 사원에 대해서는 전지의 지급이 이루어지지 않는다는 것이다. 이것은 공민왕대 이후 계속된 寺院濫造 현상을 지적하는 대목이기도 하다. 결국 조준이 여기서 주장하고 있는 것은 비보사원으로서 서울에 있는 것 외 일체의 분급 수조지는 회수되어야 하며, 다만 지방에 있는 비보사원의 경우에는 柴地를 지급할 수 있다는 의미를 담고 있는 것이다. 결국 이는 사원의 田地支配가 현저히 약화될 수 밖에 없는 의식의 표출로 볼 수 있는 내용인 것이다.43)

 한편 조준의 개혁안이 제기된 얼마 후 전국적인 量田事業이 전개되었다.44) 국가 재정이 극도로 고갈된 상황에서, 이것을 해결하기 위한 量田事業을 실시하고 給田都監을 설치하여 기존의 公私田籍을 불

---

43) 그의 이러한 사원경제에 대한 조치는 그러나 寺院田 자체를 부정한 것은 아니었다. 다음의 기사가 참고된다. 「今六道觀察使 所報墾田之敎 不滿五十萬結矣 而供上不可不豊也 故以十萬而屬右倉 三萬而屬四庫 祿俸不可不厚也 故以十萬而屬左倉 朝士不可不優也 故以畿田十萬而折給之 其餘止十七萬而已 凡六道之軍士 津院驛寺之田 鄕吏使客廩給之用 尙且不足 而軍須之出則無地矣」≪高麗史≫ 卷 78, 食貨1 恭讓王 卽位年 12월 상소.

44) 「(辛禑)十四年八月 昌 令六道觀察使 各擧副使判官 改量土田」≪高麗史≫ 卷 78, 食貨1 田制 經理 辛禑 14년 8月.

태우고 土地改革을 결행한 것이었다. 이 때의 양전사업은 私田擴大 과정에서 田籍에 누락되어 있던 토지를 국가 소유로 환원시키고 합리적인 田租收取를 가능하게 하는 것이었다.

그러면 이러한 麗末의 양전사업과 관련하여 사원전은 어떻게 되었을까. 이는 그해 9월에 있은 給田都監의 啓의 내용으로 미루어 짐작해 볼 수 있다. 이에 의하면 宗簿司가 宗室과 諸君을, 典理司가 文班을, 軍簿司가 武班을, 그리고 개성부에서 前銜品官을 관장하도록 배정하고 있다.[45] 그런데 여기서 한 가지 주목되는 것은 사원전에 대한 정리를 담은 관부가 발견되지 않고 있다는 점이다. 이것은 당시 사원전의 비중을 감안하면 결코 가벼이 넘어갈 문제는 아니다. 곧 이 때까지 사원전에 대한 직접적인 파악과 정리가 아직 구체적으로 전개되지 않았음을 의미하는 것으로 보인다.

결국 이 때에 행해진 사원전의 감축은 선대에 시납된 莊·處田과 在京의 裨補所 이외의 사원에는 국가 분급지의 일부가 회수되는 정도에 그쳤을 뿐 전면적인 실행으로는 이어지지 못한 것으로 짐작된다. 이는 이 시기 전체 경작지의 1/6에 근접하는 사원전의 규모[46]를 감안하면 여말의 전제개혁이 갖는 한계와도 직결될 것이다.

量田事業 등을 통한 제반의 조치를 배경으로 일정한 결론으로 도출된 것이 恭讓王 3年 5月 科田法의 공포였다. 여기서는 사원전에 대해서 다음과 같은 규정이 나타나고 있다.

① 公私의 옛 토지대장을 거두어 철저히 검사하여 그 眞僞를 가려내고 옛것을 기준으로 가감하여 陵寢田, 倉庫田, 宮司田, 軍資寺田, 寺院田, 外官職田, 廩給田, 그리고 鄕吏, 津尺, 驛吏, 軍匠, 雜色의

---

45) 《高麗史》 卷 137, 열전 辛禑 즉위년 9월.
46) 姜晋哲, <私田支配의 諸類型 - 寺院田 -> 《高麗土地制度史研究》 高麗大學校 出版部, 1980, p.142

토지를 정하였다.47)
② 무릇 寺院과 神祠에 田地를 시납할 수 없다. 이를 어기는 자는 罪로 다스린다.48)
③ 公私 천인, 공인, 상인, 점쟁이, 맹인, 무당, 기생, 승려 등은 자신과 그 자손이 토지를 받는 것을 허락하지 않는다.49)

科田法의 실시는 대토지 소유자의 토지를 몰수하여 고갈된 國家財政을 확보 안정시키고, 新進官僚들에게 토지를 재분배함으로써 그들의 생활을 보장시켜주며, 피폐한 민의 생활을 향상시키는데 그 목적이 있었다. 그런데 이 내용에 의하면, 이제 사원 소속의 토지들에서 적지않은 변화가 예상된다. ①에 의하면 우선 국가 지급의 수조지의 경우, 전면 조정이 불가피하였던 것으로 보인다. 田籍의 조사와 더불어 이에 대한 眞僞 여부를 가린다고 하는 것은 그러한 면을 시사하는 대목이다. 실제 얼마 만큼의 진위파악이 가능하였는지는 확언하기 어렵지만, 적어도 그러한 작업의 결과 다양한 유형으로 사원에 분급되어 온 토지들이 감소되었음은 분명한 사실일 것이다. 결국 이것은 사원전 가운데 수조지의 대대적인 감축을 예상할 수 있는 대목인 것이다. 또 전적이 분명치 않은 亡寺田의 경우에는 그것이 실제 소유지와 마찬가지로 지배되어 왔다고 하더라도 부분적인 정리가 예상된다. 신왕조 개창 후 나타나는 廢寺田의 屬公 조치는 여말 이래의 이같은 조치가 추가로 이어진 것으로 이해된다.50)

---

47) 「公私往年田籍 盡行檢覆 覈其眞僞 因舊損益 以定陵寢・倉庫・宮司・軍資寺及寺院・外官職田・廩給田・鄕・津・驛吏軍匠雜色之田」 ≪高麗史≫ 卷 78, 食貨1 田制 恭讓王 3년 5月.
48) 「凡人 毋得施田於寺院神祠 違者理罪」 위와 같음.
49) 「公私賤口・工商賣卜・盲人・巫覡・娼妓・僧尼等 人身給子孫 不許受田」 위와 같음.
50) 「以廢寺田口 皆屬公」≪太宗實錄≫ 卷 10, 太宗 5년 8월 壬辰.

다음으로 科田法의 공포와 더불어 사원전의 변화로 고려해 볼 수 있는 것은 소유지에 대해서도 부분적인 제약이 가해지고 있다는 것이다. ②의 내용은 이러한 점에서 주목된다. 사실 사원에는 古來로부터 시납되어 누대로 전해오는 소유지가 적지않았다. 사원이 실질적으로 지배해 오던 토지 가운데는 이런 토지들이 큰 비중을 차지하고 있었다. 그런데 이제 과전법에서는 이것을 法으로 금하고 있다. 이는 물론 과전법 실시의 목적 자체가 국가 수조지의 확립이었던 만큼 단기적인 변화를 의미하지는 않지만, 장기적으로 보면, 사원의 소유지의 확대는 물론 유지에 있어 법적 당위성을 상실하게 되는 요소가 될 수 있다. 결국 이것으로 인하여 사원 소유지의 유지 혹은 보충이 어렵게 되었다. 고려시대 사원전의 대다수 유입이 王室이나 개인 檀越들의 시납을 통한 것이었음을 상기해 볼 때 이러한 조치는 사원전의 경영에 적지않은 제약으로 작용하였을 것이다. 자세한 내용은 앞으로 규명되어야 할 것이지만, 이로써 기왕에 시납된 토지라 할지라도 변화가 나타날 수 있음을 시사하는 대목이다.51)

③의 기사는 사원의 토지 가운데 승려 개인이 운용해 오던 토지에 대한 제약을 의미한다. 사실 고려시기 사원의 토지 가운데 상당 부분은 승려 개인이 사사로이 유지 경영하고 있는 예가 적지 않았다.52) 이

---

51) 예컨대, 이미 王室이나 個人이 특정 사원에 시납한 토지라 할지라도 그것이 구체적으로 합법적인 수속을 밟지않은 상태였을 경우는 문제가 될 수 있을 것이다. 이러한 사원의 所有地도 적지는 않았을 것인데, 이런 측면에서 보면 이들 토지들은 이제 확인절차를 거치는 과정에서 회수될 가능성도 있을 것으로 보인다.

52) 이런 점은 다음의 기사들에서 짐작된다.
  ㆍ「凡佛寶錢穀 諸寺僧人 各於州郡 差人勾當 逐年息利 勞擾百姓 請皆禁之 以其錢穀 移置寺院田莊 若其主典有田丁者 幷取之 以屬于寺院莊所 則民弊稍減矣」《高麗史》 卷 93, 列傳6 崔承老傳.
  ㆍ「自今 選有道行無利欲者 住諸寺院 其土田之租 奴婢之傭 令所在官收之

런 토지의 지배는 法孫들에 의해 계승되고 있었고, 그들의 소유지와 마찬가지로 인식되고 있었다. 후기에 와서 宗派間 토지 분쟁이 두드러지게 심화되고 있는 것도 이런 점과 무관하지는 않을 것이다. 이 조치에 의하면 승려가 상속과 같은 방식으로 취득하여 소유하고 있던 토지도 법적 근거가 취약해지게 됨을 알 수 있다.

그러나 이러한 규정에도 불구하고 역시 많은 양의 토지들은 불법으로 은닉되어 어느 정도 유지가 가능하였을 것이다. 그러므로 이러한 점은 新王朝 개창 이후 나타난 대대적인 寺院整理와 더불어 그 논의가 이어지고 있었던 것이다.

2節 鮮初의 田制運營과 寺院田

1. 田制運營과 對寺院政策

과전법의 실시는 개인 收租地는 축소되고 국가 수조지가 확대되어 국가를 지탱해 나가는 물적 기반이 확대되는 결과를 가져왔다. 이로써 마비상태에 있던 국가의 통치기능이 회복되고 있었다. 광대한 토지를 차지하고 있던 權勢家들이 제거되고, 이로써 개혁파 신진 관료들을 주축으로 하는 新王朝 개창의 경제적 기반이 마련될 수 있었다.

또한 농민의 처지에서는 一田一主의 원칙에 의하여 토지분급제가 정비됨으로써, 고려말의 "한 토지의 주인이 6, 7명이나 되고, 한 해에

載諸公案 計僧徒之數而給之 禁住持濫用」≪高麗史節要≫ 卷 33, 辛昌 卽位年 12月.
•「近年 禪敎寺院住持 利其土生 專事爭奪」≪高麗史≫ 卷 85, 刑法2 禁令 忠肅王 後 8년 5월.

조세를 8, 9차례나 거두어 가는" 것과 같은 무질서한 착취와 가혹한 수탈이 어느 정도 제한되게 되었다.

그러나 무엇보다 과전법의 실시가 가지는 토지소유관계에서의 의의는 그동안 所有權을 제약하던 수조권적 지배가 현저히 약화되었다는 점이다. 전시과제도에서는 사전이 外方에도 분급되었으나, 과전법에서는 외방의 사전을 혁파하고 畿內에 집중하여 재배분하였다. 그 결과 田主의 佃客農民에 대한 지배는 국가에 의해 강한 통제를 받게 되어 외방에 설치되었을 경우처럼 자의적인 수탈을 할 수 없게 되었다. 또한 토지를 5결이나 10결 단위로 묶어 천자문 순서 만으로 田丁을 구분하는 字丁制가 시행되어 전정에 전주가 기재되던 방식이 폐지된 것도 전주권의 약화와 관련되어 있었다. 토지에 대한 사적인 소유권이 더욱 안정되고 있었음은 私田主가 토지소유자인 전객농민의 토지를 이유없이 빼앗지 못하였으며 이를 어겼을 경우 처벌하는 규정이 있는 데서도 볼 수 있다.

그러나 사전개혁의 결과로서 나타난 과전법은 제도 그 자체로서는 농민 일반을 위한 福利의 시책은 별로 나타나지 않고 있었다. 과전법의 실시를 계기로 所耕田을 침탈당한 농민들이 본래의 소유지를 되찾게 된 것은 사실이지만, 그렇다고 하여 이들을 포함한 일반 농민들의 생활이 단번에 호전된 것은 결코 아니었다. 다만 한가지 분명한 것은 고려후기 권력자의 농장에 冒占 혹은 은닉되어 노비와 다름없는 처지에 있던 양인들이 자유신분을 유지하면서 재지토호들과 '竝作' 전호로서 생계를 이어갈 수 있게 되었다는 점이다. 이는 농민의 사회경제적 지위가 일층 향상된 것을 의미하며, 또 토지지배관계의 진전을 의미하는 것이다.[53]

---

53) 姜晉哲, <高麗末期의 私田改革과 그 成果 - 農民의 處地에서 본 改革과 그 成果의 問題點 -> ≪震檀學報≫ 66, 1988 ; ≪韓國中世土地所有研

이러한 가운데 사원의 토지지배는 신왕조 개창후의 대 사원정책과 더불어 점차 위축의 길로 접어들고 있었다.54)

이는 麗末이래의 불교비판이 사대부들에 의해 계속되고 있었을 뿐 아니라, 신왕조가 개창됨으로써 폭발적으로 늘어난 국가재정의 수요를 충당하기 위해서 가능한 한 財源이 될만한 부분을 국가적 차원에서 재편하려는 노력과도 연결되었기 때문이었다.

그러나 이러한 변화는 개국초부터 본격화되지는 않았다. 개인적으로 佛心을 가진 국왕들은 佛事를 설행하고 부분적으로는 사원을 지원한 사례도 없지는 않았기 때문이다.

太祖는 신왕조 개창 이전부터 불교와 인연이 깊은 인물이었다. 그는 즉위하기 전에 佛者로서 太古 普愚, 懶翁 慧勤 등 고승으로부터 사사하였으며, 특히 無學 自超와는 남다른 관계를 맺고 있었다. 또 그가 새 나라를 여는데 커다란 전기가 된 위화도 회군 때에는 승장인 神熙의 도움이 컸고, 등극 후에는 무학을 王師로 삼아 건국 사업을 완성하고자 하였다.55)

그러나 이와는 별개로 開國功臣들을 중심으로 한 朝廷 내 儒臣들은 국초부터 排佛을 새 왕조의 기본정책으로 삼아 추진하고자 하였다. 이들 유신들의 배불의식이 어떠하였는지는 태조가 즉위한 지 불과 3일 후에 올려진 司憲府의 건의에서 잘 드러난다.

사헌부에서는 당시의 時弊 척결에 관해 10조의 건의를 올리고 있는데, 그 가운데 佛神을 섬기는 불급한 내용을 모두 없앨 것, 나라를

究≫, 一潮閣, 1989.
54) 신왕조 개창후 對佛敎寺院의 정책에 대해서는 기왕에 韓㳓劤, <麗末鮮初의 佛敎政策> ≪서울大學校論文集≫ 6, 1957 ; ≪儒敎政治와 佛敎 - 麗末鮮初 對佛敎施策 -≫ (一潮閣, 1993)에서 斥佛論을 통한 抑佛策, 신앙형태, 불교와 관련있는 對外通交 등에 대하여 상론한 바 있다.
55) ≪太祖實錄≫ 卷 2, 太祖 元年 10월 丁巳.

좀먹고 백성을 병들게 하는 僧尼를 도퇴 배척할 것을 강경하게 주장하고 있었다.56) 이는 비록 개국초부터 갑자기 시행할 수 없다는 태조의 말에 따라 실천에 옮겨지지는 않았으나, 승려의 배척과 같은 중대한 주장이 儒臣들에 의해 前朝이래 큰 時弊의 하나로 지목되고 개국 벽두부터 강력히 주장되고 있다는 점에서 당시 佛敎界로서는 매우 우려되는 일이 아닐 수 없었다.

　이후 이런 내용의 上疏와 건의는 기회 있을 때마다 제기되고 있었다. 사헌부의 건의가 있던 다음 달인 8월에는 都堂에서 대장도감 및 연등회와 팔관회의 폐지를 청하였으며,57) 이어 趙璞 등은 春秋藏經, 百高座法席, 七所親幸道場 등 전통적이고 국가적인 각종 불사의 폐지를 청하고 있었다. 이들은 상서에서 춘추장경 등 불사들이 前朝의 君王들의 私的인 願으로 설행되어 인습으로 내려온 것이라고 말하고, 이제 천명으로 새롭게 열린 왕조에서 그러한 前弊가 답습되어서는 안된다고 주장하였다.58)

　그러나 이러한 朝廷 儒臣들의 강력한 배불의지에도 불구하고 태조는 불교를 한꺼번에 배척하기보다는 그대로 계승하려는 노력을 많이 보여주었다. 물론 그 가운데 불교 사원에 대한 정책도 점차 변화되고 있었다. 度牒의 物的 조건이 강화되고 새로운 사원의 營造가 금지되는 것이 후자라면,59) 自超이후 다시 天台宗 僧 祖丘를 國師로 삼고 있음은 전자와 같았다.60) 그는 또 각 사원 주지들의 산업경영과 奴婢法孫의 문제가 대두되고 있는 가운데 內外 사원의 間閣과 노비, 田地

---

56) ≪太祖實錄≫ 卷 1, 太祖 元年 7월 己亥.
57) ≪太祖實錄≫ 卷 1, 太祖 元年 8월 甲寅.
58) ≪太祖實錄≫ 卷 1, 太祖 元年 8월 庚申.
59) ≪太祖實錄≫ 卷 2, 太祖 元年 9월 壬寅.
60) ≪太祖實錄≫ 卷 6, 太祖 3년 9월 乙巳.

에 대한 조사를 실시 함으로써 당시 불교계가 노정하고 있던 時弊를 제거하기 위한 노력을 보이면서도 극단적인 조치를 취하지 않음으로 써 佛者와 治者로서의 위치를 함께 고수하는 對寺院政策을 취하였던 것이다.

> 임금이 都堂에 명하였다. " …… 지금 각 寺院의 住持들이 힘써 산업을 경영하고 女色까지 간범하여 뻔뻔스럽게 부끄러운 것을 알 지 못하고, 죽은 뒤에는 그 제자란 자들이 寺院과 奴婢를 法孫이 서로 전하는 것이라 하여 서로 소송하는 일까지 있다. 내가 潛邸 때부터 이 폐습을 고치기로 생각하였다.…… 지금 국초를 당하여 이 폐단을 고쳐야 하겠다. 그러니 서울 안에서는 憲府가, 지방에서는 監司가 사원의 間閣·노비·田地와 대소 僧人·法孫 奴婢의 수를 조사하여 아뢰라." 하였다.61)

이러한 사원에 대한 기본 정책은 다음 定宗代에도 큰 차이가 없었다. 정종의 재위 2년간의 治世는 기본적으로 父王의 뜻과 심정이 많이 반영되었고, 태조 이래의 각종 佛事가 계속하여 設行되었다. 그러나 이 시기에도 유신들의 寺院 혁파에 대한 논의는 여러 차례 있었고, 경우에 따라서는 儒生들이 사원을 점거하는 현상도 나타나고 있었다.62)

한편, 정종 자신의 불교에 대한 태도는 당시 經筵席上에서 나눈 신료들과의 담화를 통해 엿볼 수 있다. 2년 1월 경연에서 儒臣들이 부처는 귀신과 다름아닌 異端이라고 한 데 대하여, 정종은 佛氏는 '慈悲不

---

61)「上命都堂曰 …(中略)… 今住持各寺者 務營産業 至奸女色恬不知愧 身死之後 其弟子者 有以寺社及奴婢 稱爲法孫相傳 以至相訟 予自潛邸 思革此弊 … (中略)… 今當國初宜革此弊 京中憲府方外監司 推究寺社間閣奴婢田地及大小 僧人法孫奴婢之數 以聞」《太祖實錄》卷 12, 太祖 6년 7월 甲寅.

62)《定宗實錄》卷 5, 定宗 2년 8월 癸丑

殺'로서 道를 삼고, 儒者의 道 역시 '好生惡殺'의 理가 있으니 둘다 비슷하다고 하여 儒佛兩敎의 유사성을 말하는가 하면,[63] 同知經筵事 全伯英이 불교는 '無父無君'을 本旨로 삼아 유교의 '仁義'와 배치된다고 하면서 예부터 好佛하여 망하지 않은 자가 없다고 하자 스스로도 승려들의 세속적인 탐욕은 인정하면서도[64] 이에 대해 배척의 태도를 취하지 않고 불사를 계속적으로 설행하였다. 물론 이와같은 太祖·定宗代의 대불교정책은 단순히 국왕 개인의 신앙문제에서만 기인한 것으로 볼 수는 없을 것이다. 당시까지 民이나 支配層의 의식은 물론 사회사상으로서 불교의 영향력은 지대하였기 때문이다.[65]

그런데 이 시기에 한 가지 특기할 것은 사원에 대해서는 다음과 같은 조치가 취해지고 있다는 사실이다. 다음의 기사를 음미해 볼 필요가 있다고 본다.

중앙과 지방의 寺院에 소속한 田地는 本寺로 하여금 오로지 그 租稅를 거두게 하라.[66]

주지하듯이 고려시대의 많은 사원은 本·末寺관계로 맺어져 있으면서 각기 독자적인 재정규모를 가지고 있었으며, 유사시에는 협력관

---

63) ≪定宗實錄≫ 卷 3, 定宗 2년 1월 乙丑.
64) ≪定宗實錄≫ 卷 3, 定宗 2년 2월 庚申.
65) 韓沽劤은 이를 天變災異와 死後의 冥福을 빌기 위한 기도로서 佛事는 이 시기 治者로서나 한 인간으로서 이탈하기 어려운 종교적 요구였으며, 이는 유교정치와 윤리로서는 도저히 뛰어 넘을 수 없는 希願으로서 자리하고 있었기 때문이라 하였다. ≪앞의 책≫, 1993, p.59.
66) 「中外寺社 屬田地 許令本寺 專收其租」 李炳熙는 이러한 조치를, 본말사가 발달하는 가운데 말사가 전조를 수취하는 일이 있게되고, 이에따라 농민에 대한 수취가 1회에 그치지 않는 경우도 있었을 것으로 보고, 이에 대해 본사만이 전조를 취할 수 있도록 한 조치로 이해 하였다. <앞의 논문> 1992, p.358.

계에 있었던 것이 사실이다. 그런데 이제 이 조치에 의하면, 마치 경제권이 본사에 일임되고 있었음을 짐작하게 된다.67)

이는 그 이유를 자세히 알 수 없지만, 이 시기 사원정책이 일정한 변화를 보이는 것으로 받아들여진다. 우선 이 조치는 본사를 통한 말사의 파악과 통제를 의미하는 것으로 이해된다. 이는 사원의 지나친 경제력에서 기인한 農民의 폐해를 막자는 의도도 일부 내포되어 있었을 것이지만, 궁극적으로는 국가가 사원을 파악하는 방식이 본사를 중심으로 一元化하고 있음을 드러내고 있기 때문이다. 그러므로 조선왕조 초기 과도기의 이러한 조치는 이 시기 政局의 推移와도 무관하지 않을 것으로 보인다. 왜냐하면 이후 태종대의 사원에 대한 정책은 이전과는 현격한 차이가 나타나고 있었기 때문이다.

정종 2년 11월 太宗이 즉위하면서 對寺院 정책은 일변하였다. 이 시기는 사원정리와 사원의 인적 구성원, 경제 기반에 대한 대대적인 정리가 수반되고 있어 주목된다.

태종은 일찍이 과거에 급제하고 士大夫들과 교유하며 학당을 일으켜 유생들을 양성하는 한편, 정치에도 깊은 관심을 기울여 왔던 인물이었다. 그가 왕위에 오르게 되자, 곧바로 宦官들의 願佛이었던 궁중의 仁王像을 대궐 밖으로 옮겨 놓게 하였다. 또 다음 달에는 中外의 사원에서 행하여 오던 道場·法席 등의 모든 불사를 폐지시켜 배불의 태도를 구체적으로 드러내었다. 이는 그동안의 조정 유신들의 주장을 상당부분 받아들여 실천에 옮긴 것이기도 하였다.

    禮曹에서 上言하였다. "가만히 보건대, 불법이 비로소 중국에 들어온 이래 역대 帝王이 혹은 믿고 혹은 믿지 않았는데, 재앙과 福의 징험이 없었습니다. 고려 말년에 숭상하여 더욱 독실히 하였으나, 또한

---

67) 《定宗實錄》 卷 6, 太宗 卽位年 12월 壬子.

福을 받지 못하였습니다. 바라옵건대, 中外의 사원에서 베풀어 행하는 道場·法席·國卜·祈恩·年終 還願 등의 일을 일체 모두 정지하여 혁파하소서. 또 神에게 제사하는 것은 정성과 공경이 主가 되는데, 淫祀에서 煩黷하는 것은 제사하지 않는 것만 같지 못합니다. …(中略)… 일절 모두 금단 하소서." 하였다.68)

이 조치는 禮曹의 上言에 의한 것이지만, 佛事를 혁파하게 한 것은 가히 파격적인 것이 아닐 수 없었다. 이러한 조치는 멀리보면 朱子家禮에 따라 家廟制를 시행하게 하는 등 性理學的 사회규범을 확립하고자 하는 祀典의 정비와도 일정하게 관련된 것이지만,69) 먼저 佛事의 혁파라는 조치로 드러나고 있다는 점에서 주목되는 것이라 하겠다.

2. 寺院의 統廢合과 寺院田의 變化

태종은 유신들의 빗발치는 상소에 의하여 즉위 2년 4월에 <道詵密記>에 적힌 神補寺院 70 寺와 그 밖에 常住僧 1백명 이상의 사원을 제외한 모든 사원의 收租를 폐지하였다. 그리고 이를 영구히 軍資에

---

68) 「禮曹上言 竊見佛法始入中國以來 歷代帝王或信或否 未有災福之驗 前朝之季 崇信彌篤 亦未蒙福 乞中外寺社設行道場·法席·國卜·祈恩·年終還願 等事 一皆停罷 且祀神 誠敬爲主 黷于淫祀 不如不祭 …(中略)… 一皆禁斷 但令罷佛事」《定宗實錄》 卷 2, 定宗 元年 8월 乙巳.

69) 太宗代에 들어 두드러지게 나타나고 있는 일련의 배불조치들은 이 시기 祀典의 정비와도 밀접한 관련을 지니는 것으로 이해된다. 朝鮮初期 祀典의 成立과 儒教理念의 具現에 대해서는 다음의 논문들이 참고된다.
金泰永, <朝鮮初期 祀典의 成立에 대하여> 《歷史學報》 58, 1973.
韓㳓劤, <朝鮮王朝初期에 있어서의 儒教理念의 實踐과 信仰 宗教 - 祀祭 문제를 중심으로 -> 《韓國史論》 3, 1976.
金海榮, <朝鮮初期 國家 祭禮儀의 정비와 洪武禮制> 《淸溪史學》 9, 1992
李椶浩, <앞의 논문> 1996.

충당하도록 하고, 奴婢는 各司와 一郡에 분속토록 한다는 첫 조치를 취하였다.70) 비록 이 첫 조치는 태상왕의 뜻에 따라 불과 4개월 만에 취소되고 말았지만,71) 유신들의 상소와 주청이 계속되자 5년 8월 廢寺田의 屬公조치가 있고,72) 드디어 5년 11월에는 과감히 사원과 소속 노비의 정리를 단행하기에 이르렀다. 그 내용은 다음과 같다.

    전왕조의 密記로서 裨補寺社에 붙인 것과 外方 各官의 踏山記로서 사원에 붙인 것은 新·舊京의 五敎 兩宗의 각 1 寺와, 外方 各道의 府官 이상은 禪敎 각 1 사, 監務官 이상은 禪敎 가운데 1 사에 붙이어 아직 그 전대로 하고, 所在官으로 하여금 그 노비의 인구수를 적에 올려 각기 그 절의 10 리 밖에서 농사를 지으며 살게하고, 밥을 짓고 供給하는 일은 다만 사역시키는 奴子만을 쓰게 하되, …… 그 나머지 奴婢의 身貢과 土田의 所出은 모두 거두어 들이고, 노비가 없는 사원에서는 神補 이외의 寺社奴婢와 土田으로 적당히 옮겨주되, 살고 있는 승려의 많고 적은 것에 따라서 매 季月마다 헤아려 지급하라.73)

일차적으로 議政府의 상서에 따라 사원과 奴婢의 수를 삭감하였다. 이 때 토지에 대한 정확한 규정은 보이지 않지만, 대체로 前朝의 <道詵密記>에 올라있는 비보사원과 外方 각 官의 <踏山記>에 올라있는

---

70) 《太宗實錄》 卷 3, 太宗 2년 4월 甲戌.
71) 《太宗實錄》 卷 4, 太宗 2년 8월 乙卯.
72) 《太宗實錄》 卷 10, 太宗 5년 8월 壬辰.
73) 「前朝密記付裨補寺社 及外方各官踏山記付寺社 新舊京五敎兩宗 各一寺 外方各道府官已上 禪敎各一寺 監務官已上 禪敎中一寺 且仍其舊 令所在官籍其奴婢口數 各其寺十里外 農作居生 其炊饡供給 只用役使奴子 …(中略)… 其餘奴婢身貢及土田所出 幷皆收齊 無奴婢寺社 以裨補外寺社奴婢及土田量宜移給 以居僧多少 每季月計題給」《太宗實錄》 卷 10, 太宗 5년 11월 癸丑.

寺院 가운데 新・舊京에는 5교 양종의 각 1 寺와, 外方 각도의 府官 이상은 선교 각 1 사, 監務官 이상은 禪敎 중 1 사에 붙이어 그대로 두고, 나머지는 各寺의 人口數를 成籍하여 노비의 身貢과 土地의 所出을 모두 거두게 하는 조처였다. 이는 新舊京에 모두 14개 사원, 外方 各道의 경우 府 이상은 禪敎 각 1 사, 監務官 이상은 禪敎 중 1 사의 유지를 허용하되, 나머지 사원과 그에 소속된 田地의 소출을 거둔다고 하는 조치로 이해된다.74)

이에 의하여 남게된 사원은 대략 고려시대의 1/10 가량에 해당하는 것으로 추산된다.75) 이에 연이어서 僧이 寺院의 노비를 제자나 族人에게 사사로이 전하는 것을 금하는 조치가 취해졌는가 하면,76)여러 道에서 僧匠이 징발되어 국가의 役을 지기도 하였다.77)

이러한 조처들에 대하여 曹溪寺의 僧 省敏은 僧徒 100여 명을 이끌고 궐문으로 나아가 신문고를 치고 날마다 정부에 호소하여 寺院의 數와 奴婢, 田地를 예전대로 되돌리기를 청원하기도 하였으나 끝내 답을 얻지 못하였다.78)

오히려 한 걸음 나아가, 諸宗에서 남겨둘 사원의 居僧과 노비의 수를 정하는가 하면, 田地의 양을 제한하여 교단을 축소시키는 조치를 취하였다. 곧, 太宗 6년 3월에는 이전의 내용을 가지고 논의한 뒤 의

---

74) 議政府의 상소에 나타나지는 않았지만, 국왕의 뜻에 의해 이러한 기준에서 제외된 사원도 있었다. 衍慶寺・興天寺・華藏寺・神光寺・釋王寺・洛山寺・聖燈寺・津寬寺・上元寺・見巖寺・觀音窟・檜庵寺・般若殿・萬義寺・甘露寺 등이 그것이다.
75) 李炳熙는 이 때 존속한 사원을 378개로 비정하였다(<앞의 논문> 1992. p.363). 이는 고려시대의 '三千裨補'를 상기하면 이것의 약 1/10로 감축되는 것을 의미하였다.
76) 《太宗實錄》 卷 10, 太宗 5년 12월 壬申.
77) 《太宗實錄》 卷 11, 太宗 6년 1월 戊午.
78) 《太宗實錄》 卷 11, 太宗 6年 2월 丁亥.

정부의 계청에 따라 各 寺의 田地 奴婢 및 居住 僧의 수를 정하고 각 종을 병합하여 合留寺를 정하기에 이르렀다.79)

이것도 의정부의 건의에 대해 국왕이 이를 받아들이는 형태로 나타났는데 이로써 선교 각 종파를 망라하여 남겨둘 사원이 정해지게 되었다.

이에 의해 잔류된 사원은 <道詵密記>에 붙은 비보사원과 외방 각 고을의 <踏山記>에 붙은 사원을 기준으로 曹溪宗과 摠持宗을 합하여 70 寺, 天台宗·疏字宗·法事宗을 합하여 43 寺, 華嚴宗·道門宗을 합하여 43 寺, 慈恩宗이 36 寺, 中道宗·神印宗을 합하여 30 寺, 南山宗 10 寺, 始興宗 10 寺로서 모두 12 宗에 242 寺가 남게 되었다.

이는 국가적으로 공인된 사원의 수가 242개로 한정됨을 의미하는 것으로 그 외 사원의 전지와 노비는 다른 사원으로 移給되거나 혹은 屬公되어 정리되는 것을 의미하였다. 이상의 242 寺에 존치가 허락된 소속 田地의 양과 奴婢 및 常養(僧)의 數에 대한 규정 내용은 다음 표와 같다.80)

---

79) ≪太宗實錄≫ 卷 11, 太宗 6년 3월 丁巳.
80) 위와 같음. 그런데 이 조치에서 예외가 되는 사원도 있었다. 檜嚴寺·表訓寺·楡岾寺가 그것이다. 즉 회암사는 그 道에 뜻이 있어 僧徒들이 모이는 곳이니 예외로 함이 가하다 하고, 田地 100結과 奴婢 50口를 더 지급하라고 하였고, 표훈사와 유점사 또한 회암사를 예로하여 原屬田과 奴婢를 감하지 말라고 조처하였다.

◇표 7 太宗 6년 3월의 各寺 규정

단위별 구분 \ 규정의 내용	屬田(結)	奴婢(口)	常養僧(員)
新・舊都 禪敎 각 1 寺	200	100	100
〃 나머지 寺	100	50	50
各道界首官 禪敎 중1 寺	100	50	
各 官邑內 資福(寺)	20	10	10
邑外 各寺	60	30	30

* ≪太宗實錄≫ 卷 11, 太宗 6년 3월 丁巳 참조.

그리고 다음 달에는 이러한 규정에서 제외된 寺院의 田地와 奴婢를 各司에 분속시키는 조치가 뒤따랐다. 田地는 모두 軍資에 속하게 하여 船軍의 양식에 보충하도록 하였으며, 노비는 모두 典農寺에 소속시켜 옛 居處에 있으면서 屯田을 경작하도록 하고, 각 도 관찰사와 수령관이 순행 때마다 노고를 위로함으로써 생업에 안정이 되도록 조치하였다.[81]

한편, 태종 7년 12월에는 6년의 242 寺와는 별개로 88개의 資福寺가 지정되고 있어 주목된다.[82] 이는 지난 해 사원을 혁파 정리할 때,

---

81) ≪太宗實錄≫ 卷 11, 太宗 6년 4월 辛酉.
82) 이들 資福寺(88寺)는 다음과 같다
  ○ 曹溪宗: 梁州 通度寺, 松生 雙嚴寺, 昌寧 蓮花寺, 砥平 菩提岬寺, 義城 氷山寺, 永州 鼎覺寺, 彥陽 石南寺, 義興 麟角寺, 長興 迦智寺, 樂安 澄光寺, 谷城 桐裏寺, 滅陰 靈覺寺, 軍威 法住寺, 基川 淨林寺, 靈巖 道岬寺, 永春 德泉寺, 南陽 弘法寺, 仁同 嘉林寺, 山陰 地谷寺, 沃州 智勒寺, 耽津 萬德寺, 靑陽 長谷寺, 稷山 天興寺, 安城 石南寺.
  ○ 天台宗: 忠州 嚴正寺, 草溪 白巖寺, 泰山 興龍寺, 定山 雞鳳寺, 永平 白雲寺, 廣州 靑溪寺, 寧海 雨長寺, 大丘 龍泉寺, 道康 無爲寺, 雲峯 原水寺, 大興 松林寺, 文化 區業寺, 金山 眞興寺, 務安 大崛寺, 長沙 禪雲寺, 提州 長樂寺, 龍駒 瑞峯寺.

三韓 이래의 대가람을 太去한 예가 있고, 또 廢亡한 寺院에 주지가 差下된 경우도 간혹 있다고 하면서, 山水 名勝地를 택하여 대가람으로써 廢亡한 사원을 대체하여 승려들의 살곳이 되게 하자는 司諫院의 상언을 수용한 데서 비롯된 것이었다.[83]

이를 통해 보면 자복사의 설치는 비보사찰이 아니면서 국가의 인정을 받는 사찰이 그만큼 늘어났다는 의미가 된다. 그렇다면, 이전의 정책과 배치되는 이러한 조치가 취해지게 된 배경은 무엇일까.

물론 이는 급격한 사원의 감축으로 인한 民心의 이탈을 염려한 데 기인한 것이기도 할 것이지만,[84] 당시 사원의 정리가 그렇게 일률적으로 단기간에 이루어질 수 없는데 기인한 경과조처로도 이해하여 볼 수 있을 것이다.

그러나 이러한 조치에 뒤이어 토지나 노비에 대한 언급이 없는 것으로 미루어 보아 이에 대한 경제적 뒷받침은 배려하지 않은 것 같다.[85] 다만, 각지에 산재한 사원의 경제기반과 인적 성원을 적절히

---

o 華嚴宗 : 長興 金藏寺, 密陽 嚴光寺, 原州 法泉寺, 淸州 原興寺, 義昌 熊神寺, 江華 栴香寺, 襄州 成佛寺, 安邊 毗沙寺, 順天 香林寺, 淸道 七葉寺, 新寧 功德寺.
o 慈恩宗 : 僧嶺 觀音寺, 楊州 神穴寺, 開寧 獅子寺, 楊根 白巖寺, 藍浦 聖住寺, 林州 普光寺, 宜寧 熊仁寺, 河東 陽景寺, 綾城 公林寺, 鳳州 成佛寺, 驪興 神異寺, 金海 甘露寺, 善州 原興寺, 咸陽 嚴川寺, 水原 彰聖寺, 晉州 法輪寺, 光州 鎭國寺.
o 中神宗 : 任實 珍丘寺, 咸豊 君尼寺, 牙州 桐林寺, 淸州 菩慶寺, 奉化 太子寺, 固城 法泉寺, 白州 見佛寺, 益州 彌勒寺.
o 摠南宗 : 江陰 天神寺, 臨津 昌和寺, 三陟 三和寺, 和順 萬淵寺, 羅州 普光寺, 昌平 瑞峯寺, 麟蹄 玄高寺, 雞林 天王寺.
o 始興宗 : 漣州 五峯寺, 連豊 霞居寺, 高興 寂照寺.
* 《太宗實錄》 卷 14, 太宗 7年 12月 辛巳 참조.

83) 《太宗實錄》 卷 12, 太宗 6년 7월 戊午.
84) 金甲周, <앞의 논문> 1976, pp.56~59.
85) 李炳熙는 이들 88 사는 242 사에 포함되어 있지않아 고려시기 이래 裨補사

배분함으로써 급격한 감축에 의한 충격을 최소화하고 전통적 국가불사의 여지를 남겨준 조처라 할 것이다. 그러나 이를 통해 사원의 위상은 이전에 비해 현격히 줄어들었음은 물론이다.

이상이 조선왕조 개창 후 최초로 단행된 寺院과 이에 부속한 田民에 대한 개편조치의 내용이다. 그런데 이같은 대사원 정책으로 당시 불교계가 입었을 타격은 경제적인 면에만 국한되지는 않았을 것이다. 정신적으로나 對社會的 영향력의 측면에서도 불교의 위상은 그만큼 저하되었다고 볼 수 밖에 없다. 이에 불교계는 원망하였고, 이를 비방하다 유배간 승려도 다수였으며, 雪然의 제자 慧正 같은 이는 僧王이 나라를 세워 太平케 할 것이라는 讖書를 유포하기도 하였다.[86]

그러나 이러한 대응으로는 이 시기 불교 사원에 대한 정책을 되돌리기에는 역부족이었다. 이 시기는 신왕조가 자리를 잡아가면서 모든 체제가 집권적으로 개편되어가고 있었고, 새로운 지배이념의 확립과 더불어 현실적인 재정확보 정책으로까지 구체적으로 나아가고 있었다.

世宗朝에 접어들자 불교 사원은 또 한번 커다란 변화를 경험하게 된다. 주지하듯이 세종대는 性理學에 대한 인식이 확산되고 불교에 대한 비판적 태도가 더욱 강화되는 시기였다.[87] 이러한 분위기는 세종 즉위년에 司憲府에서 올린 다음의 上疏에서도 읽을 수 있다.

> 司憲府에서 글을 올려 이르기를, "佛氏의 道는 마땅히 깨끗하고

원으로 인정받지 못한 사원이라 보고, 이는 토지를 분급하는 비보사원을 축소하면서 비보사원이 아닌 대사찰을 토지지급의 대상으로 설정한 것으로 보았다(<앞의 논문> 1992, pp.364~365).

86) ≪太宗實錄≫ 卷 11, 太宗 6년 6월 丁丑.
87) 世宗朝의 佛敎施策에 대해서는 韓㳓劤, <世宗朝 禪敎兩宗으로의 再整備> (≪儒敎政治와 佛敎≫ 一潮閣, 1993)에 詳論하고 있어 참고된다.

맑고, 욕심을 적게 하는 것을 근본으로 삼는 것인데, 지금 무식한 僧徒들이 그 근본을 생각하지 않고 사원을 세우고 부처를 만들며 설법하고 齋 올리며 禍福을 논하여, 우매한 백성들을 현혹하여 백성의 입안에 있는 것을 빼앗고, 백성의 몸위에 있는 것을 벗겨다가 흙과 나무에 칠을 하여 만들고, 이것에 옷과 음식을 이바지 하니, 政事를 좀먹고 백성을 해침이 이보다 더 큰 것이 없습니다." 하였다.88)

곧 불교교리의 허위성에 대한 논란과 더불어 信佛에 따르는 경제적 손실이 민생과 정치에 끼치는 영향을 중시하였다. 이러한 태도는 기본적으로 성리학적 논리에 기초하겠지만, 불교비판의 근거를 민생의 침해에서 찾고 있다는 점에서 주목된다. 세종은 태종대의 정치 사회적인 제도의 개편과 더불어 물적 토대가 어느 정도 굳건히 다져진 여건위에서 조선왕조를 더욱 완전한 유교국가체제로 확립시켜 나가려 하였고, 이러한 과정에서 부왕인 태종의 정책을 계승하려 하였다.

그러나 당시는 외교적으로 큰 비중을 차지하던 明이 崇佛의 입장을 취하고 있는 상황에서,89) 조심스럽게 궁리하지 않을 수 없었다. 우선 資福寺의 田地를 僧侶들이 모이는 곳으로 이속시키도록 조치하는가 하면,90) 禪敎 兩宗의 各寺로 하여금 노비의 分定을 묻기도 하였다.91) 또 신료들에게도 사원을 병합하고 그 田地를 처분할 것에 대하여 여러 차례 회의를 거듭하게 하였다.92) 그리하여 마침내 재위 5년

---

88) 「司憲府上疏曰 佛氏之道 當以淸淨寡慾爲本 今無識僧徒不顧其本 曰創寺造佛 曰法筵好事 將天堂地獄禍福之說 眩惑愚民 奪民口中之食 奪民身上之衣 以塗土木 以供衣食 蠹政害民 莫甚於此」≪世宗實錄≫ 卷 1, 世宗 卽位年 10월 甲申.
89) 이러한 배경으로 조선의 승려가 명으로 망명하는 경우가 속출, 그 대책을 논의하기도 하였다. ≪世宗實錄≫ 卷 6, 世宗 元年 12월 庚辰.
90) ≪世宗實錄≫ 卷 6, 世宗 元年 12월 庚辰.
91) ≪世宗實錄≫ 卷 7, 世宗 2년 1월 乙丑.

에 접어들면 서서히 그 정책의 가닥을 잡아가고 있었다.

> 禮曹에서 글을 올려 이르기를, "사원을 새로 조성하는 것을 금지하는 법이 六典에 이미 실려 있습니다. 그러나 무식한 무리들이 사원과 墳墓의 재실을 속속 새로 짓고 있으니 매우 온당치 못한 일입니다. 이제부터는 신축만이 아니라, 비록 옛 터에 重建한다 하더라도 교지를 받들어 짓는 자가 아니면 모두 죄를 주고 철거하도록 해야 할 것입니다." 하니 이에 따랐다.93)

이후 그의 寺院整理策은 점차 구체적인 모습을 띠고 있었다. 그러나 사원의 田土와 僧政의 개혁에 대해서 깊이 공감하면서도 급격한 시행을 자제하고 있었다.94) 이러한 가운데, 폐사된 사원의 銅을 鑄錢에 쓰도록 조치하는가 하면,95) 同年 3월 儒臣들의 상소와 건의에서는 승려들의 경제적 폐해와 人倫의 배반됨을 지적하는 등 그 태도가 보다 극명해지고 있었다.

> ① 異端 가운데 佛氏가 심하다고 하는 것은, 夷狄의 풍속으로 홀로 四民의 밖에서 백성들로 하여금 곤궁에 빠지게 하여 도적질하게 만들었으니, 그 죄가 마땅히 어떠하겠습니까? …… 이 무리들이 먹는 것은 풍년이나 흉년이나 한결같으며, 오직 백성들의 굶주림을 볼 수 있으나, 승려들의 굶주림은 보지 못하였습니다.96)

---

92) 위와 같음.
93) 「禮曹啓 新造寺社之禁載在六典 然無識之徒 寺社及墳墓齋庵 續續新造 甚爲未便 自今非徒新造 雖古基重創 非取旨擅造者 并皆論罪撤去 從之」 ≪世宗實錄≫ 卷 22, 世宗 5년 10월 庚申.
94) ≪世宗實錄≫ 卷 23, 世宗 6년 2월 癸丑 ; 己未.
95) ≪世宗實錄≫ 卷 23, 世宗 6년 2월 壬戌.
96) 「異端之中 佛氏爲甚 以夷狄之俗 獨居四民之外 而使民窮盜 其罪宜何如也 …(中略)… 此徒之食則豊凶如一 唯見民飢 不見僧飢 唯見民之飢而死也 未見僧

② 곡식을 해치는 가라지 풀을 없애려면 용서하는 마음이 없어야 하고, 독사와 독충을 없애려면 난색이 없어야 하는 것이니, 惡을 제거하려면 근본에 힘쓰라 한 것은 옛 사람들의 깊은 경계이니 어찌 기다려 스스로 없어지기를 바라겠습니까?97)

集賢殿 提學 尹淮는 ①에서 불교의 배척을 遊食하는 승려의 경제적 폐단으로 지적하였고, 성균관 生員 申處中 등은 ②에서 불교 사원을 곡식을 해치는 가라지 풀이나 毒蟲에 비유하면서 혁파를 상언하였다. 결국 이러한 상소가 있던 다음날 왕은 京外의 寺院과 그 田土에 대한 數量을 정하고, 資福寺를 혁파하라는 傳旨를 내렸다.

  敎旨를 내리기를, "서울과 지방 각 종문의 寺院 안에서 승려들이 거처할 수 있는 사원의 수량을 정하고 그 나머지는 혁파할 것이며, 사원전은 적당히 합하거나 나누어 소속시키고, 나머지 유명 무실한 각 관의 資福寺와 같은 것은 모두 혁파하라." 하였다.98)

이러한 조치는 태종때까지의 과도기적 사원정리가 이제 이 시기에 와서 본격화 됨을 의미한다. 이후 다음 달 4월에 취해진 대대적인 사원정리는 이 조치의 연장선상에서 이해되어야 할 것이다.

마침내 같은 해 4월 庚戌日 세종은 父王代 7 宗으로 감축된 불교 교단을 다시 禪・敎 兩宗으로 통폐합하고, 각 宗에 18개 寺씩 합계 36개 사 만을 남기고 나머지 사원은 전부 없애버린 혁파조치를 취하

  之 飢而死也」,《世宗實錄》 卷 23, 世宗 6년 3월 甲申.
97)「去莨莠者 無恕心 絶虺蚳者 務難色除惡務本 古人之深戒 豈曰姑少待之以俟其自滅乎」,《世宗實錄》 卷 23, 世宗 6년 3월 戊子.
98)「傳旨 京外各宗寺社內 僧人可居寺社定數 以革去寺社 田量宜合屬 其餘有名無實 各官資福寺 並皆革除」,《世宗實錄》 卷 23, 世宗 6년 3월 己丑.

였다.99) 그 내용을 구체적으로 도표로 제시하면 다음 표 8과 같다.

◇표 8 世宗 6年 4月 寺院의 통폐합과 寺院田

禪 宗 18 寺						敎 宗 18 寺					
道	郡縣	寺名	元屬田(結)	加給田(結)	恒居僧(名)	道	郡縣	寺名	元屬田(結)	加給田(結)	恒居僧(名)
京中留後司		興天寺	160	90	120	京中留後司		興德寺	250		120
		崇孝寺	100	100	100			廣明寺	100	100	100
		演福寺	100	100	100			神嚴寺	60	90	70
開城		觀音堀	45	105 水陸位田100	70	開城		甘露寺	40	160	100
京畿	陽州	僧伽寺	60	90	70	京畿	海豊	衍慶寺	300	100	200
		開慶寺	400		200		松林	靈通寺	200		100
		檜嚴寺	500		250		楊州	藏義寺	200	50	120
		津寬寺	60	90 水陸位田100	70			逍遙寺	150		70
	高陽	大慈菴	152.96	97.4卜	120	忠淸	報恩	俗離寺	60	140	100
忠淸	公州	鷄龍寺	100	50	70		忠州	寶蓮寺	80	70	70
慶尙	晋州	斷俗寺	100	100	100		巨濟	見嚴寺	50	100	70
	慶州	祇林寺	100	50	70	慶尙	陜川	海印寺	80	120	70
全羅	求禮	華嚴寺	100	50	70		昌平	端峯寺	60	90	70
	泰仁	興龍寺	80	70	70	全羅	全洲	景福寺	100	50	70
江原	高城	楡岾寺	205	95	150	江原	淮陽	表訓寺	210	90	150
	原州	覺林寺	300		150		文化	月精寺	100	100	100
黃海	殷栗	亭谷寺	60	90	70	黃海	海州	神光寺	200	50	120
咸吉	安邊	釋王寺	200	50	120	平安	平壤	永明寺	100	50	70
計 18寺			2,822.96	1,427.04	1,970	計 18寺			2,340	1,360	1,800
			4,250						3,700		

* ≪世宗實錄≫ 卷 24, 世宗 6년 4월 庚戌 참조.

---

99) ≪世宗實錄≫ 卷 24, 世宗 6년 4월 庚戌.

여기서 禪宗은 曹溪·天台·摠南宗을 합한 것이었고, 田地 4,250結에 居僧은 1,970 명으로 한정되었다. 敎宗은 華嚴·慈恩·中神·始興宗을 합한 것이었고, 田地 3,700 結에 居僧 1,800명으로 제한되었다. 이로써 전국 사원 소유의 田地는 禪敎 兩宗으로 통합되기 직전의 11,000餘 結에서[100] 7,950 結로 줄어들게 되었다. 이는 전체 田地의 약 30%가 다시 감축되는 것을 의미하였다.

이것은 이 때에 와서 불교 사원과 그 경제기반이 얼마나 큰 변화를 가져왔는 지를 가늠하게 한다. 그리고 이것은 사원자체는 물론 그 동안 사원의 중요한 경제 기반으로 기능했던 전지의 규모와 그 지배방식상의 변화를 의미하는 것이기도 하다. 고려시대 이래의 사원전의 존재는 이 시기에 와서 전혀 다른 모습을 띠게 되었던 것이다.

---

100) ≪世宗實錄≫ 卷 23, 世宗 6년 2월 癸丑.

第7章 結 論

 本書는 고려후기 사원전의 存在樣態와 경영, 그리고 경작에 참여한 다양한 형태의 民을 검토하여 이 시기 토지지배 관계의 일단을 해명하고자 하였다. 이제 이상의 내용을 요약 정리하여 결론으로 삼고자 한다.
 寺院田이라 함은 사원이 재정적 수요를 충당하거나 경제적 재화를 확대하기 위한 수단으로 소유 관장하고 있는 토지를 말한다. 그러므로 사원전은 불교가 전래된 이래로 사원에 필수적으로 부속되어 왔으며, 사원이 지니는 성격이나 규모, 국가와의 관계 등에 따라 그 所有와 支配의 형태가 달랐다.
 고려후기 사원의 토지지배는 특히 사원 스스로의 적극적인 경제활동을 통해 확대되어 가는 추세였다. 이러한 가운데 民들은 보다 나은 생활환경을 찾아 사원으로 投托·寄進하고 있었으며, 사원은 토지의 겸병과 貢戶의 초집, 그리고 적극적인 개간으로 경제활동을 한층 강화하고 있었다.
 고려후기 확대의 추세를 보인 사원전은 다양한 존재양태를 보여주고 있었다. 일반 개인의 시납에 의한 각지에 분포한 小土地와, 自家

開墾에 의한 소규모의 사원 주변지, 한 곳에 집중된 광대한 규모의 토지이면서 국가로부터 無稅地임을 확인받은 토지, 또 일정 규모의 토지가 각지에 분산되어 있어 중간관리자의 역할이 더없이 요구되는 경우, 그러면서 鹽盆과 京邸가 있어 생산과 유통·소비가 동시에 이루어지는 복합구조를 보이기도 하였다.

  그런데 이들 토지의 지배상의 성격은 크게 所有地와 收租地로 나누어 질 수 있을 것이지만, 수조지로 보이는 일정 정도의 토지도 사실상 所有權的 支配가 가능한 것이어서 그 구조가 重層的이면서도 소유지로서의 모습을 보이는 경우가 많았다. 이는 사원의 토지지배가 12세기 이후에 와서 더욱 강화되고 있음을 의미한다. 이러한 변화는 고려후기 권세가들의 그것과 마찬가지로 사원이 토지에 대한 지배를 강화하면서 점차 국가 분급의 토지들을 사원이 私莊的 성격으로 지배하는 것과도 맥을 같이하는 것으로 이해된다.

  고려후기 사원전의 경영에 대하여 雲門寺를 사례로 다루어 보았다. 운문사의 寺格은 배출된 高僧의 활동과 국가와의 관련성 등을 통하여 유추해 볼 수 있다. 고려조에 들어 운문사는 오늘날 밀양·청도지역의 저항세력을 포섭하는데 중요한 공훈을 세운 寶壤禪師가 주석하게 되면서 중대한 변화를 보여주고 있었다. 태조는 500 結 이상의 토지를 시납하고, '雲門禪寺'로 賜額하였다. 이 때 지급된 토지는 柱貼公文으로 공인되고 長生標塔으로 他 田地와는 구분되어 일정한 圈域을 이루면서 지배되고 있었다. 12세기 이후 운문사는 國師 學一의 활동과 더불어 더욱 부각되고 있었다. 당시 운문사의 寺勢는 所供畓과 아울러 國奴婢가 5백 人이나 내려지고, 長生標로 유추되는 石碑가 다시 세워지고 있는가 하면, 三寶院과 같은 屬院과 더불어 13 間의 鹽城庫가 위치하고 있었다.

  운문사 寺院田의 상당 부분은 柱貼公文에 의해 지배의 권리가 銘

文化되고 長生標塔에 의해 일정한 圈域을 이루며 보호받는 대규모의 토지로 이루어져 있었다. 이러한 토지들에 대한 경영은 일종의 直營制 방식이었으며, 사원 인근에 위치한 대규모 토지의 경영에서는 촌락을 통한 農莊支配의 형태도 유추된다. 이들 토지들은 대개 소유지와 마찬가지로 지배되고 있었으며, 直歲와 같은 사원의 관리직 승려들이 직접 경영에 참여하고 있었다.

한편 개인의 施納에 의한 소규모의 토지들도 분산되어 존재하고 있었다. 오늘날 부산 지역에 해당하는 東平郡의 소유지는 知莊과 같은 僧을 직접 파견하여 관리하였을 가능성이 높으며, 이렇게 원거리에 위치한 소규모의 소유지를 경작하는 민은 佃戶였다. 이들 전호를 통한 운문사의 토지지배는 고려말 대규모 토지에 대한 지배력이 약화되면서 상대적으로 지속적이고 강고하게 유지되었는데, 이는 운문사의 사원전 분포를 보여주는 <雲門寺佛粮位畓秩>記의 내용으로 확인된다.

그러나 金沙彌의 봉기가 반영해주듯 운문사의 사원전 지배는 그리 순탄하지만은 않았다. 12세기 말 金沙彌 세력인 '賊'들이 웅거했던 지역은, 당시 운문사의 支配 圈域에 들어 있었던 점을 상기할 때, 이들 세력의 장기간에 걸친 저항은 운문사의 지원이나 적극적 의미로서의 방조없이는 불가능하였을 것으로 판단된다. 운문사가 이들 세력과 일정한 연계가 이루어질 수 있었던 배경은, 당시 최씨정권의 對民政策과 對寺院政策, 특히 寺側으로는 토지지배에 대한 무신정권의 압력이 중요한 요소로 작용하였던 것으로 본다. 이러한 사실은 적어도 최씨집권 후반부에는 운문사의 토지지배가 순탄하지 못하였음을 의미한다. 그러나 무신정권이 종식되고, 一然이 주석하게 되는 13세기 말부터는 점차 이전의 지배력을 회복해 가고 있었다.

고려후기 寺院田의 耕作農民에서 주목되는 것은 良人 佃戶와 寺院

奴婢, 그리고 僧徒들이었다. 이 시기 사원의 佃戶로 두드러지는 것은 역시 明宗代 이후의 각종 禁令이 보여주듯 貢戶들의 유입이었다. 사원은 이들을 불러들여 경작민으로 충당하고 있었다. 그러나 전호와 사원의 관계는 일률적으로 파악하기는 어렵다. 개별적으로는 修禪社의 경우와 같이 소규모의 분산된 토지를 경작하는 民들은 사원과 주로 竝作半收의 원칙에 의해 다소 느슨한 地主-佃戶關係를 유지하고 있었지만, 이와달리 雲門寺나 通度寺의 경우와 같이 寺格이 큰 사원에서는 長生標에 의해 境界가 구획되어 대규모 農莊을 직영하고 있었는데, 여기서 通度寺의 直干과 같은 인원들은 '造茶貢寺'와 같은 地代 이외의 의무를 지고있어 地主인 寺院의 보다 강력한 지배를 받는 존재였다.

《高麗史》는 사원의 전호화를 '冒認役使'라고 표현하고 있으나, 이것은 사원의 강제에 의한 것만을 의미하는 것은 아니었다. 李奎報의 詩가 묘사한대로 누더기로 겨우 살을 가리고 하루종일 쉬지 않고 밭을 갈아도 가을이면 관아에 빼앗겨 풀뿌리나 캐어 延命하는 처지에서, 풍성한 사원으로의 유입은 오히려 그들의 바램이기도 하였을 것이기 때문이다. 그러나 그렇다고 하여 이들의 처지가 한결같지는 않았던 것 같다. 이미 이 시기 사원은 支配層과 동일한 독립적인 地主經濟를 구축하고 때에 따라서는 감당하기 어려운 수취를 감행하기도 하였기 때문이다. 사원전의 경작농민이 토지를 이탈하는 현상을 보이기도 하는것은 그러한 배경과도 무관하지 않을 것이다.

한편, 12세기를 고비로 고려 사회가 여러 부면에서 변화를 보이고 있는 가운데, 주목되는 것은 民의 流亡이었다. 그것은 당시 土地所有를 기초로 한 身分秩序에 변동을 가져와 良人身分層의 기축을 이루고 있는 白丁層의 分化를 촉진하는 것이기도 하였다. 그리고 이 가운데에서 糊口之策으로, 혹은 租賦를 이기지 못하여 遊離四散하는 가운

第7章 結論 347

데 일부가 '壓良爲賤' '認民爲隸'의 형식으로 寺院에 投托하는 사례가 속출하여 종국에는 사원노비의 확대 현상을 가져오고 있었다.

고려시대 사원노비의 役割은 기본적으로 사원이 지니는 固有의 機能과 더불어 주로 使令의 役을 많이 담당하였을 것으로 짐작되지만, 이제 후기 사회에 접어들어서는 土地의 集中化로 대변되는 이 시기 寺院經濟의 性格과 더불어 이들의 역할도 주로 寺院田의 경작과 밀접한 관련을 갖는 것이었다. 이들은 단순히 토지 경작민으로서 뿐 아니라, 修禪社나 長安寺의 예와같이 鹽田에서의 生産과 運搬의 役, 척박한 施納地와 賜牌地에 대한 開墾의 役도 담당하고 있었다. 따라서 이들은 고려 후기에 들어서 나타나고 있는 이러한 직접적인 생산의 역할에 부응하여 그들의 社會經濟的 處地도 나아지고 있었던 것으로 보인다.

사원노비의 사회경제적 처지는 기본적으로 外居奴婢의 형태를 취하면서 부담하였던 高價의 納貢額을 통해, 그리고 일반노비에 비하여 輕歇한 그들의 役과 가정생활을 통하여 유추된다. 이러한 그들의 처지는 사회적 생활에서도 반영되어 나타나고 있었다. 몇 사례가 보여주듯 良人身分과도 혼인이 가능하였다는 점이며, 이 시기에 적지않게 나타나고 있는 立身의 例 등은 이를 반영하는 것이라 하겠다. 또 朝鮮初에 나타나고 있는 寺社奴婢의 革去措置는 獨自的 經理를 가지면서 外居形態로 존재한 이들의 社會經濟的 處地와도 결코 무관하지 않은 것으로 짐작된다.

일반적으로 '僧徒'는 승려집단, 혹은 '승려의 門徒' 정도로 이해되지만 관련 기록들의 다양한 용례를 검토해 보면, 고려시대 이들은 일반 승려를 지칭할 뿐만 아니라, 이들 외 僧이 아닌 여타의 부류로 사원에 부속한 인원들이 다수 포함된 사실을 알 수 있다. 또 순수한 승려 외의 존재인 저들은 사원의 주변에서 恒産의 상태를 유지하면서 사원의 일정한 요구에 부응하고 있었고, 때에 따라 국가에서 요구한 역에 대해서도 소속 사원의 이름으로 참여하는 부류였다. 고려시기에 승도와 같은 존재가 이렇게 광범위하게 나타날 수 있었던 원인은 個人의 宗敎的 의지와 무관하게 出家를 法으로 제한하는 폐쇄적인 戒壇構造와 僧으로 가탁하면서 얻게되는 경제적 실리에 기인하고 있었다.

승도는 크게 參學僧, 庸僧, 隨院僧徒 등 세 가지 유형으로 대별될 수 있으나, 이 가운데 고려시기 사원의 사회경제적 위상을 일정하게 반영하면서 두드러지게 보이고 있는 부류는 庸僧과 이른바 僧俗이 混淆되어 나타나는 隨院僧徒들이었다. 이들은 僧侶나 僧人과 같이 佛家에서 인정하는 戒를 받고 佛法을 修行하는 사람들과는 다른, 일종의 人爲的 共同體로서 僧의 근로단체로 기능하였다. 이들은 사원의 勞役을 도맡기도 하면서, 일반 郡縣의 백성들과 다름없이 생활하며, 恒産을 가진 자가 많아서 千百에 이르렀다고 표현되고 있으니 그들의 경제적 형편도 그리 열악하지는 않았던 것 같다. 또 寺院이 所有·支配하고 있던 토지는 사원 주변의 토지도 있었으나 寺院과 떨어진 지역에도 널리 분포하고 있었기 때문에, 이들의 역할은 사원과 耕作者 사이에서 田租의 수취 등을 맡기도 하였다. 그리고 이들 가운데 일부는 사원에 예속되어 있으면서 여러 가지 雜役을 부담하고 있었으나, 역시 그들 恒産의 기반은 사원의 土地를 耕作하는데 있었다. 또 국가로부터 요역을 기피하여 佛門에 들어간 경우에는 자기들이 소유하고 있던 토지를 寺院에 寄進하고 그것을 다시 借耕하는 형태로 생계를 유지하는 경우도 있었던 것으로 보인다.

그런데 이들 승도들은 고려후기 佛敎界가 敬虔性을 상실하고 社會的 矛盾과 타협하는 가운데, 다양한 활동양상을 보여주고 있었다. 그 가운데 宗派間의 갈등, 寺院田을 둘러싼 對立 등에서 自衛力을 행사하는 세력으로도 자주 등장하고 있는데, 이는 려말 불교계가 사대부들의 비판에 직면하게 되는 중요한 요인과도 무관하지 않을 것이다.

고려시대 사원은 토지지배와 맞물려 일정 지역의 촌락에도 지배력을 행사하고 있었다. 이들 촌락은 사원에 직접 속하여 있고, 本寺에 부속된 屬院과도 연관되어 있는 것으로 보아 사원에 소속된 촌락으로 이해된다. 이는 또 이 시기 사원에 대한 국가적 배려와, 막대한 經濟基盤을 가지고 있는 사원을 다수의 민이 歸依處로 삼은 것과도 연관된 것이었다.

사원 촌락은 불교가 전래된 후, 국가에 의해 공인되면서 비교적 일찍부터 나타나고 있었던 것으로 짐작된다. 《三國遺事》가 보여주는 관련 기록들의 정황으로 미루어 보아 이미 羅代부터 존재했던 것으로 보이며, 후기 신라에 접어들어서는 祿邑이나 食邑지배와 마찬가지로 寺院에서는 田莊支配의 형태로 유지되고 있었다. 그러다가 나말려초 사회상황과 더불어 불교계의 일부가 재편되면서 이들 사원의 촌락에도 부분적인 변화가 있었던 것으로 보여진다.

그러나 그러한 변화는 고려의 개창이 불교계의 후원에 힘입은 바 크다는 太祖의 회고에서도 짐작되는 바와 같이 근본적인 것은 아니었다. 고려시대 사원의 촌락지배는 왕실이나 宮院 등과 마찬가지로 莊·處나 일부 部曲 지역을 통하여 이루어졌을 것으로 짐작된다. 이들은 收租權을 매개로 한 토지지배로서의 성격도 가지고 있었지만, 羅代 以來의 왕실 직속지에서 비롯하였거나, 특정 사원의 田莊 지배가 추인되면서 사원 소유지를 중심으로 촌락지배의 성격을 지니는 경우도 있었다.

고려시대 사원 소속 촌락의 구체적인 사례는 雲門寺나 通度寺와 같이 비교적 寺格이 높은 경우에서 확인된다. 이를 통해서 파악되는 사원 촌락의 모습은 크게 세 가지로 나누어 이해할 수 있다. 하나는

僧徒의 거주처로서의 모습이다. 고려시대 승도는 여러 유형으로 대별될 수 있겠지만, 여기서 의미하는 승도는 주로 官壇受戒를 받지 않은 하급 修學僧 또는 有妻僧이나 隨院僧徒의 類로 이해된다. 이들은 주로 사원의 종교적 기능과 결부하여 모여든 인구에 의해 형성된 촌락으로 이해된다. 그러한 의미에서 이러한 촌락은 통도사 외에도 華嚴寺 등 이 시기 官壇寺院에서 흔히 있는 촌락으로 사료된다. 다음으로는 이 시기 사원의 사회경제적 위상과 관련된 경우이다. 주로 사원의 토지지배를 매개로 이루어진 촌락이 대표적이다. 그러나 이런 촌락들도 단순히 해당 사원과 경제적 측면에서의 지배 - 예속의 관계만으로서가 아니라 종교적으로도 일정한 관련을 지니는 촌락으로 보인다. 이러한 촌락의 민들은 사원의 토지를 경작하며, 경우에 따라서는 사원이 필요로하는 물품을 공급하기도 하였다. 통도사 茶村은 이미 羅代의 眞如院의 그것이 淨油를 공급한 것과 같이 본사에 茶를 바치는 것이 恒規化 되어있는 촌락으로 짐작된다. 한편 경우에 따라서는 사원과 원거리에 위치한 촌락도 존재하였다. 이는 기본적으로 원거리에 위치한 屬院과 연계된 촌락으로 사원의 토지경영을 매개로 이루어진 것으로 보이며, 대규모 寺院田이 각지에 분포된 경우만큼이나 적지않은 사례를 보였던 것으로 짐작된다. 또 그 경영에 있어서는 이 시기에도 莊舍를 두고 知莊과 같은 管理僧을 파견하여 운영하였을 가능성이 높다.

고려시대 사원 소속 촌락의 존재를 가능케 한 것은 이 시기 지방 행정구조가 갖는 大邑中心의 통치구조와도 연관되어 있었다. 이리하여 특정 사원에 의한 촌락에 대한 영향력은 그대로 유지될 수 있었다. 그러나 사원 촌락도 행정 구획의 범위내에 포함되어 있었던 관계로 소속 民에 대한 收取와 관련하여 해당지역의 外官과 충돌의 소지를 안고 있었다. 구체적으로 국초 雲門寺의 사례나 宣宗代 戶部의 재

第7章 結論 351

가에 의해 改立되고 있는 통도사 장생표의 존재는 그러한 구조가 낳은 산물이었다.
 12세기 이후 民의 流亡, 지배세력과 지방통치구조의 변화는 향촌사회에도 많은 변화를 요구하였고, 사원 촌락에서도 예외는 아니었다. 행정적인 일원성이 미약하면서 '民少官多'의 현상을 보이는 14세기 즈음에는 사원 촌락도 실질적으로 지방관의 영향권에서 벗어나기 어려운 상황이었다. 이러한 변화는 향촌사회에서 사원의 영향력이 감소됨을 의미하는 것이지만, 내면적으로는 대읍중심 지방 지배구조의 변질과 촌민의 성장을 그 배경으로 하는 것이다. 이는 멀리보면 사원의 토지에 대한 지배력이 급격히 줄어들고 사회 이념으로 성리학의 영향력이 강화된 것과 무관하지 않을 것이다.
 14세기 후반에 들어 사원전은 그 규모와 존재양태에 많은 변화가 나타나고 있었다. 그것은 고려가 오랜 기간 지속되어 온 외세의 간섭에서 벗어나면서 改革政治가 시도되고, 이로 인한 고려사회의 내부적인 변화의 움직임과도 관련을 가진 것이었다.
 물론 사원전의 변화는 이 시기 불교계가 정치권에 깊숙이 개입하고 僧政이 문란한데 기인한 사회적 비난, 주요 檀越들의 처지변화, 사원보다 僧 개인에게 치중된 사원경제 運營의 不合理性 등도 원인이 되었을 것이다. 그러나 그것 보다도 이 시기 사원의 경제기반을 급격히 감소시키는 직접적인 요인으로 작용한 것은 오히려 려말 사회모순의 주요한 매개였던 私田問題와 이의 해결을 위한 田制改革의 조치와 맞물려 있었다. 이 점은 위화도 회군 이후 정국의 주도권을 쥔 개혁파 사대부들의 私田革罷論에 잘 반영되고 있었다.
 이들 전제개혁론자들의 주장 속에는 사원의 대토지 지배에서 중요한 부분을 차지하는 莊・處田의 환수, <道詵密記>에 등재된 裨補寺院 이외의 分給地의 회수 등이 포함되어 있었다. 또 궁극적으로 이들의 주장 속에는 시납·개간·매입 등을 통해 증대된 사원 所有地의 감축까지도 내포하는 것이었다.

려말의 전제 개혁은 1388년 回軍 이후 정국의 주도권을 장악한 개혁론자들의 주장이 대부분 받아들여져 科田法으로 공포됨으로써 일단락 되었다. 과전법은 개인의 收租地를 축소시키고 국가 수조지를 확대하여 국가의 물적 기반을 확대하는 결과를 도모한 것이었다. 이것은 사원전에 대한 田籍의 조사, 개인의 토지시납 금지, 승려 別賜田의 世傳금지 등을 법으로 규정하고 있었다. 이로 인하여 사원전은 주요 收租地가 탈락되고, 所有權에 제약이 가해지게 됨으로써 크게 위축되는 결과를 초래하였다.

그러나 科田法의 규정이 어디까지나 兩班 科田을 중심으로 취해진 제도였던 만큼 불교 사원에 대해서는 반발을 가져올 정도로 파격적인 조처로 나타나지는 않았다. 사원전에 대한 조치는 신왕조 개창 이후 불교 사원의 정책과 더불어 본격화 되어 나타났다.

조선 개창 후 사원전의 변화는 외형상으로는 유신들의 빗발치는 排佛상소를 국왕이 받아들여 이를 裁可하는 형태로 나타났다. 이것은 단순히 배불의 명분에서 비롯하였다기 보다는 궁극적으로 신왕조가 확립되고 모든 체제가 집권적으로 개편되면서 더욱 늘어난 재정적 수요를 충당하기 위한 財源 擴充策과 불가분의 관련을 지닌 것이었다. 그런 의미에서 太祖와 定宗代의 사원정책은 변화를 위한 과도기에 해당하였다.

신왕조에 들어와 사원전이 본격적인 변화를 보이는 시기는 제 3대 太宗代였다. 즉위초 中外 사원의 佛事를 없애기도 한 그는 2년 4월 <道詵密記>에 적힌 70 사 이외의 사원에 대해서는 收租를 폐지하기도 하였으나 태상왕의 뜻에 의해 명을 거두기도 하였다. 이후 太宗 6년 3월 議政府에서 올린 啓를 수용하면서 1/10에 가까운 수조지만 남기고 나머지를 감축시키는 대대적인 조치를 취하였고, 이로 인해 문제가 되는 주요 사원에 대해서는 資福寺로 지정하여 그동안 보유해 온 전지의 지배에 일정한 재량권을 부여하기도 하였다. 자복사의 지정은 본격적인 사원정리 이전의 경과조치로 이해된다.

이후 사원전의 변화에 중대한 분기점이 된 시기는 世宗代였다. 세종은 父王代의 안정된 왕권을 바탕으로 본격적으로 성리학적 사회를 구현하고자 하였다. 그리하여 결국 6년 4월 禮曹의 啓에 따른 寺院과 사원의 田土에 대한 대대적인 정리를 단행하였다. 그것은 태종대의 것에서 다시 약 30% 가량의 전지가 더 감축됨을 의미하였다. 이것은 사회적으로 성리학적 이념이 더욱 확산되고, 民生과 政治에 미치는 불교의 영향력이 그만큼 약화되었음을 뜻한다.

고려시대 사원전의 규모는 전체 경지면적의 1/6에 가까울 정도로 방대한 것으로 이해된다. 그런만큼 사원전에 대한 이해는 이 시기 일반화된 土地支配 형태의 이해와도 무관하지는 않을 것이다.

고려후기에 토지지배를 통한 사원의 경제행위가 두드러진 것은, 이 시기에서 차지하는 佛敎의 位相과 관련이 있다. 그러나 이와는 별개로 이 시기의 사원이 독립된 生産 構造를 가지고 이를 발전시킨 것도 그 원인이 되었다.

고려시대 사원은 문화·사상·예술의 결집처로서 뿐 아니라, 사회통합이라는 측면에서 중요한 기능을 수행하였다. 그런데 이러한 기능은 토지지배를 매개로 하는 탄탄한 경제기반에 기초하여 가능한 것이기도 하였다. 그러나 후기에 들어 지나친 佛事와 과도한 경제력을 자랑하던 사원은 그것이 노정시킨 사회·경제적 폐단 또한 적지않아 마침내 려말에는 개혁의 표적이 되기도 하였다. 려말선초의 시기에 사원전의 지배형태가 양적·질적으로 현격한 변화를 가져오지 않을 수 없는 요인에는 이러한 점이 작용하였다. 이는 단순히 불교 사원의 토지지배 규모의 감축이라는 문제를 넘어서 불교가 사회의 주도 이념으로 기능하던 때로부터 이제 **性理學**이라는 새로운 지배이념에 입각한 사회로 전환하면서 경제적 기반에서도 질적 변화가 수반되고 있음을 의미하는 것이라 하겠다.

參考文獻

1. 史 料

≪三國史記≫
≪三國遺事≫
≪高麗史≫
≪高麗史節要≫
≪高麗圖經≫
≪東文選≫
≪新增東國輿地勝覽≫
≪宋史≫
≪三峯集≫
≪朝鮮王朝實錄≫ 太祖~世宗.
≪海東金石苑≫ 上·下.
≪朝鮮寺刹史料≫ 上·下.
≪高麗名賢集≫ 1~5, 성균관대학교 대동문화연구원, 1973~1980.
≪韓國佛敎全書≫ 4~6, 동국대학교 출판부, 1974.
≪朝鮮金石總覽≫ 上·下, 아세아문화사, 1976.
≪韓國金石遺文≫ 黃壽永편, 一志社, 1976.
≪曹溪山松廣寺史庫≫ 아세아문화사, 1977.
≪泰安寺誌≫ 아세아문화사, 1977.
≪雲門寺誌≫ 아세아문화사, 1977.
≪韓國金石文追補≫ 李蘭暎편, 아세아문화사, 1979.

≪通度寺誌≫ 아세아문화사, 1983.
≪韓國金石全文≫ 中世上~中世下, 許興植편, 아세아문화사, 1984.
≪韓國上代古文書集成≫ 李基白편, 一志社, 1987.
≪高麗墓誌銘集成≫ 金龍善편, 한림대학교 출판부, 1993.

2. 著書

姜晉哲, ≪高麗土地制度史研究≫ 고려대학교 출판부, 1980.
_____, ≪韓國中世土地所有研究≫ 일조각, 1989.
金光植, ≪高麗 崔氏武臣政權과 佛敎界 運用≫ 민족사, 1995.
金光哲, ≪高麗後期世族層研究≫ 동아대학교 출판부, 1991.
金琪燮, ≪高麗前期 田丁制 研究≫ 부산대 박사학위논문, 1993.
金潤坤, ≪高麗郡縣制度의 研究≫ 경북대 박사학위논문, 1983.
金晧東, ≪高麗武臣政權時代 文人知識層의 研究≫ 영남대 박사학위논문, 1992.
南仁國, ≪高麗中期 政治勢力 研究≫ 경북대 박사학위논문, 1993.
白南雲, ≪朝鮮封建社會經濟史≫ 上, 개조사, 1937.
朴龍雲, ≪高麗時代史≫ 일지사, 1987.
_____, ≪高麗時代 蔭敍制와 科擧制 研究≫ 일지사, 1990.
_____, ≪고려시대 開京 연구≫ 일지사, 1996.
朴宗基, ≪高麗時代 部曲制研究≫ 서울大學校出版部, 1990.
邊太燮, ≪高麗政治制度史研究≫ 일조각, 1971.
孫洪烈, ≪韓國中世의 醫療制度 研究≫ 수서원, 1988.
安秉佑, ≪高麗前期 財政構造研究≫ 서울대 박사학위논문, 1994.
李景植, ≪朝鮮前期土地制度研究≫ 일조각, 1986.
李炳熙, ≪高麗後期 寺院經濟의 硏究≫ 서울대 박사학위논문, 1992.
李相瑄, ≪高麗時代 寺院의 社會經濟的 位相에 관한 研究≫ 고려대 박사학위논문, 1992.

李樹健, 《韓國中世社會史硏究》 일조각, 1984.
李樹煥, 《朝鮮時代 書院의 人的構成과 經濟的 基盤》 영남대 박사학위논문, 1990.
李泰鎭, 《韓國社會史硏究》 지식산업사, 1986.
李載昌, 《高麗寺院經濟의 硏究》 아세아문화사, 1976.
_____, 《高麗佛敎寺院經濟硏究》 불교시대사, 1993.
魏恩淑, 《高麗後期 農業經營에 대한 硏究》 부산대 박사학위논문, 1994.
張東翼, 《高麗後期外交史硏究》 一潮閣, 1994.
蔡尙植, 《高麗後期佛敎史硏究》 일조각, 1991.
蔡雄錫, 《高麗時代 '本貫制'의 施行과 地方支配秩序》 서울대 박사학위논문, 1995.
崔貞煥, 《高麗 朝鮮時代 祿俸制 硏究》 慶北大 出版部, 1991.
韓基汶, 《高麗時代 寺院의 運營基盤과 願堂의 存在樣相》 경북대 박사학위논문, 1994.
韓沽劤, 《儒敎政治와 佛敎》 일조각, 1993.
洪承基, 《高麗貴族社會와 奴婢》 일조각, 1983.
許興植, 《高麗佛敎史硏究》 일조각, 1986.
_____, 《한국의 古文書》 民音社, 1988.
_____, 《韓國中世佛敎史硏究》 일조각, 1994.
14세기 고려사회 성격 연구반, 《14세기 고려의 정치와 사회》 민음사, 1994.
旗田巍, 《朝鮮中世社會史の硏究》 法政大學出版局, 1972

3. 論 文

金甲周, <朝鮮前期 寺院田을 중심으로 한 佛敎界 動向의 一考> 《東國史學》 13, 1976.
金光哲, <高麗 忠宣王의 現實認識과 對元活動> 《釜山史學》 11, 1986.

_____, <麗蒙戰爭과 在地吏族> ≪釜山史學≫ 12, 1987.
金世潤, <高麗 寺院奴婢의 性格> ≪釜山女大史學≫ 창간호, 1983.
金容燮, <高麗時期의 量田制> ≪東方學志≫ 16, 1975.
金潤坤, <高麗 貴族社會의 諸矛盾> ≪한국사≫ 7, 국사편찬위원회, 1973.
_____, <麗代의 寺院田과 그 耕作農民 - 雲門寺와 通度寺를 중심으로 -> ≪民族文化論叢≫ 2·3합집, 1982.
_____, <麗代의 雲門寺와 密陽 淸道 地方>, ≪三國遺事研究≫ 上, 영남대학교 민족문화연구소, 1983.
_____, <羅·麗 郡縣民 收取體系와 結負制度> ≪民族文化論叢≫ 9, 1988.
_____, <羅代의 寺院莊舍> ≪考古歷史學誌≫ 7집, 1991.
金昌錫, <統一新羅期 田莊에 관한 연구> ≪韓國史論≫ (서울대) 25집, 1992.
金翰奎, <高麗崔氏政權의 晉陽府> ≪東亞研究≫ 17, 1989.
金炯秀, <高麗前期 寺院田經營과 隨院僧徒> ≪한국중세사연구≫ 2호, 1995.
閔丙河, <高麗時代 佛敎界의 地位와 그 經濟> ≪成大史林≫ 창간호, 1965.
朴敬子, <高麗朝의 寺院田 考察 - 그 擴大와 經營을 중심으로 ->, ≪淑大史論≫ 4, 1969.
박경안, <高麗後期 陳田開墾과 賜田> ≪學林≫ 7, 1985.
朴宗基, <13세기 초엽의 村落과 部曲> ≪韓國史研究≫ 33, 1981.
裵象鉉, <高麗後期 農莊奴婢의 形成과 社會經濟的 地位> ≪慶南史學≫ 5, 1991.
_____, <高麗後期 寺院田의 性格과 耕作農民> ≪韓國上古史學報≫ 10, 1992.
_____, <高麗後期 寺院奴婢와 그 社會經濟的 地位> ≪昌原史學≫ 1, 1993.
_____, <高麗時代 僧徒와 그 類型> ≪昌原史學≫ 2, 1995.

_____, <高麗時代의 寺院 屬村> 《한국중세사연구》 3, 1996.
_____, <高麗後期의 寺院 佃戶> 《嶠南史學》 7, 1996.
_____, <麗末鮮初 田制의 變化와 寺院田> 《昌原史學》 3, 1997.
_____, <高麗時代 雲門寺의 寺院田 經營> 《한국중세사연구》 4, 1997.
白仁鎬, <恭愍王 20年의 改革과 그 性格> 《考古歷史學志》 7, 1991.
宋炳基, <高麗時代의 農莊> 《韓國史研究》 3, 1969.
宋洙煥, <朝鮮前期의 寺院田 - 王室關聯 寺院田을 中心으로 -> 《韓國史研究》 79, 1992.
宋昌漢, <金貂의 斥佛論에 대하여> 《大丘史學》 27, 1985.
_____, <朴礎의 斥佛論에 대하여> 《大丘史學》 29, 1986.
安啓賢, <李穡의 佛敎觀> 《趙明基華甲紀念 佛敎史學論叢》 1965.
安日煥, <高麗時代 通度寺의 寺領支配에 대한 一考> 《釜山大敎養課程部論文集》 4, 1974.
안병우, <고려후기 농장의 발달과 사전개혁> 《한국사》 5, 한길사, 1994.
梁元錫, <麗末의 流民問題> 《이병도박사화갑기념논총》 1956.
劉敎聖, <高麗 寺院經濟의 性格> 《백성욱박사송수기념불교학논문집》 1959.
兪瑩淑, <圓證國師 普愚와 恭愍王의 改革政治> 《韓國史論》 20, (국편위), 1990.
呂恩暎, <高麗時代의 量田制> 《嶠南史學》 2, 1986.
尹漢宅, <高麗前期 慶源 李氏 家의 科田支配> 《역사연구》 1, 1992.
李箕永, <仁王般若經과 護國佛敎 - 그 本質과 歷史的 展開 -> 《東洋學》 5, 1975.
李秉烋, <麗末鮮初의 科業敎育> 《歷史學報》 67, 1975.
李炳赫, <麗末漢文學의 朱子學的 傾向에 대하여 - 陶隱 李崇仁을 중심으로 -> 《石堂論叢》 10, 1985.
李炳熙, <高麗前期 寺院田의 分給과 經營> 《韓國史論》 18, 1988.
_____, <高麗中期 寺院의 造成과 經濟運營> 《이원순교수 정년기념역

사학논총≫ 교학사, 1991.

_____, <高麗 武人執權期 修禪社의 農莊經營> ≪典農史論≫1, 1995.

李相瑄, <高麗寺院經濟에 대한 考察> ≪崇實史學≫ 1, 1983.

李樹煥, <嶺南地方 書院의 經濟的 基盤 - 寺院과의 關係를 中心으로 -> ≪大丘史學≫ 26, 1984.

李佑成, <新羅時代의 王土思想과 公田> ≪趙明基華甲紀念 佛敎史學論叢≫ 1965.

이인재, <『통도사지』「사지사방산천비보편」의 분석> ≪역사와 현실≫ 제8호, 1992.

李載昌, <麗代寺院領擴大의 硏究> ≪佛敎學報≫ 2, 1964.

_____, <佛敎의 社會 經濟觀> ≪佛敎學報≫ 10, 1973.

_____, <寺院奴婢考> ≪黃義敦古稀記念 史學論叢≫ 1960.

李宗峯, <高麗後期 勸農政策과 土地開墾> ≪釜大史學≫ 15·16합집, 1992.

李椋浩, <麗末鮮初의 土地制度> ≪昌原大論文集≫ 8-2, 1986.

이평래, <고려후기 수리시설의 확충과 수전개발> ≪역사와 현실≫ 5, 1992.

任昌淳, <松廣寺의 高麗文書> ≪白山學報≫ 11, 1971.

張東翼, <高麗後期 銓注權의 行方> ≪大丘史學≫ 15·16합집, 1978.

鄭鎭禹, <高麗武臣政權과 僧徒와의 對立> ≪淸大史林≫ 4·5합집, 1985.

趙明濟, <高麗後記 戒環解 楞嚴經의 盛行과 思想史的 意義 - 麗末 性理學의 수용기반과 관련하여 -> ≪釜大史學≫ 12, 1988.

_____, <牧隱 李穡의 佛敎認識 - 性理學의 理解와 관련하여 -> ≪韓國文化硏究≫ 6, 1993.

秦星圭, <高麗後期의 願刹에 대하여> ≪歷史敎育≫ 36, 1984.

_____, <高麗後期 佛敎史에 있어서 修禪社의 位置> ≪韓國佛敎文化思想史≫ 上, 1992.

蔡尙植, <淨土寺址 法境大師碑 陰記의 分析> ≪韓國史硏究≫ 36, 1982.

_____, <고려중기 通度寺의 寺格과 역사적 의미> ≪韓國文化硏究≫ 3, 1990.

蔡雄錫, <高麗時代 香徒의 社會的 性格과 變化> ≪國史館論叢≫ 2, 1989.
최길성, <1328년 통도사의 농장경영형태> ≪력사과학≫ 1961-4, 1961.
崔柄憲, <高麗中期 玄化寺의 創建과 法相宗의 隆盛> ≪한우근정년기념 사학논총≫ 지식산업사, 1981.
崔森燮, <高麗時代 寺院財政의 硏究> ≪白山學報≫ 23호, 1977.
韓基汶, <高麗時代 寺院寶의 設置와 運營> ≪歷史敎育論集≫ 13·14합집, 1990.
_____, <高麗時代 官人의 願堂> 上·下, ≪大丘史學≫ 39·40, 1990.
_____, <高麗時代 寺院의 統制와 編制> ≪韓國佛敎文化思想史≫ 1992.
韓㳓劤, <麗末鮮初의 佛敎政策> ≪서울대논문집(인문사회과학)≫ 6, 1957.
趙逸鉉, <高麗武臣執權期 敎宗寺院의 動向> 영남대 석사학위논문, 1988.
崔然柱, <高麗後期의 榷鹽法을 둘러싼 분쟁과 그 性格> 영남대 석사학위논문, 1993.
旗田巍, <高麗朝に於ける寺院經濟> ≪史學雜誌≫ 43-5, 1932.
金鐘國, <高麗武臣政權と僧徒の對立抗爭に關する一考察> ≪朝鮮學報≫ 21·22合輯, 1961.
稻葉岩吉, <寺院經濟資料と長生標> ≪東亞經濟硏究≫ 15-1·2, 1931.
武田幸男, <淨兜寺五層石塔造成形止記の硏究 Ⅰ> ≪朝鮮學報≫ 25, 1962.
_____, <高麗時代における通度寺の寺領支配> ≪東洋史硏究≫ 25-1, 1966.
北村秀人, <高麗時代の貢戶について> ≪大阪市立大學 人文硏究≫ 32-9, 1981.
浜中昇, <高麗後期の賜給田について - 農莊硏究の一前提 -> ≪朝鮮史硏究會論文集≫ 19, 1982.
有井智德, <李朝初期における收租地としての寺社田> ≪朝鮮學報≫ 81, 1976.
周藤吉之, <麗末鮮初に於ける農莊に就いて> ≪靑丘學叢≫ 17, 1934.
_____, <高麗朝より朝鮮初期に至る田制の改革 - 特に私田の變革過程と其封建制との關聯に就いて> ≪東亞學≫ 3, 1940.

索引

(ㄱ)

嘉林縣　284
家廟制　330
家産化　30, 303
嘉栖岬　80, 90, 112
嘉瑟岬　88
迦智山　118, 279
迦智山派　61
監務　54, 168, 281
甲寅柱案　308
姜成乙　201
姜晉哲　10
居家庸僧　118
乾洞禪寺　33, 34, 37, 139, 185
京邸　183
景昌院　79
契丹本大藏寶　198
高麗大藏經　18
高麗圖經　227
穀成房　269
恭愍王代　220

貢鹽　150
公田　75, 135
貢戶　281, 294
科田法　320
官奴　117
官壇寺院　146, 209, 275
官壇受戒　146
觀龍寺　40
光岩寺　25
廣慈大師　259
廣照寺　263
國奴婢　106, 113
國師　94
國長生　42, 106
軍器監　195
宮院田　32, 133
權近　309
圈域　98
歸法寺　93, 230
龜山寺　246
金剛山　51

今部村　115
給田都監　313, 319
己巳量田　313
奇進　192
金富軾　96
金沙彌　117, 118, 282
金沙彌亂　282
金良圖　250
金永純　27, 177
金仲龜　64

(ㄴ)

羅城　69
南孝溫　266
內乘　150
魯國大長公主　177
奴婢文書　198
盧仁綏　64
祿科田　301
農民抗爭　128
農舍　132, 150
農莊支配　112

(ㄷ)

茶所村　74, 151, 270
茶村　45, 270
斷俗寺　238

檀越　81, 231
踏山記　331
大德房洞　45, 242, 270
大嶺峴　279
大般若經　97
大安寺　76, 257
大鵲岬寺　90
大藏經　18
德寧公主　246
德林　96
道詵密記　319
盜賊　167
都僉議使司　171
度牒　210, 220
逃戶　149, 153, 187
東南洞　270
桐裏山門　76
冬乙山　113
桐裏山　258
東征軍　166
東平郡　103, 108, 111
桐華寺　114, 174

(ㅁ)

萬德寺　237
萬佛香徒　144, 206, 293, 297
萬全　238

萬宗　238
亡寺田　321
面里制　287
免租　107
無稅地　44
武安里　278
門前洞　74
門下省　135
迷元莊　53, 55, 285, 286, 317

(ㅂ)

朴文備　33, 184
朴琄兀大　37
朴澄　59
飯僧　205, 221
白南雲　8
栢栗寺　23, 252
白雲房　269
白月山　256
百座道場　88
法積房　255
法宗谷　256
法號　215
法興王　250
邊安烈　312
別賜田　77
別抄軍　150

竝作制　156
普光寺　27, 37, 65, 66
報德寺　53, 155, 224
寶林寺　40
報法寺　30, 37, 60, 139
菩薩社　246
寶攘　91, 104, 121
寶讓梨　60
普愚　204, 325
普願寺　177
普虛　53, 285
奉聖寺　61, 91
部曲　45, 49
浮石寺　231
符仁寺　231
不在地主　127
佛地村　254
裨補寺院　35, 233
裨補寺刹　57

(ㅅ)

寺格　67, 74
賜給田　301
沙彌　208
沙彌尼　208
私民化　187
四部大衆　208

寺社奴婢　195
賜額　57, 92
使役僧　218
寺院經濟　20
寺院奴婢　160
寺院領　9, 21
寺院田　32
獅子岬寺　116, 147
祀典　330
私田　75
私田問題　300, 306, 315
賜牌　58, 302
沙害漸村　290
三剛　260
三寶院　99, 188, 193
三稅　148
常耕化　129
徐兢　70, 206, 226
徐敦敬　64
石工　218
釋器　237
善思　236
仙川村　255
雪然　336
省敏　332
世達寺　140, 253, 279
世俗五戒　89
世業田　303

所供畓　108
小寶岬　90
素連　96
所有地　57
小鵲岬　90
屬院　68, 99, 256, 268, 269, 279, 294
屬村　249
受戒　209
首露王　44, 259
修禪社　35, 47, 49, 51, 63, 64, 137, 181, 267
水嵓寺　33, 37, 184
隨院僧徒　11, 113, 143, 144, 146, 159, 178, 203, 222, 276
隨願僧俗　225
收租權　78, 239
收租地　53, 78
壽昌宮　230
僧階　212
僧科　212
僧徒　202, 217, 247
僧徒村　114, 146
僧錄　221
僧俗雜類　297
僧首　266
身貢　193
身貢額　196

神步班　165
神福禪寺　37
信仰結社　48, 235
實相寺　40
雙溪寺　267
雙峰寺　238
雙岩寺　231

(ㅇ)

安樂寺　23, 252
安珦　147
壓良爲賤　192
兩班　133
兩班田地　58
壤寺　256
量田　74
梁宅椿　198
麗蒙戰爭　168
役徒　216
鹽盆　34, 52, 180, 182
鹽盆數　183
鹽城庫　98, 99, 107
艶陽禪寺　59
鹽田　49, 179, 181
鹽戶　150
零味寺　115
英信　96

禮山鎭　125
禮曹　330
五鵲岬　88
玉靈寺　196, 295, 296
玉川寺　201
王建　125
王師　94
王后寺　44, 83, 259
外居奴婢　50, 187
料物庫　77, 262, 264
庸僧　113, 214, 215, 217, 220
傭作　45
涌泉寺　101
禹玄寶　312
雲門寺　35, 60, 80, 103, 106, 142, 219, 231, 257, 272
雲門寺佛粮位畓秩　109
雲門寺事蹟　109, 194
雲門禪寺　83, 86
雲門賊　99, 118
雲岩寺　177
雄闌　96
圓覺會　97
圓光　80, 103
圓光西　60
願堂　19, 36, 59
園頭　158, 283
圓明國師　97

元成殿　284
圓應國師碑　95
遠陳田　305
願刹　59
月明房　269
位田畓　277
瑜伽宗　94
琉璃光寺　256
流亡　149, 167
柳升旦　153
楡岾寺　333
有妻僧　276
尹紹宗　310
尹秀　30, 60
尹彦頤　96
尹桓　30, 60
尹淮　339
鷹坊　133
應天寺　246
醫僧　98
義倉租　75
義天　94
李穀　59, 182
李奎報　100, 152
李琳　312
李穡　307, 309, 312
李義旼　197, 199, 295
李義方　230

李資謙　162
李齊賢　147
李至純　117
李行　309
益藏　237
仁弘社　101
仁興寺　101
一然　100, 102, 108, 255

(ス)

資福寺　334, 337, 339
慈仁縣　255
慈藏房　269
慈藏律師　66, 268
鵲岬寺　61, 104
作丁法　312
莊舍　28, 29, 252, 260
長生石標　140
長生標　11, 39, 44, 68, 111, 145, 242, 270
長生標塔　104, 106, 112
長安寺　35, 47, 51, 137, 155, 181, 182, 224
長遊寺　43, 68, 82, 259, 272
帳籍文書　290
莊戶　53
在家僧　146

索引　369

在家和尙　118, 206, 226
赤雲房　269
田民辨正　305
田民辨正都監　305
田柴科　19, 135, 240
全英甫　295
佃作農　128
殿前上守　132
全存傑　117
佃戶　123, 135
占察寶　81, 89, 111
占察善惡業報經　90
鄭道傳　156, 172, 310, 318
征東　158
征東行省　147
淨兜寺　76, 292
淨兜寺五　225
鄭夢周　312
貞雙　211
淨齋米　121
定慧結社　47, 64
貞和院　284
帝釋院　174, 196, 200, 295
曹溪寺　332
曹溪宗　188
祖丘　326
趙璞　326
祖業田　30, 138, 303, 307

趙仁沃　310
祖日房　269
趙浚　306, 312, 318
柱貼公文　11, 104, 111, 142, 143
重光寺　230
知訥　11, 47, 64
地域村　290
知莊　28, 46, 111, 140
地主-佃戶制　311, 315
直歲　81, 105, 283
直歲僧　140
直屬領　79
晉陽府　100, 234
晉陽府貼　234
眞如院　82, 251
陳田　139
眞殿寺院　57
陳田化　127
眞澈大師　263
眞平王　87

(え)

參學　113, 211, 212
參學僧　146, 243, 275
處干　151, 152
天門岬　90
天台宗　188

淸玢　102
淸州牧官文書　245
初開寺　254
村落　68, 243, 261
崔承老　262
崔瑀　99, 234
崔怡　64, 235
崔忠獻　99, 206
崔瀣　116, 147, 241
崔玄祐　65
崔玄佑　65, 66
冲鑑　66
冲止　65
雉山村　256
泰安寺　137
土地國有論　8
通度寺　35, 39, 66, 67, 112, 231, 268
投托　192
廢寺田　321
布川洞　74
布川山洞　45, 145, 242, 270
表訓寺　53, 155, 224, 333
下山所　62
學徒　217
學一　61, 62, 93, 102, 194
閑田　32
恒規　89

降魔軍　205, 222
海印寺　23, 252
香徒　144, 296
鄕吏層　292
鄕試　147
許應　310
刑部　135
惠覺　96
慧勤　102, 325
慧諶　11
慧正　336
慧豊　96
戶部　43, 242, 290
豪富層　130
呼應房　269
混丘　102
忽只　133
洪覺　236
洪規　236
洪鈞　236
洪機　236
虹沙彌　236, 237
洪貽　236
洪樞　236
弘護寺　230
弘化寺　230
化林寺　246
華嚴寺　219

華嚴社　251
華嚴宗　94
荒蕪地　186
黃順常　310
檜巖寺　333
懷眞庵　256
訓要 10條　17
興王寺　79, 234

고려후기 사원전 연구

인쇄일 초판 1쇄 1998년 04월 25일
         2쇄 2015년 09월 20일
발행일 초판 1쇄 1998년 0월 30일
         2쇄 2015년 09월 23일

지은이 배 상 현
발행인 정 찬 용
발행처 **국학자료원**
등록일 1987.12.21, 제17-270호

서울시 강동구 성내동 447-11 현영빌딩 2층
Tel : 442-4623~4 Fax : 442-4625
www.kookhak.co.kr
E-mail : kookhak2001@hanmail.net
가 격 18,000원

*저자와의 협의 하에 인지는 생략합니다.